★ MARCO POLO HIGHLIGHTS 2–5

EUROPE MAP 1 : 4 500 000 6–21

Europe • Europa • Evropa • Európa

ROAD MAP 1 : 300 000 22–73

Hrvatska / Slovenija / Bosna i Herceovina • Hrvaška / Slovenija / Bosna i Hercegovina
Kroatien /Slowenien / Bosnien und Herzegowina • Croatia / Slovenia / Bosnia and Hercegovina
Croazia / Slovenia / Bosnia ed Erzegovina • Croatie / Slovénie / Bosnie et Herzégovine
Croatië / Slovenië / Bosnië en Hercegovina • Croacia / Eslovenia / Bosnia y Herzegovina
Horvátország / Szlovénia / Bosznia és Hercegovina • Chorwacja / Slowenia / Bośnia i Hercegowina
Chorvatsko / Slovinsko / Bosna a Hercegovina • Chorvátsko /Slovinsko / Bosna a Hercegovina

DISTANCES 65

Udaljenosti • Razdalje • Entfernungen • Distances
Distanze • Distanzes • Afstanden • Distancias
Távolságok • Odległości • Vzdálenosti • Vzdialenosti

TRANSIT MAPS 1 : 150 000 74–85

Ljubljana, Maribor, Sarajevo, Split, Zagreb

CITY MAPS 1 : 20 000 86–94

Cetinje, Dubrovnik, Kotor, Ljubljana, Maribor, Mostar, Rijeka, Sarajevo, Šibenik, Split, Trieste, Trogir, Zadar, Zagreb

i 95–97

Informacije za putnike • Potovalne informacije • Reiseinformationen • Travel information
Informazioni utili per il vaggio • Informacions voyageurs • Reiseinformatie • Información turistica
Utazási információk • Informacje dla podróżujących • Cestovní informace • Cestovné informácie

A-Z 98–128

Rječnik gradski imena • Kazalo naselij • Ortsnamenverzeichnis • Index of place names
Elenco dei nomi di localitá • Index des localités • Register van plaatsnamen • Índice de topónimos
Helységnevek • Skorowidz miejscowości • Rejstrík sídel • Register sídel

★ MARCO POLO Highlights

VRŠIČ

UK From Krajnska Gora, this breathtaking mountain road heads south in 40 hairpin bends.

D Die atemberaubende Passstraße führt in 40 spitzen Kehren von Krajnska Gora nach Süden.

F La vertigineuse route de montagne se tortille en 40 virages étroits de Krajnska Gora vers le sud.

I La strada mozzafiato del passo conduce a sud da Krajnska Gora in 40 tornanti stretti.

BLED

UK The castle, lake and island provide a romantic setting for sport, entertainment and wellness.

D Burg, See und Insel liefern die romantische Kulisse für Unterhaltung, Sport und Wellness.

F Château, lac et île constituent le cadre romantique pour sports, distractions et bien-être.

I Il castello, il lago e l'isola offrono lo sfondo romantico per il divertimento, lo sport e il benessere.

VELIKA PLANINA

UK Traditional alpine farm buildings are scattered across the rolling hills of the plateau near Ljubljana.

D Traditionelle Almhütten vor der grandiosen Szenerie des Hochplateaus bei Ljubljana.

F De traditionnelles bergeries d'alpage devant la scène grandiose du haut plateau près de Ljubljana.

I Tradizionali rifugi alpini di fronte al grandioso scenario dell'altopiano vicino a Lubiana.

PIRAN

UK A postcard-perfect little town on the Adriatic Sea with a Venetian atmosphere and vibrant culture.

D Bilderbuchstädtchen an der Adria mit venezianischem Flair und jugendlichem Temperament.

F Une petite ville pittoresque au bord de la mer Adriatique avec une atmosphère vénitienne et une vitalité de jeunesse.

I Una città da cartolina sul mare Adriatico con fascino veneziano e temperamento giovanile.

KOBILARNA LIPICA

UK The world-famous breeding centre for Lipizzan horses is a must for equine enthusiasts.

D Die weltbekannte Zuchtstätte für Lipizzaner ist ein Pflichtziel für Pferdefreunde.

F L'élevage des lipizans, mondialement connu, est un „must" pour tous les amateurs de chevaux.

I La stazione di allevamento dei cavalli lipizzani, famosa in tutto il mondo, è una meta imperdibile per gli amanti dei cavalli.

POSTOJNSKA JAMA

UK A subterranean world inhabited by limestone gnomes, bears and knights.

D Eine unterirdische Gegenwelt, bevölkert von kalksteinernen Gnomen, Bären und Rittern.

F Un monde souterrain à part,

habité de lutins, ours et chevaliers en calcaire.

(I) Un contromondo sotterraneo, popolato da gnomi calcarei, orsi e cavalieri.

7 ZAGREB

(UK) A young and dynamic city with a historical centre and the Medvednica mountain makes this an ideal destination for excursions.

(D) Junge pulsierende Metropole mit historischem Kern und dem Hausberg als perfektes Ausflugsziel.

(F) Une métropole jeune et dynamique avec son centre historique et sa montagne Medvednica idéalement située pour des excursions.

(I) Una metropoli giovane e vivace, con un centro storico e la vicina montagna come meta perfetta per escursioni.

8 POREČ

(UK) A diverse mix of Roman antiquity, the Euphrasian Basilica and beautiful beaches.

(D) Römische Antike, die Euphrasius Basilika, tolle Badestrände - das Angebot ist vielfältig.

(F) L'Antiquité romaine, la basilique euphrasienne, des plages magnifiques - les possibilités sont multiples.

(I) L'antichità romana, la Basilica Eufrasiana, le grandi spiagge: l'offerta è varia.

9 LIMSKI KANAL

(UK) The Lim Channel is a fjord-like bay on the west coast of Istria, the best way to visit is by boat.

(D) Fjordartiger Einschnitt in Istriens Westküste, der sich wunderbar mit dem Boot erkunden lässt.

(F) Le canal de Lème est un <fjord> sur la côte occidentale d'Istrie, à découvrir de préférence en bateau.

(I) Fenditura simile a un fiordo nella costa occidentale dell'Istria, che può essere meravigliosamente esplorata in barca.

10 ROVINJ

(UK) Picturesque old town on a conical hill with narrow stepped streets.

(D) Malerische Altstadt auf einem kegelförmigen Hügel mit engen Treppengassen.

(F) Vieille ville pittoresque située sur une colline conique avec d'étroites ruelles en escalier.

(I) Pittoresco centro storico su una collina conica con strette scalinate.

11 PULA

(UK) Pula's Roman amphitheatre is the sixth largest in the world and dates back to the first century.

(D) Das Amphitheater von Pula aus dem 1. Jahrhundert ist die sechstgrößte römische Arena der Welt.

(F) L'amphithéâtre de Pula datant du premier siècle est la sixième plus grande arène romaine du monde.

(I) L'anfiteatro di Pola del I secolo è la sesta arena romana più grande del mondo.

12 OPATIJA

(UK) The pearl of the Kvarner Gulf has prestigious boulevards, the atmosphere of imperial and royal Austrian monarchy and a magnificent coastline.

(D) Die Perle der Kvarner Bucht bietet Prachtboulevards, k.u,k.-Flair und eine herrliche Küste.

(F) La perle de la baie de Kvarner offre des boulevards prestigieux, une ambiance de monarchie impériale et royale d`Autriche et une côte magnifique.

(I) La perla del Golfo del Quarnero offre splendidi viali, un fascino imperiale e regale e una magnifica costa.

13 RAB

(UK) The most beautiful island in Kvarner Gulf attracts visitors to its splendid bathing spots and the main town is worth a visit.

(D) Die schönste Insel der Kvarner Bucht lockt mit herrlichen Badeplätzen und sehenswertem Hauptort.

(F) La plus belle île dans la baie de Kvarner attire les visiteurs avec des plages magnifiques et un chef-lieu qui vaut bien le détour.

(I) L'isola più bella del Golfo del Quarnaro attrae con meravigliosi punti di balneazione e la città principale merita di essere vista.

14 NACIONALNI PARK PLITVIČKA JEZERA

UK A must for nature lovers: a stunning landscape with dozens of waterfalls.

D Ein Muss für Naturliebhaber ist diese wunderschöne Landschaft mit vielen Wasserfällen.

F Un < must > pour les amoureux de la nature: paysages magnifiques et innombrables cascades.

I Una tappa obbligata per gli amanti della natura è questo bellissimo paesaggio con numerose cascate.

15 NACIONALNI PARK PAKLENICA

UK In the heart of this hikers paradise in the Velebit mountains there are two deep rocky canyons.

D Zwei tiefe Felsschluchten sind das Herzstück des Wanderparadieses im Velebit-Gebirgsmassiv.

F Au cœur de ce paradis pour randonneurs dans la montagne Velebit se trouvent deux gorges profondes.

I Due profonde gole rocciose sono il cuore del paradiso escursionistico nel massiccio del Velebit.

16 JAJCE

UK A town like an open-air museum; the nearby Pliva lakes and watermills of Mlinčići are worth a visit.

D Eine Stadt als Freilichtmuseum, ganz in der Nähe locken die Pliva-Seen und die Wassermühlen Mlinčići.

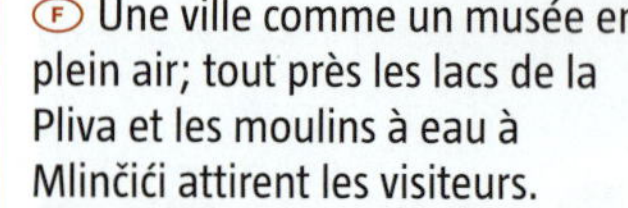

F Une ville comme un musée en plein air; tout près les lacs de la Pliva et les moulins à eau à Mlinčići attirent les visiteurs.

I Una città come museo a cielo aperto, i laghi di Pliva e i mulini ad acqua di Mlinčići si trovano nelle vicinanze.

17 ZADAR

UK The ramparts, some of which date from the Middle Ages, surround the old town and its marvellous churches.

D Eine zum Teil mittelalterliche Mauer umgibt die Altstadt mit ihren wunderbaren Kirchen.

F Des remparts, datant pour partie du Moyen Âge, entourent la vieille ville avec ses églises merveilleuses.

I Una cinta muraria in parte medievale circonda il centro storico con le sue meravigliose chiese.

18 NACIONALNI PARK KORNATI

UK Amazing flora and fauna everywhere - above and below the water.

D Wunderbare Fauna und Flora sowohl über als auch unter der Wasseroberfläche.

F Une faune et une flore magnifique partout - en dessus et en dessous de l'eau.

I Fauna e flora meravigliose sopra e sotto la superficie dell'acqua.

19 ŠIBENIK

UK The sculptures of the Cathedral of St James are masterpieces of art.

D Meisterwerke der Bildhauerkunst sind die Skulpturen an der Kathedrale Sankt Jakob.

F Les sculptures de la Cathédrale Saint-Jacques sont des chefs-d'œuvre de cet art.

I Le sculture della Cattedrale di San Giacomo sono capolavori dell'arte scultorea.

20 NACIONALNI PARK KRKA

UK The green oasis attracts visitors with its bewitching waterfalls and an isolated island, home to a monastery.

D Die grüne Oase lockt mit zauberhaften Wasserfällen und einer einsamen Klosterinsel.

F L'oasis verte attire les visiteurs avec ses cascades enchanteresses et une île isolée avec son monastère.

I L'oasi verde attrae i visitatori con incantevoli cascate e una solitaria isola-monastero.

21 TROGIR

UK The medieval centre and its stunning cathedral are one large museum.

D Ein einziges großes Museum: die mittelalterliche Altstadt mit der herrlichen Kathedrale.

F La vieille ville médiévale et la magnifique cathédrale forment un grand musée unique.

I Un grande museo: il centro storico medievale con la sua magnifica cattedrale.

22 SPLIT

UK A wonderful old city centre with the Riva promenade, the Adriatic Sea, and the colossal palace of Diocletian.

(D) Die Altstadt mit dem Diokletianspalast, die Flaniermeile Riva, die Adria - wunderbar!

(F) La vieille ville avec le Palais de Dioclétien, la promenade Riva, la mer Adriatique.... Merveilleux!

(I) Il centro storico con il Palazzo di Diocleziano, il lungomare Riva, il mare Adriatico - meraviglioso!

HVAR

(UK) The romantic principal settlement of the island of lavender attracts beauty and riches.

(D) Der romantische Hauptort der Lavendelinsel zieht die Reichen und Schönen an.

(F) Le chef-lieu romantique de l'île aux lavandes attire richesse et beauté.

(I) La romantica capitale dell'isola della lavanda attrae i ricchi e famosi.

24 BRAČ

(UK) From the highest summit of the Adriatic you have a marvellous view of Croatia's most famous beach.

(D) Vom höchsten Berg in der Adria blickt man auf den berühmtesten Strand Kroatiens.

(F) Depuis le plus haut sommet de l'Adriatique, vous avez une belle vue sur la plage la plus célèbre de Croatie.

(I) Dalla montagna più alta dell'Adriatico, si guarda la spiaggia più famosa della Croazia.

MAKARSKA

(UK) This popular seaside resort offers something unusual in Croatia: long sandy beaches.

(D) Der beliebte Badeort bietet eine kroatische Rarität: lange, schöne Sandstrände.

(F) Cette station balnéaire populaire offre une chose rare en Croatie: de longues plages de sable.

(I) La popolare località balneare offre una rarità croata: lunghe e bellissime spiagge sabbiose.

26 MOSTAR

(UK) Since 2004, the famous ancient bridge once again links Christianity and Islam.

(D) Seit 2004 verbindet die berühmte Alte Brücke wieder Christentum und Islam.

(F) Depuis 2004, le célèbre vieux pont relie à nouveau Christianisme et Islam.

(I) Dal 2004, il famoso Ponte Vecchio è tornato a collegare cristianesimo e islam.

27 KORČULA

(UK) Fine white wine, sword dancing and an enchanting little town are the trademarks of the island.

(D) Feiner Weißwein, Schwerttänze und ein bezaubernder Hauptort sind die Markenzeichen der Insel.

(F) Du vin blanc très fin, des danses du sabre et une petite ville enchanteresse caractérisent l'île.

(I) Buon vino bianco, danze con le spade e un'incantevole città principale sono i tratti distintivi dell'isola.

28 MIJET

(UK) A beautiful place with maritime pines, oak woods, steep cliffs and small coves.

(D) Ein wunderschönes Fleckchen mit Pinien und Eichenwäldern, steilen Küsten und kleinen Buchten.

(F) Un magnifique endroit avec pins maritimes et forêts de chênes, falaises escarpées et petites baies.

(I) Un posto bellissimo con boschi di pini e querce, coste scoscese e piccole insenature.

DUBROVNIK

(UK) The pearl of the Adriatic Sea transports you to a glittering era with its 'palazzi', churches and ramparts.

(D) Die Perle der Adria entführt mit Palazzi, Kirchen und Wehrmauern in eine glanzvolle Ära.

(F) La perle de la mer Adriatique vous transporte dans une époque pleine de faste avec ses <palazzi>, églises et remparts.

(I) La perla dell'Adriatico riporta a un'epoca glamour con i suoi palazzi, le chiese e le mura difensive.

30 BOKA KOTORSKA

(UK) A submerged river valley on the coast of Montenegro, the bay attracts visitors with a combination of cultural sights and unspoilt nature.

(D) Im einzigen ,,Fjord" Südeuropas kommen Kulturfans und Naturfreunde auf ihre Kosten.

(F) L'unique <fjord> d'Europe du Sud attire les amateurs de culture et de nature préservée.

(I) Nell'unico "fiordo" dell'Europa meridionale, gli amanti della cultura e della natura troveranno pane per i loro denti.

1 : 4 500 000

PREGLED LIST
QUADRO D'UNIONE
ÁTTEKINTŐTÉRKÉP

PREGLED LISTOV
CARTE D'ASSEMBLAGE
SKOROWIDZ ARKUSZY

BLATTÜBERSICHT
OVERZICHTSKAART
KLAD MAPOVÝCH LISTŮ

KEY MAP
MAPA ÍNDICE
KLAD MAPOVÝCH LISTOV

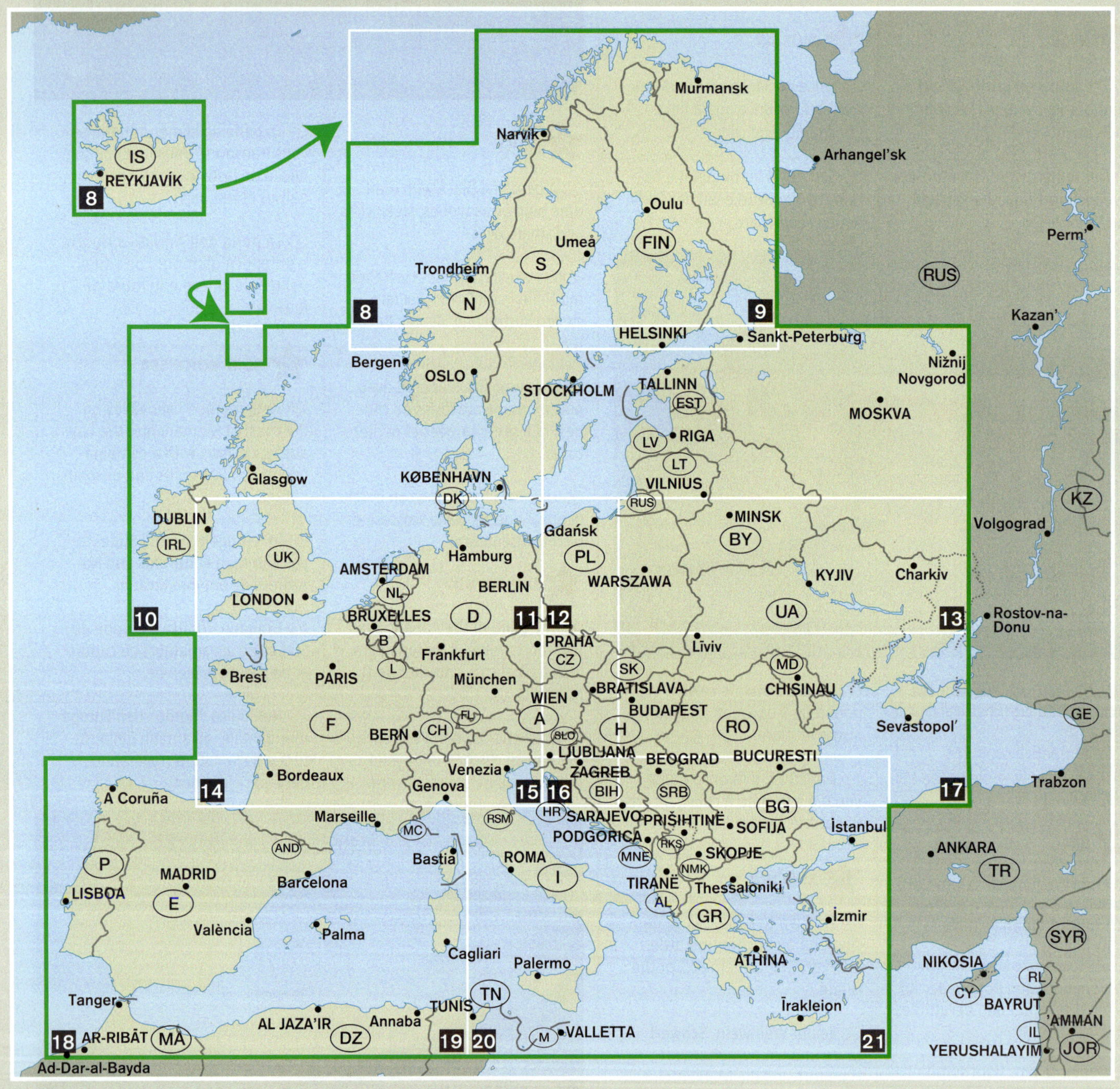

1 : 4 500 000

Tumač znakova · Legenda · Legenda · Signos convencionales · Zeichenerklärung · Jelmagyarázat · Legend · Objaśnienia znaków · Segni convenzionali · Vysvětlivky · Légende · Legenda

HR	SLO	D		UK	I	F
Autocesta a Četverotračna brza cesta sa prilazom	Avtocesta in hitra cesta s priključkom	Autobahn und autobahnähnliche Schnellstraße mit Anschlussstelle		Motorway and dual carriageway with motorway characteristics	Autostrada e doppio carreggiata di tipo autostradale con stazione	Autoroute et chaussée double de typeautoroutier avec point de jonction
Glavna tranzitna cesta	Magistralna cesta	Fernverkehrsstraße		Trunk road	Strada di grande comunicazione	Route à grande circulation
Glavna cesta s imena	Tranzitna cesta	Durchgangsstraße		Thoroughfare	Strada di attraversamento	Route de transit
Glavna cesta	Glavna cesta	Hauptstraße		Main road	Strada principale	Route principale
Glavna veza cesta s imena	Spojna cesta	Verbindungsstraße		Connecting road	Strada di collegamento	Route de communication
Broj europske ceste	Številka evropske ceste	Europastraßennummer	E20	European road number	Numero di strada europea	Numéro de route européenne
Trajekt za automobile	Trajekt za avtomobile	Autofähre		Car ferry	Traghetto per automobili	Bac pour automobiles
Brodska pruga	Ladijska proga	Schifffahrtslinie		Shipping route	Linea marittima	Ligne de navigation
Zračna luka	Mednarodno letališče	Verkehrsflughafen		Airport	Aeroporto	Aéroport
Glavni Grad	Glavno mesto	Hauptstadt	ZAGREB	Capital	Capitale di Stato	Capitale
Državna granica, Granični prijelaz	Državna meja, Mejna kontrolna točka	Staatsgrenze, Grenzkontrollstelle		National boundary, Check-poin	Confine di Stato, Punto di controllo	Frontière d'État, Point de contrôle
Kontroverzna državna granica	Mejna kontrolna točka	Umstrittene Staatsgrenze		Disputed international boundary	Confine di stato contestato	Frontière d'État contestée

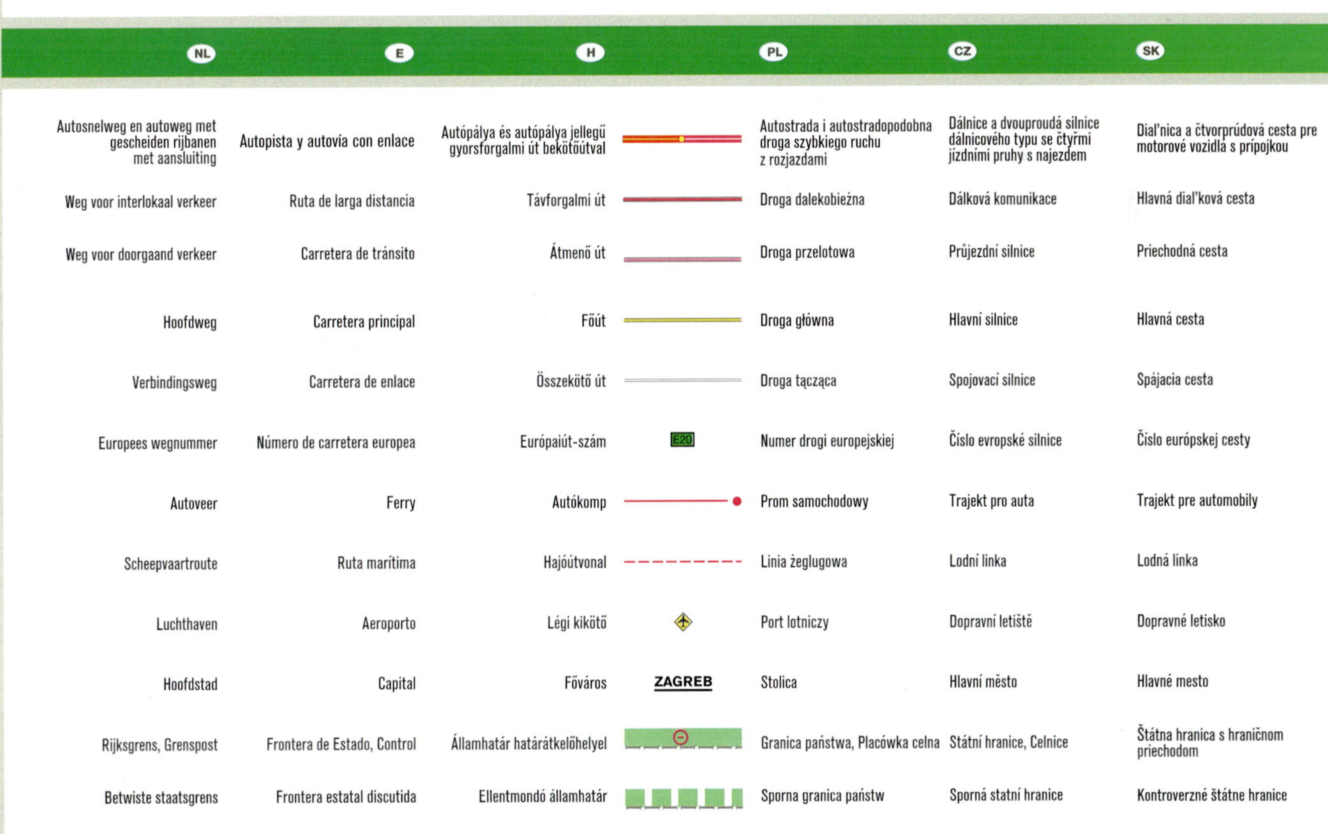

NL	E	H		PL	CZ	SK
Autosnelweg en autoweg met gescheiden rijbanen met aansluiting	Autopista y autovía con enlace	Autópálya és autópálya jellegű gyorsforgalmi út bekötőúttal		Autostrada i autostradopodobna droga szybkiego ruchu z rozjazdami	Dálnice a dvouproudá silnice dálnicového typu se čtyřmi jízdními pruhy s najezdem	Dial'nica a čtvorprúdová cesta pre motorové vozidlá s prípojkou
Weg voor interlokaal verkeer	Ruta de larga distancia	Távforgalmi út		Droga dalekobieżna	Dálková komunikace	Hlavná dial'ková cesta
Weg voor doorgaand verkeer	Carretera de tránsito	Átmenő út		Droga przelotowa	Průjezdní silnice	Priechodná cesta
Hoofdweg	Carretera principal	Főút		Droga główna	Hlavní silnice	Hlavná cesta
Verbindingsweg	Carretera de enlace	Összekötő út		Droga łącząca	Spojovací silnice	Spájacia cesta
Europees wegnummer	Número de carretera europea	Európaiút-szám	E20	Numer drogi europejskiej	Číslo evropské silnice	Číslo európskej cesty
Autoveer	Ferry	Autókomp		Prom samochodowy	Trajekt pro auta	Trajekt pre automobily
Scheepvaartroute	Ruta marítima	Hajóútvonal		Linia żeglugowa	Lodní linka	Lodná linka
Luchthaven	Aeroporto	Légi kikötő		Port lotniczy	Dopravní letiště	Dopravné letisko
Hoofdstad	Capital	Főváros	ZAGREB	Stolica	Hlavní město	Hlavné mesto
Rijksgrens, Grenspost	Frontera de Estado, Control	Államhatár határátkelőhelyel		Granica państwa, Placówka celna	Státní hranice, Celnice	Štátna hranica s hraničnom priechodom
Betwiste staatsgrens	Frontera estatal discutida	Ellentmondó államhatár		Sporna granica państw	Sporná statní hranice	Kontroverzné štátne hranice

ÍSLAND
REYKJAVÍK
Akureyri
Ísafjörður
Húsavík
Egilsstaðir
Höfn
Vatnajökull
Langjökull
Hofsjökull
Mýrdals-jökull
Vestmannaeyjar
Heimaey
Surtsey
Grímsey
Faxaflói
Breiðafjörður
Húnaflói
Hafnarfjörður
Keflavík
Selfoss
Borgarnes
Akranes
Blönduós
Sauðárkrókur
Siglufjörður
Ólafsfjörður
Dalvík
Seyðisfjörður
Neskaupstaður
Eskifjörður
Reyðarfjörður
Vík í Mýrdal
Kirkjubæjarklaustur
Hella
Hvolsvöllur
Þórshöfn
Raufarhöfn
Vopnafjörður
Bakkagerði
Djúpivogur
Ólafsvík
Stykkishólmur
Búðardalur
Borðeyri
Patreksfjörður
Bolungarvík
Flateyri
Þingeyri
Hólmavík
Grindavík
Þorlákshöfn
Eyrarbakki
NORSKEHAVET
Arctic circle
NORWEGIAN SEA
Lofoten
Vesterålen
Vestfjorden
Tromsø
Kvaløya
Ringvassøy
Senja
Andøy
Hinnøy
Langøya
Austvågøy
Vestvågøy
Moskenesøy
Værøy
Røst
Narvik
Harstad
Bodø
Fauske
Svolvær
Mo i Rana
Mosjøen
Sandnessjøen
Brønnøysund
Træna
Vega
Vikna
Namsos
Grong
Steinkjer
Levanger
Stjørdal
TRONDHEIM
Orkanger
Hitra
Frøya
Kristiansund
Molde
Ålesund
Sunndalsøra
Oppdal
Røros
Dombås
Otta
Rondane
Jotunheimen
Jostedalsbreen
Sognefjorden
Lillehammer
Hamar
Måløy
Florø
Førde
Bergen
Gudvangen
Aurlandsvangen
Fagernes
Östersund
Storuman
Vilhelmina
Åre
Duved
Sollefteå
Kramfors
Bollnäs
Söderhamn
Hudiksvall
Ljusdal
Sveg
Mora
Rättvik
Abisko
Kebnekaise
Jäckvik
Arjeplog
Sorsele
Gäddede
Strömsund
Hammerdal
Borlänge
Stockholm
Oslo

BARENTS SEA
BARENCEVO MORE
BELOE MORE
Kandalakšskaja guba
Onežskaja guba
Ladožskoe ozero
FINSKIJ ZALIV
BOTTENVIKEN
PERÄMERI
BOTTENHAVET
SELKÄMERI
NORGE
SUOMI
FINLAND
ROSSIJA
Kol'skij poluostrov
Karelija
Suomenselkä
Finnmarksvidda
Varangerhalvøya
Magerøya
Nordkapp
Sørøya
Kvaløy
Hammerfest
Alta
Vardø
Vadsø
Kirkenes
Nikel'
Pečenga
Poljarnyj
Severomorsk
MURMANSK
Kola
Murmaši
Olenegorsk
Revda
Mončegorsk
Kirovsk
Apatity
Poljarnye Zori
Kovdor
Kandalakša
Umba
Kem'
Belomorsk
Segeža
Medvež'egorsk
Kondopoga
PETROZAVODSK
Sortavala
Lodejnoe Pole
Priozersk
Svetogorsk
Vyborg
Primorsk
Zelenogorsk
Kronštadt
Petrodvorec
KOLPINO
SANKT-PETERBURG
Puškin
Kiriši
Volhov
Kostomukša
Inari
Ivalo
Sodankylä
Kittilä
Muonio
Rovaniemi
Kemijärvi
Salla
Kuusamo
Tornio
Kemi
Haparanda
Oulu (Uleåborg)
Raahe (Brahestad)
Kajaani
Kokkola Karleby
Pietarsaari Jakobstad
Nurmes
Joensuu
KUOPIO
Varkaus
Jyväskylä
Seinäjoki
Vaasa Vasa
Kristiinankaupunki Kristinestad
Savonlinna
Mikkeli
Imatra
Lappeenranta
Kouvola
Kotka
Lahti
Hämeenlinna
TAMPERE TAMMERFORS
Pori
Rauma
HELSINKI/HELSINGFORS
Porvoo Borgå
Kiruna
Gällivare
Malmberget
Jokkmokk
Boden
Luleå
Piteå
Arvidsjaur
Skellefteå
Umeå
Örnsköldsvik
Härnösand
Turku/Åbo
Tallinn
12

ATLANTIC
OCEAN
Rockall (U.K.)
St. Kilda
Føroyar
Færøerne
(Danmark)
Streymoy
Vestmanna
Vágar
Sandoy
Norðoyar
Eiði
Klaksvík
Eysturoy
Tórshavn
Thorshavn
Tvøroyri
Suðuroy
Hirtshals
Seyðisfj.
Tórshavn
Shetland Islands
Norwick
Unst
North Roe
Yell
Foula
Mainland
Lerwick
Grutness
Fair Isle
Westray
Sanday
Mainland
Skara Brae
Stromness
Hoy
Kirkwall
Orkney Islands
John o'Groat's
Wick
Thurso
Cape Wrath
Durness
Tongue
Port of Ness
Port Nis
Lewis
Leodhais
Stornoway
Steòrnabhagh
Harris
Na Hearadh
Tarbert
Tairbeart
Rodel/Roghadal
North Uist
Lochmaddy
Uibhist a Tuath
Loch Na Madadh
South Uist
Uibhist a Deas
Lochboisdale
Loch Baghasdail
Castlebay
Bagh a Chaisteil
Outer Hebrides
Nah - Eileanan Siar
Inner Hebrides
North West Highlands
Grampian Mountains
Sea of the Hebrides
Skye
Ullapool
Gairloch
Poolewe
Achnasheen
Kyle of Lochalsh
Dunvegan
Uig
Helmsdale
Dornoch
Bonar Br.
Tain
Invergordon
Moray Firth
Dingwall
Inverness
Garve
Nairn
Elgin
Fochabers
Banff
Fraserburgh
Peterhead
Huntly
Kildrummy Castle
Tolquhon Castle
ABERDEEN
Ballater
Balmoral Castle
Banchory
Stonehaven
Dunnottar Castle
Brechin
Montrose
Arbroath
DUNDEE
Kingussie
Ben Macdhui
Fort Augustus
Mallaig
Rum
Rhum
Fort William
Ben Nevis
Rannoch Station
Pitlochry
Glamis
Perth
Kirkcaldy
Crail
Firth of Forth
North Berwick
Coll
Tiree
Scarinish
Mull
Oban
Salen
Tyndrum
Killin
Dalmally
Inveraray
Dunblane
Stirling
Colonsay
Jura
Scalasaig
Lochgilphead
Islay
Port Askaig
Port Ellen
Greenock
Rothesay
GLASGOW
Brodick
Arran
Campbeltown
EDINBURGH
Ayr
Kilmarnock
Cumnock
Abington
Galashiels
Kelso
Melrose
Berwick
UNITED KINGDOM
Hawick
Jedburgh
Moffat
Dumfries
New Abbey
Carlisle
Otterburn
Alnwick
Warkworth
Hermitage Castle
Hadrian's Wall
Brampton
NEWCASTLE UPON TYNE
SOUTH SHIELDS
SUNDERLAND
Durham
Hartlepool
Stockton-on-Tees
MIDDLESBROUGH
Whitby
Darlington
Northallerton
Barnard Castle
Penrith
Keswick
Lake District
Kendal
Workington
Kirkcudbright
Stranraer
Cairnryan
Withorn
Merrick
Malin Head
Malin
Giant's Causeway
Portrush
Coleraine
North Channel
Londonderry
Derry
Letterkenny
Gaoth Dobhair
An Charraigh
Donegal
Ballymena
Larne
Magherafelt
Omagh
Lough Neagh
Northern Ireland
BELFAST
Bangor
Lisburn
Enniskillen
Armagh
Monaghan
Newcastle
Isle of Man
Peel
Douglas
Béal an Mhuirthead
Ballyshannon
Sligo
Sligeach
Bangor
Ballina
Nephin
Achill Island
Westport
Castlebar
Claremorris
Boyle
Carrick-on-Shannon
Cavan
Clifden
Cong
Roscommon
Longford
Kells
Dundalk
Dún Dealgan
Drogheda
Droichead Átha
Ireland
Éire
IRELAND
Lough Ree
Athlone
Mullingar
Galway
Gaillimh
Loughrea
Tullamore
Kinnegad
BAILE ÁTHA CLIATH
DUBLIN
IRISH SEA
Dún Laoghaire
Aran Islands
Oileáin Árainn
Ennis
Nenagh
Roscrea
Portlaoise
Naas
Kilkee
Loop Head
Limerick
Luimneach
Kilkenny
Cill Chainnigh
Carlow
Glendalough
Wicklow
Arklow
Tralee
Trá Lí
Dingle
An Daingean
Cashel
Rock of Cashel
Cahir
Killarney
Cill Airne
Mallow
Clonmel
Cluain Meala
Thomastown
Enniscorthy
Wexford
Loch Garman
New Ross
Waterford
Port Láirge
Rosslare Harbour
Carnsore Point
Dungarvan
Fermoy
Kenmare
CORK
CORCAIGH
Bantry
Skibbereen
Kinsale
Mizen Head
Cahirciveen
St. George's Channel
Holyhead
Anglesey
Bangor
Caernarfon
Snowdon
Colwyn Bay
Chester
LIVERPOOL
Southport
BLACKPOOL
PRESTON
Lancaster
Barrow-in-Furness
BOLTON
Burnley
BRADFORD
LEEDS
YORK
Thirsk
Scarborough
Bridlington
Beverley
KINGSTON UPON HULL
Scunthorpe
Grimsby
HUDDERSFIELD
MANCHESTER
STOCKPORT
SHEFFIELD
Doncaster
Selby
Chesterfield
Lincoln
Crewe
STOKE-ON-TRENT
Matlock
DERBY
NOTTINGHAM
Newark-on-Trent
Sleaford
Boston
Skegness
Wells-next-the-Sea
Cromer
King's Lynn
NORWICH
Great Britain
Aberdaron
Harlech
Dolgellau
Shrewsbury
Telford
Burton
WALSALL
LEICESTER
Stamford
Peterborough
Aberystwyth
Aberaeron
Newtown
WOLVERHAMPTON
BIRMINGHAM
COVENTRY
Kettering
Ely
Thetford
NORTHAMPTON
Worcester
Hereford
Builth Wells
Brecon
Stratford-upon-Avon
Bedford
CAMBRIDGE
IPSWICH
Fishguard
St. David's
Haverfordwest
Carmarthen
Pembroke Dock
SWANSEA
Neath
Merthyr Tydfil
NEWPORT
Cheltenham
Gloucester
OXFORD
LUTON
Bishop's Stortford
Felixstowe
Harwich
St. Albans
LONDON
COLCHESTER
SOUTHEND-ON-SEA
Rochester
Port Talbot
Bristol Channel
CARDIFF
BRISTOL
Bath
SWINDON
Newbury
READING
Windsor
Ilfracombe
Barnstaple
Dunster
Taunton
Wells
Stonehenge
Salisbury
Winchester
Guildford
Maidstone
Canterbury
Ramsgate
Dover
Folkestone
Ashford
Clovelly
Holsworthy
Stratton
King's Arthur's Castle
Okehampton
Exeter
Honiton
Yeovil
Dorchester
Weymouth
POOLE
BOURNEMOUTH
SOUTHAMPTON
PORTSMOUTH
Gosport
Isle of Wight
Chichester
Worthing
BRIGHTON
Eastbourne
Hastings
Lydd
Newhaven
Bodmin
Truro
Totnes
Torquay
PLYMOUTH
Falmouth
Penzance
Land's End
Lizard
Salcombe
Isles of Scilly
Hugh Town
English Channel
La Manche
Boulogne-sur-Mer
le Touquet-Paris-Plage
Calais
Dunkerque
Roscoff
Cherbourg-en-Cot.
St-Malo
Santander
Bilbao
Caen
Le Havre
Dieppe
Cherbourg
Paris
FRANCE
0° Greenwich
CELTIC SEA
In Great Britain and Northern Ireland distances in miles
15°
10°
7.5°
5°
55°
50°
62.5°
14
0
25
50
100
150 km
0
25
50
100 miles

0° Greenwich
Ålesund
8
Trondheim
NORGE
BERGEN
OSLO
Stavanger
Haugesund
Kristiansand
Drammen
Sarpsborg
Fredrikstad
Karlstad
ÖREBRO
SVERIGE
GÖTEBORG
Borås
Jönköping
Halmstad
Helsingborg
MALMÖ
Lund
Skagerrak
Kattegat
NORTH SEA
NORDSEE
DANMARK
AALBORG
AARHUS
Randers
Esbjerg
Vejle
ODENSE
KØBENHAVN
Sjælland
Bornholm
OSTSEE
Rügen
KIEL
Flensburg
Deutsche Bucht
Helgoland
ROSTOCK
Greifswald
LÜBECK
HAMBURG
Schwerin
BREMEN
BREMERHAVEN
OLDENBURG
Emden
GRONINGEN
Leeuwarden
NEDERLAND
AMSTERDAM
HAARLEM
DEN HAAG 'S-GRAVENHAGE
ROTTERDAM
UTRECHT
APELDOORN
ENSCHEDE
ARNHEM
NIJMEGEN
EINDHOVEN
TILBURG
BREDA
OSNABRÜCK
MÜNSTER
BIELEFELD
HANNOVER
BRAUNSCHWEIG
WOLFSBURG
MAGDEBURG
POTSDAM
BERLIN
SZCZECIN
POLSKA
Frankfurt (Oder)
DEUTSCHLAND
DORTMUND
ESSEN
DUISBURG
DÜSSELDORF
WUPPERTAL
KÖLN
BONN
AACHEN
KASSEL
GÖTTINGEN
HALLE (SAALE)
LEIPZIG
DRESDEN
CHEMNITZ
JENA
ERFURT
BRUGGE
GENT
ANTWERPEN
BRUSSEL BRUXELLES
BELGIË BELGIQUE
LILLE
Arras
Reims
Mons
Luxembourg
Trier
Koblenz
Frankfurt a. M.
15
Würzburg
Nürnberg
Hof
Gävle
Stockholm
Västervik
Oskarshamn
Kalmar
Koszalin
Wałcz
Poznań
Legnica
Görlitz
ČESKO

BOTTENHAVET
SELKÄMERI
SUOMI
FINLAND
TURKU
ÅBO
HELSINKI
HELSINGFORS
Åland
Ahvenanmaa
FINSKIJ ZALIV
SUOMENLAHT
SOOME LAHT
TALLINN
Narva
KOL-PINO
SAN
PET
Kotka
Hämeenlinna
Lahti
Kouvola
Hamina
Porvoo
Borgå
Salo
Gävle
UPPSALA
VÄSTERÅS
STOCKHOLM
Eskilstuna
Södertälje
Nynäshamn
Norrköping
Nyköping
Linköping
SVERIGE
ÖSTERSJÖN
Gotska Sandön
Fårö
Visby
Gotland
Västervik
Öland
Kalmar
Karlskrona
Hiiumaa
Saaremaa
EESTI
Pärnu
Tartu
Viljandi
PSKOV
Valga
Liivi laht
Rīgas līcis
Ventspils
RĪGA
LATVIJA
Jelgava
Liepāja
Daugavpils
Valmiera
Cēsis
Rēzekne
LIETUVA
LITHUANIA
Šiauliai
Panevėžys
Klaipėda
Palanga
KAUNAS
VILNIUS
BALTIC SEA
MORZE BAŁTYCKIE
Zelenogradsk
KALININGRAD
ROSSIJA
Sovetsk
Gusev
Baltijsk
MINSK
BARYSAŬ
Mala-dzečna
BARANAVIČY
Lida
HRODNA
BREST
PINSK
Belarus'
GDYNIA
Sopot
GDAŃSK
ELBLĄG
OLSZTYN
Słupsk
KOSZALIN
Kołobrzeg
Suwałki
BIAŁYSTOK
Łomża
BYDGOSZCZ
TORUŃ
WŁOCŁAWEK
PŁOCK
WARSZAWA
Siedlce
Gniezno
POZNAŃ
GORZÓW WLKP.
ZIELONA GÓRA
Konin
Kalisz
ŁÓDŹ
Piotrków Tryb.
RADOM
LUBLIN
Chełm
Zamość
KIELCE
CZĘSTOCHOWA
OPOLE
WROCŁAW
Legnica
Wałbrzych
Jelenia Góra
Świdnica
Stalowa Wola
Mielec
POLSKA
Kovel'
Luc'k
Rivne
Volodymyr-Volyns'kyj
Červonohrad
UK
Pskov
Ostrov
Opočka
Luga
VELIK NOVGOR
Kingisepp
Sosnovyj Bor
Petrodvorec
Puškin
Gatčina
Kronštadt
Kohtla-Järve
Rakvere
Polack
Hlybokae
Pastavy
Sluck
Ljubeśiv
Kobryn

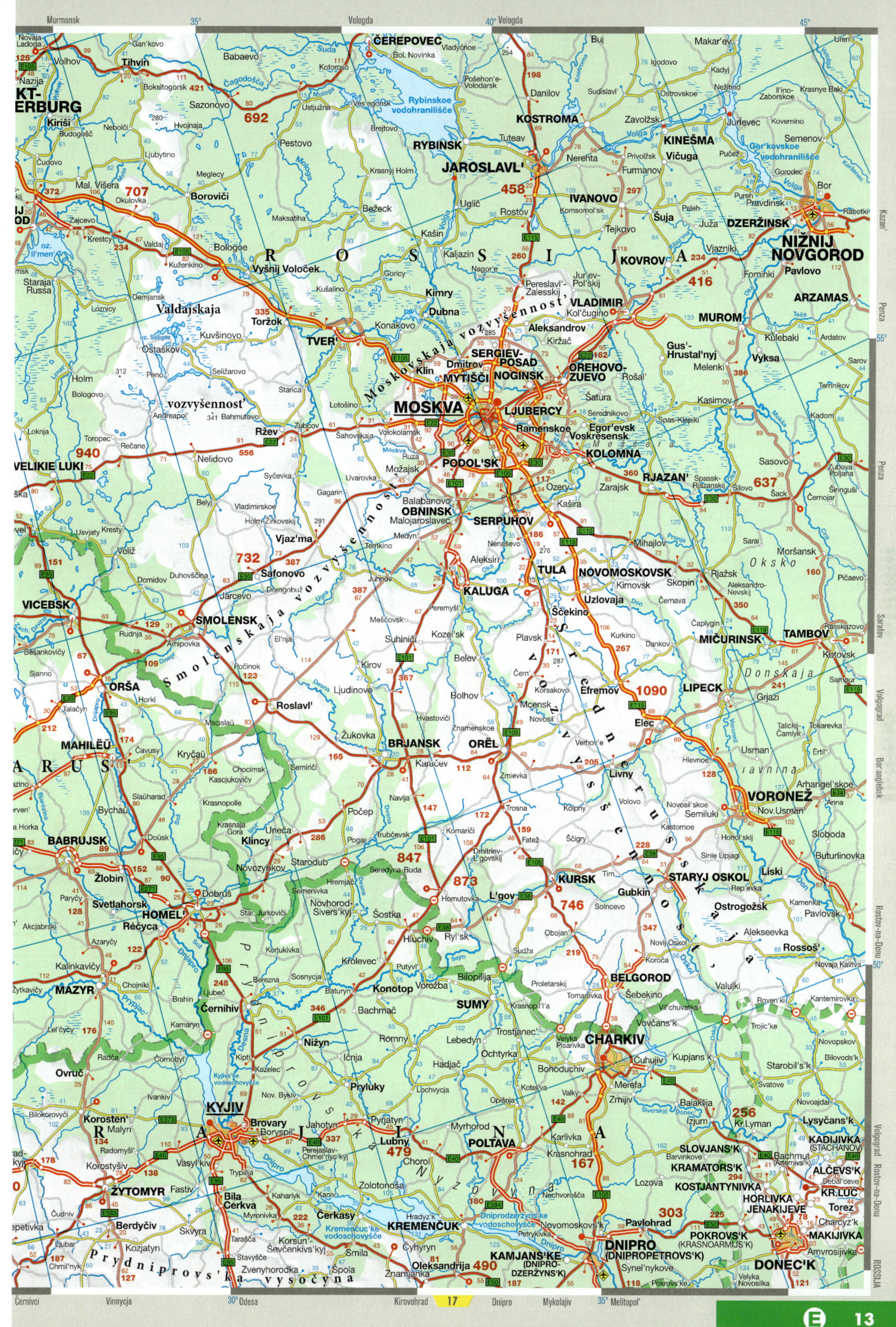

MOSKVA
Moskovskaja vozvyšennosť
Smolenskaja vozvyšennosť
Srednerusskaja vozvyšennosť
Prydniprovs'ka vysočyna
Valdajskaja vozvyšennosť
ROSSIJA
KYJIV
CHARKIV
VORONEŽ
NIŽNIJ NOVGOROD
JAROSLAVL'
TULA
KALUGA
BRJANSK
KURSK
SMOLENSK
TVER'
VLADIMIR
RJAZAN'
DNIPRO (DNIPROPETROVS'K)
DONEC'K
POLTAVA
SUMY
OREL
LIPECK
TAMBOV
BELGOROD
HOMEL'

Derry
Belfast
Glasgow
10
Newcastle
0° Greenwich
UNITED KINGDOM
NORTH SEA
NORDSEE
In Great Britain and Northern Ireland distances in miles
Great Britain
ÉIRE
IRELAND
BAILE ÁTHA CLIATH
DUBLIN
IRISH SEA
Isle of Man
SUNDERLAND
MIDDLESBROUGH
YORK
LEEDS
BRADFORD
BOLTON
LIVERPOOL
MANCHESTER
SHEFFIELD
STOCKPORT
STOKE-ON-TRENT
DERBY
NOTTINGHAM
LEICESTER
WOLVERHAMPTON
BIRMINGHAM
COVENTRY
NORTHAMPTON
NORWICH
CAMBRIDGE
IPSWICH
OXFORD
LUTON
LONDON
COLCHESTER
SOUTHEND-ON-SEA
SWANSEA
NEWPORT
CARDIFF
BRISTOL
SWINDON
READING
SOUTHAMPTON
PORTSMOUTH
BOURNEMOUTH
POOLE
BRIGHTON
PLYMOUTH
Bristol Channel
St. George's Channel
English Channel
La Manche
Channel Islands
Waddeneilanden
NEDERLAND
AMSTERDAM
HAARLEM
DEN HAAG
'S-GRAVENHAGE
UTRECHT
ROTTERDAM
BREDA
TILBURG
NIJMEGEN
ARNHEM
EINDHOVEN
APELDOORN
ANTWERPEN
GENT
BRUGGE
BRUSSEL
BRUXELLES
LIÈGE
NAMUR
CHARLEROI
LILLE
Luxembourg
METZ
NANCY
REIMS
AMIENS
ROUEN
LE HAVRE
CAEN
PARIS
BREST
RENNES
LE MANS
ORLÉANS
ANGERS
TOURS
NANTES
DIJON
BESANÇON
LAUSANNE
GENÈVE
LYON
LIMOGES
CLERMONT-FERRAND
ST-ÉTIENNE
GRENOBLE
BORDEAUX
ATLANTIC OCEAN
Golfe de Gascogne
Golfo de Vizcaya
Bilbao
Pau
0° Greenwich
Toulouse
19
Albi
Narbonne
Marseille
Marseille

Esbjerg
Kolding
København
SVERIGE
Malmö
11
MORZE BAŁTYCKIE
OSTSEE
Deutsche Bucht
Pommersche Bucht
Mecklenburger Bucht
DANMARK
POLSKA
ČESKO
SLOVENSKO
MAGYARORSZÁG (HUNGARY)
HRVATSKA (CROATIA)
BOSNA I HERCEGOVINA
SLOVENIJA
ÖSTERREICH
SCHWEIZ
ITALIA
ODENSE
Sjælland
Trelleborg
Bornholm
Flensburg
KIEL
Rügen
Stralsund
ROSTOCK
Greifswald
KOSZALIN
GDYNIA
GDAŃSK
ELBLĄG
Słupsk
HAMBURG
BREMERHAVEN
BREMEN
OLDENBURG
Lübeck
Wismar
Schwerin
Lüneburg
SZCZECIN
BYDGOSZCZ
TORUŃ
WŁOCŁAWEK
PŁOCK
GORZÓW WLKP.
BERLIN
POTSDAM
Frankfurt (Oder)
POZNAŃ
Gniezno
OSNABRÜCK
HANNOVER
WOLFSBG.
BRAUNSCHWG.
MAGDEBURG
HILDESHM.
SALZGITTER
BIELEFELD
MÜNSTER
Detmold
PADERBORN
HAMM
DORTMUND
ESSEN
WUPPERTAL
SOLINGEN
KÖLN
BONN
GÖTTINGEN
KASSEL
HALLE (SAALE)
LEIPZIG
Cottbus
ZIELONA GÓRA
ŁÓDŹ
Pabianice
Kalisz
Ostrów Wlkp.
Legnica
WROCŁAW
CZĘSTOCHOWA
OPOLE
Wałbrzych
JENA
CHEMNITZ
DRESDEN
ERFURT
Weimar
Gera
Zwickau
Plauen
Görlitz
Liberec
Děčín
Ústí n.L.
Hradec Králové
Pardubice
GLIWICE
KATOWICE
BYTOM
ZABRZE
BIELSKO-BIAŁA
OSTRAVA
OLOMOUC
BRNO
Zlín
Žilina
Trenčín
Nitra
Trnava
BRATISLAVA
KOBLENZ
WIESBADEN
MAINZ
FRANKFURT A.M.
Aschaffenburg
WÜRZBURG
Schweinfurt
Bamberg
Bayreuth
ERLANGEN
FÜRTH
NÜRNBERG
DARMSTADT
MANNHEIM
HEIDELBERG
Kaiserslautern
HEILBRONN
KARLSRUHE
PFORZHEIM
STUTTGART
REUTLINGEN
ULM
AUGSBURG
INGOLSTADT
REGENSBURG
Passau
MÜNCHEN
PLZEŇ
PRAHA
Kladno
České Budějovice
Jihlava
LINZ
St. Pölten
WIEN
SALZBURG
Rosenheim
Kempten
STRASBOURG
FREIBURG
BASEL
ZÜRICH
Winterthur
St.Gallen
BERN
Luzern
INNSBRUCK
Bozen Bolzano
Trento
GRAZ
MARIBOR
Klagenfurt
Villach
LJUBLJANA
ZAGREB
Sopron
GYŐR
Székesfehérvár
Szombathely
Nagykanizsa
PÉCS
Kaposvár
Veszprém
Tatabánya
Milano
BERGAMO
BRESCIA
VERONA
VICENZA
PADOVA
VENEZIA
Treviso
Udine
TRIESTE
RIJEKA
TORINO
Novara
PARMA
MODENA
REGGIO NELL'EMILIA
BOLOGNA
FERRARA
Cremona
Mantova
Piacenza
Alessandria
Asti
Chioggia
BANJA LUKA
26-73
Cuneo
Savona
Nice
Genova
La Spezia
Firenze
Rimini
Ravenna
20
Zadar
Warszawa
Piotrków Trybunalski
Kraków
Ružomberok
Zvolen
Budapest
Mohács
Beograd
Osijek
ROSSIJA

MORZE
BAŁTYCKIE
Bornholm (DK)
ROSSIJA
LIETUVA (LITUANIA)
KALININGRAD
MINSK
GDYNIA
GDAŃSK
ELBLĄG
OLSZTYN
KOSZALIN
HRODNA
BARANAVIČY
BYDGOSZCZ
TORUŃ
BIAŁYSTOK
WŁOCŁAWEK
PŁOCK
WARSZAWA
BREST
PINSK
POZNAŃ
GORZÓW WLKP.
ŁÓDŹ
ZIELONA GÓRA
RADOM
LUBLIN
KOVEL
RIVNE
WROCŁAW
OPOLE
CZĘSTOCHOWA
KIELCE
WAŁBRZYCH
KATOWICE
KRAKÓW
TARNÓW
RZESZÓW
L'VIV
TERNOPIL'
PRAHA
OSTRAVA
OLOMOUC
BRNO
ŽILINA
SLOVENSKO
KOŠICE
UŽHOROD
ČERNIVCI
WIEN
BRATISLAVA
MISKOLC
NYÍREGYHÁZA
SATU MARE
BUDAPEST
DEBRECEN
GYŐR
ÖSTERREICH
GRAZ
MAGYARORSZÁG
HUNGARY
KECSKEMÉT
SZEGED
ORADEA
CLUJ-NAPOCA
TÂRGU MUREŞ
ARAD
MARIBOR
PÉCS
ZAGREB
LJUBLJANA
SLOVENIJA
OSIJEK
NOVI SAD
TIMIŞOARA
HUNEDOARA
SIBIU
BRAŞOV
HRVATSKA (CROATIA)
RIJEKA
BANJA LUKA
BOSNA I HERCEGOVINA
BEOGRAD
SRBIJA
KRAGUJEVAC
DROBETA-TURNU-SEVERIN
CRAIOVA
PITEŞTI
26-73

Orsa
Roslavl'
Moskva
Elec
MAHILËU
BABRUJSK
Žlobin
HOMEL'
Rečyca
Svetlahorsk
MAZYR
Kalinkavičy
BRJANSK
Klincy
Novozybkov
Starodub
Počep
Trubčevsk
Karačev
R O S S I J A
Kursk
KURSK
L'gov
Ryl'sk
Hluchiv
Šostka
Konotop
SUMY
Bilopillja
Lebedyn
Romny
Ochtyrka
Bohoduchiv
CHARKIV
Čuhujiv
Kupjans'k
Izjum
Merefa
Zmijiv
Balaklija
BELGOROD
Šebekino
Vovčans'k
STARYJ OSKOL
Gubkin
Novij Oskol
Valujki
Alekseevka
Rossoš'
Ostrogožsk
Liski
VORONEŽ
Semiluki
Nov.Usman'
Usman'
Livny
Fatež
Ščigry
Černihiv
Nižyn
Pryluky
KYJIV
Brovary
Boryspil'
Bila Cerkva
Fastiv
ŽYTOMYR
Korosten'
Berdyčiv
Vasyl'kiv
Perejaslav-Chmel'nyc'kyj
Lubny
Myrhorod
POLTAVA
Karlivka
Krasnohrad
Lozova
Čerkasy
Zolotonoša
Kaniv
Smila
KREMENČUK
Svitlovods'k
Oleksandrija
Znam'janka
KROPYVNYC'KYJ (KIROVOHRAD)
KAMJANS'KE (DNIPRO-DZERŽYNS'K)
DNIPRO (DNIPROPETROVS'K)
Novomoskovs'k
Pavlohrad
Synel'nykove
Pokrovs'k
SLOVJANS'K
KRAMATORS'K
KOSTJANTYNIVKA
Lysyčans'k
Sjevjerodonec'k
HORLIVKA
JENAKIJEVE
MAKIJIVKA
DONEC'K
ALČEVS'K
KR.LUČ
Torez
Starobil's'k
Volnovacha
MARIUPOL'
Berdjans'k
ZAPORIŽŽJA
MELITOPOL'
Tokmak
Polohy
Huljajpole
Marhanec'
NIKOPOL'
KRYVYJ RIH
Pjatychatky
Novyj Buh
Voznesens'k
Pervomajs'k
Uman'
VINNYCJA
Chmel'nyc'kyj
Haisyn
Podil's'k
Balta
MYKOLAJIV
CHERSON
Nova Kachovka
Kachovka
Ochakiv
ODESA
Čornomors'k
Bilhorod-Dnistrovs'kyj
Izmajil
Reni
Tiraspol
Bender
CHIŞINĂU
BĂLŢI
MOLDOVA
Soroca
Edineţ
Orhei
Ungheni
Cahul
Comrat
IAŞI
Suceava
Botoşani
Bacău
PIATRA-NEAMŢ
Vaslui
Bârlad
Focşani
GALAŢI
BRĂILA
Tulcea
Sulina
Buzău
PLOIEŞTI
Urziceni
Slobozia
Feteşti
CONSTANŢA
Mangalia
Călăraşi
Silistra
Olteniţa
Giurgiu
RUSE
BĂLGARIJA
Dobrič
Balčik
VARNA
Razgrad
Šumen
Provadija
Svištov
Popovo
Krasnoperekops'k
Džankoj
Evpatorija
SIMFEROPOL'
SEVASTOPOL'
Alušta
Jalta
Alupka
Sudak
Feodosija
KERČ
Kavkaz
ROSSIJA
Heničes'k
Skadovs'k
Karkinits'ka zatoka
AZOVSKOE MORE
AZOVS'KE MORE
ČORNE MORE
ČERNOE MORE
MAREA NEAGRĂ
BLACK SEA
KARADENİZ
ČERNO MORE
TÜRKİYE
Sinop
Gerze
Ayancık
İnebolu
Samsun
Batumi
Novorossijsk
Rostov-na-Donu
Volgograd
Borisoglebsk
Sofija
Veliko Tărnovo
Burgas
İstanbul

ATLANTIC OCEAN
Golfe de Gascogne
Golfo de Vizcaya
Plymouth
Portsmouth
BORDEAUX
Arcachon
A CORUÑA
Ferrol
Cabo Ortegal
Ortigueira
Betanzos
Ribadeo
Luarca
Cabo de Peñas
Avilés
GIJÓN
Fisterra
Cabo Fisterra
Vimianzo
Carballo
Ordes
SANTIAGO D.C.
Noia
Santa Uxia (Ribeira)
Vilagarcia de Arousa
Pontevedra
VIGO
Tui
Melide
Lugo
Lalín
Fonsagrada
Salas
OVIEDO
Mieres
Ribadesella
SANTANDER
Torrelavega
Reinosa
Castro Urdiales
BILBAO
BARAKALDO
DONOSTIA SAN SEBASTIÁN
Biarritz
Bayonne
OURENSE
A Cañiza
Monforte de Lemos
Becerreá
Villablino
Ponferrada
Astorga
LEÓN
Riaño
Potes
Sahagún
Osorno
Aguilar de Campoo
Herrera de Pisuerga
Miranda de Ebro
VITORIA-GASTEIZ
Estella
PAMPLONA IRUÑEA
Irurzun
Belorado
LOGROÑO
Tafalla
BURGOS
Nájera
Calahorra
Tudela
Santa Tegra
Ponte da Barca
Viana do Castelo
BRAGA
Póvoa de Varzim
Guimarães
Chaves
Bragança
Mirandela
PORTO
Vila Real
Lamego
Penafiel
Aveiro
Viseu
Benavente
Zamora
Miranda do Douro
Palencia
Medina de Rioseco
VALLADOLID
Tordesillas
Aranda de Duero
Soria
Tarazona
ZARAGOZA
Figueira da Foz
COIMBRA
Guarda
Vilar Formoso
Ciudad Rodrigo
SALAMANCA
Ledesma
Vitigudino
Medina del Campo
Arévalo
Coca
Segovia
Cuéllar
Turégano
El Burgo de Osma
Almazán
Medinaceli
Sigüenza
Calatayud
Carinena
Covilhã
Fundão
Pombal
Leiria
Fátima
Nazaré
Peniche
Caldas da Rainha
Tomar
Castelo Branco
Bejar
Plasencia
Ávila
El Escorial
MADRID
Guadalajara
ALCALÁ D.H.
Molina de Aragón
Daroca
Teruel
Torres Vedras
Santarém
Abrantes
Ponte de Sor
Valencia de Alcántara
Cáceres
Trujillo
Navalmoral de la Mata
Talavera de la Reina
Toledo
Aranjuez
Ocaña
Tarancón
Cuenca
Sintra
Cascais
LISBOA
Almada
Setúbal
Montijo
Vila Franca de Xira
Portalegre
Alburquerque
Elvas
BADAJOZ
Mérida
Évora
Estremoz
Vendas Novas
Montemor-o-Novo
Navahermosa
Orgaz
Madridejos
Quintanar de la Orden
Alcácer do Sal
Grândola
Sines
Beja
Zafra
Almendralejo
Villanueva de la Serena
Ciudad Real
Daimiel
Almagro
Tomelloso
Alcázar de San Juan
Manzanares
Valdepeñas
Puertollano
Almadén
La Roda
ALBACETE
Requena
Utiel
Odemira
Ourique
Castro Verde
Mértola
Almodóvar
Llerena
Fuente Obejuna
CÓRDOBA
Linares
Bailén
La Carolina
Villanueva de los Infantes
Almansa
Yecla
Xàtiva
Alzira
Portimão
Lagos
Sagres
Cabo de S. Vicente
Albufeira
Faro
Tavira
Ayamonte
HUELVA
SEVILLA
Carmona
Écija
Lora del Río
Andújar
JAÉN
Úbeda
Cazorla
Caravaca de la Cruz
Cieza
MURCIA
Orihuela
ELX
ALACANT ALICANTE
Golfo de Cádiz
Utrera
Osuna
Estepa
Lucena
Baena
Granada
Guadix
Baza
Huércal Overa
Lorca
Águilas
CARTAGENA
Sanlúcar de Barrameda
JEREZ DE LA FRONTERA
CÁDIZ
San Fernando
Medina Sidonia
Arcos de la Frontera
Ronda
Antequera
MÁLAGA
Estepona
MARBELLA
Motril
Nerja
Berja
Adra
ALMERÍA
Cabo de Gata
Carboneras
Costa Cálida
Costa Blanca
Costa del Sol
ALGECIRAS
Tarifa
La Línea d.l.C.
Gibraltar (UK)
Europa Point
TANJA (TANGER)
Cap Spartel
Ceuta (Esp.)
TÉTOUAN
Asilah
EL-'ARĀICH (LARACHE)
Ksar-el-Kebir
Chefchaouen
Isla del Alborán (Esp.)
Al-Hoceima
Melilla (Esp.)
NADOR
Islas Chafarinas (Esp.)
Berkane
Saïdia
WAHRĀN (ORAN)
Arzew
Mostaganem
Sidi Lakhdar
Beni-Saf
Aïn-Témouchent
SIDI-BEL-ABBES
TLEMCEN
Maghnia
UJDA (OUJDA)
Taourirt
Guercif
TAZA
FĀS (FÈS)
MEKNÈS
KHEMIS-SET
Sidi-Kacem
AL-Q'NITRA (KENITRA)
AR-RIBĀT (RABAT)
AD-DĀR-AL-BAYDĀ (CASABLANCA)
MOHAMMEDIA
Berrechid
El-Jadida
AL-MAGHRIB (MAROC)
Rif
OCEAN
ATLANTIC
ESPAÑA
PORTUGAL
Cordillera Cantábrica
Sierra Morena
Sierra Nevada
Azrou
Bouârfa
Aïn Sefra
Béchar
0° Greenwich
10°
5°
40°
35°
0 25 50 100 150 km
0 25 50 100 miles

Tours
Poitiers
0° Greenwich
Limoges
Paris
Clerm.-F.
Roanne
Genève
Lausanne
SCHWEIZ
Brig
Luzern
Chiavenna
10°
Edolo
Brescia
Parma
Pisa
45°
40°
5°
F R A N C E
ITALIA
CLERMONT-FERRAND
LYON
ST-ÉTIENNE
GRENOBLE
Valence
Chambéry
Annecy
Albertville
Aosta
Biella
Ivrea
Novara
Varese
Como
Lecco
BERGAMO
MILANO
Crema
Cremona
Pavia
Vercelli
TORINO
Asti
Alessandria
Piacenza
Tortona
GENOVA
Savona
Rapallo
Pontremoli
LA SPEZIA
Cuneo
Mondovì
Imperia
Sanremo
Monaco
MONACO
NICE
Cannes
Fréjus
St-Tropez
TOULON
Hyères
Îles d'Hyères
MARSEILLE
AIX-EN-PROV.
Arles
Avignon
NÎMES
MONTPELLIER
Sète
Béziers
Narbonne
Carcassonne
TOULOUSE
Tarbes
Pau
Lourdes
Montauban
Agen
Cahors
Aurillac
Millau
Alès
Orange
Carpentras
Montélimar
Gap
Digne-les-Bains
Barcelonnette
Briançon
Golfe du Lion
PERPIGNAN
Port-Vendres
Cerbère
Figueres
Girona
ANDORRA
Andorra la Vella
Pyrénées
Huesca
Barbastro
LLEIDA
Manresa
TERRASSA
SABADELL
MATARÓ
BARCELONA
Vila-nova i la Geltrú
TARRAGONA
REUS
Tortosa
Costa Brava
Costa Daurada
CASTELLÓ DE LA PLANA
VALÈNCIA
Golf de València
Mallorca
PALMA
Manacor
Menorca
Maó
Ciutadella
Cabrera
Eivissa
Ibiza
Formentera
Illes Balears
Corse (France)
Bastia
Calvi
Ajaccio
Porto-Vecchio
Bonifacio
Sardegna (Italia)
Sassari
Olbia
Porto Torres
Alghero
Nuoro
Oristano
Iglesias
CAGLIARI
Carbonia
Isola di San Pietro
Sant'Antioco
C. Teulada
MARE LIGURE
MAR MEDITERRÁNEO
MEDITERRANEAN SEA
Galite
BINZART (BIZERTE)
TŪNIS
Béja
Jendouba
Mateur
AL-JAZĀ'IR (ALGER)
El-Harrach
Dellys
Tizi-Ouzou
Bejaïa
Jijel
SKIKDA
ANNABA
El-Kala
GUELMA
SOUK AHRAS
QACENTINA (CONSTANTINE)
Sétif
El-Boulaida (Blida)
Médéa
CHLEF
Tènès
Cherchell
Khemis Miliana
Aïn-Defla
Bordj-Bou-Arreridj
AÏN-BEÏDA
KENCHELA
TÉBESSA
Batna
El-Kef
KAIROUAN
AL-JAZĀ'IR
Laghouat
Beskra
El-Oued
Sousse

Edolo
Bolzano/Bozen
Belluno
Villach
Ljubljana
Graz
Budapest
Szeged
Milano
Genova
Trento
Rovereto
Feltre
Pordenone
Udine
Gorizia
TRIESTE
Novo Mesto
SLOVENIJA
ZAGREB
Virovitica
OSIJEK
NOVI SAD
Zrenjanin
BEO
BRESCIA
VERONA
VICENZA
Treviso
PADOVA
VENEZIA
Chioggia
Rovigo
Cremona
Mantova
PARMA
MODENA
FERRARA
REGGIO NELL'EMILIA
BOLOGNA
Comacchio
RAVENNA
Koper
Opatija
RIJEKA
Karlovac
Sisak
HRVATSKA (CROATIA)
Slavonski Brod
Brčko
Bijeljina
Tuzla
Pula
Rab
Senj
Bihać
BANJA LUKA
BOSNA I HERCEGOVINA
Jajce
Zenica
SARAJEVO
Valjevo
KRAGUJEVAC
Čačak
Užice
Mali Lošinj
Zadar
Knin
Šibenik
Trogir
SPLIT
Mostar
Makarska
Hvar
Vis
Korčula
Lastovo
Dubrovnik
Trebinje
Nikšić
CRNA GORA
PODGORICA
Kotor
Herceg Novi
Budva
Cetinje
Bar
Ulcinj
Shkodër
Pontremoli
RIMINI
Pesaro
SAN MARINO
Fano
ANCONA
LA SPEZIA
Carrara
Lucca
Pistoia
FIRENZE
PISA
LIVORNO
FORLÌ
Cesena
Siena
Arezzo
PERUGIA
Assisi
Foligno
Spoleto
Macerata
Fermo
Civitanova Marche
San Benedetto del Tronto
Ascoli Piceno
Giulianova
Teramo
PESCARA
Ortona
Chieti
L'Aquila
Vasto
Termoli
Isole Tremiti
Vieste
Manfredonia
Gargano
Grosseto
Piombino
Elba
Portoferraio
Orbetello
Viterbo
TERNI
Rieti
Orvieto
Montecristo
Isola del Giglio
Tarquinia
Civitavecchia
ROMA
CITTÀ DEL VATICANO
Tivoli
Ostia
Frascati
Latina
Anzio
Frosinone
Cassino
Campobasso
Isernia
Sulmona
Avezzano
FOGGIA
Barletta
Molfetta
BARI
Monopoli
Andria
Altamura
Matera
Brindisi
TARANTO
Lecce
Otranto
Gallipoli
Cerignola
Benevento
Caserta
Capua
NAPOLI
Ischia
Procida
Capri
Sorrento
Amalfi
SALERNO
Avellino
Potenza
Melfi
Battipaglia
Ponza
Ventotene
Corse (France)
Bastia
La Maddalena
Palau
Olbia
Sardegna (Italia)
Arbatax
Orosei
Siniscola
MARE TIRRENO
MARE ADRIATICO
JADRANSKO MORE
ITALIA
Golfo di Taranto
Castrovillari
Corigliano Calabro
Cosenza
Crotone
Lamezia Terme
Catanzaro
Vibo Valentia
Paola
Gioia Tauro
Villa San Giovanni
REGGIO DI CALABRIA
Locri
MARE IONIO
Isola di Stromboli
Isola Eolie o Lipari
Salina
Lipari
Isola di Ustica
MESSINA
Milazzo
PALERMO
Cefalù
TRAPANI
Erice
Monreale
Isole Egadi
Marsala
Mazara del Vallo
Sciacca
Agrigento
Caltanissetta
Enna
Nicosia
Etna
Taormina
CATANIA
Lentini
SIRACUSA
Ragusa
Gela
Licata
Sicilia
Pachino
Isole delle Correnti
Pozzallo
Pantelleria (Italia)
Linosa (Italia)
Lampedusa (Italia)
MALTA
Malta
Valletta
Ghawdex (Gozo)
MARE MEDITERRANEO
TŪNIS
Golfe de Tunis
Menzel Temime
Kelibia
Hammamet
Nabeul
Golfe de Hammamet
SOUSSE
Monastir
Mahdia
KAIROUAN
Enfidha
Binzart
Qacentina
Gafsa
El Jem
Chebba
Durrës
TIRANA
Vlorë
Fier
Sarandë
Kérkira (Kórfu)
Paleokastritsa
26-73

MAREA NEAGRĂ
ČERNO MORE
BLACK SEA
KARADENİZ
ROMÂNIA
BUCUREŞTI
PLOIEŞTI
PITEŞTI
CONSTANŢA
CRAIOVA
DROBETA-TURNU-SEVERIN
RUSE
Silistra
Dobrič
Giurgiu
VARNA
BURGAS
BALGARIJA
SOFIJA
Pleven
Montana
Vraca
Veliko Tărnovo
Šumen
Gabrovo
Sliven
Jambol
Stara Zagora
PLOVDIV
Haskovo
Pazardžik
Blagoevgrad
Kărdžali
Dimitrovgrad
SRBIJA
NIŠ
Leskovac
PRISHTINË
PRISTINA
KOSOVË
SKOPJE
SEVERNA MAKEDONIJA
Tetovo
Prizren
Kumanovo
Štip
Veles
Prilep
Bitola
Ohrid
Kičevo
Strumica
Korçë
THESSALONÍKI
Kavála
Dráma
Sérres
Kilkís
Xánthi
Komotiní
Alexandroúpoli
Kateríni
Kozáni
Véria
Édessa
Flórina
Kastoriá
LÁRISA
Trikala
Kardítsa
Vólos
Lamía
Ioánnina
Árta
Préveza
Agrinio
PÁTRA
Pírgos
Tripoli
Spárti
Kalamáta
ATHÍNA
PIREÁS
Thíva
Lívádia
Khalkída
Évvia
Kórinthos
Náfplio
Kefallonía
Zákinthos
Thássos
Samothráki
Límnos
Lésvos
Mitilíni
Skíros
Híos
Sámos
Ikaria
Ándros
Tínos
Míkonos
Náxos
Páros
Sífnos
Mílos
Íos
Thíra (Santoríni)
Anáfi
Amorgós
Astipálea
Kos
Kálimnos
Léros
Pátmos
Tílos
Nísiros
Sími
Ródos
Kárpathos
Kássos
Kíthira
Andikíthira
Kríti
IRÁKLIO
Haniá
Réthimno
Ágios Nikólaos
Iérapetra
Sitía
Gávdos
ISTANBUL
İZMİT
ADAPAZARI
BURSA
Edirne
Kırklareli
Tekirdağ
Çorlu
Çanakkale
Gelibolu
Keşan
BALIKESİR
Bandırma
MANİSA
İZMİR
AYDIN
Kuşadası
Söke
Milas
Muğla
BODRUM
Marmaris
Fethiye
DENİZLİ
UŞAK
KÜTAHYA
Akhisar
Soma
Bergama
Ayvalık
Edremit
TURGUTLU
Salihli
Nazilli
TÜRKİYE
Marmara Denizi
Thrakikó Pélagos
EGEO PÉLAGOS
Vóries Sporádes
Kikládes
Dodekánisos
Mirtoo Pélagos
Kritikón Pélagos
Karpáthio Pélagos
Ikárion Pélagos
IÓNIO PÉLAGOS
IONEO
MEDITERRANEAN SEA
Kólpos Thermaikós
Ankara
Eskişehir
Afyon
Antalya
Lemesos
20°
25°
30°
35°
40°

1:300 000

PREGLED LIST
QUADRO D' UNIONE
ÁTTEKINTŐTÉRKÉP

PREGLED LISTOV
CARTE D'ASSEMBLAGE
SKOROWIDZ ARKUSZY

BLATTÜBERSICHT
OVERZICHTSKAART
KLAD MAPOVÝCH LISTŮ

KEY MAP
MAPA ÍNDICE
KLAD MAPOVÝCH LISTOV

1 : 300 000

Tumač znakova / Legenda

Zeichenerklärung / Legend

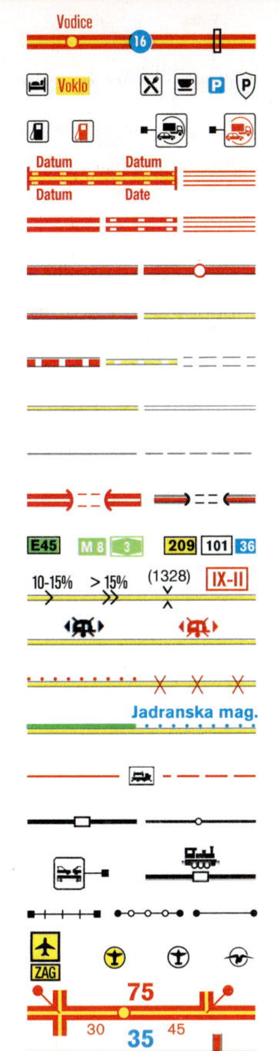

HR / SLO	D / UK
Autocesta sa prilazom · Izlaz-broj · Pristojba Avtocesta s priključkom · Izvoz-številka · Cestninska postaja	Autobahn mit Anschlussstelle · Anschlussnummer · Gebührenstelle Motorway with junction · Junction number · Toll station
Odmorište s prenočištem · Restoran · Bife · Parkiralište sa WC-om · Kamion parking sigurnost Motel · Restavracija · Počivališče · Tovornjak parkiranje varnost	Rasthaus mit Übernachtung · Raststätte · Kleinraststätte · Parkplatz mit WC · LKW-Sicherheitsparkplatz Hotel, motel · Restaurant · Snackbar · Parking area with WC · Truck secure parking
Benzinska crpka · SPP · Benzinska crpka, restoran za kamione · SPP Bencinska črpalka · CNG · Parkirišče za voznike tovornj. · CNG	Tankstelle · mit Erdgas CNG · Autohof · mit Erdgas CNG Filling-station · CNG · Truckstop · CNG
Autocesta u gradnji sa datumom otvoranja · Autocesta u planu Avtocesta v gradnji in izdelavni termin · Avtocesta v načrtu	Autobahn in Bau mit voraussichtlichem Fertigstellungsdatum · Autobahn in Planung Motorway under construction with expected date of opening · Motorway projected
Četverotračna brza cesta · u gradnji · u planu Hitra cesta · v gradnji · v načrtu	Autobahnähnliche Schnellstraße · in Bau · in Planung Dual carriageway with motorway characteristics · under construction · projected
Glavna tranzitna cesta · sa prilazom Magistralna cesta · s priključkom	Fernverkehrsstraße · mit Anschlussstelle Trunk road · with junction
Regionalna cesta · Glavna cesta Pomembna glavna cesta · Glavna cesta	Wichtige Hauptstraße · Hauptstraße Important main road · Main road
Ceste u gradnji · u planu Ceste v gradnji · v načrtu	Straßen in Bau · geplant Roads under construction · projected
Lokalna cesta · Provozni put Stranska cesta · Vozna pot	Nebenstraße · Fahrweg Secondary road · Carriageway
Provozni put, uslovno prohodan · Staze Vozna pot, pogojno prevozna · Steze	Fahrweg, nur bedingt befahrbar · Fußwege Carriageway, use restricted · Footpathes
Ulični tuneli Cestni predori	Straßentunnel Road tunnels
Broj europske ceste · Broj autoceste · Broj ceste Številka evropske ceste · Oznaka avtoceste · Oznaka ceste	Europastraßennummer · Autobahnnummer · Straßennummer European road number · Motorway number · Road number
Uspon · Prijevoj · Zabrana prometa zimi Vzpon · Prelaz · Zimska zapora	Steigung · Pass · Wintersperre Gradient · Pass · Closure in winter
Ne preporuča se za kamp prikolice · zabranjeno Ni priporočljivo za stanovanjske prikolice · prepovedano	Straße für Wohnanhänger nicht empfehlenswert · gesperrt Road not recommended · closed for caravans
Cesta s plaćanjem pristojbe · Cesta zabranjena Cesta s plačilom cestnine · Cesta zaprta za motorni promet	Gebührenpflichtige Straße · Straße für Kfz gesperrt Toll road · Road closed for motor vehicles
Cesta u lijepom krajoliku · Turistička cesta Slikovita cesta · Turistična cesta	Landschaftlich schöne Strecke · Touristenstraße Route with beautiful scenery · Tourist route
Trajekt za automobile · Riječna trajektna pruga · Brodska pruga Trajekt za avtomobile · Rečna trajektna proga · Ladijska proga	Autofähre · Autofähre an Flüssen · Schifffahrtslinie Car ferry · Car ferry on river · Shipping route
Glavna željeznička pruga sa kolodvorom · Lokalna željeznička pruga s postajom Glavna železniška proga z železniško postajo · Stranska železniška proga z postajališčem	Hauptbahn mit Bahnhof · Nebenbahn mit Haltepunkt Main line railway with station · Secondary line railway with stop
Utovar automobila na vlak · Istorijska željeznica Železniški avtoprevoz · Muzejska železniška proga	AutoZug-Terminal · Museumseisenbahn Car-loading terminal · Tourist train
Zupčana željeznica, žičara bez sjedišta · Žičara · Uspinjača Proga zobate železnice, Vzpenjača · Gondolska žičnica · Sedežnica	Zahnradbahn, Standseilbahn · Kabinenseilbahn · Sessellift Rack-railway, funicular · Aerial cableway · Chair-lift
Zračna luka · Regionalna zračna luka · Uzletište · Površina za jedriličarenje Mednarodno letališče · Lokalno letališče · Letališče · Letališče za jadralna letala	Verkehrsflughafen · Regionalflughafen · Flugplatz · Segelflugplatz Airport · Regional airport · Airfield · Gliding site
Udaljenosti u kilometrima na autocesti Razdalje v km na avtocestah	Entfernungen in km an Autobahnen Distances in km along the motorway
Udaljenosti u kilometrima na cestama Razdalje v km na cestah	Entfernungen in km an Straßen Distances in km along the other roads

ZANIMLJIVOSTI / ZAMINIVOSTI — SEHENSWÜRDIGKEITEN / PLACES OF INTEREST

HR / SLO		D / UK
Vrlo znamenito naselje Posebej zanimivo naselje	ZAGREB	Besonders sehenswerter Ort Place of particular interest
Znamenito naselje Zelo zanimivo naselje	MOSTAR	Sehr sehenswerter Ort Very interesting city
Vrlo zanimljiva građevina · Zanimljiva građevina Posebej zanimiva kulturna znamenitost · Zanimiva kulturna znamenitost	Veliki tabor · Sv. Nikola	Besonders sehenswertes kulturelles Objekt · Sehr sehenswertes kulturelles Objekt Cultural monument of particular interest · Very interesting cultural monument
Posebna prirodna znamenitost · Prirodna znamenitost Posebej zanimiva naravna znamenitost · Zanimiva naravna znamenitost	Ledenjača · Vodopad	Besondere Natursehenswürdigkeit · Natursehenswürdigkeit Natural object of particular interest · Very interesting natural monument
Ostale znamenitosti: kultura - priroda Druge znamenitosti: kultura - priroda	★ Vintgar · ★ Skala	Sonstige Sehenswürdigkeiten: Kultur - Natur Other objects of interest: culture - nature
Botanički vrt, znamenit perivoj · Zoološki vrt Botanični vrt, zanimiv park · Živalski vrt		Botanischer Garten, sehenswerter Park · Zoologischer Garten Botanical gardens, interesting park · Zoological gardens
MARCO POLO Highlight MARCO POLO Highlight	1	MARCO POLO Highlight MARCO POLO Highlight
Nacionalni park, prirodni park · Vidikovac Narodni park, naravni park · Razgledišče		Nationalpark, Naturpark · Aussichtspunkt National park, nature park · Scenic view
Crkva · Kapela · Crkvena ruševina · Samostan · Samostanska ruševina Cerkev · Kapela · Razvalina cerkve · Samostan · Samostanska razvalina		Kirche · Kapelle · Kirchenruine · Kloster · Klosterruine Church · Chapel · Church ruin · Monastery · Monastery ruin
Utvrda, grad · Gradina · Spomenik · Vjetrenjača · Spilja Graščina, grad · Razvalina grada · Spomenik · Mlin na veter · Jama		Schloss, Burg · Burgruine · Denkmal · Windmühle · Höhle Palace, castle · Castle ruin · Monument · Windmill · Cave

OSTALE OZNAKE / DRUGI ZNAKI — SONSTIGES / OTHER INFORMATION

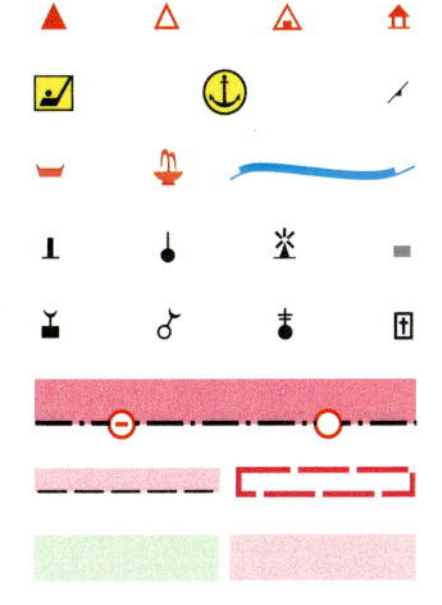

HR / SLO	D / UK
Kamp cijele godine · sezonski · Omladinski hotel · Hotel, motel, gostionica, planinarska kuća, ferijalna kolonija Kamp celo leto · sezonske · Mladinski hotel · Hotel, motel, gostišče, planinska koča, počitniško naselje	Campingplatz ganzjährig · saisonal · Jugendherberge · Hotel, Motel, Gasthaus, Berghütte, Feriendorf Camping site permanent · seasonal · Youth hostel · Hotel, motel, inn, refuge, tourist colony
Igralište golfa · Marina · Vodopad Igrišče za golf · Marina · Slap	Golfplatz · Jachthafen · Wasserfall Golf-course · Marina · Waterfall
Bazen · Toplice · Obala pogodna za kupanje Bazen · Toplice · Obala primerna za kopanje	Schwimmbad · Heilbad · Empfehlenswerter Badestrand Swimming pool · Spa · Recommended beach
Toranj · Radio-, televizijski toranj · Svjetionik · Pojedinačna zgrada Stolp · Radijski ali televizijski stolp · Svetilnik · Posamezno poslopje	Turm · Funk-, Fernsehturm · Leuchtturm · Einzelgebäude Tower · Radio or TV tower · Lighthouse · Isolated building
Džamija · Prijasnja džamija · Rusko-ortodoksna crkva · vojnivojničko groblje Džamija · Nekdanja džamija · Rusko-pravoslavna cerkev · Vojaško pokopališče	Moschee · Ehemalige Moschee · Russisch-orthodoxe Kirche · Soldatenfriedhof Mosque · Former mosque · Russian orthodox church · Military cemetery
Državna granica · Međunarodni granični prijelaz · Međudržavni granični prijelaz Državna meja · Mednarodni mejni prehod · Mejna kontrolna točka z omejitvijo	Staatsgrenze · Internationale Grenzkontrollstelle · Grenzkontrollstelle mit Beschränkung National boundary · International check-point · Check-point with restrictions
Upravna granica · Zabranjeno područje Upravna meja · Zaprto območje	Verwaltungsgrenze · Sperrgebiet Administrative boundary · Prohibited area
Suma · Pustara Gozd · Goljava	Wald · Heide Forest · Heath
Pijesak i prudi · Plitko more Pesek in sipine · Bibavični pas	Sand und Dünen · Wattenmeer Sand and dunes · Tidal flat

1 : 300 000

Segni convenzionali
Légende

Legenda
Signos convencionales

COMUNICAZIONI (I) · CIRCULATION (F) 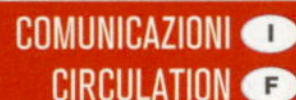

 (NL) VERKEER · (E) TRÁFICO

Italiano · Français	Simbolo	Nederlands · Español
Autostrada con svincolo · Svincolo numerato · Barriera Autoroute avec point de jonction · Numéro de point de jonction · Gare de péage	Vodice 16	Autosnelweg met aansluiting · Aansluiting met nummer · Tolkantoor Autopista con acceso · Número de acceso · Peaje
Hotel, motel · Ristorante · Bar · Parcheggio con WC · Truck parcheggio di sicurezza Hôtel, motel · Restaurant · Snack-bar · Parc avec WC · Parking sécurisé poids lourds	Vokio P	Motel · Restaurant · Snackbar · Parkeerplaats met WC · Beveiligde parkeerplaats voor vrachtwagens Hotel, motel · Restaurante · Bar · Aparcamiento con retrete · Truck seguridad parking
Area di servizio · GNC · Parco autofilistico · GNC Poste d'essence · GNC · Relais routier · GNC		Tankstation · CNG · Truckstop · CNG Estación de servicio · GNC · Área de servicio y descanso · GNC
Autostrada in costruzione con data d'apertura prevista · Autostrada in progetto Autoroute en construction avec date prévue de mise en service · Autoroute en projet	Data Datum Date Fecha	Autosnelweg in aanleg met geplande openingsdatum · Autosnelweg in ontwerp Autopista en construcción con fecha de apertura al tráfico · Autopista en proyecto
Doppia carreggiata di tipo autostradale · in costruzione · in progetto Double chaussée de type autoroutier · en construction · en projet		Autoweg met gescheiden rijbanen · in aanleg · in ontwerp Autovía · en construcción · en proyecto
Strada di grande comunicazione · con svincolo Route de grand trafic · avec point de jonction		Weg voor doorgaand verkeer · met aansluiting Carretera de tránsito · con acceso
Strada principale importante · Strada principale Route principale importante · Route principale		Belangrijke hoofdweg · Hoofdweg Carretera principal importante · Carretera principal
Strade in costruzione · in progetto Routes en construction · en projet		Wegen in aanleg · in ontwerp Carreteras en construcción · en proyecto
Strada secondaria · Sentiero carrabile Route secondaire · Chemin carrossable		Secundaire weg · Rijweg Carretera secundaria · Camino
Sentiero carrabile, traffico ristretto · Sentieri Chemin carrossable, praticabilité non assurée · Sentiers		Rijweg, beperkt berijdbaar · Voetpaden Camino, tránsito restringido · Sendas
Gallerie stradali Tunnels routiers		Wegtunnels Túneles de carreteras
Numero di strada europea · Numero di autostrada · Numero di strada Numéro de route européenne · Numéro d'autoroute · Numéro de route	E45 M8 3 209 101 36	Europees wegnummer · Nummer van autosnelweg · Wegnummer Número de carretera europea · Número de autopista · Número de carretera
Pendenza · Passo · Chiusura invernale Montée · Col · Fermeture en hiver	10-15% >15% (1328) IX-II	Stijging · Bergpas · Winterafsluiting Pendiente · Puerto · Cerrado en invierno
Strada non consigliata · vietata al transito di caravan Route non recommandée · interdite aux caravanes		Voor caravans niet aan te bevelen · verboden Carretera no recomendada · Cerrada para caravanas
Strada a pedaggio · Strada vietata ai veicoli a motore Route à péage · Route interdite aux véhicules à moteur		Tolweg · Gesloten voor motorvoertuigen Carretera de peaje · Carretera cerrada para automóviles
Percorso pittoresco · Strada turistica Parcours pittoresque · Route touristique	Jadranska mag.	Landschappelijk mooie route · Toeristische route Ruta pintoresca · Ruta turística
Traghetto auto · Trasporto auto fluviale · Linea di navigazione Bac pour automobiles · Bac fluvial pour automobiles · Ligne de navigation		Autoveer · Autoveer over rivieren · Scheepvaartroute Transbordador para automóviles · Paso de automóviles en barca · Línea marítima
Ferrovia principale con stazione · Ferrovia secondaria con fermata Chemin de fer principal avec gare · Chemin de fer secondaire avec halte		Hoofdspoorlijn met station · Spoorlijn met halte Línea principal de ferrocarril con estación · Línea secundaria con apeadero
Terminal auto al seguito · Treno turistico Gare auto-train · Chemin de fer touristique		Autotrein-terminal · Toeristische stoomtrein Terminal autoexpreso · Tren turístico
Ferrovia a cremagliera, funicolare · Funivia · Seggiovia Chemin de fer à crémaillère, funiculaire · Téléférique · Télésiège		Tandradbaan, kabelspoorweg · Kabelbaan · Stoeltjeslift Ferrocarril de cremallera, funicular · Teleférico · Telesilla
Aeroporto · Aeroporto regionale · Aerodromo · Campo per alianti Aéroport · Aéroport régional · Aérodrome · Terrain de vol à voile	ZAG	Luchthaven · Regionaal vliegveld · Vliegveld · Zweefvliegveld Aeropuerto · Aeropuerto regional · Aeródromo · Campo de aviación sin motor
Distanze autostradali in km Distances en km sur autoroutes	75 30 45	Afstanden in km aan autosnelwegen Distancias en km en la autopista
Distanze stradali in km Distances en km sur routes	35 25 10	Afstanden in km aan wegen Distancias en km en carreteras

INTERESSE TURISTICO · CURIOSITÉS

BEZIENSWAARDIGHEDEN · PUNTOS DE INTERÉS

Italiano · Français	Simbolo	Nederlands · Español
Località di particolare interesse Localité particulièrement intéressante	ZAGREB	Bijzonder bezienswaardige plaats Población de interés especial
Località molto interessante Ville très recommandée	MOSTAR	Zeer bezienswaardige plaats Localidad de mucho interés
Monumento di particolare interesse · Monumento molto interessante Monument culturel particulièrement intéressant · Monument culturel très recommandé	Veliki tabor · Sv. Nikola	Bijzonder bezienswaardig cultuurmonument · Zeer bezienswaardig cultuurmonument Monumento cultural de interés especial · Monumento cultural de mucho interés
Monumento naturale di particolare interesse · Monumento naturale molto interessante Monument naturel particulièrement intéressant · Monument naturel très recommandé	Lederiača · Vodopad	Bijzonder bezienswaardig natuurmonument · Zeer bezienswaardig natuurmonument Curiosidad natural de interés · Curiosidad natural
Altre curiosità: cultura - natura Autres curiosités: culture - nature	Vintgar · Skala	Overige bezienswaardigheden: cultuur - natuur Otras curiosidades: cultura - naturaleza
Giardino botanico, parco interessante · Giardino zoologico Jardin botanique, parc intéressant · Jardin zoologique		Botanische tuin, bezienswaardig park · Dierentuin Jardín botánico, parque de interés · Jardín zoológico
MARCO POLO Highlight MARCO POLO Highlight	1	MARCO POLO Highlight MARCO POLO Highlight
Parco nazionale, parco naturale · Punto panoramico Parc national, parc naturel · Point de vue		Nationaal park, natuurpark · Mooi uitzicht Parque nacional, parque natural · Vista pintoresca
Chiesa · Cappella · Rovine di chiesa · Monastero · Rovine di monastero Église · Chapelle · Église en ruines · Monastère · Monastère en ruines		Kerk · Kapel · Kerkruïne · Klooster · Kloosterruïne Iglesia · Ermita · Iglesia en ruinas · Monasterio · Ruina de monasterio
Castello, fortezza · Rovine di fortezza · Monumento · Mulino a vento · Grotta Château, château fort · Château fort en ruines · Monument · Moulin à vent · Grotte		Kasteel, burcht · Burchtruïne · Monument · Windmolen · Grot Palacio, castillo · Ruina de castillo · Monumento · Molino de viento · Cueva

ALTRI SEGNI · AUTRES INDICATIONS

OVERIGE INFORMATIE · OTROS DATOS

Italiano · Français	Simbolo	Nederlands · Español
Campeggio tutto l'anno · stagionale · Ostello della gioventù · Hotel, motel, albergo, rifugio, villaggio turistico Terrain de camping permanent · saisonniers · Auberge de jeunesse · Hôtel, motel, auberge, refuge, village touristique		Kampeerterrein het gehele jaar · seizoensgebonden · Jeugdherberg · Hotel, motel, restaurant, berghut, vakantiekolonie Camping todo el año · estacionales · Albergue juvenil · Hotel, motel, restaurante, refugio, aldea de vacaciones
Campo da golf · Porto turistico · Cascata Terrain de golf · Marina · Cascade		Golfterrein · Jachthaven · Waterval Campo de golf · Puerto deportivo · Cascada
Piscina · Terme · Spiaggia raccomandabile Piscine · Station balnéaire · Plage recommandée		Zwembad · Badplaats · Mooi badstrand Piscina · Baño medicinal · Playa recomendable
Torre · Torre radio o televisiva · Faro · Edificio isolato Tour · Tour radio, tour de télévision · Phare · Bâtiment isolé		Toren · Radio of T.V. mast · Vuurtoren · Geïsoleerd gebouw Torre · Torre de radio o televisión · Faro · Edificio aislado
Moschea · Antica moschea · Chiesa ortodossa russa · Cimitero militare Mosquée · Ancienne mosquée · Église russe orthodoxe · Cimetière militaire		Moskee · Voormalig moskee · Russisch orthodox kerk · Militaire begraafplaats Mezquita · Antigua mezquita · Iglesia rusa-ortodoxa · Cementerio militar
Confine di Stato · Punto di controllo internazionale · Punto di controllo con restrizioni Frontière d'État · Point de contrôle international · Point de contrôle avec restrictions		Rijksgrens · Internationaal grenspost · Grenspost met restrictie Frontera nacional · Control internacional · Control con restricciones
Confine amministrativo · Zona vietata Limite administrative · Zone interdite		Administratieve grens · Afgesloten gebied Frontera administrativa · Zona prohibida
Foresta · Landa Forêt · Lande		Bos · Heide Bosque · Landa
Sabbia e dune · Barena Sable et dunes · Mer recouvrant les hauts-fonds		Zand en duinen · Bij eb droogvallende gronden Arena y dunas · Aguas bajas

1 : 300 000

Jelmagyarázat
Objasnienia znaków

Vysvětlivky
Legenda

KÖZLEKEDÉS (H) · KOMUNIKACJA (PL) · (CZ) DOPRAVA · (SK) DOPRAVA

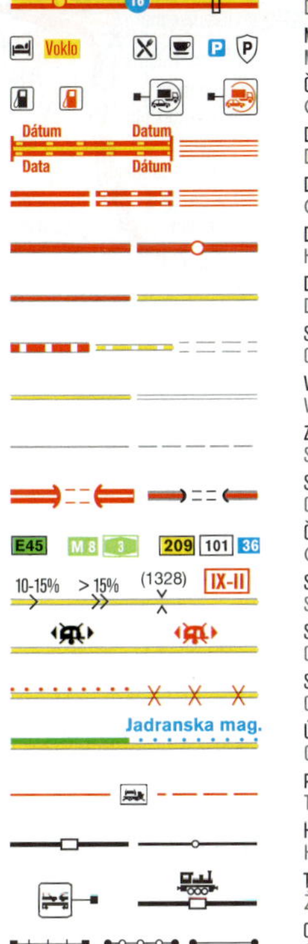

H / PL	CZ / SK
Autópálya csomóponttal · Autópálya-csomópont száma · Fizetési állás Autostrada z węzłem · Węzeł z numerem · Płatna rogatka	Dálnice s přípojkou · Přípojka s číslem · Místo výběru poplatků Dial'nica s prípojkami · Prípojkami · Miesto výberu poplatkov
Motel · Autós csárda · Büfé · Parkolóhely vécével · Kamionparkoló biztonság Motel · Restauracja · Bufet · Parking i WC · Bezpieczeństwo parkowanie ciężarówka	Motel · Motorest · Občerstvení · Parkoviště s WC · Truck parkování bezpečnosti Motel · Raststätte · Občerstvenie · Parkovisko s WC · Truck Parkovisko zabezpečenia
Benzinkút · CNG · Autópihenö · CNG Stacja benzynowa · CNG · Postój ciężarówek i noclegi dla kierowców · CNG	Čerpací stanice · CNG · Parkoviště pro TIR · CNG Čerpacia stanica · CNG · Parkovisko pre nákladné autá · CNG
Autópálya építés alatt a megnyitás időpontjával · Autópálya tervezés alatt Autostrada w budowie z datą oddania do użytku · Autostrada projektowana	Dálnice ve stavbě s termínem uvedení do provozu · Dálnice plánovaná Dial'nica vo výstavbe s termínom uvedenia do prevádzky · Dial'nica plánovaná
Gyorsforgalmi út autópálya jelleggel · építés alatt · tervezés alatt Droga szybkiego ruchu · w budowie · projektowana	Dvouproudá silnice dálnicového typu se čtyřmi jízdními pruhy · ve stavbě · plánovaná Čtvorprúdová cesta pre motorové vozidlá · vo výstavbe · iplánovaná
Távolsági út · csomóponttal Droga przelotowa · z węzłem	Dálková silnice · s přípojkou Hlavná dial'ková cesta · s prípojkou
Fontos főút · Főút Ważna droga główna · Droga główna	Důležitá hlavní silnice · Hlavní silnice Dôležité hlavné cesty · Hlavné cesty
Utak épités alatt · tervezés alatt Drogi w budowie · Drogi projektowane	Silnice ve stavbě · plánované Cesty vo výstavbe · plánovaná
Mellékút · Földút Droga drugorzędna · Droga bita	Vedlejší silnice · Zpevněná cesta Vedľajšia cesta · Spevnená cesta
Földút, nem járháto állandóan · Gyalogutak Droga bita (o ograniczonej przejezdności) · Drogi dla pieszych	Zpevněná cesta, sjízdná podmíněně · Stezky Spevnená cesta, zjazdné podmienene · Chodníky
Alagutak Tunele drogowe	Silniční tunely Cestný tunel
Európa-útszám · Autópálya-szám · Útszám Numer drogi europejskiej · Numer autostrady · Numer drogi	Číslo evropské silnice · Číslo dálnice · Číslo silnice Číslo európskej cesty · Číslom dia nica · Číslo cesty
Emelkedő · Hágó · Télen elzárt útszakasz Stromy podjazd · Przełęcz · Zamknięte zimą	Stoupání · Průsmyk · Silnice uzavřená v zimě Stúpanie · Pries · Terén pre vetrone
Lakókocsival nem ajánlott · tiltott Wjazd z przyczepą kempingową niezalecany · zakazany	Silnice nedoporučena · uzavřená pro přívěsy Cesta uzavretá pre karavany · neodporúčaná
Dij ellenében használható út · Gépjárműforgalom elől elzárt út Droga płatna · Droga zamknięta dla ruchu samochodowego	Silnice s placením mýtného · Silnice uzavřená pro motorová vozidla Cesta s povinným poplatkom · Cesta uzavretá pre motorové vozidlá
Természetileg szép szakasz · Turistaút Piękna droga widokowa · Droga turystyczna	Úsek silnice s pěknou scenérií · Turistická silnice Cesta s malebnou krajinou · Turistická cesta
Autókomp · Autókomp folyókon · Hajóútvonal Prum samochodowy · Prom rzeczny samochodowy · Linia okrętowa	Prám pro auta · Říční přívoz pro auta · Trasa lodní dopravy Trajekt pre automobily · Riečny prievoz pre automobily · Lodná linka
Fővasútvonal állomással · Mellékvasútvonal megállóval Kolej główna z dworcem · Kolej drugorzędna z przystankiem	Hlavni železniční trať se stanicí · Místní železniční trať sc zastávkou Hlavná železnica so stanicou · Vedľajšia železnica so zastávkou
Autórakodás · Történeti vasútvonal Stacja przeładunkowa dla samochodu · Kolej zabytkowa	Terminál autovlaků · Historická železnice Železničný terminál · Historická železnica
Fogaskerekű vasút, drótkötélpálya · Kabinos felvonó · Ülőlift Kolej zębata, kolej linowa szynowa · Kolej linowa napowietrzna · Wyciąg krzesełkowy	Ozubnicová lanovka, kabinová lanovka · Kabinová visutá lanovka · Sedačková lanovka Ozubincová dráha, Prozemni lanovka · Kabínková visutá lanovka · Sedačková lanovka
Közlekedési repülőtér · Országos repülőtér · Egyéb repülőtér · Vitorlázórepülő-ter Port lotniczy · Lotnisko regionalne · Lotnisko · Teren dla szybowców	Dopravní letiště · Regionální letiště · Přístávací plocha · Terén pro větroně Dopravné letisko · Regionálne letisko · Pristavácia plocha · Terén pre vetrone
Kilométertávolság az autópályán Odległości w kilometrach na autostradach	Vzdálenosti v kilometrech na dálnici Vzdialenosti na dial'niciach v kilometroch
Kilométertávolság egyéb utakon Odległości w kilometrach na innych drogach	Vzdálenosti v kilometrech na silnici Vzdialenosti na cestách v kilometroch

LÁTVÁNYOSSÁGOK · INTERESUJĄCE OBIEKTY · ZAJÍMAVOSTI · ZAUJÍMAVOST

H / PL	CZ / SK
Különösen látványos település Szczególnie interesująca miejscowość	Turislicky pozoruhodná lokalita Mimoriadne pozoruhodné miesto
Nagyon látványos hely Bardzo interesująca miejscowość	Velmi zajímave místo Vel'mi pozoruhodnév miesto
Különösen nevezetes műemlék · Nagyon látványos műemlék Szczególnie Interesujący zabytek · Bardzo interesujący zabytek	Turistická pozoruhodná kulturní památka · Velmi zajímavý kulturní památka Mimoriadne pozoruhodné kultúra objekt · Vel'mi pozoruhodnév kultúra objekt
Különösen nevezetes természeti érték · Nagyon látványos természeti érték Szczególnie interesujący pomnik przyrody · Bardzo interesujący pomnik przyrody	Turistická pozoruhodná přírodní památka · Velmi zajímavý přírodní památka Mimoriadna prírodná zaujímavosť · Zaujímavosť
Egyéb látnivaló: kultúra - természet Inne interesujące obiekty: kulturlny - przyrodniczy	Jiné zajímavosti: kultura - příroda Iná pozoruhodnosťi: kultúra - príroda
Botanikus kert, látványos park · Állatkert Ogród botaniczny, interesujący park · Ogród zoologiczny	Botanická zahrada, pozoruhodný park · Zoologická zahrada Botanická záhrada, Pozoruhodný park · Zoologická záhrada
MARCO POLO Highlight MARCO POLO Highlight	MARCO POLO Highlight MARCO POLO Highlight
Nemzeti park, természeti park · Kilátópont Park narodowy, park krajobrazowy · Punkt widokowy	Národní park, přírodní park · Krásný výhled Národný park, Prírodný park · Vyhliadka
Templom · Kápolna · Templomrom · Kolostor · Kolostorrom Kościół · Kaplica · Ruiny kościoła · Klasztor · Ruiny klasztoru	Kostel · Kaple · Zřícenina kostela · Klášter · Zřícenina kláštera Kostol · Kaplnka · Zrúcanina kostola · Kláštor · Zrúcanina kláštora
Kastély, vár · Várrom · Emlékmű · Szélmalom · Barlang Pałac, zamek · Ruiny zamku · Pomnik · Wiatrak · Jaskinia	Zámek, hrad · Zřícenina hradu · Pomník · Větrný mlýn · Jeskyně Zámok, Hrad · Zrúcanina hradu · Pomník · Veterný mlyn · Jaskyňa

EGYÉB · INNE INFORMACJE · JINÉ ZNAČKY · INÉ ZNAČKY

H / PL	CZ / SK
Kemping hely egész évben nyitva · szezonális · Ifjúsági szállás · Szálloda, motel, vendéglő, menedékház, nyaralótelep Kemping przez cały rok · sezonowy · Schronisko młodzieżowe · Hotel, motel, restauracja, schronisko górskie, wieś letniskowa	Kempink s celoročním provozem · sezónní · Ubytovna mládeže · Hotel, motel, hostinec, horská bouda, rekreační středisko Kemping celoročný · sezónne · Mládežnícká ubytovňa · Hotel, motel, hostinec, horská chata, rekreačné stredisko
Golfpálya · Jachtkikötő · Vízesés Pole golfowe · Port jachtowy · Wodospad	Golfové hřiště · Jachtařský přístav · Vodopád Golfové ihrisko · Prístav pre plachetnice · Vodopád
Uszoda · Gyógyfürdő · Ajánlatos strand Pływalnia · Uzdrowisko · Plaża rekomendowana	Plovárna · Lázně · Doporučená pláž Kúpalisko · Kúpele · Pláž vhodná na kúpanie
Torony · Rádió- vagy tévétorony · Világítótorony · Magában álló épület Wieża · Wieża stacji radiowej, telewizyjnej · Latarnia morska · Budynek odosobniony	Věž · Rozhlasová, televizní věž · Maják · Jednotlivá budova Veža · Rozhlasový, televízny stožiar · Maják · Osamote stojacá budova
Mecset · Egykori mecset · Oroszkeleti templom · Katonatemető Meczet · Dawny meczet · Cerkiew prawosławna · Cmentarz wojskowy	Mešita · Dřívější mešita · Ruský ortodoxní kostel · Vojenský hřbitov Mešita · Ehemalige Moschee · Ruský ortodoxný kostol · Vojenský cintorín
Államhatár · Nemzetközi határátlépő · Korlátozott átjárhatóságú határátkelőhely Granica państwa · Międzynarodowe przejście graniczne · z ograniczeniami	Státní hranice · Hraniční přechod · Hraniční přechod se zvláštními předpisy Štátna hranica · Medzinárodný hraničný priechod · Hraničný priechod s obmedzením
Közigazgatási határ · Zárt terület Granica administracyjna · Obszar zamknięty	Správní hranice · Zakázaný prostor Administratívna hranica · Zakázaná oblasť
Erdő · Puszta Las · Wrzosowisko	Les · Vřesoviště Les · Pustatina
Homok, föveny · Watt-tenger Piasek i wydmy · Watty	Písek a duny · Mělké moře Piesok a duny · Plytčina

67
68
69
70
71
ÖSTERREICH
ITALIA
Reißeckgruppe
Biosphärenpark Kärntner
Gmünd i. Kärnten
Spittal a.d.Drau
Seeboden
Millstätter See
Radenthein
Kreuzeckgruppe
Gailtaler Alpen
Karnische Alpen
Alpi Carniche
Alpi Giulie
Latschurgruppe
Goldeck
Weißensee
Oberdrauburg
Kötschach-Mauthen
Hermagor
Pressegger See
Nassfeldpass
Pontebba
Tarvisio
Arnoldstein
Bad Bleiberg
Paternion
Fresach
Malborghetto
Val Canale
Val Raccolana
Chiusaforte
Moggio Udinese
Resiutta
Tolmezzo
Amaro
Carnia
Venzone
Gemona d. Friuli
Osoppo
Buja
Tarcento
Nimis
Attimis
Majano
Ledra
Arta Terme
Paularo
Dierico
Campiolo
Parco delle Prealpi Giulie
Sella Nevea
Bovec
Kobarid
Tolmin
Trenta
Smaragdna pot
Dolina Soče
Log pod Mangartom
Strmec na Predelu
Rifreddo
Fusine in Valromana
Laghi di Fusine
Coccau di Sopra
Camporosso in Val canale
Ugovizza
Valbruna
Dogna
Lusevera
Montenars
Artegna
Trasaghis
Bordano
Interneppo
Alesso
Cavazzo
Sompiago
Verzegnis
Villa Santina
Udine
Gorizia

Nockberge
Gurktaler Alpen
Klomnock
Bad Kleinkirchheim
Radenthein
Feld am See
Afritz am See
Himmelberg
Feldkirchen in Kärnten
Tiffen
Steindorf am Ossiacher See
Ossiacher See
Annenheim
Villach
Villach-West
Warmbad Villach
Faaker See
Finkenstein
Velden a.W.
Wörther-see
Pörtschach a.W.
Maria Wörth
Krumpendorf
Klagenfurt am Wörthers.
Moosburg
Maria Saal
St.Veit a.d.Glan
Frauenstein
Straßburg
Gurk
Weitensfeld im Gurktal
Deutsch-Griffen
Glödnitz
Liebenfels
Ebenthal in Kärnten
Maria Rain
Ferlach
Köttmannsdorf
Feistritz i.Rosental
Rosenbach
Karawanken-tunnel 7865m
Karawanken
Kamniško-Savinjske Alpe
Mittagskogel
Loiblpass
Kranjska Gora
Mežakla
Jesenice
Žirovnica
Bled
Radovljica
Lesce
Tržič
Naklo
Kranj
Šenčur
Triglavski Narodni Park
Triglav
Pokljuka
Jelovica
Bohinjska Bistrica
Bohinj
Železniki
Škofja Loka
Zlatorogova pot
76-77
SLOVENIJA
Tolmin

Scheifling
Graz Köflach
67
68
69
70
71
Feldkirchen
Villach
Pörtschach a.W.
ÖSTERREICH
SLOVENIJA
WOLFSBERG
St.Paul i.Lavanttal
VÖLKERMARKT
KLAGENFURT AM WÖRTHERSEE
St.Veit a.d.Glan
Frauenstein
Maria Saal
Magdalensberg
Ebenthal in Kärnten
Ferlach
Bad Eisenkappel Zelezna Kapla
Bleiburg Pliberk
Lavamünd
Prevalje
Mežica
Kranj
Kamnik
Vodice
Gornji Grad
Grintovec 2558
Karawanken
Kamniško-Savinjske Alpe
Zlatorogova pot
Jantarjeva pot
Ljubljana

76-77

Qa
Qb
Qc
Qd
Qe
ÖSTERREICH
Graz
67
68
69
70
71
Deutsch-landsberg
Stainz
Bad Gams
Wildon
Leibnitz
Ehrenhausen a.d. Weinstraße
Eibiswald
Wies
Schwanberg
Hollenegg
Frauental
Gralla
Tillmitsch
Wagna
Spielfeld
Straß
Gamlitz
Leutschach
Arnfels
Oberhaag
Großklein
Kitzeck i.Sausal
Koralmbahn (in Bau)
Steiermark
Kärnten
Dravograd
Muta
Radlje ob Dravi
Vuzenica
Podvelka
Selnica ob Dravi
Ruše
MARIBOR
Lenart
Kungota
Slovenj Gradec
Mislinja
Velenje
Šoštanj
Dobrna
Celje
Žalec
Vojnik
Slovenske Konjice
Zreče
Slovenska Bistrica
Poljčane
Rogaška Slatina
Šentjur
Šmarje pri Jelšah
Rogla
Pohorje
Kozjak
Drava
Hoče
Slivnica
Miklavž
Ptuj
Bad Radkersburg
Murska Sobota
Krapina
Zagreb
SLOVENIJA
78-79
Sevnica
35

67
68
69
70
71
ÖSTERREICH
SLOVENIJA
HRVATSKA
Graz
Leibnitz
Radlje ob Dr.
Celje
Naturpark Raab
Őrségi
Krajinski park Goričko
Goričko
Bad Gleichenberg
St. Stefan im Rosental
Mahrensdorf
Kirchbach
Gnas
Jagerberg
Feldbach
St. Anna a. Aigen
Klöch
Straden
St. Peter am Ottersbach
Mettersdorf am Saßbach
Wolfsberg
Schwarzautal
Heiligenkreuz
Ehrenhausen
Gamlitz
Mureck
Spielfeld
Halbenrain
Bad Radkersburg
Gornja Radgona
Radenci
Murska Sobota
Beltinci
Lenart v Slov. goricah
Sv. Jurij v Slov. goricah
Sv. Trojica v Slov. goricah
Sv. Jurij ob Ščavnici
Slovenske gorice
MARIBOR
Maribor
Ljutomer
Miklavž na Drav. polju
Rače
Hoče
Slivnica
Slovenska Bistrica
Ptuj
Ormož
Središče ob Dravi
Cestica
Vinica
Varaždin
Dravsko polje
Haloze
Zavrč
Videm pri Ptuju
Podlehnik
Lepoglava
Ivanec
Rogaška Slatina
Rogatec
Poljčane
Kidričevo
Gorišnica
Kungota
Jeruzalem
Dolane
Rogoznica
Lovrenc na Drav. polju
Hajdina
Kozminci
Trakošćan
Lepa Bukva
Hum na Sutli
Krapina
Strahinje
Macelj
78-79
A1
A4
A5
E57
E59
E653

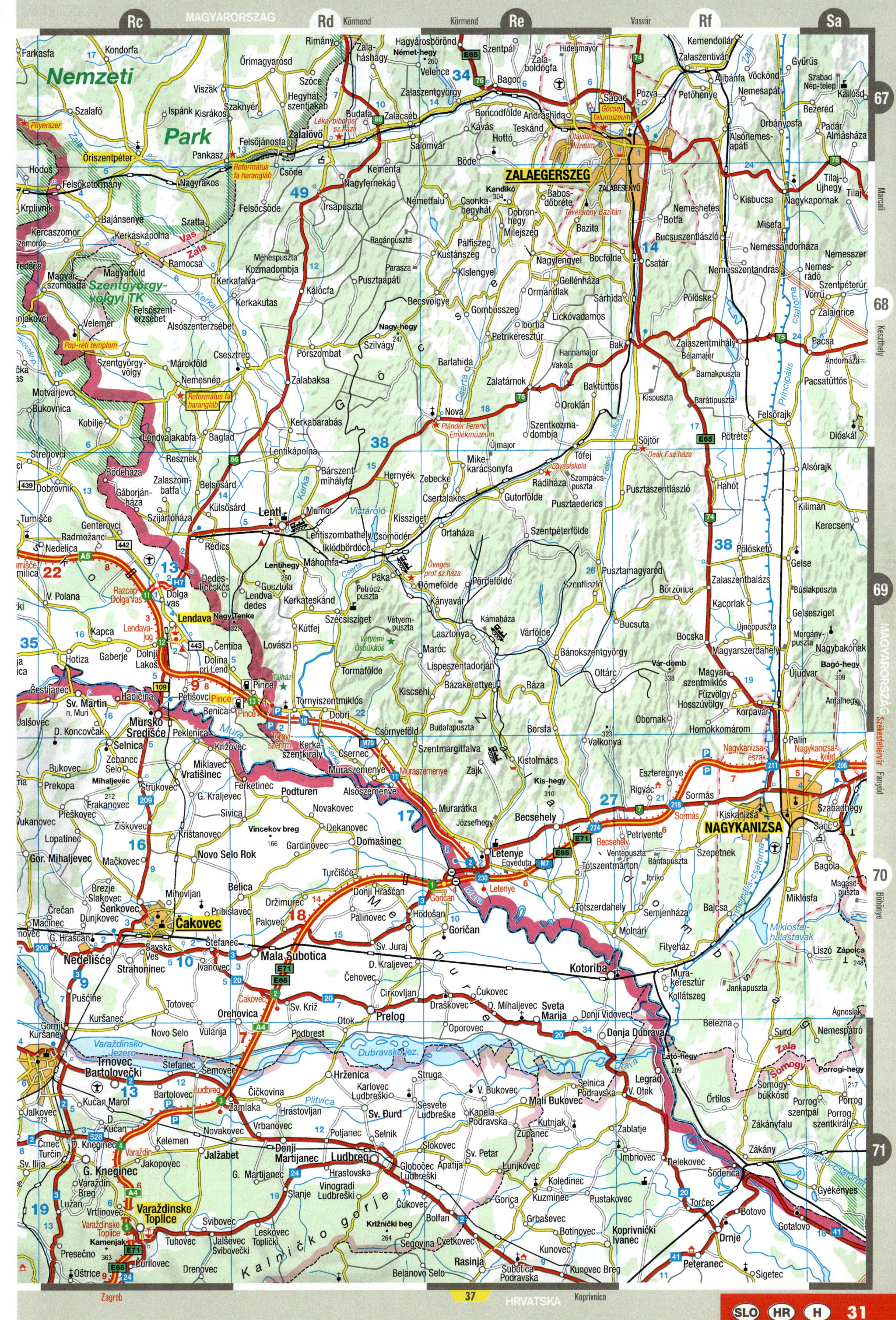

Nemzeti
Park
Farkasfa
Kondorfa
Szalafő
Pityerszer
Őriszentpéter
Hodoš
Felsőkotormány
Krplivnik
Kercaszomor
Bajánsenye
Kerkáskápolna
Magyarföld
Magyarszombatfa
Szentgyörgy-völgyi TK
Velemér
Pap-réti templom
Szentgyörgyvölgy
Motvarjevci
Bukovnica
Kobilje
Strehovci
Dobrovnik
Turnišče
Genterovci
Radmožanci
Nedelica
22
Dolga vas
Razcep Dolga vas
V. Polana
Lendava
Kapca
Lendavajug
35
Hotiza
Gaberje
Dolnji Lakoš
Čentiba
Dolina pri Lendavi
Pince
Petišovci
Sv. Martin n. Muri
Hapičina
Mursko Središće
Peklenica
D. Koncovčak
Selnica
Zebanec Selo
Bukovec
Prekopa
Mihaljevec
Frakanovec
Strukovec
Pleškovec
Vukanovec
Lopatinec
Gor. Mihaljevec
Mačkovec
Brezje
Slakovec
Šenkovec
Čakovec
Dunjkovec
Mačinec
Čečan
G. Hrašćan
Nedelišće
Strahoninec
Pušćine
Kuršanec
Gornji Kuršanec
Trnovec Bartolovečki
Bartolovec
Kučan Marof
Jalkovec
Črnec
Turčin
Sv. Ilija
G. Kneginec
Varaždin Breg
Lužan
Vrtlinovec
Varaždinske Toplice
Kamenjak
Presečno
Oštrice
Zagreb
Őrimagyarósd
Rimány
Szőce
Viszák
Hegyhátszentjakab
Szaknyér
Ispánk
Kisrákos
Pankasz
Felsőjánosfa
Zalalövő
Csöde
Református fa harangláb
Nagyrákos
Felsőcsöde
Szatta
Ramocsa
Kerkafalva
Kerkakutas
Alsószenterzsébet
Felsőszenterzsébet
Márokföld
Nemesnép
Cséfalvatra
Zalabaksa
Pórszombat
Kerkabarabás
Baglad
Lendvajakabfa
Resznek
Belsősárd
Gáborjánháza
Zalaszombatfa
Szijártóháza
Külsősárd
Lenti
Mumor
Rédics
Dedes-Kocskov
Lendvadedes
Gosztola
Lentiszombathely
Iklódbördőce
Máhomfa
Kerkateskánd
Kútfej
Lovászi
Tornyiszentmiklós
Dobri
Kerkaszentkirály
Csörnyeföld
Muraszemenye
Alsószemenye
Vincekov breg
Podturen
Ferketinec
Miklavec
Vratišinec
Križovec
G. Kraljevec
Sivica
Krištanovec
Novo Selo Rok
Belica
Mihovljan
Pribislavec
Palovec
Štefanec
Savska Ves
Ivanovec
Mala Subotica
Totovec
Orehovica
Čakovec
Sv. Križ
Vularija
Novo Selo
Podbrest
Štefanec
Semovec
Varaždinsko jezero
Čičkovina
Zamlaka
Hrastovljan
Vrbanovec
Kelemen
Jakopovec
Novakovec
Jalžabet
Donji Martijanec
G. Martijanec
Slanje
Svibovec
Jalševec Svibovečki
Leskovec Toplički
Tuhovec
Drenovec
Ćurilovec
Zala-háshágy
Hagyárosbörönd
Német-hegy
Velence
Zalaszentgyörgy
Budafa
Zalacséb
Lékai biboros sz.háza
Salomvár
Kávás
Hottó
Bőde
Keménfa
Nagyfernekág
Irsapuszta
Németfalu
Csonkahegyhát
Ragánpuszta
Parasza
Pusztaapáti
Kálócfa
Becsvölgye
Nagy-hegy
Szilvágy
Barlahida
Nova
Pländer Ferenc Emlékmúzeum
Bárszentmihályfa
Hernyék
Zebecke
Csertalakos
Kissziget
Ortaháza
Csömödér
Páka
Pördefölde
Dömefölde
Kányavár
Pétröcz-puszta
Szécsisziget
Vétyempuszta
Vétyemi Ősbükkös
Lasztonya
Maróc
Tormafölde
Lispeszentadorján
Kiscsehi
Bázakerettye
Budafapuszta
Szentmargitfalva
Csernec
Zajk
Murarátka
Józsefhegy
Dekanovec
Novakovec
Domašinec
Gardinovec
Turčišće
Držimurec
Donji Hrašćan
Hodošan
Goričan
Palinovec
Sv. Juraj
D. Kraljevec
Čehovec
Cirkovljan
Prelog
Draškovec
Otok
Oporovec
Dubravsko jez.
Hrženica
Karlovec Ludbreški
Sv. Đurd
Struga
Sesvete Ludbreške
Poljanec
Selnik
Ludbreg
Hrastovsko
Vinogradi Ludbreški
Globočec Ludbreški
Čukovec
Slokovec
Križnički beg
Kalničko gorje
Segovina
Cvetkovec
Rasinja
Subotica Podravska
Belanovo Selo
Szentpál
Zalaboldogfa
Bagod
Boncodfölde
Andráshida
Teskánd
Hidegmayor
Sárgá
Göcseji falumúzeum
Olajipari Múzeum
ZALAEGERSZEG
Kandikó
Babosdöbréte
Dobronhegy
Milejszeg
Bazita
Tévétorony Bazitán
Pálfiszeg
Kustánszeg
Kislengyel
Nagylengyel
Gellénháza
Ormándlak
Gombosszeg
Iborfia
Petrikeresztúr
Lickóvadamos
Hannamajor
Vakola
Bak
Baktüttös
Zalatárnok
Oroklán
Szentkozmadombja
Újmajor
Mikekarácsonyfa
Lovasiskola
Tófej
Rádiháza
Szompácspuszta
Gutorfölde
Pusztaederics
Szentpéterfölde
Kámaháza
Várfölde
Bánokszentgyörgy
Oltárc
Báza
Borsfa
Valkonya
Kistolmács
Kis-hegy
Becsehely
Letenye
Egyeduta
Muraszemenye
Pusztamagyaród
Szentliszló
Bucsuta
Petrivente
Becsehely
Ventepuszta
Tótszentmárton
Tótszerdahely
Molnári
Kotoriba
Semjénháza
Donji Vidovec
Sveta Marija
D. Mihaljevec
Čukovec
Donja Dubrava
Drava
Legrad
V. Otok
Selnica Podravska
Mali Bukovec
V. Bukovec
Kapela Podravska
Kutnjak
Županec
Zablatje
Imbriovec
Sv. Petar
Lunjkovec
Koledinec
Goriča
Kuzminec
Pustakovec
Grbaševec
Botinovec
Koprivnički Ivanec
Kunovec
Kunovec Breg
Peteranec
Koprivnica
HRVATSKA
Kemendollár
Zalaszentiván
Alibánfa
Vöckönd
Pózva
Petőhenye
Nemesapáti
Alsónemesapáti
Kisbucsa
Nemeshetés
Botfa
Bucsuszentlászló
Nemessándorháza
Nemesszentandrás
Csatár
Bocfölde
Sárhida
Pölöske
Zalaszentmihály
Bélamajor
Barnakpuszta
Kispuszta
Barátipuszta
Sójtör
Deák F.sz.háza
Pötréte
Pusztaszentlászló
Hahót
Pölöskefő
Zalaszentbalázs
Börzönce
Kacorlak
Újneppuszta
Bocska
Magyarszerdahely
Vár-domb
Magyarszentmiklós
Fűzvölgy
Hosszúvölgy
Obornak
Homokkomárom
Korpavár
Esztergenye
Rigyác
Sormás
Kiskanizsa
NAGYKANIZSA
Szepetnek
Bánfapuszta
Ibrikó
Bajcsa
Fityeház
Murakeresztúr
Kollátszeg
Jankapuszta
Belezna
Lató-hegy
Őrtilos
Zákány
Zákányfalu
Dráva-csatorna
Žabnica
Delekovec
Torčec
Botovo
Drnje
Gotalovo
Sigetec
Gyűrűs
Szabad Nép-telep
Kallósd
Bezeréd
Orbányosfa
Padár
Almásháza
Tilaj
Újhegy
Nagykapornak
Marcali
Misefa
Nemesszer
Nemesrádó
Szentpéterúr
Vörrű
Zalaigrice
Pacsa
Andorháza
Pacsatüttös
Keszthely
Felsőrajk
Diósrál
Alsórajk
Kilimán
Kerecseny
Gelse
Búslakpuszta
Gelsesziget
Morgánypuszta
Nagybakónak
Bagó-hegy
Újudvar
Antalhegy
MAGYARORSZÁG
Székesfehérvár
Fonyód
Palin
Nagykanizsa-kelet
Nagykanizsa-észak
Szabadhegy
Sánc
Bagola
Magasdpuszta
Böhönye
Miklósfa
Miklósfai-halastavak
Liszó
Zápolca
Surd
Nemespátró
Zala
Somogy
Porrogi-hegy
Somogybükkösd
Porrog
Porrogszentpál
Porrogszentkirály
Gyékényes
Principális-csatorna

71
72
73
74
75
76
Villach
Pordenone
Codroipo
ITALIA
Latisana Portogruaro
Tarcento
Nimis
Cividale del Friuli
UDINE
Tolmin
Triglavski Narodni Park
Kobarid
NOVA GORICA
GORIZIA
Cormons
Manzano
Palmanova
Gradisca d'Isonzo
Ronchi dei Legionari
Monfalcone
Cervignano del Friuli
Aquileia
Grado
Marano Lagunare
Lignano Sabbiadoro
Laguna di Marano
Golfo di Panzano
Golfo di Trieste
MARE ADRIATICO
Tržaški zaliv
TRIESTE
CITY MAP
Muggia
Koper
Izola
Piran
Portorož
Strunjan
Koprski zaliv
Piranski Zaliv
Savudrija
Sežana
Štanjel
Komen
Duino
Sistiana
Villa Opicina
Sempas
Kanal
Ajdovščina
Trnovo
Banjšice
Venezia
Ancona
Igoumenitsa Durrës
Pula
Poreč
Rovinj
Buje
SLOVENIJA

71
72
73
74
75
76
76-77
Škofja Loka
Zlatorogova pot
Vodice
Menges
Domžale
Medvode
Šmednik
LJUBLJANA
Brezovica
Polhov Gradec
Dobrova
Vrhnika
Verd
Logatec
Kalce
Lom
Cerkno
Idrija
Rudnik živega srebra
Žiri
Trebija
Godovič
Hotedršica
Ljubljansko barje
Škofljica
Vetrova pot
Ajdovščina
Vipava
Zemono
Hrušica
Nanos
Predjama
Postojna
Postojnska jama
Planina
Unec
Rakek
Cerknica
Cerkniško jezero
Grahovo
Bloke
Loška Dolina
Stari Trg pri Ložu
Babno Polje
Snežnik
V. Snežnik
Ilirska Bistrica
Pivka
Prestranek
Razdrto
Senožeče
Divača
Sežana
Škocjanske jame
Kozina
Hrpelje
Materija
Podgrad
Jelšane
Matarsko Podolje
Brkini
Javorniki
Ravnik
Logaška planota
Menišija
Hrib
Krim
Ribnica
Kočevje
Novo Mesto
Celje Litija
HRVATSKA
SLOVENIJA
Gomance

Pd
28
Pe
Celje
Pf
SLOVENIJA
Qa
29
Qb
Celje
Kranj
71
72
Ljubljana
73
74
75
76
SLOVENIJA
HRVATSKA
Bloška polica
Razcep Kozarje
Mengeš
Domžale
Trzin
Lukovica
Kamnik
LJUBLJANA
Litija
Šmartno pri Litiji
Zagorje ob Savi
Trbovlje
Hrastnik
Laško
Radeče
Škofljica
Grosuplje
Ivančna Gorica
Stična
Trebnje
Mirna
Mokronog
Šentjernej
Novo Mesto
Dolenjske Toplice
Žužemberk
Ribnica
Kočevje
Semič
Črnomelj
Sodražica
Velike Lašče
Dobrepolje
Suha Krajina
Velika gora
Goteniška gora
Kočevski Rog
Stojna
Krošnjarska pot
Jantarjeva pot
Šmarješke Toplice
Kostanjevica
Kostel
Osilnica
Nacionalni park Risnjak
Prezid
Čabar
Gerovo
Delnice
76-77
41
42

Qc
SLOVENIJA
Qd
30
Celje
Qe
Celje Ptuj HRVATSKA
Qf
71
72
73
74
75
76
HRVATSKA
Varaždin
Krapina-Zagorje
Vrbovec
Ivanja Reka
Velika Gorica
Tratna
Mirt
Javornik
Crnolica
Jakob
Gorica
Bukovje
Šentrupert
Kalobje
Slivnica
Reka
Tevče
Trobni Dol
Planina
Šentvid
Jurkloštar
Polana
Podgorje
Veliki Javornik
Mrzla Planina
Dobrova
Sevnica
Ložnarjev Dol
Blanca
Rožno
Brestanica
Impoljski Potok
Arto
Pijavško
Krško
Kremen
Zdole
Senovo
Veliki Kamen
Kostanjek
Anže
Stolovnik
Armeško
Čerovec pri Šmarju
Zibika
Pristava
Vinec
Prišlin
Nezbiše
Gorica
Sp. Tinsko
Rudnica
Podčetrtek
Olimje
Imeno
Virštanj
Sela
Golobinjek ob Sotli
Pilštanj
Lesično
Zagorje
Zdole
Polje
Kozjanski
Kozjanski regijski park
Kozje
Podsreda
Koprivnica
Pavlova vas
Pečice
Podgorje
Bizeljsko
Pišece
Bistrica ob Sotli
Kunšperk
Kumrovec
Trebče
Orešje
Sromlje
Rigonce
Dečno Selo
Vrhje
Globoko
Piršenbreg
Bojsno
Artiče
Trebež
Brezina
Sela
Obrež
Zg. Pohanca
Sp. Pohanca
Stari Grad
Brežice
Terme Čatež
Čatež
Mostec
Dobova
Globočice
Koritno
Ribnica
Velika Dolina
Mokrice
Obrežje
Jesenice
Leskovec
Senuše
Brezje
Žadovinek
Drnovo
Mrtvice
Skopice
Krška vas
Malence
Gorica
Cerklje
Boršt
Šutna
Podbočje
Slinovec
Čedem
Stojdraga
Cerina
Kostanjevica na Krki
Šentjernej
Prekopa
Dobravica
Orehovica
Gor. Vrhpolje
Mihovo
Pirčev hrib
Grobišče
Ravna Gora
G. Suhadol
Trdinov Vrh
Gorjanci
Žumberačka gora
Sekulići
Kamenci
Krasnji Vrh
Radovica
Gorje
Bušinja vas
Slamna vas
Vivodina
Trnovec
Rosalnice
Metlika
Jurovski Brod
Mišinci
Brihovo
Zaluka Lipnička
Pravutina
Ribnik
Sračak
Mošanci
Jadrići
Kneja
Grice
Adlešiči
Vrhovci
Mrzljaki
V. Dukovača
Izgomnik
Žuniči
Ladešići
Novigrad
Rijeka
Josipdol
Slunj
43
Tomaševci
Petričko Selo
Sošice
Restovo Žumberačko
Žumberak
Kupčina Žumberačka
Samoborsko
Tupčina
Kostanjevac
Dvorište Ozaljsko
Radina Gorica
Strmac Pribički
Drašći Vrh
Pećno
Glavice
Svetojanska
Slavetić
Goljak
Brebrovac
Pribić
Krašić
Škaljevica
Brlenić
Podbrežje
Trg
Ozalj
Polje
Podgraj
Zorkovac
Mali Erjavec
Veliki Erjavec
Svetice
Jaškovo
Gornje Pokupje
Zadobarje
Mahićno
Vukoder
Goljak
Tuškani
Guci Draganić
Budrovci
Draganićki
Lazina
Domagović
Čeglje
Novaki Petrovinski
Petrovina
Jastrebarsko
Čabdin
Bratina
Malunje
Gornja Reka
Vranov Dol
Plešivica
Japetić
Lipovec
Rude
Jarušje
Dragonoš
Braslovje
Kladje
Cerje Samoborsko
Konšćica
Bukovje Podvrško
Podgradje
Beter
Stankovo
Gornji Desinec
Donji Desinec
Klinča Sela
G. Zdenčina
Donja Zdenčina
Desinec
Kupinec
Draganić
Crna mlaka
Ribnjak Crna mlaka
Ribnjak Draganići
Kanal Kupa-Kupa
Orlovac
Luka Pokupska
Zamršje
Koritinja
Šišljavić
Rečica
Banska Selnica
Ribari
Husje
KARLOVAC
Dubovac
Netretić
Donje Stative
Kablar
Banski Kovačevac
Crna Draga
Prkos Lasinjski
Lasinja
Donja Kupčina
Jamnička Kiselica
Velika Jamnička
Pisarovina
Gradec Pokupski
Selsko Brdo
Desno Sredičko
Lijevi Štefanki
Desni Štefanki
Pokupsko
Vukomeričke gorice
Lukinić Brdo
Opatija
Šestak Brdo
Dvoranci
Cerovski Vrh
Lučelnica
Petravec
Vukomerić
Dubranec
Gorica Jamnička
Bregana Pisarovinska
Lipnica
Donji Dragonožec
Donji Trpuci
Starjak
Gornji Trpuci
Gudci
Gradna
Bregana
Grdanjci
SAMOBOR
Hum
Javorek
Samoborska gora
Vilinska Jama
Slani Dol
Smerovišće
Drmići
Plešivica
Tihočaj
Golubići
Delivuk
Dane
Budinjak
Gornja Vas
Tisovec
Novo Selo Žumberačko
Ravnina
Planina
Osredek
Vrbje
Oštrc
Prušnja vas
Hrastina Samoborska
Sv. Nedelja
Strmec Samoborski
Samoborski Otok
Brdovec
Zaprešić
Prudnice
Zdenci Brdovečki
Drenje Brdovečko
Šenkovec
Mihalovec
Ključ Brdovečki
Pušća
Pojatno
Marija Gorica
Trstenik Pušćanski
Celine
Kraj Gornji
Kraj Donji
Kupljenovo
Bobovec Rozganski
Dubravica
Luka
Strmec Sutlanski
Kraljevec na Sutli
Stara vas Bizeljsko
Vadina
Veliko Trgovišće
Radakovo
Ledine Klanječke
Požarkovec
Klanjec
Gredice
Sv. Križ
Lučelnica Tomaševečka
Tuhelj
Ravnice Desiničke
V. Horvatska
Glogovec Zagorski
Klokovec
Tuheljske Toplice
Kumrovec
Pregrada
Desinić
Sopot
Cigrovec
Gorjakovo
Marinec
Šimunci
Miljana
Zagorska Sela
Hum na Sutli
Krapina
Trški Vrh
Radoboj
Šemnica
Jazvine
Kuzminec
Mihovljan
Sutinske Toplice
D. Šemnica
Orehovica
Ciglenica Zagorska
Orehovički
Lug Orehovički
Mirkovec
Bedekovčina
Dubrava Zabočka
Vučak
Hruševec
Zabok
Gubaševo
Grabrovec
Jalšje
Selno
Krapinske Toplice
Sv. Križ Začretje
Sveti Križ Začretje
Pristava Krapinska
Valentinovo
Stupanje
Slatina Svedruška
Prigorje
Hlevnica
Đurmanec
Ravninsko
Podgora Krapinska
Strahinje
Strahinčica
Dolić
Gorjani Sutinski
Novi Golubovec
G. Jesenje
Kalce
Oroslavje
Mokrice
Gornja Stubica
Donja Stubica
Stubičke Toplice
Stubička Slatina
Strmec Stubički
Pustodol
Hrastovec
Pila
Jakovlje
Kraljev Vrh
Pisana bukva
Sljeme
Medvednica
Bistra
Gornja Bistra
Donja Bistra
Poljanica Bistranski
Laporje
Jablanovec
Zatišće
Ivanec Bistranski
Zatinšće
Mikulići
Šestine
Markuševac
Milinovi
ZAGREB
Hedvešćak
Lašćina
Kefedrala
Zelengaj
Susedgrad
Podsused
Vrapče
Stenjevec
Špansko
Črnomerec
Trešnjevka
Trnje
Peščenica
Zapruđe
Jarun
Prečko
Jankomir
Bestovje
Rakitje
Kerestinec
Mala Gorica
Gornji Stupnik
Stupnik
Donji Stupnik
Plitvice
Lučko
Hrvatski Leskovac
Blato
Botinec
Novi Zagreb
Sveta Klara
Hrelić
G. Čehi
Hrašće Turopoljsko
Buzin
Zadvorsko
Kanal Sava–Odra
Odranski Obrež
Strmec
G. Lukavec
Demerje
Hudi Bitek
Grančari
Kupinečki Kraljevec
Horvati
Galgovo
Rakov Potok
Drežnik Podokićki
Zagrebačka županija
Sava
Krka
Kupa
Sotla
Sutla
Krapina
Bregana
84-85
28
19
23
34
36
22
60
26
14
8
39
52
16
11
E70
E59
E65
E71
A1
A2
A3
A4
PP

Qf
Ra
Rb
Rc
Rd
HRVATSKA
Varaždin
Ludbreg
ZAGREB
SESVETE
VELIKA GORICA
Dugo Selo
Ivanić-Grad
Križevci
Vrbovec
Zabok
Zlatar
Marija Bistrica
Donja Stubica
Sv. Ivan Zelina
Lepoglava
Novi Marof
Ljubešćica
Kloštar Ivanić
Lekenik
SISAK
Čazma
Oroslavje
Stubičke Toplice
Sv. Križ Začretje
Bedekovčina
PP Medvednica
Park prirode Lonjsko Polje
Martinska Ves
Turopolje
Vukomeričke gorice
Kalnik
84-85
71
72
73
74
75
76
43
44

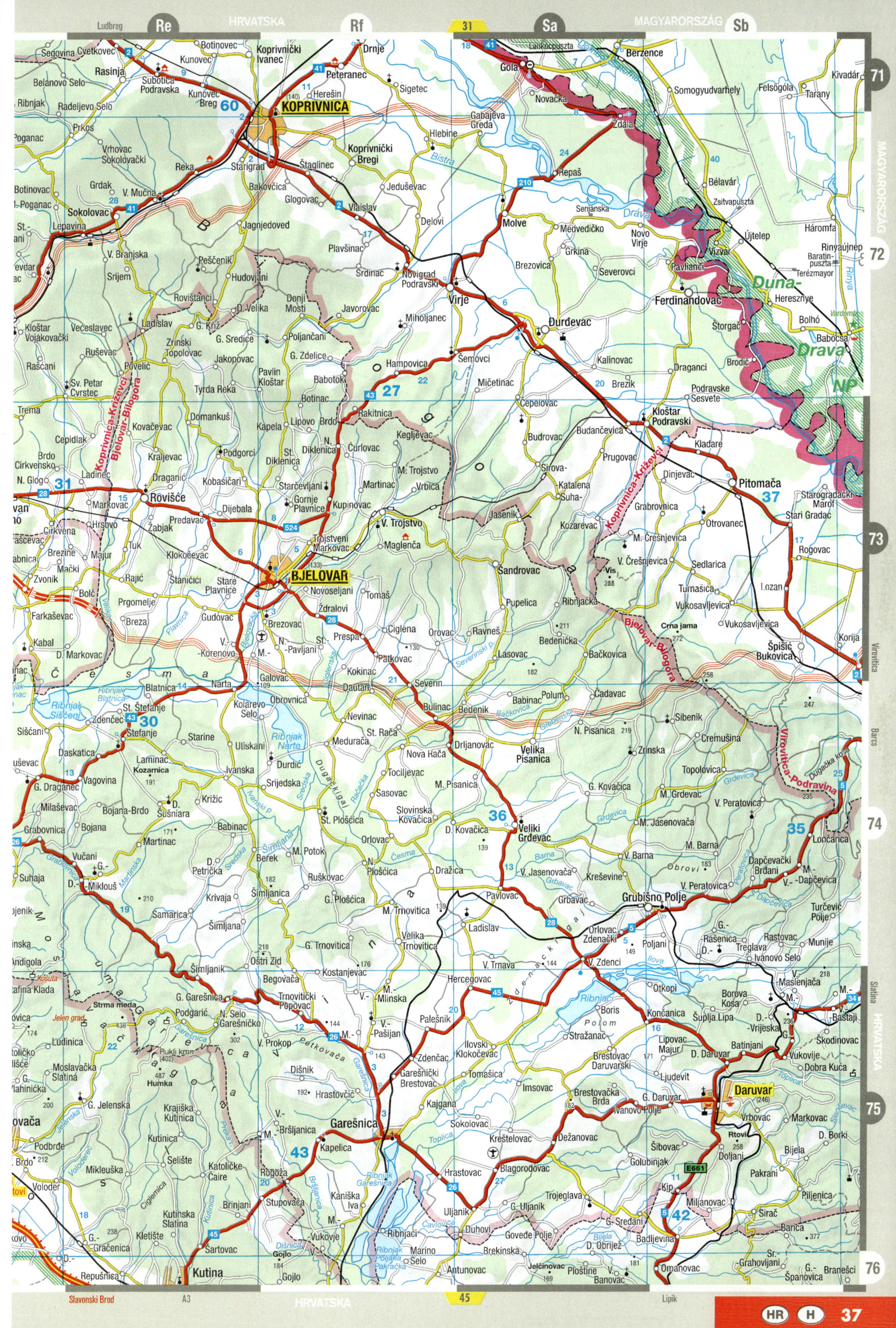

Sb
Sc
Sd
Se
Sf
Böhönye
MAGYARORSZÁG
Kaposvár
71
72
73
74
75
76
MAGYARORSZÁG
HRVATSKA
Đurđevac
Veliki Zdenci
Daruvar
Barcs
Szigetvár
Sellye
Virovitica
Suhopolje
Slatina
Dráva
Duna-Dráva NP
Papuk
Park prirode
Zselici Tájvédelmi Körzet
Szentegáti erdő TT
Fás legelő TT
Ormánság
Virovitica-Podravina
Virovitičko-podravska žup.
Požeško-slavonska žup.
HRVATSKA
45
46

PÉCS
KOMLÓ
Mohács
Siklós
Harkány
Villány
Bóly
Donji Miholjac
Beli Manastir
Valpovo
Belišće
OSIJEK
NAŠICE
Szentlőrinc
Darda
Drava
MAGYARORSZÁG
HRVATSKA

Oc
Od
Oe
Of
Pa
32
Koper
SLOVENIJA
76
77
78
79
80
Portorož
Piranski Zaliv
Savudrija
Lucija
Sečovlje
Umag
Novigrad
Poreč
Rovinj
Buje
Brtonigla
Grožnjan
Motovun
Buzet
Pazin
Labin
Vodnjan
Fažana
Pula
Medulin
Premantura
Nacionalni park Brijuni
Brijuni
Limski zaljev
Limska draga
Jadranska Magistrala
Istra
Kanfanar
Žminj
Sv. Petar u Šumi
Višnjan
Vrsar
Funtana
Bale
Barban
Marčana
Ližnjan
Lupoglav
Kršan
Zbevnica
Orljak
Roč
Hum
Venezia
Trieste
Piran
Cesenatico
J A D R A N S K O
M O R E
K v a

0 1 2 4 8 10 km
0 1 2 4 6 miles

RIJEKA
CITY MAP
Opatija
Lovran
Kastav
Matulji
Volosko
Rukavac
Jurdani
Rupa
Jelšane
Starod
Pasjak
Šapjane
Novokračine
Sušak
Klana
Škalnica
Studena
Breza
Viškovo
Marinići
Čavle
Kukuljanovo
Grobnik
Kamenjak
Platak
Nacionalni park Risnjak
Gerovski Kraj
Delnice
Lokve
Mrzla Vodica
Fužine
Lič
Bakar
Kraljevica
Šmrika
Crikvenica
Selce
Novi Vinodolski
Vinodolski kanal
Riječki zaljev
Kvarnerić
Srednja vrata
Vela vrata
Krčki zaljev
Plavnik
Prvić
Sv. Grgur
Goli otok
Grgurov kanal
Cres
Krk
Rab
Omišalj
Malinska
Njivice
Punat
Baška
Vrbnik
Dobrinj
Porozina
Beli
Valun
Lubenice
Martinšćica
Stivan
Lopar
Supetarska Draga
Kampor
Učka
Tunel Učka 5062m
Mošćenička Draga
Mošćenice
Medveja
Brseč
Plomin
Rabac
Labin
Primorsko-goranska žup.
Istarska žup.
Jadranska magistrala
Burni Bitoraj
Gorski Kotar

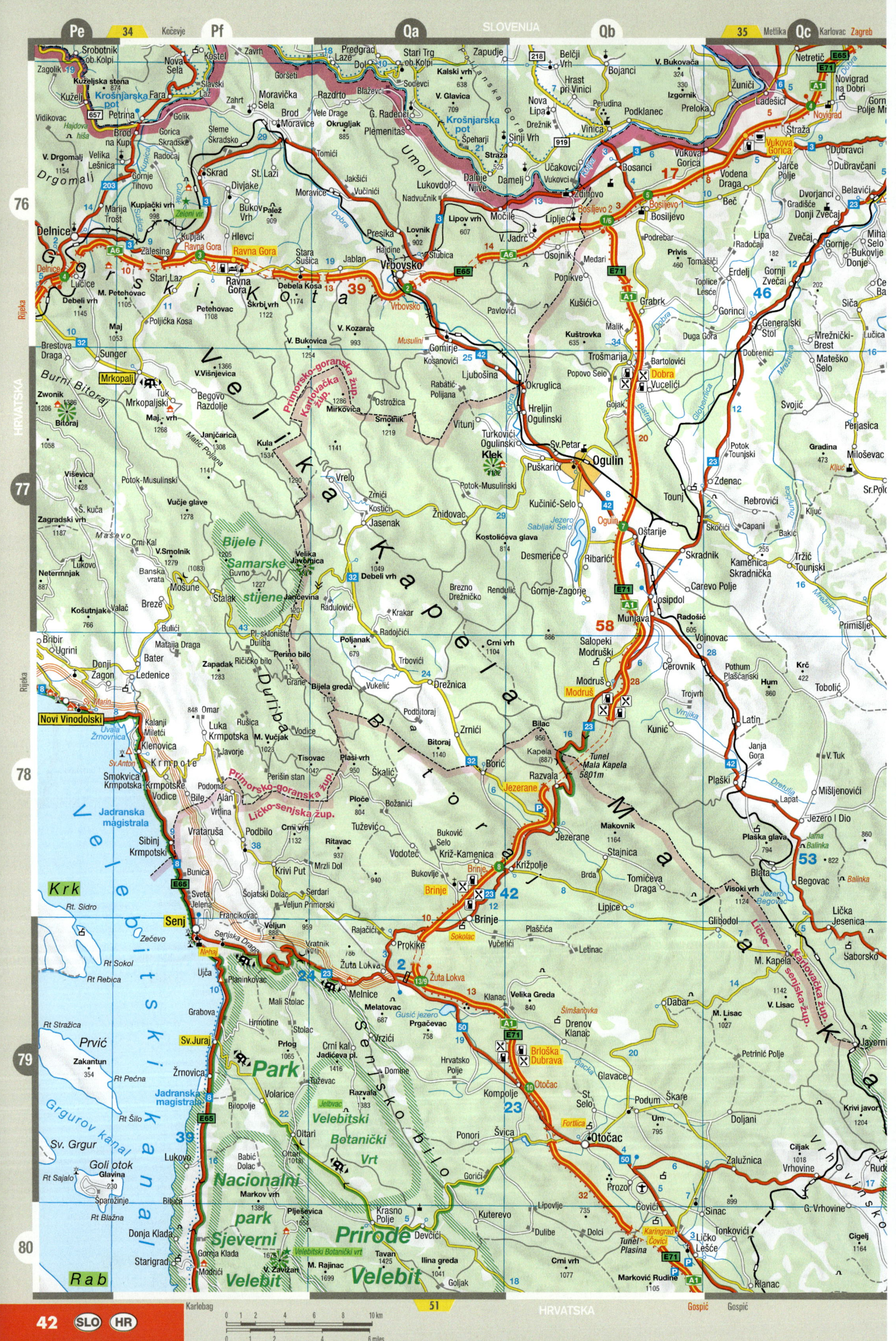
76
77
78
79
80
Rijeka
HRVATSKA
Srobotnik ob Kolpi
Zagolik
Kuželjska stena
Kuželj
Krošnjarska pot
Petrina
Vidikovac
Fara
Nova Sela
Kostel
Zavrh
Predgrad
Laze
Dol
Stari Trg ob Kolpi
Zapudje
Belčji Vrh
Bojanci
V. Bukovača
Netretić
Novigrad na Dobri
Gorščeti
Sodevci
Kalski vrh
V. Glavica
Krošnjarska pot
Hrast pri Vinici
Nova Lipa
Perudina
Podklanec
Preloka
Žuniči
Ladešići
Novigrad
Straža
Vukova Gorica
Dubravci
Dubravčani
Moravička Sela
Brod Moravice
Razdrto
Vele Drage
Okrugljak
G. Radenci
Plemenitaš
Umol
Šeparji
Sinji Vrh
Vinica
Učakovci
Vukovci
Bosanci
Vodena Draga
Jarče Polje
Belavići
V. Drgomalj
Drgomalj
Velika Lešnica
Gornje Tihovo
Radočaj
Skrad
St. Laz
Divjake
Tomići
Jakšići
Vučinići
Moravice
Lukovdol
Nadvučnik
Dalnje Njive
Damelj
Zdihovo
Bosiljevo 2
Bosiljevo 1
Bosiljevo
Beč
Dvorjanci
Gradišće
Donji Zvečaj
Marija Trošt
Kupjački vrh
Zeleni vir
Bukov Vrh
Palež
Dobra
Lipov vrh
Mošile
Lipije
Podrebar
Lipa
Radočaj
Zvečaj
Gornje Bukovlje
Donje
Delnice
Zalesina
Ravna Gora
Hlevci
Stara Sušica
Presika
Lovnik
Hajdine
Stubica
V. Jadrč
Osojnik
Medari
Privis
Tomašići
Erdelj
Gornji Zvečaj
Lučice
Stari Laz
Ravna Gora
Debela Kosa
Jablan
Vrbovsko
Pavlovići
Ponikve
Toplice Lesće
Gorinci
46
Siča
M. Petehovac
Debeli vrh
Petehovac
Skrbi vrh
Gorski Kotar
39
Kušići
Grabrk
Poljička Kosa
V. Kozarac
Malik
Kuštrovka
Duga Gora
Generalski Stol
Mrežnički-Brest
Lučica
Brestova Draga
Sunger
V. Bukovica
Musulini
Gomirje
Kosanovići
Ljubošina
Trošmarija
Bartolovići
Dobra
Vucelići
Dobrenići
Mateško Selo
Mrkopalj
V.Višnjevica
Begovo Razdolje
Primorsko-goranska žup.
Karlovačka žup.
Rabatić-Poljana
Okruglica
Popovo Selo
Burni Bitoraj
Zwonik
Bitoraj
Tuk
Mrkopaljski
Maj. vrh
Mirkovica
Ostrožica
Smolnik
Vitunj
Hreljin Ogulinski
Gojak
Svojić
Perjasica
Matić Poljana
Jančarica
Kula
Velika Kapela
Turkovići Ogulinski
Klek
Sv.Petar
Ogulin
Puškarići
Potok Tounjski
Gradina
Miloševac
Kljuc
Sr.Polo
Višnjevica
Potok-Musulinski
Vrelo
Potok-Musulinski
Tounj
Zdenac
Rebrovići
Š. kuča
Zagradski vrh
Vučje glave
Zrnići
Kostići
Jasenak
Žnidovac
Kučinić-Selo
Jezero Sabljaki Selo
Oštarije
Skočići
Capani
Kljuc
Bakić
Mašovo
Crni Kal
V.Smolnik
Bijele i Samarske stijene
Velika Javornica
Kostolićeva glava
Desmerice
Ribarići
Skradnik
Kamenica Skradnička
Tržić Tounjski
Lukovo
Neternmnjak
Banska vrata
Mošune
Stalak
Jančevina
Debeli vrh
Brezno Drežničko
Rendulić
Gornje-Zagorje
Josipdol
Carevo Polje
Mrežnica
Košutnjak
Valač
Breze
Radulovići
Krakar
E71
A1
Munjava
Radošić
Primišlje
Bulići
Pl. skloniste
Duliba
Radojčići
58
Vojnovac
Bribir
Ugrini
Donji Zagon
Bater
Mataija Draga
Zapadak
Ričičko bilo
Perino bilo
Poljanak
Trbovići
Crni vrh
Salopeki Modruški
Ćerovnik
Pothum Plaščanski
Krč
Ledenice
Duliba
Grane
Bijela greda
Vukelić
Drežnica
Modruš
Trojvrh
Hum
Tobolić
Novi Vinodolski
Kalanji
Miletći
Omar
Luka Krmpotska
Rušica
M. Vučjak
Vodice
Podbitoraj
Zrnići
Bilac
Kunić
Latin
Uvala Žrnovnica
Klenovica
Krmpote
Javorje
Tisovac
Plaši vrh
Bitoraj
Kapela
Tunel Mala Kapela 5801m
Janja Gora
V. Tuk
Sv.Anton
Smokvica Krmpotska
Krmpotske Vodice
Podorac
Bile
Alan
Perišin stan
Primorsko-goranska žup.
Ličko-senjska žup.
Škalić
Borić
Razvala
Jezerane
Plaški
Mišljenovići
Jadranska magistrala
Vrataruša
Vrtlina
Podbilo
Crni vrh
Ploče
Božanići
Tuževic
Makovnik
Mala Kapela
Lapat
Jezero I Dio
Velebitski kanal
Sibinj Krmpotski
Ritavac
Mrzli Dol
Vodotec
Buković Selo
Križ-Kamenica
Jezerane
Stajnica
Plaška glava
Jama Balinka
Bunica
Krivi Put
Bukovlje
Brinje
Križpolje
Brda
Tomičeva Draga
Blata
53
Begovac
Krk
Rt. Sidro
Sveta Jelena
Šojatski Dolac
Serdari
Veljun Primorski
Brinje
42
Lipice
Visoki vrh
Jezero Begovac
Lička Jesenica
Senj
Zečevo
Francikovac
Senjska Draga
Veljun
Vratnik
Rajačići
Prokike
Sokolac
Vučetići
Plaščića
Letinac
Glibodol
Ličko-senjska žup.
Karlovačka žup.
Saborsko
Rt Sokol
Rt Rebica
Nehaj
Ujča
Planinkovac
Žuta Lokva
Žuta Lokva
M. Kapela
Mali Stolac
Melnice
Klanac
Velika Greda
Dabar
V. Lisac
Grabova
Melatovac
Gusić jezero
Pragačevac
Šimšanovka
Drenov Klanac
M. Lisac
Rt Stražica
Prvić
Hrmotine
Stolac
Vrzići
Jayorni
Zakantun
Sv.Juraj
Prlog
Crni kal
Jadičeva pl.
Senjsko bilo
Domine
Hrvatsko Polje
Brloška Dubrava
Gacka
Glavace
Petrinić Polje
Rt Pećna
Žrnovica
Park
Tuževac
Razvala
Kompolje
Otočac
St. Selo
Podum
Škare
Krivi javor
Jadranska magistrala
Velebitski kanal
Bilopolje
Volarice
Jelbvac
Velebitski Botanički Vrt
23
Um
Doljani
Grgurov kanal
Rt Šilo
Sv. Grgur
39
Oltari
Ponori
Švica
Fortica
Otočac
Zalužnica
Ciljak
Vrhovine
Rudo
Goli otok
Lukovo
Babić Dolac
Vrhovinsko
Rt Sajalo
Glavina
Nacionalni park Sjeverni Velebit
Goriči
Prozor
Sparožinje
Bilbica
Markov vrh
Krasno Polje
Kuterevo
Lipovlje
Čovići
Sinac
G.Vrhovine
Rt Blažna
Donja Klada
Pliješevica
Prirode Velebit
Devčići
Dulibe
Dolci
Tunel Plasina
Karlingrad Čovići
Tonkovići
Ličko Lešće
Cigelj
Rab
Starigrad
Gornja Klada
Modrići
V. Zavižan
M. Rajinac
Velebitski Botanički vrt
Tavan
Ilina greda
Goljak
Crni vrh
Marković Rudine
Klanac

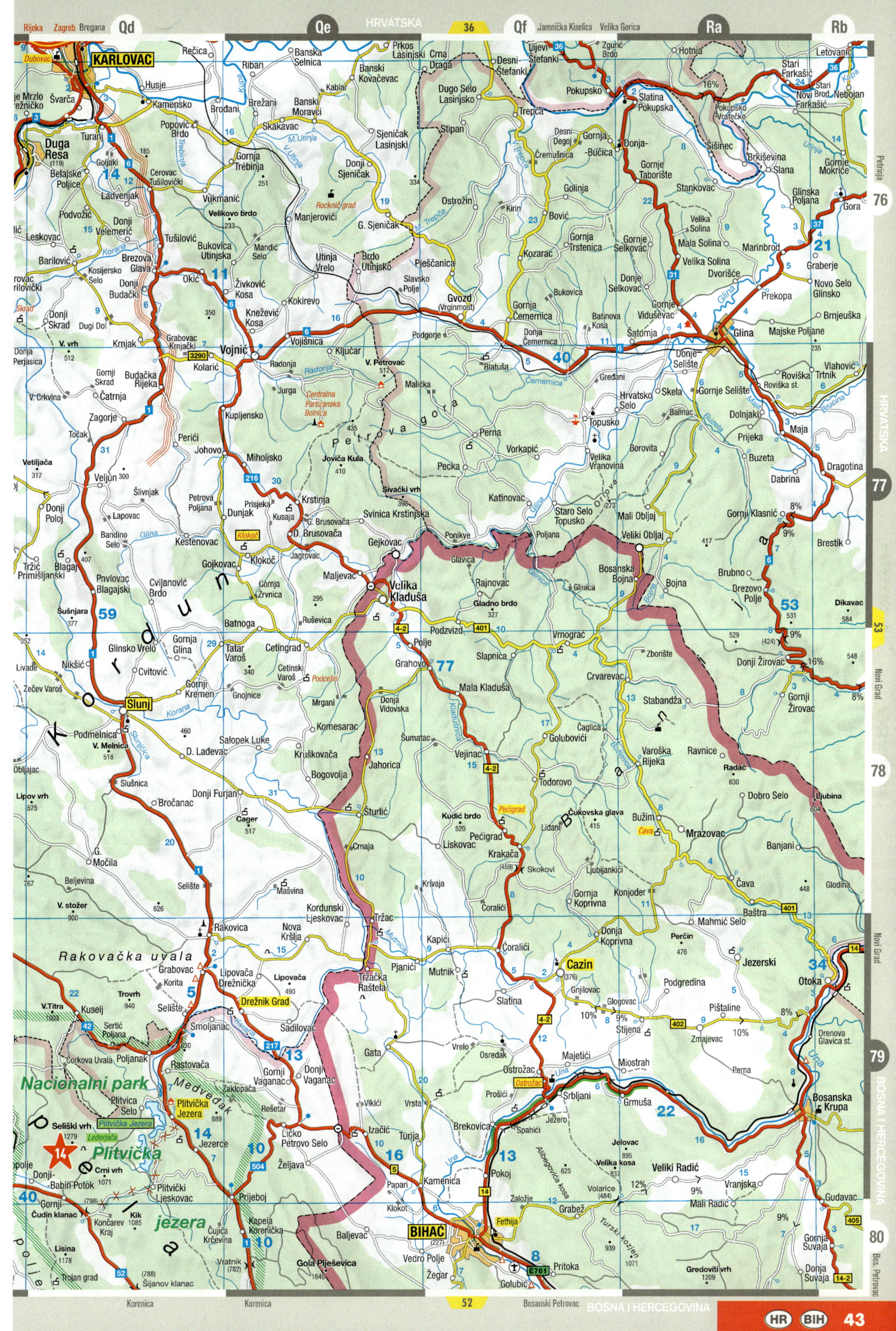

SISAK
Petrinja
Sunja
Hrvatska Kostajnica
Bosanska Kostajnica
Novi Grad
PRIJEDOR
Kutina
Hrvatska Dubica
Kozarska Dubica
Bosanska Krupa
Zrinska gora
Lonjsko polje
Park prirode
Republika Srpska
Federacija Bosne i Hercegovine
HRVATSKA
BOSNA I HERCEGOVINA

Park prirode
Papuk
Psunj
Pakrac
Lipik
Lipovljani
Ribnjak Lipovljani
Novska
Jasenovac
Polje
Mokro polje
Ribnjak Vrbovljani
Okučani
Dragalić
Nova Gradiška
Slaven
Rešetari
Staro Petrovo Selo
St. Petrovo Selo
Stara Gradiška
Gradiška
Posavina
Prosara
Kozarac
Nacionalni park Kozara
Mrakovica
Gola planina
Lisina
Omarska
Ivanjska
Laktaši
Banjalučka Kozara
Aleksandrovac
Klašnice
Drugovići
Nova Topola
Dubrave
Bardača
Lijevče
Piskavica
BANJA LUKA
Crni vrh
Davor
Srbac
Čačevo
Kamenska
Vučjak
Strmac
Banićevac
Cernik
Mačkovac
Dolina
Orahova
Gašnica
Bistrica
Turjak
Kozara
Trnovac
Šimići
Klupe
Bistrica
Motike
Šargovac
Zalužani
Budžak
Česma
Krčmarice
Prnjavor Mali
Stratinska
Bronzani Majdan
Aluga

Park prirode
Papuk
Virovitičko-podravska žup.
Požeško-slavonska žup.
Brodsko-posavska žup.
Osječko-baranjska žup.
Požeška gora
Dilj gora
Krndija
Motajica
HRVATSKA
BOSNA I HERCEGOVINA
Nova Gradiška
Nova Topola
Banja Luka
Čučevo
Vučjak
Popovci
Striježevica
Kamenska
Mijači
Tisovac
Javorovica
Koprivna
Čečavac
Podvrško
Baničevac
Opatovac
Oblakovac
Bačin Dol
Bukovica
Kapavac
Rešetari
Adžamovci
Okučani
St. Petrovo Selo
Staro Petrovo Selo
Crnogovci
Bodovaljci
Vrbje
Štivica
Komarnica
Magic Mala
Orubica
Davor
Kamengrad
Velika
Stražeman
G. Vrhovci
Poljanska
Biškupci
Lučinci
Pasikovci
Boričevci
Nova Lipa
Mihaljevci
Skenderovci
Brestovac
Zakorenje
Trenkovo
POŽEGA
Vrhovci
Blažević Dol
Lipovac
Vrbova
Bili Brig
N. Kapela
Batrina
Lužani
Živike
Siče
Kaptol
Alilovci
Češljakovački vis
Podgorje
Vetovo
Treštanovci
Jakšić
Rajsavac
Cerovac
Kuzmica
Gradac
Sulkovci
Koprivnica
Ratkov
Dragovci
Brodski Drenovac
Bečić
Malino
Oriovac
Brodski Stupnik
Ribnjaci Jasinje
Stupnički Kuti
Slavonski Kobaš
Bos. Kobaš
Kapavac
Hrnjevac
Mitrovac
Kutjevo
Ferovac
Kula
Grabarje
Ciglenik
Knežci
Tulnik
Kalenić
Djedina Rijeka
Cinkovac
Pleternica
Frkljevci
Zadgrađe
Lovčić
Grgurevići
Brčino
Gržići
Sibinj
Bartolovci
Ružica
Valenovac
Šumeđe
Gazije
Seona
D. Motičina
NAŠICE
Zoljan
Ceremosnjak
Vukojevci
Londžica
Gradac
Gradište
Bektež
Jurkovac
Jezero
Šibikovac
Zdenkovac
Vlatkovac
Granice
Čaglin
Kneževac
Ivanovci
Migalovci
Ruševo
Imrijevci
Svoski Dol
Paka
Čenkovo
Levanjska Slobodna
Meda
Brodski Zdenci
Oriovčić
Glogovica
Podcrkavlje
Grabarje
Vrhovina
Korduševci
Ježevik
Podvinje
Marsonija
Vranovci
Trnjani
D. Vrba
G. Vrba
Zadubravlje
Ruščica
SLAVONSKI BROD
BROD
Sijekovac
D.-Kolibe
G.-Kolibe
Klakar
Novo Selo
Vinska
Kaniža
Banovici
Zbjeg
Šumeće
Dubočac
Bos. Dubočac
Trstenci
Nova Ves
Koraće
Zborište
Bijelo Brdo
Kostres
Lužani
Grk
Vrela
Žeravac
Pievalovac
Begluci
Vlaknica
Kaoci
Gradina
Bardača
Srbac
Povelić
Dugo Polje
Glamočani
Razboj
Razboj Ljevičanski
Lilić
Rasavac
Borovčan
Sitneši
D. Lepnica
G. Lepnica
Nožičko
Zasjeka
Stari Martinac
Šeškovci
Čukali
Srđevići
Pećeneg
Ilova
Smrtići
Agići
D. Detlak
DERVENTA
Polje
Zelenike
Šušnjari
Velika Bukovica
Razboj Župski
Otpočivaljka
V. Ilova
G. Palačkovci
Bišnja
Živinice
Bunar
Podnovlje
Oštra glava
Grabik Ilova
Šibovska
G. Detlak
Modran
G. Lupljanica
D. Lupljanica
Trnjani
Majevac
Čorle
Orašje
Ratkovac
Prnjavor
Lišnja
Potočani
Mravica
Hrvaćani
Ribnjak Prnjavor
Orijen
Cerani
D. Štrpci
V. Sočanica
Komarica
Ritešić
Kožuhe
Brezik
Osinja
M. Sočanica
Mišinci
Foča
Kotorsko
G. Osječani
D. Osječani
Šarinci
Štrpci
Pojezna
Autoput Banja Luka-Doboj
Prnjavor Mali
Kladari
Ljubatovci
Kokori
D. Vijačani
Drenova
Kremna
Mitrovići
Cvrtkovci
Jelanjska
Čivčije
Buk
Ladevci
Svinjar
Tovira
Sava
Vrbas
Ukrina
Orljava
Londža
Ilova
Foča
Lukavica
Turjanica
Vijaka
Crkvena
Rešetarica
76
77
78
79
80

Čepin
Ovčara
Tenja
Podgorač
Budimci
Antunovac
Vladislavci
Ernestinovo
Koška
Punitovci
Josipovac Punit.
Široko Polje
Tomašanci
Kuševac
Semeljci
Markušica
Satnica Đak.
Viškovci
Gaboš
Breznica Đakovačka
ĐAKOVO
Denkovačka greda
Jarmina
Selci Đak.
St. Mikanovci
Vodinci
Budrovci
Ivandor
VINKOVCI
Renovica
Andrijaševci
Strizivojna
Vrpolje
Cerna
D.Andrijevci
V. Kopanica
Gundinci
Sredanci
Babina Greda
Gradište
Banov dol
Oprisavci
Rastovica
Županja
Svilaj
Novi Grad
Sava
ŽUPANJA
Štitar
Bošnjaci
ŠAMAC
Domaljevac
Orašje
ODŽAK
Federacija Bosne i Hercegovine
Rep. Srpska
MODRIČA
Obudovac
Rajevo Selo
Gunja
BRČKO
GRADAČAC
G. Miónica
Distrikt Brčko
Trebavac
BOSNA I HERCEGOVINA

76
77
78
79
80

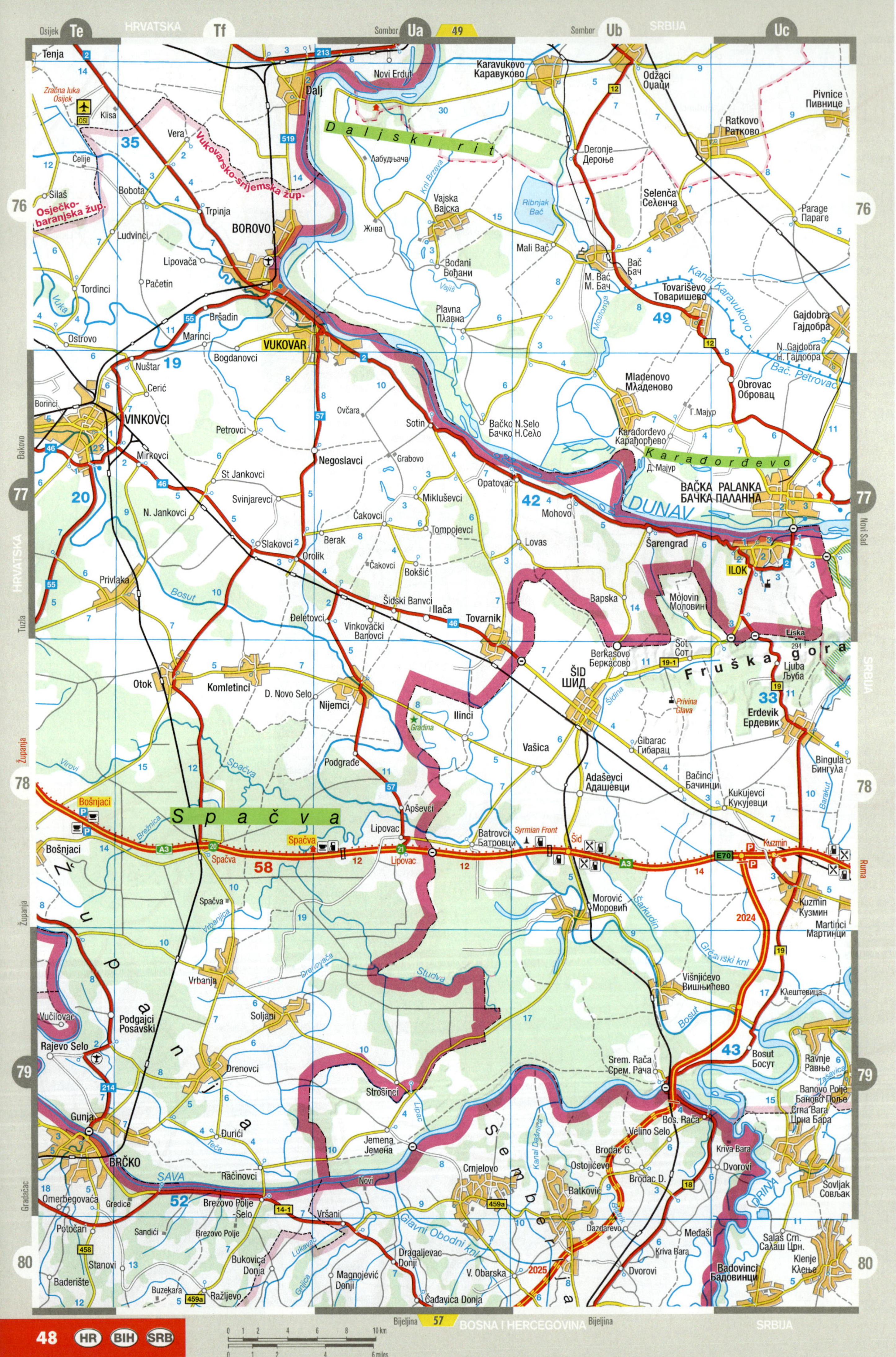

Osijek
Te
HRVATSKA
Tf
Sombor
Ua
49
Sombor
Ub
SRBIJA
Uc
Tenja
Zračna luka Osijek
OSI
Klisa
35
Vera
Vukovarsko-srijemska žup.
Osječko-baranjska žup.
Čelije
Silaš
Bobota
Trpinja
BOROVO
Ludvinci
Lipovača
Pačetin
Tordinci
Vuka
Bršadin
Ostrovo
Marinci
VUKOVAR
Bogdanovci
Nuštar
19
Cerić
Borinci
VINKOVCI
Petrovci
Mirkovci
Bakovo
St Jankovci
Svinjarevci
N. Jankovci
20
Slakovci
Privlaka
Bosut
HRVATSKA
Tuzla
Dalj
Novi Erdut
Daljski rit
Лабудњача
Vajska
Вајска
Жива
Bođani
Бођани
Plavna
Плавна
Karavukovo
Каравуково
Odžaci
Оџаци
Pivnice
Пивнице
Ratkovo
Ратково
Deronje
Дероње
Ribnjak Bač
Selenča
Селенча
Parage
Параге
Mali Bač
M. Bač
М. Бач
Bač
Бач
Tovariševo
Товаришево
Kanal Karavukovo
49
Gajdobra
Гајдобра
N. Gajdobra
Н. Гајдобра
Bač. Petrovac
Mladenovo
Младеново
Obrovac
Обровац
G. Majur
Karađorđevo
Карађорђево
Karađorđevo
D. Majur
BAČKA PALANKA
БАЧКА ПАЛАНКА
DUNAV
Novi Sad
Ovčara
Sotin
Bačko N.Selo
Бачко Н.Село
Negoslavci
Grabovo
Opatovac
42
Mohovo
Mikluševci
Čakovci
Tompojevci
Lovas
Berak
Orolik
Čakovci
Bokšić
Šarengrad
ILOK
Bapska
Mohovin
Моловин
Šidski Banovci
Ilača
Tovarnik
Đeletovci
Vinkovački Banovci
Berkasovo
Беркасово
Sot
Сот
Liska
Fruška gora
Ljuba
Љуба
ŠID
ШИД
Privina Glava
33
Erdevik
Ердевик
SRBIJA
Otok
Komletinci
D. Novo Selo
Nijemci
Gradina
Ilinci
Vašica
Gibarac
Гибарац
Bingula
Бингула
Županja
Virovi
Spačva
Podgrade
Adaševci
Адашевци
Bačinci
Бачинци
Kukujevci
Кукујевци
Bošnjaci
Spačva
Apševci
Lipovac
Batrovci
Батровци
Syrmian Front
Šid
Kuzmin
Ruma
Bošnjaci
Spačva
58
Lipovac
E70
A3
Morović
Моровић
Kuzmin
Кузмин
Martinci
Мартинци
2024
Županja
Vrbanja
Studva
Vrbanja
Soljani
Višnjićevo
Вишњићево
Клештевица
Vučilovac
Podgajci Posavski
Rajevo Selo
Drenovci
Srem. Rača
Срем. Рача
43
Bosut
Босут
Ravnje
Равње
Banovo Polje
Баново Поље
Crna Bara
Црна Бара
Strošinci
Gunja
Đurići
Bos. Rača
Velino Selo
Jamena
Јамена
BRČKO
Račinovci
SAVA
Crnjelovo
Ostojićevo
Brodac G.
Brodac D.
Batković
Kriva Bara
Dvorovi
Sovljak
Совљак
Gradačac
Omerbegovača
Gredice
52
Brezovo Polje Selo
Novi
Vršani
Semberija
DRINA
Potočari
Sandići
Brezovo Polje
Glavni Obodni knl
Dazdarevo
Međaši
Kriva Bara
Salaš Crn.
Салаш Црн.
Klenje
Клење
Stanovi
Bukovica Donja
Dragaljevac Donji
V. Obarska
2025
Dvorovi
Badovinci
Бадовинци
Baderište
Buzekara
Ražljevo
Magnojević Donji
Čađavica Donja
Bijeljina
57
BOSNA I HERCEGOVINA
Bijeljina
SRBIJA
0 1 2 4 6 8 10 km
0 1 2 4 6 miles

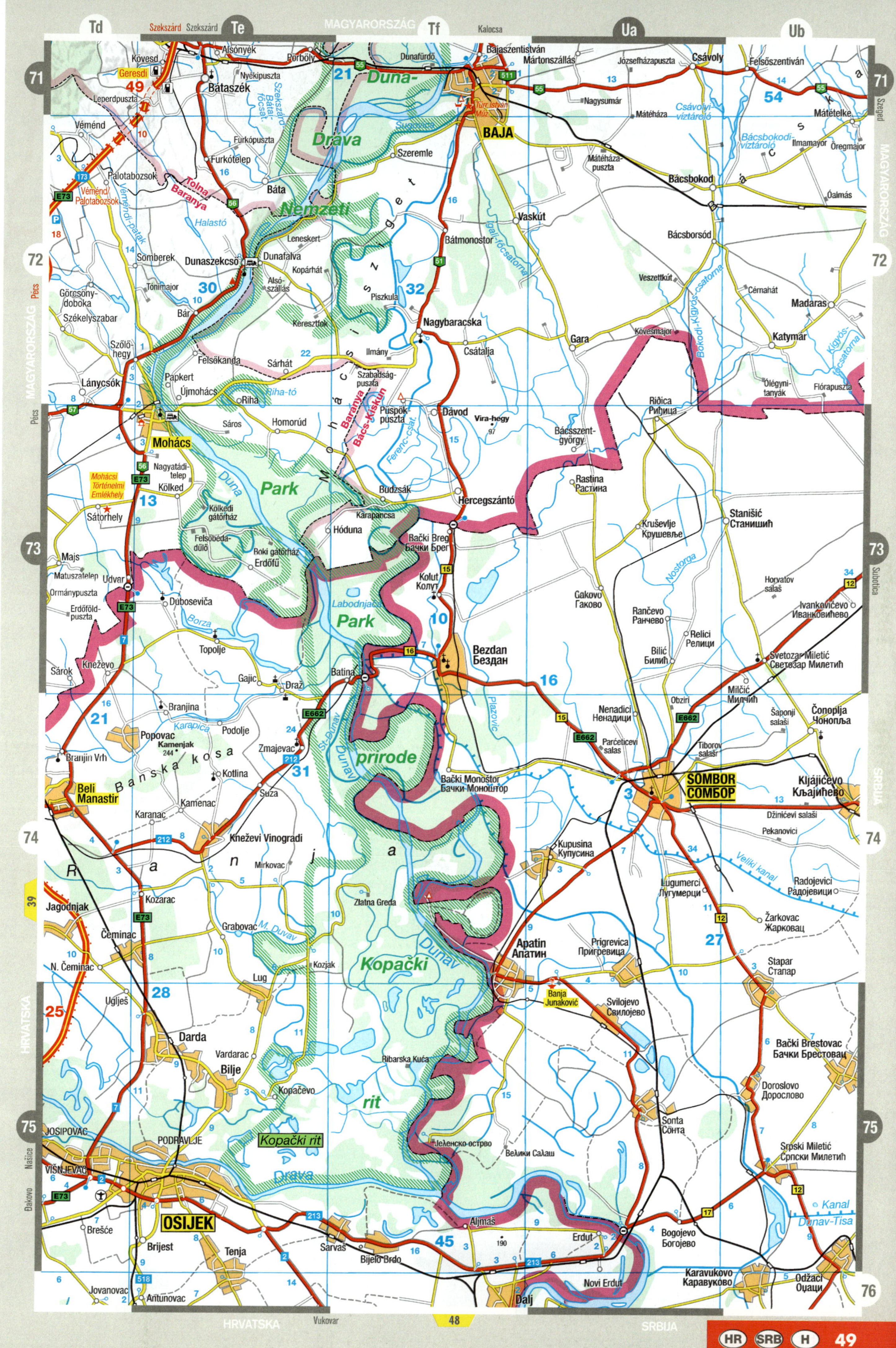

MAGYARORSZÁG
HRVATSKA
SRBIJA
Szekszárd
Kalocsa
Szeged
Pécs
Subotica
Vukovar
Bakovo
Našice
Duna-Dráva Nemzeti Park
Mohácsi-sziget
Kopački rit
Park prirode Kopački rit
Baranja
Banska kosa
Bácska
BAJA
Mohács
Bátaszék
Dunaszekcső
Beli Manastir
OSIJEK
SOMBOR
СОМБОР
Apatin
Апатин
Bezdan
Бездан
Darda
Bilje
Dalj
Nagybaracska
Hercegszántó
Dávod
Bácsbokod
Katymár
Madaras
Kneževi Vinogradi
Batina

Cres
Lošinj
Unije
Susak
Rab
Pag
Silba
Olib
Ist
Molat
Ilovik
Premuda
Dugi Otok
Kvarnerić
Lošinjski kanal
Kvarnerička vrata
Silbanski kanal
Olipski kanal
Paški kanal
Unijski kanal
JADRANSKO MORE
Virsko
Mali Lošinj
Veli Lošinj
Osor
Nerezine
Martinšćica
Miholašćica
Belej
Punta Križa
Novalja
Supetarska Draga
Lopar
Barbat na Rabu
Jablanac
Cesenatico
Ancona
Rijeka
Jadranska magistrala

Nacionalni park Sjeverni Velebit
Nacionalni park Plitvička jezera
Velebitski Botanički vrt
Hajdučki kukovi
Rožanski kukovi
Apatišanska duliba
Rožanski kukovi
Park prirode Velebit
Nacionalni park Paklenica
Velebitski kanal
Paški zaljev
Kanal Povljana
Ljubački zaljev
Ninski zaljev
Zadarski kanal
Srednji kanal
Novigradsko more
Ravni kotari
Jadranska magistrala
Ramino korito
Ugljan
Sestrunj
Pag
Vir
Zadar
Gospić
Nin
Novigrad
Karlobag
Starigrad
Perušić
Lički Osik
Janjče
Jasenice
Lički Novi
Ličko Lešće
Otočac
Medak
Posedarje
Maslenica
Rovanjska
Seline
Ražanac
Povljana
Zaton
Petrčane
Kožino
Diklo
Bokanjac
Murvica
Babindub
Zemunik
Smilčić
Korenica
Lika
Baške Oštarije
Oštarijska Vrata
Velebit
Kolan
Šimuni
Barbat
Lun
Dinjiška
Vlašići
Miletići
Rtina
Ljubač
Gračac
Obrovac
Benkovac
Jelovi vrh
Vrebac
Bilaj
Budak
Ostrvica
Kruščica
Kosinj
Lipovo Polje
Štirovača
Šatorina
Zečjak
Tribanj
Šibuljine
Sv. Juraj
Kuterevo
Krasno
Devčići
Sveta Marija Magdalena
Baric Draga
Lukovo Šugarje
Miškovići
Vinjerac
Jovići
Radovin
Poličnik
Islam Latinski
Islam Grčki
Paljuv
Pridraga
Karin
Kašić
Lakići
Suhovare
Smoković
Briševo
Crno
Zentunik
Babindub
Sukošan
Preko
Poljana
Lukoran
Sušica
Dugi Otok
Tkon
Vir
Lozice
Torovi
Privlaka
Rt Kozjak
Rt Brtalić
A1 E71 E65
80 81 82 83 84
Šibenik A1 58 Zadar HRVATSKA Šibenik

Nacionalni park
Plitvička
jezera
BIHAĆ
Fethija
Baljevac
Gola Plješevica
Vedro Polje
Žegar
Pritoka
Zavalje
Golubić
Sokolac
Ripač
Međudražje
Idole
Veliki Skočaj
Trovršić
Melinovac
Račić
M. Ljutoč
Plješevica
Kapela Korenička
Čujića Krčevina
Lisina
Kik
Trojan grad
Šijanov klanac
Turjanski
Panos
Rudanovac
Pogledalo
Homoljac
Vrelo Koreničko
Mihaljevac
Mrsinj grad
Trnavac
Cicer
Korenica
Šeganovac
Ponor Korenički
Mrsinj
Vrpile
Kozjan
Krbavica
Tuk Bjelopoljski
Bjelopolje
Grabušić
Golo trlo
Frkašić
Klašnjica
Vedašić
Ljubovo
Bunić
Debelo Brdo
Gorica
Šalamunić
Pećane
Crni vrh
Goloura
Svračkovo Selo
Krbava
Krbavsko polje
Udbina
Mutilić
Visuć
Podkuk
Tolić
Jošan
Orlovača
Ličko Petrovo Selo
Palež
Podlapača
Ljutica
Donji Mekinjar
Gornji Mekinjar
Vrebačka staza
Čardak
Pavlovac Vrebački
Jelovi vrh
Srednja Gora
Kurjak
Ondić
Mogorić
Donja Ploča
Gornja Ploča
Klanac
Komić
Poljice
Klapavica
Jelovi vrh
Vranik
Žir
Papuča
Kruškovac
Kik
Drenovac Radučki
Vašćica
Sveti Rok
Park
Lipac Radučki
Lovinac
Smokrić
Ličko Cerje
Sv. Rok
St. Selo
Nacionalni park Paklenica
Sveto brdo
Lotići
Poljana
Ričice
Brnićevo
Balenova Plana
Tunel Sveti Rok 5727m
Štikada
Gračac
V. Golić
V. Oštra glava
Libinje
M. Alan
Oćenica
Velebit
prirode
Vrace
Modrić
Rovanjska
Jasenice
Podprag
Maslenica
Marune
Muškovci
Zaton Obrovački
Obrovac
Novigradsko more
Mulić
Novigrad
Kruševo
Sv. Kuzman
Bukovica
Sv. Martin
Kokić
Pridraga
Karinsko more
Karin Slana
Gornje Biljane
Zubčići
Donji Karin
Franjevački samostan
Corinium
Zelengrad
Brkići
G.Bilišane
Nadvoda
Bogatnik
Kaštel Žegarski
Žegar
Klanac
Komazeci
Medvida
Golubić
Berberi
Samostan
Krupa
Veselinović
Prezid
V. Crnopac
Jabukovac
Cerovačke pećine
Vučipolje
Malovan
Oklinak
Duboki Dol
Velebit
Sedlo
Zadarska žup.
Šibensko-kninska žup.
Ervenik
Pajći
Dolac
Kopinjovac
Bukarica
Javornik
Kom
Zrmanja Vrelo
Gudura
Zrmanja
Prljevo
Pribudić
Palanka
Otrić
M.Popina
Cerovac
Sučevići
Srbski klanac
V. Popine
Podljut
Rudopolje
Deringaj
Tomingaj
Omsica
Kijani
Crni vrh
Lisac
Gubavčevo polje
Glogova
Bruvno
Urljaj
Grumila
Plećaši
Mazin
Kremen
Cerovac Bruvanjski
Mazinsko polje
Podselo
Jasenov vrh
Mandića Draga
Ličko-senjska žup.
Zadarska žup.
Resnik
Javornik
Tičevo
Ozeblin
Dnopolje
Birovača
Donji Lapac
Lapačko polje
Kuk
Oraovac
Gornji Lapac
Boričevac
Mišljenovac
Visočica
Kruge
Gornji Štrbci
Višak
Nebljusi
Željezno Polje
Užljebić
Doljani
Dubovsko
Lipa
Veliki Ljutoč
Čukovi
Teočak
Lupina
Oraško Brdo
Brusovac
Dugo Polje
Kestenovac
Buševič
Orašac
Prkosi
Klisa
Kalati
Ostrovica
Kulen Vakuf
Čovka
Bjelaj
Baranova pećina
Veliki Stjenjani
Osječenica
Lisac
Doljani
Malo Očijevo
Rmanj
Martin Brod
Veliko Očijevo
Dobroselo
Doljani
Kozjača
Brezovac
Očigrije
Sjenica
Brotnja
Zaklopac
Nacionalni park Una
Veliki Cvjetnić
Mali Cvjetnić
Gornja Suvaja
Donja Suvaja
Begluci
Unsko vrelo
Neteka
Donji Srb
Gornji Srb
Dabašnica
Ajderovac
Nadurljaj
Osredci
Podvučjak
Crni vrh
Kunovac Kupirovački
Dugopolje
Kupirova
Kaldrma
Panos
Tiškovac Lički
Gornji Tiškovac
Poštak
Ujilica
Koćina Kosa
Rastičevo
Konjska glava
Drenovac Osredački
Cvijanovići
Vrelo Zrmanje
Marinkovići
Jovičići
Orlovac
Plavno
Radljevac
Golubić
Oton
Knin
Grabež
Turski kozjen
Velebit
Hrgar
Gredoviti vrh
Grmeč
Crni vrh
Turska Voda
Gornja Suvaja
Donja Suvaja
Risovac
Lisina
Seliište
Vrtoče
Busije
Gorinja
E71
E761
A1
1 3 5 6 8 11 13 14 16 17 19 20 21 23 25 26 27 32 33 36 39 50 52 53 54 218 405 408 502 522
HRVATSKA
Gospić
Karlobag
Zadar
Posedarje
80 81 82 83 84

Jasenica
Benakovac
Majkić Japra-Gornja
Donja
Kozin
Viran
Majdan Planina
Modra
Skucani Vakuf
Miljevci
Majkići
Baraka
Lušci Palanka
Otiš
Javornjača
Korčanica
Lastve
Vranovina
Brestovac
Vođenica
Skakavac
Marjanovića Do
Suvaja
Krnja Jela
Suvi vrh
Smoljana
Kapljuh
Janjila
Rašinovac
Medeno Polje
Bosanski Petrovac
Bravski Vaganac
Bara
Kolunič
Osječenica
Bukovača
Vedro Polje
Drinić
Oštrelj
Rastoka
Gruborski Naslon
Zaglavica
Crljivica
Podovi
Ataševac
Bastasi
Vrtoče
Pasjak
V. Stražbenica
Titova pećina
Kamenica
Drvar
Drvar Selo
Šipovljani
V. Metla
Vagan
Korita
Resanovci
Mokronoge
Vidovo Selo
Zebe
Peći
Goli bat
Zakošane
Lisina
Isjek
Radlovići
Malešivci
Galići
M. Tičevo
Stožišta
Derala
Vidovići
Zaseok
Bosansko Grahovo
V. Obljaj
Obljaj
Marinkovci
Mračaj
Strmica
Ugarci
Luka
Korita
Cerovići
Bat
Pljesivica
Orlovac
Okreč
Fajtovci
Gornji Kamengrad
Donji Kamengrad
Kamengrad
Naprelje
Bos. Milanovac
Gradanovci
Gornji Dabar
Donji Dabar
Crnomarkovići
Dabarska spilja
Jelašinovac
Bojište
Oštrelj
Plećine
Dževar
Koprivna
Trnova
Šehovci
Podbriježje
Zdena
Sanski Most
Kijevo
Čaplje
Tomina
Kljevci
Spilja Hrustovača
Hrustovo
Vrhpolje
Sanica Donja
Sanica Gornja
Zavolje
Pištanica
Gradina
Krasulje
Biljani Donji
Mijačica
Crni vrh
Kopjenica
Donji Ramići
Hripavci
Plamenica
Lanište
Velagići
Jasenovac
Bravsko
Podsrnetica
Klenovac
Bunara
Hasići
Majkići
Ključ
Zgon
Jarice
Srnetica
Miljakuša
Vrščić
Šiška uvala
Topla kosa
Lom planina
Klekovača
Lom
Potoci
Uvala
Crkveno
Tisova kosa
Lisina
Presedlina
Tisov vrh
Ilikov Palež
V. Obršina
Prekaja
Bunčevac
Župica
Jezero Župica
Ljeskovica
Poljice
Borovnjača
Župa
Podić
Gloginja
Gola Kosa
Crni Vrh
Stekerovci
V. Tičevo
Preodac
Rore
Crnac
Šator
V. Šator
D. Peulje
G. Peulje
Repaš
Nuglašica
Popovići
Vagan
Podgradina
Odžak
Šumnjaci
Medena Selišta
Glavice
Hotkovci
Perduhovo Selo
Glamočko polje
Grahovsko polje
Pasića polje
Marino brdo
Jadovnik
Bobara
Stratinska
Slavićka
Sasina
Lomovi
Obrovac
Ljepovac
Jukići
Kula
Melina
Tramošnja
Veliki Tabor
Kmećani
Vilusi
Donja Kozica
Gornja Kozica
Ilidža
Crkvenigrad
Donji Hazići
Gornji Hazići
V. Divić
Kamičak
Pejići
Plješevica
Kljajići
Pavići
Sokolovo
Garići
Gornje Ratkovo
Ljubine
Donje Ratkovo
Ljubinska
Sitnica
Cikelj
Čađavica
Zableće
Rastoka
Dragoraj
Orahovljani
Razvršje
Šiša gora
Donji Graci
Gornji Graci
Velije
Gornji Ribnik
Košanica
Lice
Sredice
Donja Slatina
Osoje
Vaganac
Tomići
Donji Vrbljani
Maljinaci
Vrbljani
Antonići
Medna
Kuso brdo
Gornji Vrbljani
Gornja Sana
Donji Baraći
Pecka
Lipa
Jasenovi Potoci
Podovi
Mlinište
Kurozeb
Simići
Cardak
Opačić
Dubrave
Mijanje
Dimitor
Republika Srpska
Federacija Bosne i Hercegovine
Sana
Sanica
Ribnik
Mrkonjić Grad
BOSNA I HERCEGOVINA
80
81
82
83
84
50
34

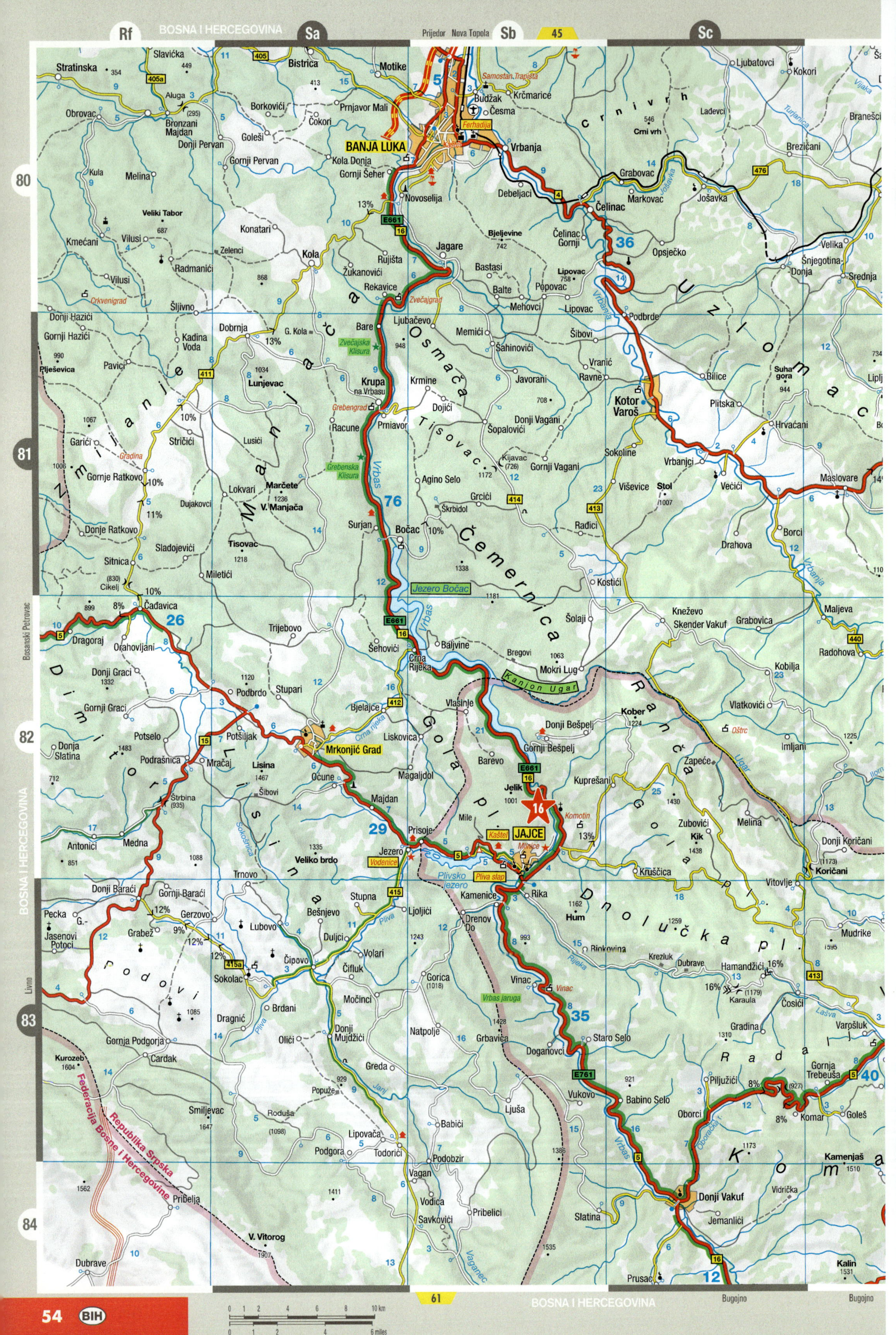
Rf
BOSNA I HERCEGOVINA
Sa
Prijedor Nova Topola
Sb
45
Sc
80
81
82
83
84
Bosanski Petrovac
BOSNA I HERCEGOVINA
Livno
Stratinska
Slavićka
Bistrica
Motike
Samostan Trapistâ
Budžak
Krčmarice
Česma
Ferhadija
Kaštel
BANJA LUKA
Vrbanja
Ljubatovci
Kokori
Ladevci
Cmi vrh
Brezičani
Branešci
Aluga
Bronzani Majdan
Donji Pervan
Borkovići
Prnjavor Mali
Čokori
Goleši
Gornji Pervan
Kola Donja
Gornji Šeher
Obrovac
Kula
Melina
Veliki Tabor
Novoselija
Debeljaci
Grabovac
Markovac
Čelinac
Jošavka
Kmećani
Vilusi
Radmanići
Zelenci
Konatari
Kola
Rujišta
Žukanovići
Jagare
Bjeljevine
Čelinac Gornji
Bastasi
Balte
Lipovac
Popovac
Opsječko
Velika
Šnjegotina-Donja
Srednja
Crkvenigrad
Šljivno
Rekavice
Zvečajgrad
Mehovci
Lipovac
Podbrde
Donji Hazići
Gornji Hazići
Kadina Voda
Dobrnja
G. Kola
Bare
Ljubačevo
Memići
Šibovi
Šahinovići
Zvečajska Klisura
Plješevica
Paviči
Lunjevac
Krupa na Vrbasu
Krmine
Javorani
Vranić
Ravne
Kotor Varoš
Bilice
Suha gora
Grebengrad
Racune
Pmiavor
Dojići
Šopalovići
Donji Vagani
Plitska
Hrvaćani
Garići
Gradina
Stričići
Lusići
Grebenska Klisura
Kijavac
Gornji Vagani
Sokoline
Vrbanjci
Večići
Maslovare
Gornje Ratkovo
Lokvari
Marčete
V. Manjača
Agino Selo
Višečice
Stol
Dujakovci
Grčići
Škrbidol
Surjan
Bočac
Rađici
Borci
Donje Ratkovo
Sladojevići
Tisovac
Drahova
Sitnica
Cikelj
Miletići
Jezero Bočac
Kostići
Čađavica
Šolaji
Kneževo
Skender Vakuf
Grabovica
Maljeva
Dragoraj
Orahovljani
Trijebovo
Šehovići
Baljvine
Crna Rijeka
Bregovi
Mokri Lug
Kanjon Ugar
Kobilja
Radohova
Donji Graci
Gornji Graci
Podbrdo
Stupari
Bjelajce
Vlasinje
Kober
Vlatkovići
Oštrc
Imljani
Donja Slatina
Potselo
Potšiljak
Mrkonjić Grad
Crna rijeka
Liskovica
Donji Bešpelj
Gornji Bešpelj
Barevo
Zapeće
Podrašnica
Mračaj
Lisina
Očune
Magaljdol
Kuprešani
Šibovi
Jelik
Strbina
Majdan
Komotin
Mile
Zubovići
Melina
Kik
Antonići
Medna
Veliko brdo
Prisoje
Kaštel
JAJCE
Donji Koričani
Koričani
Jezero
Vodenica
Mlinice
Trnovo
Plivsko jezero
Pliva slap
Kruščica
Vitovlje
Donji Barači
Gornji Barači
Stupna
Kamenice
Rika
Pecka
Gerzovo
Lubovo
Bešnjevo
Ljoljići
Drenov Do
Hum
Mudrike
Jasenovi Potoci
Grabež
Duljci
Biokovina
Krezluk
Dubrave
Hamandžići
Čipovo
Volari
Čifluk
Gorica
Vinac
Karaula
Sokolac
Močioci
Vrbas jaruga
Čosići
Brdani
Dragnić
Donji Mujdžići
Natpolje
Grbavica
Staro Selo
Gradina
Varošluk
Oliči
Gornja Podgorja
Cardak
Doganovci
Kurozeb
Greda
Piljužići
Gornja Trebeuša
Popuže
Babino Selo
Oborci
Komar
Goleš
Smiljevac
Roduša
Ljuša
Vukovo
Federacija Bosne i Hercegovine
Republika Srpska
Babići
Lipovača
Podgora
Todorići
Kamenjaš
Podobzir
Vagan
Vidrička
Pribelja
Vodica
Pribelici
Donji Vakuf
Jemanlići
Savkovići
Slatina
V. Vitorog
Dubrave
Prusac
Kalin
Vaganac
Janj
Pliva
Sokočnica
Oboracka
Rijeka
Lašva
Ugar
Vrbanja
Turjanica
Vijaka
Osmača
Tisovac
Čemernica
Manjača
Mijanje
Dimitor
Lisina
Podovi
Gola pl.
Ranča
Dnolučka pl.
Radalj
Komar
Uzlomac
Crni vrh
Cinivrh
Vrbas
54
BIH
61
BOSNA I HERCEGOVINA
Bugojno
Bugojno
10 km
6 miles

Drenova
Kremna
474
Mitrovići
Autoput Banja Luka–Doboj
Cvrtkovci
Jelanjska
Prnjavor
Prnjavor Mali
Kladari
Sjenina
Vijačani
Svinjar
Ljubić
Čivčije
Buk
Tovira
Lukavica
Skipovac G.
Dragolovci
Grabovica
G. Grapska
Živkovići
Gornji Vijačani
Kulaši
G. Ostružnja
474a
M. Bukovica
DOBOJ
Kostajnica
Lukavica
Stanari
Klokotnica
M. Bijesnica
Dubrava
V. Bijesnica
Mališići
Makljenovac
Suho Polje
Cerovica
Miljanovci
Omanjska
465
Pridjel
Čavka
Visoka glava
473
Čečava
Vitkovci
Tekućica
Boljanić
Ozren
Piljužići
474
Šešlije
Gornja
Rečani
Ukrinica
Mravići
Potocani
476a
Kaloševići
Tisovac
Osivica
Jelah
Trbuk
Javorova
Medakova
24
Ostravica
Mrkotić
Vukovo
Trepče
E73
Lipovčići
Orašje
Tešanj
Rankovići
Pribinić
Teslić
Raduša
Mošević
Rječica
Buletić
Banja Vrućica
Dobro Polje
Solila
81
Dulići
Gornji Teslić
Vlajići
D. Rakovac
Jablanica
Kiići rica
Crni vrh
G. Rakovac
Borja
G. Vručica
MAGLAJ
Bukovica
Gornji Očauš
Komušina
Mladoševica
G. Ulišnjak
Bakotić
Usora
465
Mladikovine
Kamenica
Kopice
Biser glava
Slatina Donja
Novi Šeher
G. Bradići
Bijelo Polje
Donji Očauš
474
Dolac
Rujnica
Matina
Ozimica
Šiprage
Ugodnovići
Bijelo Bučje
V. Smolin
Perovići
Hajderovići
Vrhica
Selište
Junuzovići
Prisočka
473
Blatnica
Republika Srpska
Federacija Bosne i Hercegovine
17
Zavidovići
Činovići
Krivaja
Papratnica
Viništi
V. Manjača
Bosna
Prijećka džamija
Bistrica
465
Klek
Kruševo Brdo
Jezera
Kozila
ŽEPČE
Ljeskovica
Gostovići
Bajvati
Željezno Polje
Zeleće st.
Gornja Lovnica
Lisina
Palošnica
Meokrnje
2026
Cardak
Borovnica
Gornja Golubinja
Blatnica
Šerići
Bistrica
Topčić-Polje
Mračaj
Priluk
Begov Han
Čauševac
Vlašić
Gluha Bukovica
Vukotići
Nemila
66
Stojanovići
Kamenica
Mitrovići
Orahovičko Polje
Šišava
Pepelari
Suha
Vlašić
440
Kapac
Bosna Klanac
Tvrtkovak
Tajan
Botanj
Vrbovac grad
Vranduk
Koprivina
Zagrade
Jelina st.
Lisac
E73
Ravan planina
Podborje
Meljić
Paklarevo
Jezero
Turbe
Donja Vraca
Grab
Čukle
Lastavica
Guča Gora
Pridražići
Zenica sjever
Donja Gračanica
Drugavci
Varalići
Šarena džamija
Travnik
Brajkovići
Stranjani
445
Gradišće
Starposle
Brnjic
Ravno Javorje
Igrišća
Bačvice
Kozarci
Ričice
Bijelo Bučje
ZENICA
Puhovac
Vilenica
Slimena
Sultan-Ahmed-džamija
Briznik
Vukanovići
Lokvine
Lipnica
Novi Bila
Klopče
Borovica Gornja
Novi Travnik
Mali Mošunj
Gornji Čajdraš
Zenica-Jug
Moščanica
Bijele Vode
Vila rustica (rom.)
Rankovići
Počulica
Drivuša
Tišina
Perin Han
Nažbilj
Kasapovići
Vitez
441
Gornje Pećine
Večerska
Dubravica
Janjići st.
Zgošća
Sinokos
Zubići
16-4
Čakići
30
Suha st.
Lašva
A1
Tičići
Samostan Sv. Ivana
Bobovac
Kruščica
Kaonik
Gorica
Lašva
Gora st.
Modrinje st.
Rošćevina st.
Kakanj
Kraljeva Sutjeska
36
Hrasno
Skradno
Jehovina st.
Sopotnica
Kakanj st.
Doboj
Poljani
Bistro
Opara
Busovača
Hum
Viduša
Desetnik
E761
Kameni dvorac
Ričica
Trnovac
Medvjedgrad
Solakovići
Koprivnica
Čatići
466
Sarajevo
80
81
82
83
84
Tuzla

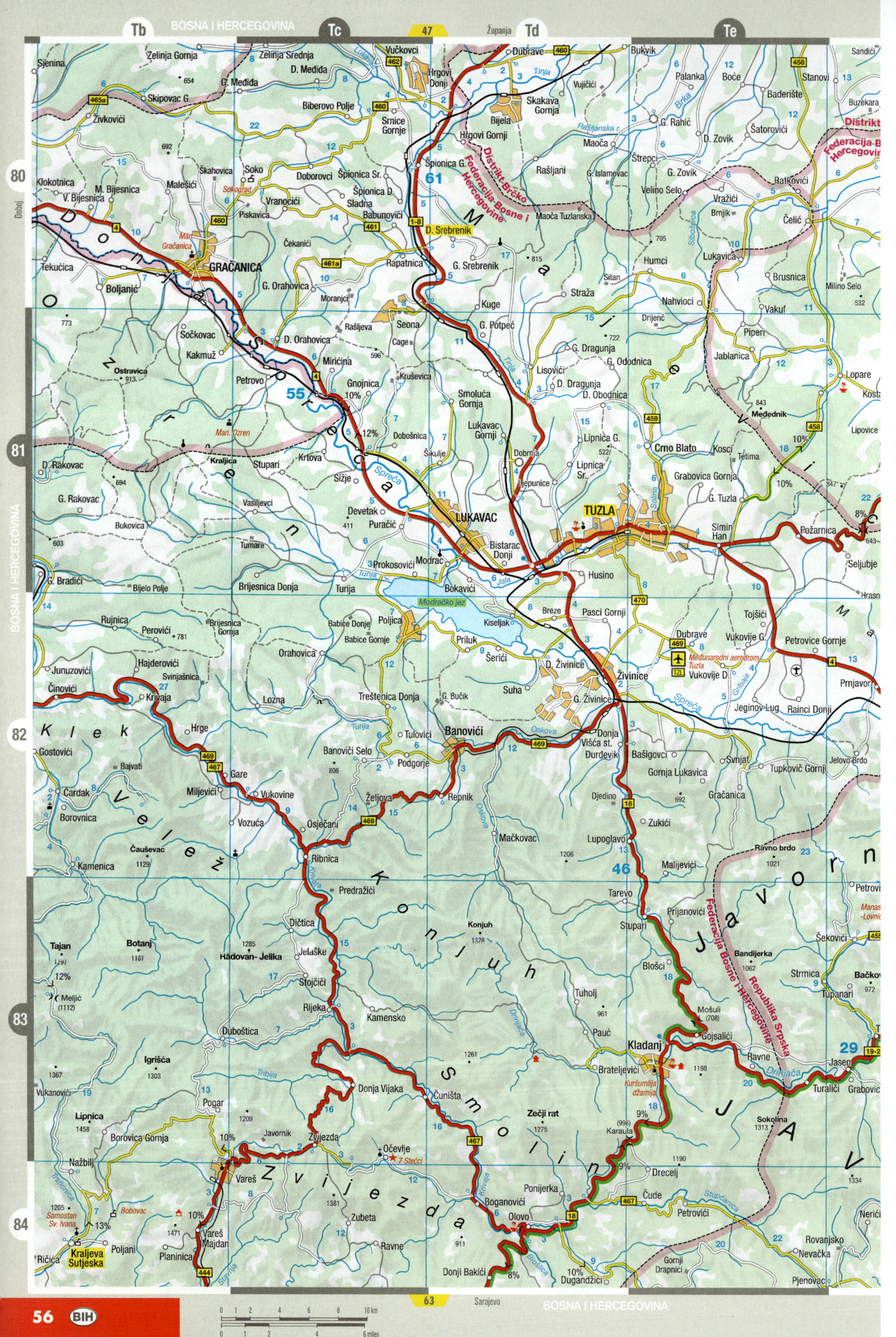

BOSNA I HERCEGOVINA
Tb
Tc
Td
Te
47
Županja
80
81
82
83
84
Doboj
Sjenina
Zelinja Gornja
Zelinja Srednja
D. Međiđa
G. Međiđa
Vučkovci
Hrgovi Donji
Dubrave
Bukvik
Palanka
Boče
Stanovi
Sandići
Skipovac G.
Živkovići
Biberovo Polje
Srnice Gornje
Skakava Gornja
Bijela
Vujičići
Baderište
Buzekara
Distrikt Brčko
Federacija Bosne i Hercegovine
Hrgovi Gornji
Maoča
G. Rahić
D. Zovik
Šatorovići
Klokotnica
M. Bijesnica
V. Bijesnica
Malešići
Škahovica
Soko
Doborovci
Špionica Sr.
Špionica G.
Špionica D.
Sladna
Rašljani
G. Islamovac
Štrepci
G. Zovik
Velino Selo
Vražići
Brnjik
Batkovići
Čelić
Piskavica
Vranovići
Babunovići
D. Srebrenik
Maoča Tuzlanska
Tekučica
GRAČANICA
Čekanići
Rapatnica
G. Srebrenik
Humci
Lukavica
Brusnica
Boljanić
G. Orahovica
Moranjci
Kuge
Straža
Nahvioci
Vakuf
Milino Selo
Seona
Rašljeva
G. Potpeć
Drijenč
Piperi
Sočkovac
D. Orahovica
Cage
G. Dragunja
Jablanica
Kakmuž
Miričina
Lisovići
G. Ododnica
Lopare
Ostravica
Petrovo
Gnojnica
Kruševica
Smoluća Gornja
D. Dragunja
D. Obodnica
Medednik
Lukavac Gornji
Dobošnica
Lipnica G.
Crno Blato
Kosci
Tetima
Lipovice
Man. Ozren
Kraljica
Stupari
Krtova
Šikulje
Dobrnja
D. Rakovac
Sižje
Spreča
Lipnica Sr.
Grabovica Gornja
G. Tuzla
G. Rakovac
Vasiljevci
Devetak
Puračić
LUKAVAC
Ljepunice
TUZLA
Simin Han
Požarnica
Bukovica
Tumare
Bistarac Donji
Seljubje
Prokosovići
Modrac
G. Bradići
Bijelo Polje
Brijesnica Donja
Turija
Bokavići
Husino
Modračko jez.
Rujnica
Perovići
Brijesnica Gornja
Babice Donje
Babice Gornje
Poljice
Kiseljak
Breze
Pasci Gornji
Tojšići
Priluk
Šerići
Dubrave
Vukovije G.
Petrovice Gornje
Hajderovići
Orahovica
D. Živinice
Međunarodni aerodrom Tuzla
Vukovije D.
Junuzovići
Svinjašnica
Živinice
Prnjavor
Činovići
Krivaja
Lozna
Treštenica Donja
G. Bučik
Suha
G. Živinice
Jeginov Lug
Rainci Donji
Klek
Gostovići
Hrge
Tulovići
Banovići
Oskova
Donja Višća st.
Đurđevik
Svnjat
Jelovo Brdo
Bajvati
Banovići Selo
Podgorje
Bašigovci
Gornja Lukavica
Tupković Gornji
Gare
Čardak
Miljevići
Vukovine
Željova
Repnik
Djedino
Gračanica
Borovnica
Vozuća
Osječani
Zukići
Velež
Čauševac
Mačkovac
Lupoglavo
Ravno brdo
Kamenica
Ribnica
Malijevići
Predražići
Tarevo
Petrovi
Dičtica
Konjuh
Stupari
Prijanovići
Šekovići
Tajan
Botanj
Hadovan- Jelika
Jelaške
Javorn
Bandijerka
Strmica
Bačko
Meljić
Stojčići
Blošci
Tupanari
Rijeka
Kamensko
Tuholj
Mošuli
Duboštica
Pauč
Gojsalići
Kladanj
Republika Srpska
Igrišča
Tribija
Brateljevići
Kuršumlija džamija
Ravne
Jasen
Vukanovići
Donja Vijaka
Čuništa
Smolin
Drinjača
Turalići
Grabovica
Lipnica
Pogar
Zečji rat
Karaula
Sokolina
Borovica Gornja
Javornik
Zvijezda
Očevlje
7 Stećci
Nažbilj
Vareš
Drecelj
Ponijerka
Čude
Petrovići
Samostan Sv. Ivana
Bobovac
Zubeta
Boganovići
Olovo
Neriči
Rovanjsko
Nevačka
Ričića
Kraljeva Sutjeska
Poljani
Planinica
Vareš Majdan
Ravne
Donji Bakići
Dugandžići
Gornji Drapnici
Pjenovac
Sarajevo
63
BOSNA I HERCEGOVINA
10 km
6 miles

Tf
Brčko
Ua
BOSNA I HERCEGOVINA
Ub
48
Bačka Palanka
Uc
SRBIJA
Ud
Šabac
Valjevo
Podromanija
64
Bukovica Donja
Dragaljevac Donji
Magnojević Donji
V. Obarska
Kriva Bara
Dvorovi
Klenje
Клење
Belotić
Белотић
Štitar
Штитар
Dubilje
Дубље
Ražljevo
Piperci
Čađavica Donja
Brčko
Bukovica Gornja
Magnojević Gornji
Dragaljevac Gornji
Čađavica Srednja
Ljeljenča
N. Selo
BIJELJINA
Popovi
Badovinci
Бадовинци
Zminjak
Змињак
Skrađani
Скрађани
Slepčević
Слепчевић
Mrtvica
Korenita
Bobetino Brdo
Čađavica Gornja
Kovačići
Amajlije
Hase
Patkovača
Pučile
Ribari
Рибари
Petlovača
Петловача
Duvanište
Дуваниште
Bogosavac
Богосавац
Čitluk
Posavci
Koraj
Tutnjevac
Zabrde
Zagoni
Šuho Polje
Čardačine
Glogovac
Lipolist
Липолист
Dobrić
Добрић
Prnjavor
Прњавор
Puškovac
Ravno Polje
Modran
JANJA
Ugljevik
Janjari
Atmačići
N. Selo
Н. Село
Čokešina
Чокешина
Petkovica
Петковица
Culjković
Цуљковић
Tobut
Bogutovo Selo
D. Trnova
Čengić
Ruhotina
Lešnica
Лешница
Bela Reka
Бела Река
Grušić
Грушић
Vukosavci
Glinje
Mezgraja
Jelav
Јелав
Straža
Стража
Jasikovac
G. Trnova
Bjeloševac
Johovac
D. Dobrić
Д. Добрић
Desić
Десић
Priboj
Krstac
Stari Teočak
Tavna
Batar
Jad. Lešnica
Јад. Лешница
Cer
Dvorište
Milina
Милина
Snaježnica
G. Pilica
D. Pilica
Glavičice
Lip. Šor
Лип. Шор
G. Dobrić
Г. Добрић
Joševa
Јошева
Trbosilje
Трбосиље
Podgora
Brijest
Rastošnica
Lokanj
Lipnica
Липница
Bradić
Брадић
V. Selo
В. Село
Rumska
Румска
Tekeriš
Текериш
G. Šepak
Kiseljak
Trnovica
Padine
LOZNICA
ЛОЗНИЦА
D. Nedeljice
Д. Недељице
Jarebice
Јаребице
D. Badanja
Д. Бадања
Stolice
Goduš
Vitinica
Skočić
Nedeljice
Недељице
Brezjak
Брезјак
Draginac
Драгинац
G. Badanja
Г. Бадања
Bukor
Букор
Malešići
BANJA KOVILJAČA
БАЊА КОВИЉАЧА
Tršić
Тршић
Sapna
Kozluk
Crni vrh
Korenita
Коренита
Stupnica
Ступница
Medeđa
Šetići
Klisa
Kitovnice
Brasina
Брасина
Zajača
Зајача
Tronoša
Zavlaka
Завлака
Brezovice
Брезовице
Kalesija
Potočani
Križevići
Čelopek
Kostajnik
Костајник
Dvorska
Дворска
Memići
Hajvazi
Jardan
D. Borina
Д. Борина
Komirić
Комирић
Osmaci
Caparde
Karakaj
Radalj
Радаљ
Likodra
Ликодра
Zvornik
Bela Crkva
Бела Црква
Kusonje
Glumina
Mali Zvornik
Мали Зворник
Brštice
Брштице
Krupanj
Крупањ
Snagovo
Divič
Banjevac
Бањевац
Vrbić
Врбић
Papraća
Kamenica Gornja
Košutnja stopa
Planina
Планина
Ostružanj
Остружањ
Udbina
Kominjača
Novo Selo
Donja Trešnjica
Доња Трешњица
Mramorak
Gunjaci
Гуњаци
Perin grad
Amajić
Амајић
Jalovik
Јаловик
Korijen
Devanje
Zvorničko jezero
Culine
Цулине
Crnča
Црнча
Pecka
Пецка
Udrč
Drinjača
Voljevci
Вољевци
Rožanj
Skadar
Скадар
Vrelo
Paljevići
Šopotnik
Zelinje
Postenje
Постење
Prijanovići
Drenjak
Dubravice
Uzovnica
Узовница
Bare
Cerska
Konjevići
Polom
Gračanica
Грачаница
Skugrići
Hrnčići
Krasanovići
Mikuljak
Gornja Ljubovića
Горња Љубовића
Simići
Nedeljišta
Pijuke
Urkovići
Glogova
Magašići
Donja Ljubovića
Доња Љубовића
Donja Orovica
Доња Оровица
Dušanovo
Dubnica
Mratinci
Kravica
Gradac
Suha
Ljubovija
Љубовија
Tornička Bobija
D. Zalukovik
BRATUNAC
Nemić
Tornik
Торник
Vlasenica
Gradina
Vrtoče
Donja Bukovica
Доња Буковица
Tugovo
Zaklopača
Milići
Potočari
Pečišla
Zalužje
Vrhpolje
Врхпоље
Bačići
Gornja Trešnjica
Горња Трешњица
Pogled
Sikira
Sikirći
Tegare
Drlače
Дрлаче
Igrište
Bukovica
Koprivno
Sase
Zagrade
Pomol
Bastahovine
SREBRENICA
Partizan Polje
Nurići
Staroglavice
Sućeska
Domavia
Crni Guber
Dimnići
Močevići
Donje Košlje
Доње Кошље
Semberija
Drina
Cer
Vlašić
Jagodnja
Sokolska pl.
Bukovica
Podrinje
Glogova
Ludmer
Donji Birač
Gornji Birač
BOSNA I HERCEGOVINA
BIH
SRB

0 1 2 4 6 8 10 km
0 1 2 4 6 miles

Obrovac
Qe
HRVATSKA
Qf
52
Gračac
Ra
Rb
Drvar
84
85
86
87
88
Park prirode Velebit
Orljak
Žegaregar
Promina
Moseć
Zagora
Trtar
Kraljice Draga
Boraja
Vilaja
Opor
Karin-Slana
Franjevački samostan
Donji Karin
Corinum
Zelengrad
Klanac
Komazeci
Bundale
Dolac
Kopinjovac
Bukarica
Ervenik
Pribudić
Palanka
Radljevac
Bat
Golubić
Pljesivica
Medvida
Vukša
Alavanje
Popovići
Bruška
Parčić
Zmištak
Kovačevići
Mokro Polje
Padene
Oton
Žagrović
Vrpolje
Kninsko Polje
Vršina
Novakovića Stan
Pliskovo
Benkovačko Selo
Rodaljice
Dvorac
Gračak
Modrino Selo
Biovičino Selo
Tišma
Babići
Veinovići
Očestovo
Raduči
Kovačić
Knin
Stari grad
Lisičić
Banići
Bjelina
Nunić
Kolašac
Vujašinovići
Pučka
Malase
Potkonje
Asseria
Dobropoljci
Šaponje
Macure
Ivoševci
Burnum
Rudele
Marasovine
Vrbnik
Biskupija
Pliskovo
Polača
Perušić
Benkovački
Ivaniševići
Kulina
Sv. Petar
Kolarina
Lepuri
Sv. Martin
Gošić
Gologuz
Zečevo
Kistanje
Čučevo
Puljane
Bobodol
Ramljane
Orlić
Pakovo brdo
Turići
Stražbenica
Bulić
Lišane Ostrovičke
Ostrovica
Đevrske
Varivode
Samostan Krka
Nečven
Čitluk
Sukrovci
Markovac
Pristeg
Vukšić
Bribirske Mostine
Kakanj
Smrdelje
Nacionalni park
Matovo
Promona
Oklaj
Lukar
Racina Pećina
Uzdolje
Zvjerinac
Ridane
Zmijevača
Budak
Bila Vlaka
Provič
Žažvić
Varvaria
Bribir
Škarica
Popovići
Bogatić
Razvode
V. Promina
Gradina
Štikovo
Gradina
Mopolača
Krković
Vaćani
Ićevo
Laškovica
Roški slap
Manojlović
Velušić
Bioćić
Vuković
Stankovci
Čista Velika
Klarići
Čista Mala
Pirovac
Ladevci
Žorapanj
Bratiškovci
Rupe
Krka
Koralić
Trbounje
Lišnjak
Tepljuh
Mioćić
Banjevci
Crljenik
Gorivuk
Sv. Ante
Sonković
Prokljan
Plastovo
Brištane
Siritovici
Siverić
Bdanj
Parčić
Kašić
Putičanje
Turkovača
Gaćelezi
Gračac
Dubravice
Drinovci
Skradinsko Polje
G. Grahovo
Visovac
Visovačko jezero
Škelj
Kaočine
Drniš
Sv. Ivan
Kanjane
Kadina Glavica
Mauzolej Meštrovića
Otavice
Škriljine
Jadranska Magistrala
Dazlina
Oštarije
Stipanac
Skradin
Bićine
Nos Kalik
Gligići
Brnjica
Pakovo Selo
Žitnić
Krićke
Ružić
Baljci
Gradac
Cikola
Pirovac
Dubrava kod Tisna
Prokljansko jezero
Ševerdinovi
Sv. Ivan
Raslina
Sv. Mihovil
Ostrica
Skradinski buk
Krka
Pokrovnik
Živkovići
Sedramić
Umljanović
Moseć
Tisno
Kosirina
Sv. Martin
Kozara
Srdarići
Zaton
Lozovac
Konjevrate
Gulin
Gornje Planjane
Jezera
Sv. Nikola
Telengrad
Gospa od Kamela
Vrbica
Sparadići
Grubišići
Vrulje
Gradina
Mirlović Zagora
Donje Planjane
Kamena
Vodice
Sovlje
Tribunj
Bilice
Juras
Šibenik
Čvrljevo
Radonić
Ostrogašica
Vukorepi
Imperial
Sveta Ana
Nakića gromila
Unešić
D. Vinovo
G. Vinovo
Draže manski
Logorun
Prvić Šepurine
Srima
Bogdanovići
Katedrala Sv. Jakova
Subićevac
Podumci
Nevest
D. Utore
G. Utore
Prvić
Dubrava
City Map
Danilo Biranj
Danilo Kraljice
Ljubostinje
Sv. Marija
82-83
Čvrljevo
Prčevac
Tijat
Prvić Luka
Lupac
Jadrija
Sv. Nikola
Ražine
Rider
Danilo
Koprno
Rt Kakan
Kaprije
Kamenica
Šibenski kanal
Zablaće
Zlarin
Solaris
D. Polje
Sv. Lovre
Vrpolje
Slivno
Sitno
Donje
Cera
Visoka
Plišivica
Žirjanski kanal
Zmajan
Kaprije
Zmajanski kanal
Zlarinski kanal
Klepac
Borovica
Krapanj
Brodarica
Morinje
Vrpolje
Perković
Škrapići
Crni umac
Divojevići
Kladnice
Kakan
Obonjan
V. Sestrica
Zlarin
Jadrtovac
Mravnik
Bogdanovići
Jurići
Rt Muna
M. Kamešnjak
M. Mišjak
M. Sestrica
Drvenik
Jadranska Magistrala
Žaborić
Podine
Sv. Nikola
Žirje
Ravan
Oblik
Mravnica
Boraja
Primorski Dolac
Lepenica
Trolokve
Kapić
Žirje
Hrbošnjak
Dugo
Komorica
L. Grebaštica
Grebaštica
Brnjača
Prgomet
Rt Rasohe
Tmara
Draga
Ljubitovica
Vudrići
Prgomet
Škrovada
Mažirina
Dolac
Širokè
Kruševo
Mitlo
Crni vrh
Prapatnica
Radošić
Smokvica
Primošten
D. Blizna
Bristivca
Labin
Dalmatinski
Opor
Maslinovik
Vadalj
Vezac
Rastovac
Simići
Grbavac
L. Peleš
Jarebinjak
Sapina Doca
Bljuščevica
Seget Gornji
Sv. Marta
Zečevo Rog.
Lozica
Podglavica
M. Orljak
Dograde
Trogir
Svilan
Sv. Nikola
Podorljak
Gustirna
Vrsine
Seget
Čarije
Seget Donji
Zračna luka Split
SPU
Divulje
Lukvenjak
Babićeva Doca
Rogoznica
Pozorac
Poljica
Trogirski kanal
Sv. Križ
Okrug
Dvornica
Rogoznička
Marina
Seget Vranjica
Katedrala
V. Smokvica
Movar
Ražanj
Blatno
D. Okrug
Žedno
Rt. Ploča
Sevid
Viniišće
Okrug Gornji
Bušinci
U. Kanica
U.St Trogir
Voluja
Čiovo
U. Movarštica
Mujlica
Arkandel
Klúda
Kraljevac
Sv. Fumija
Split
Drvenički kanal
Bobovišće
Splitski kanal
Glavica
Drvenik Mali
Drvenik Veliki
Veli Drvenik
Mali Drvenik
Rt Kalafat
Šiian
Rt Nožica
Šoltanski kanal
Šolta
Orud
66

Knin
Sinj
Split
Trogir
Kaštela
Solin
Omiš
Dugi Rat
Podstrana
Klis
Čiovo
Šolta
Splitski kanal
Kaštelanski zaljev
Peručko jezero
Svilaja
Kozjak
Mosor
Livanjsko polje
Sinjsko polje
Šibensko-kninska žup.
Splitsko-dalmatinska žup.
82-83

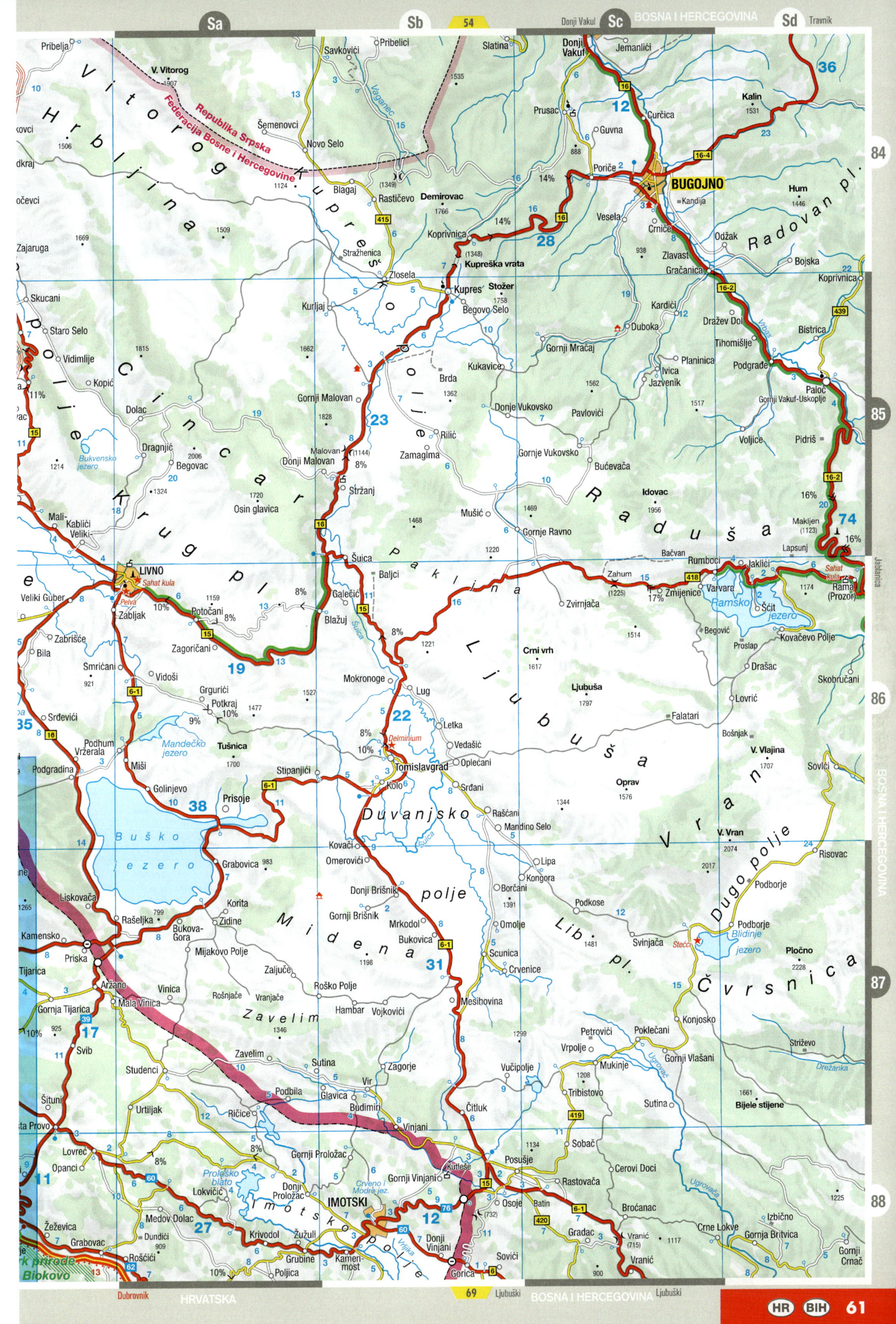
Donji Vakuf
BOSNA I HERCEGOVINA
Travnik
Pribelja
V. Vitorog
Vitorog
Hrbljina
Republika Srpska
Federacija Bosne i Hercegovine
Šemenovci
Novo Selo
Savkovići
Pribelici
Slatina
Vaganac
Blagaj
Rastičevo
Demirovac
Kupreško
Koprivnica
Kupreška vrata
Straženica
Zlosela
Kupres
Stožer
Begovo Selo
Kurljaj
Jemanlići
Prusac
Guvna
Čurčica
Kalin
Poriče
BUGOJNO
Kandija
Hum
Radovan pl.
Vesela
Crniče
Odžak
Zlavast
Gračanica
Bojska
Koprivnica
Kardići
Duboka
Dražev Dol
Bistrica
Tihomišlje
Gornji Mračaj
Kukavice
Brda
Planinica
Ivica
Jazvenik
Podgrađe
Paloč
Gornji Vakuf-Uskoplje
Skucani
Staro Selo
Vidimlje
Kopić
Polje
Cincar
Dolac
Gornji Malovan
Malovan
Donji Malovan
Rilić
Zamagima
Donje Vukovsko
Pavlovići
Gornje Vukovsko
Bučevača
Voljice
Pidriš
Dragnjić
Begovac
Bukovsko jezero
Osin glavica
Krug pl.
Stržanj
Mušić
Gornje Ravno
Raduša
Idovac
Makljen
Lapsunj
Mali-Kabliči
Veliki
LIVNO
Sahat kula
Pelva
Veliki Guber
Zabljak
Potočani
Šuica
Baljci
Pakljna
Zahum
Rumboci
Jakliči
Zmijenice
Varvara
Ramsko jezero
Šćit
Rama (Prozor)
Jablanica
Zabrišće
Bila
Smrićani
Vidoši
Zagoričani
Galečić
Blažuj
Zvirnjača
Begović
Proslap
Kovačevo Polje
Dračac
Skobrućani
Crni vrh
Mokronoge
Lug
Ljubuša
Ljubuša
Lovrić
Falatari
Grgurići
Potkraj
Srđevići
Mandečko jezero
Tušnica
Letka
Delminium
Vedašić
Oplećani
Tomislavgrad
Bošnjak
V. Vlajina
Sovlći
Podhum
Vržerala
Podgradina
Miši
Golinjevo
Stipanjići
Kolo
Srđani
Oprav
Vran
Prisoje
Buško jezero
Duvanjsko
Raščani
Mandino Selo
V. Vran
Dugo polje
Risovac
Kovači
Omerovići
Grabovica
Lipa
Kongora
Podborje
Liskovača
Korita
Donji Brišnik
polje
Borčani
Podkose
Rašeljka
Zidine
Gornji Brišnik
Midena
Mrkodol
Omolje
Lib pl.
Svinjača
Stećci
Blidinje jezero
Pločno
Kamensko
Bukova-Gora
Bukovica
Priska
Mijakovo Polje
Scunica
Crvenice
Čvrsnica
Tijarica
Arzano
Zaljuće
Roško Polje
Konjsko
Vinica
Mala Vinica
Rošnjače
Vranjače
Hambar
Vojkovići
Mesihovina
Gornja Tijarica
Zavelim
Petrovići
Poklečani
Striževo
Svib
Vrpolje
Gornji Vlašani
Zavelim
Sutina
Mukinje
Drežanka
Studenci
Vir
Zagorje
Vučipolje
Šituni
Podbila
Glavica
Tribistovo
Bijele stijene
Urtijak
Ričice
Budimiri
Čitluk
Sutina
Provo
Vinjani
Lovreć
Opanci
Gornji Proložac
Sobač
Prološko blato
Kutleše
Posušje
Cerovi Doci
Lokvičić
Donji Proložac
Gornji Vinjani
Crveno i Modro jez.
Rastovača
IMOTSKI
Osoje
Batin
Medov Dolac
Imotsko polje
Brućanac
Izbično
Ževevica
Dundići
Krivodol
Žužuli
Donji Vinjani
Gradac
Vranić
Crne Lokve
Gornja Britvica
Grabovac
Roščići
Grubine
Kamenmost
Vrljika
Soviči
Vranić
Gornji Crnač
Biokovo
Poljica
Gorica
Dubrovnik
HRVATSKA
Ljubuški
BOSNA I HERCEGOVINA

Kruščica
Vranica
Bitovnja
Ivan pl.
Bjelašnica
Visočica
Čvrsnica
Čabulja
Prenj
Crnagora
Crvanj
Vran
KONJIĆ
Fojnica
Kiseljak
Visoko
Kakanj
Kreševo
Jablanica
Rama (Prozor)
Gornji Vakuf-Uskoplje
Jablaničko jezero
Neretva
Boračko jezero

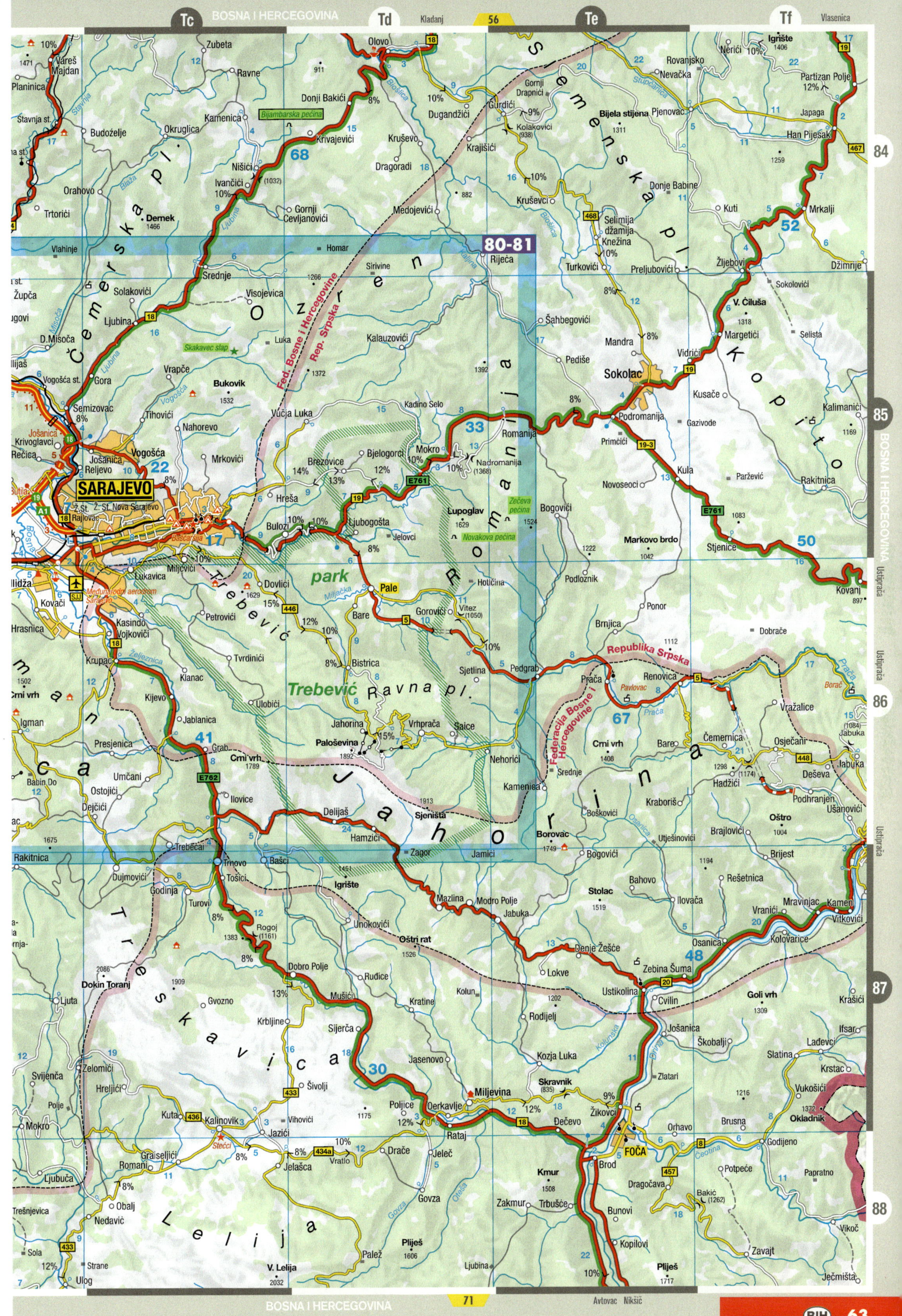
SARAJEVO
Sokolac
Pale
Foča
Olovo
Romanija
Trebević
Jahorina
Treskavica
Lelija
Zelengora
Ozren
Čemerska pl.
Slemenska pl.
Kopito
Fed. Bosne i Hercegovine
Rep. Srpska
Republika Srpska
Federacija Bosne i Hercegovine
80-81
84
85
86
87
88
BOSNA I HERCEGOVINA
Ustiprača

Vlasenica
Tf
Ua
BOSNA I HERCEGOVINA
Ub
49
Uc
Ljubovija
SRBIJA
Ud
84
85
86
87
88
Podromanija
SREBRENICA
Crni Guber
Domavia (rom.)
Bukovica
Kopriyno
Sikira
Zagrađe
Pomol
Partizan Polje
Han Pijesak
Bastahovine
Sućeska
Nurići
Staroglavice
Kličevac
Zeleni Jadar
Podravno
Palež
Klokoč
V. Žep
Rijeke
Podžeplje
Radava
Kusačo
Plane
Mrkalji
Brložnik
Džimrije
Ravno Osat
Perućačko jezero
Sikirći
Tegare
Drlače
Драче
Gornja Trešnjica
Горња Трешњица
Donje Košlje
Доње Кошље
Strmovo
Стрмово
Sokolina
Okletac
Оклетац
Dimnići
Močevići
Ratkovići
Čičevci
Fakovići
Mlečva
Boljevići
Brežani
Osmače
Krk
Godevići
Pribojevići
Tokoljak
Rogačica
Рогачица
Crvica
Lješkovik
Klotjevac
Toplica
Prohići
Skelani
Peći
Dobrak
Bajina Bašta
Perućac
Zaugline
Devetak
Mislovo
Purlići
Zlovrh
Zvijezda
Zepa
Stop
Most Vratar
Medna Luka
Jagoštica
Smiljevac
Drina kanjon
Slap
Rastište
Grbići
Kalimanići
Babljak
Godomilje
Gornje Štitarevo
Kamenica
V. Stolac
Nacionalni park Tara
Mitrovac
Bukova glava
Kaluđerske Bare
Rača
Solotuša
Manastir - Rača
Zvijezda
Klašnik
Stećci
Kapetanovići
Dumunjići
Rakitnica
Zakomo
Borika
Donje-
Osovo
Brankovići
Ergele-Borika
Šatorovići
Lazići
Zaovine
Kalna glava
Kremna
Zborište
Resnik
Kukal
Velika Gostilja
Koritnik
Dubovo
Vitasi
Šargan
Šarganska osmica
Kovanj
Rogatica
Seljani
Pešurići
Metaljka
Sjemeć
Gornja Lijeska
Dunja Lijeska
Saso
Višegradska Banja
Ponos
Veletovo
Mokra Gora
Kršanje
Drina-most
Višegrad
Šarganska osmica
Kotroman
Ivica
Bursići
Kukavice
Borač
Mesići
Orahovci
Dobrun
Manastir
Donje Vardište
Semegnjevo
Bogilice
Donji Dobrun
Dobrunska Rijeka
Orinsko
Gornje Vardište
Tavnica
Trnavci
Brčjgovo
Jabuka
Trovrh
Međeđa
Brodar
Stećci
Varošište
Bujak
Mramor
Prosječeno
Crijep
Daniloviči
Jablanica st.
Donja Jablanica
Ustiprača
Kaoštice
Donja Strmica
Jarci
Past
Janjići
Bijelo Brdo
Sopot
Sopotnica
Odžak
Ušanovići
Goražde
Drina
Seoca
Samobor
Trebeševo
Trbosilje
Strgačina
Omačina
Šahdani
Grabovik
Setihovo
Biščevići
Dugovječ
Resića Varda
Rijeka
Međurječje
Goleša
Zupčići
Kamen
Vitkovići
Mravinjac
Šamlići
Vučevica
Stolac
Županj
Hunkovići
Viti Grab
Obrvena
Rudo
Štrbci st.
Rača
Uvac
Kozara
Slatina
Zagrađe
Sieverin
Mioče
Uvac
Miljono
Batkovići
Milatkovići
Ustibar
Mokronozi
PRIBOJ
Kraśići
Luke
Karnen
Zaborak
Strmac
Zabrđe
Kasidoli
Ifsar
Staronići
Čajniče
Dakovići
Veliki Banići
Sastavci
Javorje
Banja
Ladevci
Trpinje
Krstac
Kovač
Metaljka
Crnugovići
Požegrmac
Gornje Ponikve
Straženica
Gradina
Zabrnjica
Hercegovačka Goleša
Sočice
Ruda glava
Kovačevići
Kovači
Bukovik
Krajčinovići
Zaostro
Pobjednica
Strahov Do
Boljanići
Ritošići
Bare
Bučje
Borak
Vikoč
Kunovo
Čestin
Ćeotina
Glisnica
Vrbovo
Ječmišta
Bandjer
Krnjača
Gornje Babine
Babine
Granica
Pljevlja
SRBIJA
CRNA GORA
57
Foča
Prijepolje
Novi Sad
BOSNA I HERCEGOVINA
SRBIJA

Udaljenosti • Distanze • Távolságok
Razdalje • Distances • Odległości
Entfernungen • Afstanden • Vzdálenosti
Distances • Distancias • Vzdialenosti
Salzburg
Wien
Bratislava
Liezen
Budapest
Szombathely
Graz
Lienz
Villach
Maribor
Siofok
Varaždin
Ljubljana
Zagreb
Pécs
Szeged
Subotica
Trieste
Koper
Virovitica
Osijek
Rijeka
Karlovac
Zrenjanin
Novi Sad
Pula
Slavonski Brod
Beograd
Bihać
Banja Luka
Doboj
Valjevo
Jajce
Zadar
Sarajevo
Užice
Ancona
Split
Mostar
Bijelo Polje
Dubrovnik
Podgorica
Pescara
Shkodër
Bar
Térmoli
Fóggia
Tiranë
Durrës
Bari
Nápoli
Potenza
Salerno
Bríndisi
Táranto
Vlorë
Ótranto
Sarandë
Messina
Trento
Venezia
Bologna
Roma
Békéscsaba
Arad
Timişoara
Vršac
Negotin
Kraljevo
Prishtinë
Prizren
Ohrid
Korçë
Ioánnina
A
H
I
SLO
HR
BIH
SRB
MNE
RKS
AL
Jadransko More
Adriatic Sea
Udaljenosti u kilometrima
Razdalje v kilometrah
Entfernungen in Kilometer
Distances in kilometre
Distanze in chilometri
Distances en kilomètres
Afstanden in kilometer
Distancias en kilómetros
Kilométertávolság
Odległości w kilometrach
Vzdálenosti v kilometrech
Vzdialenosti v kilometrech
32
52

Qe
Qf
59
Ra
Rb
88
89
90
91
92
Veli Drvenik
Rt Novica
Šoltanski kanal
Orud
Stipanska
Šolta
Split
Obinuš
209
D. Krušica
Maslinica
D. Selo
Rt Rad
U. Nečujam
Balkun
Straža
208
Rogač
Grohote
Nečujam
Oblik
202
Rt Pelegrin
U. Zaglav
Stomorska
Gospa u borima
82-83
U. Grabova
G. Selo
Glava
168
U. Stračinska
Rt Motika
Ancona
U.Spilica
Rt Pelegrin
Pelegrin
150
Pakleni kanal
Vodnjak
Vela gl.
94
Vlaka
Rt Klobuk
Sv. Klemen
Pakleni O
Viški kanal
Vis
U. Slatine
Rt N. Pošta
V. Luka
Rt Stončica
Kazela
209
Prirovo
Stončica
U. V. Smokova
Korču
Greben
Oključna
Hum
514
Veli-
-Barjaci
M.-
Sv. Križ
Zena
Glava
Podselje
Milna
Komiža
Zaljev
Komiža
117
587
Podhumlje
Rukavac
Ruda
Zelena špilja
Svetac
311
Kosa
Kamik
Brusnik
Rt Parnikoza
Salbunara
Porat
Modra špilja
Biševo
Polje Bišcvko
240
Straženica
Rt Galijola
JADRANSKO
0 1 2 4 6 8 10 km
0 1 2 4 6 miles

Rc
60
Rd
Split
Re
Čista Provo
Rf
Dugopolje
61
HRVATSKA
Sa
Brački kanal
Brač
Hvarski kanal
Hvar
Biokovo
Park prirode Biokovo
Jadranska magistrala
Podašpilje
Radmanove mlinice
Čelina
Sinišće
Kučiće
Slime
Mimice
Dubočaj
Dupci
Pisak
Zadvarje
Gornja Brela
Grabovac
Rošćići
Šute
Sveti Križ
Zagvozd
Brela
Baška Voda
Baško Polje
Dječje Selo
Bast
Biokovsko Selo
Sveti Jure
Promajna
Krvavica
Veliko Brdo
Makar
Biokovska cesta
Sv. Marko
Franjevački samostan
Kotišina
MAKARSKA
Gornji Tučepi
Tučepi
Sv. Juraj
Podgora
Punta Tica
Mala Luka
Rt Gomilica
Sutivan
Petrinović mauzolej
TN Palma
Supetar
Splitska
H. Park
Postira
Lovrečina
Rt Sv.Nikola
Sv. Juraj
Sv. Marija
Mirca
Sv. Spiridon
Hum
Sv. Rok
Škrip
Sv. Jelena
Ložišća
Vršovica
U. Bobovišće
Bobovišća
Mrdulja
D. Humac
Dol
Pučišća
Tićiji rat
Povlja
Vošćica
Milna
Sv. Josip
Sv. Martin
V. Hum
Dračevica
Nerežišća
Pražnica
Podhume
Sv. Barbara
Klinje glava
Sv. Juraj
Gračišće
Rt Laščatna
Humac
Hrastovik
Gažul
Pod Gažul
Novo Selo
Sv. Nikola
Rt Zastup
Vestac
Gornji Humac
Podsmrčevik
Zagvozd
Franjevački samostan
Samostan Blaca
Obršje
Žmajeva pećina
Vidova gora
Zračna luka Bol
BWK
Nagorinac
Sv. Kuzma
Selca
Sumartin
Rt Sumartin
Planica
Dračeva luka
Murvica
Bol
Draževo brdo
U. Dračeva
Zlatni rat
Dominikanski samostan
Studena
Rt Smočiguzica
Rt Kabal
Kabal
Dugi rat
U. Oskorušica
Rt Planirat
U. Beričina
Starogradski zaljev
Mala Rudina
Vrbanjske Rudine
Vela Rudina
Basina
Stari Grad
Turdak
Velopolje
Vrboska
Zečevo
Duga
Jagodna
Lučišće
Ninja gl.
Brusje
Čača gl.
Vira
Hvar
Velo Grablje
Zaninović
Vitomlje
Sv. Srjepani
Malo Grablje
Milna
Humac
Selca kod St. Grada
Vrbanj
Svirče
Dol
Sv. Ivan
Jelsa
Mina
U. Prapatna
Poljica
Pokrivenik
Rt Zarače
Zastražišće
Selca kod Bogomolja
Gdinj
Likova glava
Bristova
Jerolim
Mekićevica
Zaraće
Dubovica
Sodja Sv. Nedjelja
Sv. Nikola
Vrisnik
Pitve
Humac
Grapčeva špilja
Križišće
Ravni Dolac
Bogomolje
Zaglav
Gvozd
Ivan Dolac
Sveta Nedjelja
U. Paklina
Zavala
Gromin Dolac
Medvidina
Kozja
Maitinovik
Sućuraj
Šćedrovski kanal
Šćedro
Rt Šćedro
V. Glava
Stan
Hridi Lukavci
lanski kanal
Rt Lovište
Rasona
Mirce
Luka
Lovište
Pločica
Stari Grad, Dubrovnik
Rt Osičac
Nakovana
Pelješki kanal
Proizd
Mejla
Prihonja
Rt Vela Stinjiva
Brkt
Vela Luka
Bristva
Prigradica
Rasoha
Babina
Račišće
Kneža
Zaliv Vela Luka
Osjak
Hum
Bristva
Sv. Martin
Svi sveti
Blato
Pupnat
Čara
Smokvica
Sveta Marija od Čarskog polja
Pupnatska Luka
Potirna
Brnistrova
Karbuni
U. Tri Porte
Zavalatica
Trstenik
Grščica
Prižba
Brna
Mali Pržnjak
Veli
Zvirovnik
Korčula
MORE
Lastovski kanal
Korčula
Park prirode Lastovo
Tajan
Lastovo
Stomorina
Saplun
Prežba
Kručica
Sv. Kuzma i Damjan
Česvinica
Mrčara
Lastovo
Kručica
Sestrice
Donji Školji
Sušac
Kopište
Hum
Bratin Otok
Ubli
Skrivena Luka
Crvena luka
Lastovci
88
89
90
91
92
Dubrovnik
Ravča
Ploče
Sućuraj
HRVATSKA
Korčula

0 1 2 4 6 8 10 km
0 1 2 4 6 miles

Imotski Sb
Kolo Sc
Sd 62 BOSNA I HERCEGOVINA Se
Jablanica Sf
88
89
90
91
92
BOSNA I HERCEGOVINA
HRVATSKA
Nevesinje
Stolac
Dubrovnik
Donji Vinjani
Gorica
Soviči
Gradac
Vranić
Crne Lokve
Gornja Britvica
Gornji Crnač
Gostuša
Donji Gradac
Goranci
Grabnova Draga
Jastrebinka
Soviči
Vojno st.
Potoci
Livač
Kutilivač
Bobanova Draga
Podkraj
Ljubotići
Dubrava
Blaževići
Grude
Kočerin
Privalj
58
Trn
Široki Brijeg
Knešpolje
Polog
Bostan
Sebišina
Škore
Drinovci
Ružiči
Dragačina
Dužice
Mokro
Cim
Raštani st.
MOSTAR
CITY MAP
Vrapčići
Dobrč
Bovani
Opačka
Pogana Vlaka
Carew Dolac
Donji Mamići
Turčinovići
Uzarići
Dobrić
Zovnica
Šipovac
44
Rasno
Jare
Miljkovići
Opine
Tihaljina
Buhovo
Biograc
Ljuti Dolac
Rodoč
Podvelež
Poljica Kozička
Puteševica
Ljubeč
Dobrnja
Borajna
Siljevišta
Trtla
Grljevići
Hamzić
Selište
Čule
Gnojnice
Jasenica
V. Šibenik
Dole
Vojnići
Klobuk
Brijica
Čerin
Kruševo
Međunarodni aerodrom Mostar
Bačevići st.
Ortiješ
Blagaj
Dragljane
Stilja
Šipovača
Lipno
Oragičina
Mali-Ogradenik
Blatnica
Dobro Selo
Buna
Zavojane
Prapatnica
Veljaci
Kapitanović dom
Vitina
Veliki-Ogradenik
Primorci
Gradnići
Slipčići
Donji Vranjevići
Hodbina
Hum
Ravča
Matokit
Orah
Olok
Proboj
Gradska
Citluk
Vidovići
Tepčići
28
Gornji Vranjevići
Dolovi
Kljenak
Banja
Vrgorac
Kotezi
19
Grab
Grabovnik
Radišići
LJUBUŠKI
Cerno
Blizanci
Biletići Polje
Gubavica
Man. Žitomislići
Kokorić
Vina
Veliki Prolog
Prolog
Vašarovići
Kutac
Humac
Hrasljani
Studenci
Međugorje
Kručevići
Pijesci
Rotimlja
2026
Umčani
Dusina
Crveni Grm
Castrums
Kravica slap
Zvirovići
Kukovac
Šurmanci
Drvenik
Šapašnik
Otrić
Oraževitići
Pasičina
Mali Prolog
Ploče
Hardomilje
Međugorje
Bučevići
Lokve
Trijebanj
Hodovo
54
Despoti
Franjevački samostan
Zaostrog
Bilas
Staševica
Bijača
Zvirići
Trebižat
Dretelj st.
Ibrahim-Pašina džamija
Počitelj
Domanovići
Kosovac
Crnići
Baranova
Metković
Kula Norinska
Čapljina
Oplićići
Aladinići
Podaca
Brist
Gradac
Sveti Ilija
15
Struge
Borovci
Prud
Nova Sela
39
Tasovčići
Borojevići
Prenj
Splitsko-dalmatinska žup.
Dubrovačko-neretvanska žup.
Kula
Baćinska jezera
Žmovica
Vid
Narona
Struge
Klepci
Kruševo
Tanki rt
Baćina
Ploče
Desne
Gabela
Višići
Dračevo
Nacionalni park Hutovo blato
Deransko blato
Rt Višnjica
Rogotin
Banja
Komin
Park
Momići
Kula Norinska
Metković
Neretvanski kanal
Trpanj
Jadranska magistrala
Posrednica
Bagalovići
Opuzen
Dubravica
Sjekose
Cori
Boljuni
Svitava
Bjelojevići
Brštanik
Podgradina
24
prirode
Neretva
Gluščí
Bijeli Vir
Kolojanj
Stolovi
Udora
Gornja Vručica
Mokalo
Bibića
Oskorušno
Blace
Mihalj
Lovorje
Mislina
Dobranje
Brštanica
Mramor
Cerovica
Vinine
Crnogłav
Kuna-Pelješka
Crkvice
Kremena
11
Vidonje
Galović
Hum
Hutovo
Glumina
Županje Selo
Prizdrina
Osabjava
Borje
Podobuče
Slivno Ravno
Smrdangrad
Badžula
Hačibegov grad
Gornje Hrasno
Malo more
Klek
Praprtanica
Gradac
Mošević
Hotanj Hutovski
Gradina
Potočine
Potomje
Pijavičino
Sreser
Drače
Brestica
Neum
Klek-Neum
Malostonski kanal
Donji Zelerkovac
Turkovići
Dingač
Janjina
Sv. Juraj-u Polju
Trstenik
64
Popova Luka
Duži
Topolo
Utrk
Čarići
Treskavak
Pelješac
Zaton Žuljana
Žuljana
Dubrava
Brijesta
Štedrica
Ošlje
Trnovica
Trebimlja
Lirica
Putnikovići
Duba Stonska
Bistrina
Smokovljani
Točionik
Tomislavovac
Carović
Zabrđe
Sparagovići
Luka
Hodilje
Mali Ston
Visočani
Čepikuće
Čićrina
Česvinica
Sveti Mihajl
Ston
Zamaslina
Lisac
Rudine
Doli
Mravnica
Crno
Broce
Prapratno
Trnova
Banići
Mljetski kanal
Prapama
Smokvina
Stonski kanal
Zaljev Budima
Gruprići
Slano
Pomena
Kobrava
Rt Goli
Govedari
Polače
Veliko jezero
Soline
Benediktinski samostan
Kozarica
V. Planjak
Blato
Jadranska magistrala
Banja
Donji Majkovi
Olipa
Tajan
Crkvina
Rt Tiha
Koločepski kanal
Ropa
Spilja Ostaševica
Sv. Vlaho
Nacionalni park Mljet
28
Mljet
Babino Polje
Sobra
Prožura
Okuklje
Maranovići
Sv. Antun
Korita
Dubrovnik
Jakljan
Rt Sokolić
Lopud
ŠIPAN
Šipanska Luka
Sutulija
Suđurađ
Preč
Slapunara
Rt Gruj
72
HR BIH 69

Se
Sf
Ta
Tb
Tc
Jablanica
BOSNA I HERCEGOVINA
88
89
90
91
92
Kolo
Čapljina
BOSNA I HERCEGOVINA
HRVATSKA
Makarska
MOSTAR
CITY MAP
Potoci
Livač
Kutilivač
Vrapčići
Dobrč
Šipovac
Opine
Rodoč
Podvelež
Gnojnice
Banjdol
Kružanj
Ortijes
Blagaj
Buna
Kokorina
Velagići
Slipčići
Hodbina
Hum
Donji Vranjevići
Gornji Vranjevići
Žulja
Kamena
Gubavica
Dolovi
Biletići Polje
Pijesci
Rotimlja
Brštanik
Šćepan Krst
Dabrica
Lokve
Trijebanj
Hodovo
Ljubljenica
Kosovac
Crnići
Opličići
Aladinići
Borojevići
Prenj
Ošanjići
Radimlja
STOLAC
Kruševo
Poplat
Hrdjuši
Bitunja
Nacionalni park Deransko blato
Hutovo blato
Cori
Boljuni
Burmazi
Svitava
Bjelojevići
Stolovi
Udora
Oulaci
Žegulja
Duboka
Pocrnje
Cerovica
Vinine
Crnoglav
Hulovo
Glumina
Gornje Hrasno
Čavaš
Gledevci
Varduša
Bančići
Pustipusi
Ljubinje
Mišljen
Obzir
Orašje
Vranjak
Kotezi
Donji Zelerkovac
Turkovići
Dvrsnica
Trnčina
Trebimlja
Ravno
Čvaljina
Strujići
Trnovica
Točionik
Čepikuće
Cicrina
Vavedenja Bogorodice
Zavala
Vjetrenica Špilja
Veličani
Dračevo
Lisac
Zalmurje
Orahov Do
Grmljani
Sedlari
Rudine
Mravnica
Trnova
Crno
Kijev Do
Poljice-Popovo
Grgurići
Banići
Slano
Zaljev Budima
Banja
Gornji Majkovi
Donji Majkovi
Mravinjac
Rapti Bobani
Šćenica-Bobani
Dikliči
Slivnica Bubani
Jasenica Lug
Rt Tiha
Jadranska magistrala
Koločepski kanal
Mrcevo
Brščine
Grebci
Vlaka
Nevada
Šipanska Luka
Sutulija
Sudurad
ŠIPAN
Jakljan
Rt Sokolić
Trsteno
Villa Gozze (Gučetić)
Gromača
Osojnik
Slavogostić
Zaćbla
Rep. Srpska
Federacija Bosne i Hercegovine
Velež
Botin
Plocno
Padežine
Dnopolje
Crnagora
Luka
Borovčići
Prković
Kljuna
Presjeka
Zimomor
Kovačići
Lakat
Hrušta
Pridvorci
Sopilja
Donja Bijena
Nevesinjsko polje
Čitluk
Nevesinjsko jezero
Bojišta
Nevesinje
Careva džamija
Stećci
Balkovići
Grebak
Rabina
Udrežnje
Biograd
Snježnica
Žiljevo
Odžak
Budisavije
Kitino Selo
Postoljani
Krekovi
Pluzine
Rijeka
Bratač
Planinica
Crvanj
Sola
Ulog
Jezero
Obrnja
Morine
Strane
Klinja
Drhtar
Tomišlja
Kotaničko jezero
Presjedovac
Trnovica
Vilovica
Kruščica
Pridvorica
Mjedenik
Mjedena glava
Kneško
Slivlja
Rilja
Dubljevići
Jugovići
Ribari
Fojnica
Zalom
Crnče
Ljeskov Dub
Gradina
Grabovica
Donji-Drežani
Gornji-
Slato
Podgrade
Lukovice
Nadinići
Šipačno
Srđevići
Džinova Mah.
Zovi Do
Podkula
Trusina
Straževac
Cerebašići
Jugovići
Gornji-Lukavac
Donji-
Bjelašnica
Bašići
Drugo
Ded
Baba
Zagradci
Ljuti Do
Berkovići
Hateljі
Hrgud
Prevorac
Predolje
Suzina
Dabarsko polje
Rioca
Strupići
Bijeljani
Drvenica
Tucakov Do
Vlahovići
Divin
Fatnica
Kalac
Dlakoše
Vranjska
Kuti
Fatničko polje
Orahovice
Hodžići
Donja Meka Gruda
Ubosko
Sitnica
Simijova
Kobilja glava
Padeni
Ladevići
Plana
Kapavica
Radimlja
Dola
Krivača
Preraca
Podgorje
Dubočica
Gradac
Žrvanj
Zvijerina
Vođeni
Grablje
Krajpolje
Brezov Dola
Granica
Bijela Rudina
Zaušje
Donja-Vrbica
Dodanik
Baljci
V. Tisac
Kruševica
Gornja-
Krtinje
Vidusa
Podosoje
Korita
Bileća
Predojevic džamija
Žabica
Domaševo
Morče
Mirljevići
Bajčetići
Kravljica
Bjelašnica
Popovo polje
Mrkonjići
Motka
Tulje
Podstaršivica
Ždrijelovići
Bilečko jezero
Orah
Bobićevo
Pijavice
Žakovo
Zagora
Šarani
Ugarci
Ukšići
Dobromani
Podvori
Vrpolje-Ljubomir
Mosko
Staro Slano
Grbeši
Trebijovi
Leotar
Dubočani
Hum
Petrovići
Gornja Kočela
Jasen
G. Vrbno
Tvrdoši
TREBINJE
Arslanagića most
Gorica
Donje Grančarevo
Ccrovac
Taleža
Trebišnjica
Dubrovnik
HRVATSKA
BOSNA I HERCEGOVINA
72

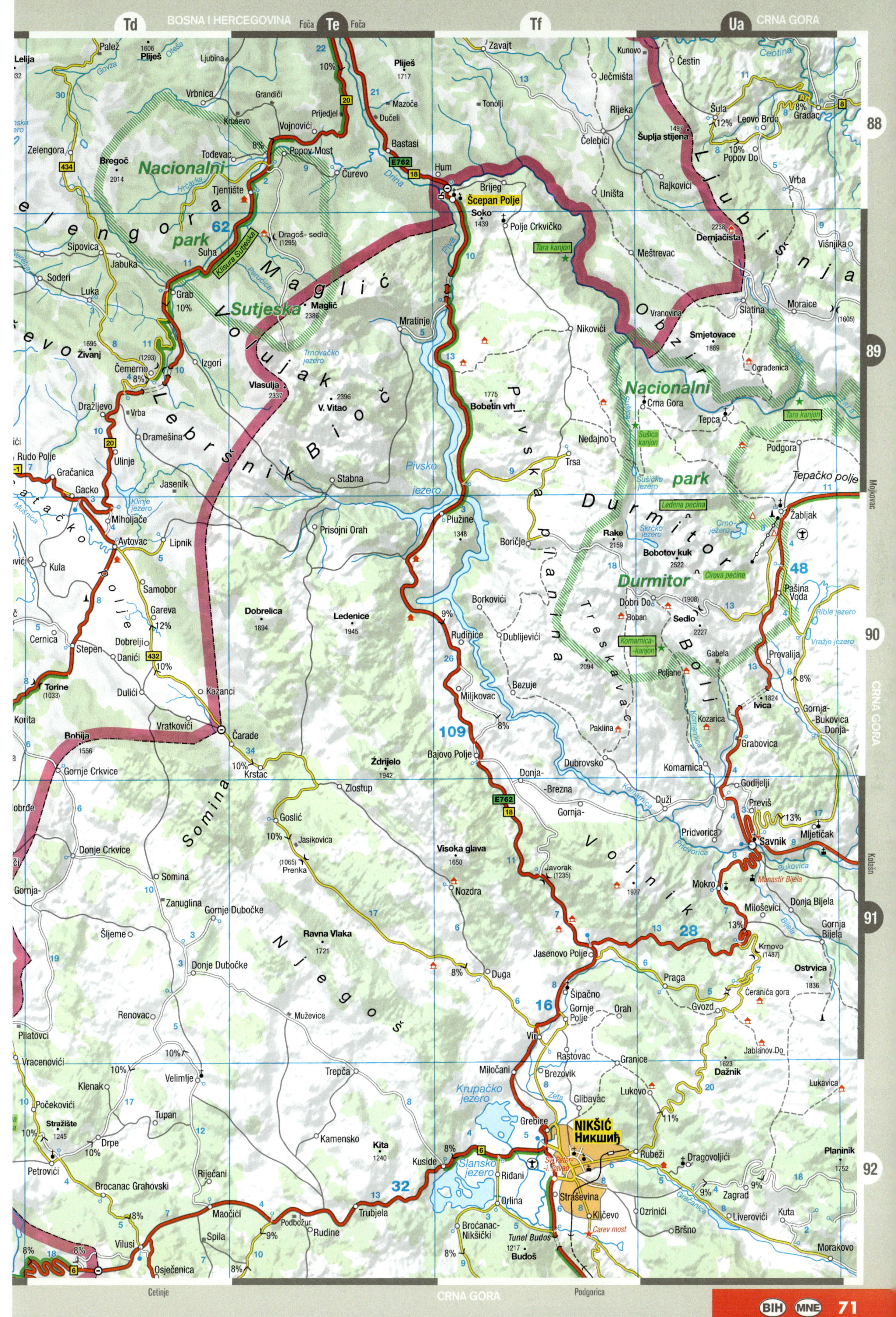
Nacionalni park Sutjeska
Zelengora
Maglić
Volujak
Bioč
Lebršnik
Šćepan Polje
Pivska planina
Pivsko jezero
Plužine
Nacionalni park Durmitor
Durmitor
Žabljak
Ljubišnja
Obzir
Treskavac
Bolj
Vojnik
Šavnik
Njegoš
Somina
Nikšić
Никшић
Krupačko jezero
Slansko jezero
Gacko
Gatačko polje
Avtovac
Bobetin vrh
Tara kanjon
Tepačko polje
Grahovo

Se
Ploče
HRVATSKA
Sf
70
Ta
Stolac
Tb
BOSNA I HERCEGOVINA
Bileća
Tc
92
93
94
95
96
Grgurići
Banići
Slano
Zaljev Budima
Banja
Gornji Majkovi
Donji Majkovi
Mravinjac
Tajan
Crkvina
Rt Tiha
Jadranska magistrala
60
Jakljan
Šipanska Luka
Rt Sokolić
Sobra
Korčula
ŠIPAN
Sutulija
Sudurađ
Rt Pržuša
Koločepski kanal
Mrčevo
Brsečine
Trsteno
Villa Gozze (Gučetić)
Gromača
Orašac
Mali Zaton
Veliki
Ruda
Sutvrač
Lopud
Franjevački sam.
Lopudska vrata
Koločepska vrata
Koločep
Čelo
Zaton
Lužnica
Sveti Andrijak
Velika vrata
DUBROVNIK
CITY MAP
29
Lokrum
Franjevački samostan
Knežev dvor
Rapti Bobani
Šćenica-Bobani
Diklići
Slivnica Bubani
Grebci
Vlaka
Nevada
Osojnik
Močiljska spilja
Oštra glava
Mokošica
Rožat
Srđ
Komolac
Gornji Brgat
Dubac
Slavogostić
Začbla
Zaplanik
Uskoplje
Jasenica Lug
Rep. Srpska
Federacija Bosne i Hercegovine
Hum
Petrovići
Ccrovac
Taleža
32
Visočnik
Makoše
Čibača
Petrača
Mlini
Kupari
Soline
Župski zaljev
Plat
Supetar
Bobara
Cavtat
Obod
Zvekovica
Račićev mauzolej (Epidauros)
Mrkan
Rt Zarubača
Močići
Zračna luka Dubrovnik
Čilipi
DBV
Komaji
Popovići
Radovčići
Žakovo
Zagora
Dobromani
Staro Slano
Ukšići
Podvori
Vrpolje-Ljubomir
Mosko
Grbeši
Trebijovi
Leotar
Gornja Kočela
Tvrdoši
TREBINJE
Trebišnjica
Jasen
G. Vrbno
Dubočani
Gorica
Arslanagića most
Donje Grančarevo
35
Duži
Gomiljani
Rapti Zupci
Ljubovo
Bihovo
Turmenti
Zgonjevo
Tulj
Konjsko
Bogojević
Slivnica Površ
Poljice Čičevo
Uvjeća
Glavska
Duba Konavoska
Drenovi Do
Stravča
Grab
Javor
Jablan Do
Jasenice
Uskoplje
Gabrili
Drvenik
Kuna Konavoska
Pridvorje
Lovorno
Snježnica
Konavle
Zupci
Dubravka
Kruševic
Ljuta
Gruda
Zastolje
Vodovada
Tušići
Pločice
Poljice
Mikulići
56
Đurinići
rom. kazalište
Molunat
Velji Školj
Vitaljina
Sutorina
Ancona
Bari
0 1 2 4 6 8 10 km
0 1 2 4 6 miles

NIKŠIĆ
Никшић
Krupačko jezero
Slansko jezero
Grebice
Kuside
Kita
Kamensko
Tupan
Stražište
Drpe
Petrovići
Brocanac Grahovski
Riječani
Maočići
Podbožur
Rudine
Trubjela
Vilusi
Spila
Osječenica
Jabuke
Župa
Klobuk
Aranđelovo
Skočigrm
Nudo
Babljak
Grabovac
Razmuće
Pusti Lisac
Akumulacija Grahovo
Gradine
Grabovo
Grahovo
Bijela gora
Orjen
Krivošije
Grubar
Kobilji Do
Trešnjevo
Dragalj
Izvori
Han
Crkvice
Pištet
Dobra Gora
Meoce Cucke
Krug
Trnjine
Ledenice
Grab
Ržani Do
Risan
Рисан
Sopot spilja
Subra
Ubli
Lipci
Manastir Banja
Sv. Nikola
Perast
Gospa od Škrpjela
Donji Morinj
Kameno
Igalo
Jadranska magistrala
Herceg-Novi
Херцег-Нови
Zelenika
Baošići
Bijela
Kamenari
Lepetane
Gornja Lastva
Donja Lastva
Porto Montenegro
Tivat
Тиват
Tivatski zaljev
Kotorski zaljev
Dobrota
Доброта
Drahovac
Mali Zalici
Veliki Zalici
Prčanj
Muo
Kotor
Котор
Krstac
Vrba
Njeguši
Bukovica
Čekanje
Dubovik
Petrov Do
Nac. park Lovćen
Štirovnik
Njegošev mauzolej
Miloševa pećina
CETINJE
Цетиње
Crnojević Manastir
Bjeloši
Očinići
Ugnji
Hum
Lipska pećina
Dobrsko Selo
Čisto Polje
Ceklin
CITY MAP
Luštica
Obosnik
Rose
Mamula
Mala Gospa
Radovanići
Begovići
Modra spilja
Oštri rt
Rt Kočište
Rt Trašte
Trašte
Zaljev Trašte
Dobra luka
Miloviči
Radovići
Bigovo
Vranovići
Aerodrom Tivat
Otok Sv. Marko
Vrmac
Tunel Vrmac
Trojica
Dub
Šišice
Radanovići
Pobrđe
Gorovići
Glavatičići
Rt Žukovac
Grbalj
Lastva
Man. Podlastva
Man. Podostrog
Podostrog
Man. Podmaine
Zagora
Krimovica
Rt Platamon
Trsteno
Jaz
Budva
Будва
Boreti
Sv. Nikola
Budvanski zaljev
Bečići
Man. Praskvica
Miločer
Sveti Stefan
Martinovići
Vrela
Seoštik
Prekornica
Velja Trojica
Paštrovići
Krstac
Man. Reževići
Castel Lastua
Petrovac na moru
Petrovačka pećina
Buljarica
Rt Dubovica
Novoselje
Poljice
Man. Gradište
Gluhi Do
Mišići
Tunnel Sozina
Čanj
Haj Nehaj
Sutomore
Sutomorski z.
Crni rt
Ratac
Jadranska magistrala
Sutorman
Zupci
Šušanj
Tudemili
Luka Bar
Bar
Бар
Gornja trdava
Rt Volujica
Stari Bar (Razvalina)
Gornji Brceli
Ovtočići
Dupilo
Sotonići
Bukovik
Virpazar
Вирпазар
Man. Sv. Nikola
Lesendro
Malo blato
Grmožur
Boljevići
Godinje
Seoca
Limljani
Vranjina
Komarno
Trnovo
Gradani
Prekornica
Ljubotinj
Pevlaka
Žabljak
Ocdoži
Malo blato
Riječani
Začir
Obod
Rijeka Crnojevića
Meterizi
Rvaši
Dinoviči
Kosijeri
Bigor
Brežine
Gradac
Buronji
Busovnik
Draževina
Oraovice
Drasi
Štitari
Mikulići
V. Čelinac
Kučište
Resna
Milati
Livade
Sitnica
Lazarev Krst
Velestovo
Markovina
Crkvina
Čevo
Garač
Orja Luka
Danilovgrad
Даниловград
Ljutotuk st.
Sekulići
Bogićevci st.
Slatina
Slap
Viniči
Šumanovića-Bare st.
Zagorak
Dolovi
Vitasojevići
Meoce
Ubli
Tisovi kom
Bijele Poljane
Brocanac-Nikšićki
Tunel Budos
Budoš
Orlina
Riđani
Straševina
Kličevo
Carev most
Sv. Petar i Pavao
Rubeži
Dragovoljići
Zagrad
Gračanica
Liverovići
Kuta
Planinik
Morakovo
Ozrinići
Bršno
Stubica
Povija
Bogetići
Ostrog
Manastir Ostrog
Ostrog st
Šobajići st.
Cerovo
Rošca
Zeta
Prekornica
Podgorica

1:150 000

PREGLED LIST | PREGLED LISTOV | BLATTÜBERSICHT | KEY MAP
QUADRO D' UNIONE | CARTE D'ASSEMBLAGE | OVERZICHTSKAART | MAPA ÍNDICE
ÁTTEKINTŐTÉRKÉP | SKOROWIDZ ARKUSZY | KLAD MAPOVÝCH LISTŮ | KLAD MAPOVÝCH LISTOV

1 : 150 000

Tumač znakova · Legenda · Legenda · Signos convencionales · Zeichenerklärung · Jelmagyarázat · Legend · Objaśnienia znaków · Segni convenzionali · Vysvětlivky · Légende · Legenda

HR	SLO	D	UK	I	F
Autocesta sa prilazom, a Izlaz-broj	Avtocesta s priključkom s Ivoz-številka	Autobahn mit Anschlussstelle und Anschlussnummer	Motorway with junction and junction number	Autostrada con svincolo e svincolo numerato	Autoroute avec point de jonction et numéro de point de jonction
Autocesta u izgradnji, Autocesta u planu	Avtocesta v gradnji , Avtocesta v načrtu	Autobahn in Bau, Autobahn in Planung	Motorway under construction, Motorway projected	Autostrada in costruzione, Autostrada in progetto	Autoroute en construction, Autoroute en projet
Brza cesta, Brza u izgradnji	Hitra cesta, Hitra cesta v gradnji	Schnellstraße, Schnellstraße in Bau	Dual carriageway, Dual carriageway under construction	Superstrada, Superstrada in costruzione	Chaussée double, Chaussée double en construction
Glavna tranzitna cesta	Zvezna cesta	Bundesstraße	Federal road	Strada statale	Route nationale
Glavna veza cesta s imena, Glavna cesta s imena	Glavna cesta z imeni ulic Tranzitna cesta z imena ulic	Hauptverbindungsstr. mit Str.-Namen Durchgangsstr. mit Str.-Namen	Main road with street names Thoroughfare with street names	Strada principale con i nomi delle strade Strada di attraversamento con i nomi delle strade	Route principale avec des noms des rues Route de transit avec des noms des rues
Broj autoceste, Broj europske ceste	Oznaka Avtocesta, Številka evropske ceste	Autobahnnummern, Europastraßennummern	Motorway numbers, European road numbers	Numero di autostrada, Numero di strada europea	Numéro d'autoroute, Organismes européens
Trajekt za automobile, Osobe trajekt	Trajekt za avtomobile, Splav za prevoz oseb	Autofähre, Personenfähre	Car ferry, Passenger ferry	Traghetto per auto, Traghetto passeggeri	Bac pour automobiles, Bac pour piétons
Željeznica, Glavna tranzitna s stanica	Železniška proga, promet na dolge razdalje z železniško postajo	Eisenbahn, Fernverkehr mit Bahnhof	Railway, Long-distance traffic with station	Ferrovia, Traffico a lunga percorrenza con stazione	Chemin de fer, Le trafic grandes lignes avec gare ferroviaire
Restoran	Avtocesta Restavracija	Autobahnraststätte	Service area	Area di servizio	Station service
Benzinska crpka	Avtocesta Bencinska črpalka	Autobahntankstelle	Service station	Stazione di servizio	Station d'essence d'autoroute
Parkiralište	Parkirišče	Autobahnparkplatz	Motorway parking place	Autostrada Parcheggio	Autoroute Parking
Zračna luka	Mednarodno letališče	Verkehrsflughafen	Airport	Aeroporto	Aéroport
Znamenitosti	Zanimivosti	Sehenswürdigkeiten	Tourist attractions	Interesse turistico	Curiosités
Zgrada	Stanovanjske zgradbe	Bebauung	Built-up area	Caseggiato	Zone bâtie
Vode	Vodóvje	Gewässer	Waters	Acque	Eaux
Državna granica	Državna meja	Staatsgrenze	National boundary	Confine di Stato	Frontière d'État
MARCO POLO Highlight	MARCO POLO Highlight	MARCO POLO Highlight	MARCO POLO Highlight	MARCO POLO Highlight	MARCO POLO Highlight

Trento · 4 · „Sillaro" · NAP · A 22 · E50 · 44 · Villa Reale · 1

NL	E	H	PL	CZ	SK
Autosnelweg met aansluiting en aansluitingnummer	Autopista con acceso y número de acceso	Autópálya a csomópont és csomópont szám	Autostrada z węzłem i numerem węzła	Dálnice přípojkou a přípojka s číslem	Dial'nica s prípojka s prípojka číslo
Autosnelweg in aanleg, Autosnelweg in ontwerp	Autopista en construcción, Autopista en proyecto	Autópálya építés alatt, Autópálya tervezés alatt	Autostrada w budowie, Autostrada projektowana	Dálnice ve stavbe Dálnice plánovaná	Dial'nica vo výstavbe, Dial'nica plánovaná
Autoweg met gescheiden rijbanen, Autoweg in anleeg	Autovía, Autovía en construcción	Èpülö, Èpülö gyorsforgalmi	Droga, Droga ekspresowa w budowie	Rychlostní komunikace, Rychlostní komunikace ve stavbe	Dialńice, Dialńice vo výstavbe
Rijksweg	Carretera federal	Elsőrendű főútvonal	Droga państwowa	Státní silnice	Hlavná dial'ková cesta
Hoofdweg, Weg voor doorgaand verkeer	Carretera principal con nombres de calles Carretera de tránsito con nombres de calles	Főútvonal utcanevekkel Átmenő út utcanevekkel	Droga główna z nazwami ulic, Droga przelotowa z nazwami ulic	Hlavní silnice s názvy ulic, Průjezdní silnice s názvy ulic	Hlavná cesta s názov Priechodná cesta s názov
Motorvejnummer, Europees wegnummer	Número de autopista, Número de carretera europea	Autópálya-szám, Európa-útszám	Numer autostrady, Numer drogi europejskiejs	Číslo dálnice, Číslo evropské silnice	Číslo dial'nice, Číslo európskej cesty
Autoveer, Personenveer	Transbordador para automóviles, Transbordador para pasajeros	Autószallító komp, Személyszállító komp	Prom samochodowy, Prom pasażerski	Trajekt pro auta, Osobní přívoz	Trajekt pre automobily, Prievoz
Spoorweg, Langeafstandsverkeer met station	Ferrocarril, Tráfico de larga distancia con estación	Vasútvonal, Távolsági forgalom a pályaudvar	Kolej, ruchu dalekobieżnego z stacją	Dálková dopravní se stanici	Železnica, Draha pre dial'kovú dopravu so stanicou
Verzorgingsplaats	Área de servicio	Autópálaya pihenőhely	Miejsce obsługi podróżnych	Odpočívka	Motorest
Autosnelwegbenzinestation	Estación de servicio	Autopálya-benzinkút	Stacja benzynowa przy autostradzie	Čerpací stanice na dálnici	Dial'nica benzinová pumpa
Parkeerplaats	Auto-estrada Aparcamiento	Autópálya Pihenőhely	Autostrada parking	Významné zajímavosti	Parkovisko
Luchthaven	Aeropuerto	Nemzetközi repülőtér	Port lotniczy	Dopravní letiště	Dobravné letisko
Bezienswaardigheden	Puntos de interés	Látványosságok	Interesujące obiekty	Významné zajímavosti	Zaujímavosti
Bebouwing	Zona edificada	Beépítés	Obszar zabudowany	Zastavěna plochna	Zastavená plocha
Wateren	Aguas	Vizek	Wody	Vodstvo	Vodstvo
Rijksgrens	Frontera nacional	Államhatár	Granica państwa	Státní hranice	Štátna hranica
MARCO POLO Highlight	MARCO POLO Highlight	MARCO POLO Highlight	MARCO POLO Highlight	MARCO POLO Highlight	MARCO POLO Highlight

Trento · 4 · „Sillaro" · NAP · A 22 · E50 · 44 · Villa Reale · 1

KRANJ
Škofja Loka
LJUBLJANA
Železniki
Vrhnika
Logatec
Medvode
Šenčur
Naklo
Vodice
Brezovica pri Ljubljani
Polhov Gradec
Horjul
Ljubljansko Barje
Poljanska dolina
Polhograjsko hribovje

Kamnik
Domžale
Menges
Trzin
Litija
Grosuplje
Dol pri Ljubljani
Komenda
Moravče
Lukovica pri Domžalah
Ivančna Gorica
Škofljica
Ig
Šmartno pri Litiji
Stična
Višnja Gora
Sava
Kresnice
Senožeti
Jevnica
Vače
Polica
Blagovica
Radomlje
Preserje
Moste
Rudnik
Bizovik
Sostro
Zadvor
Lavrica
Šmarje-Sap
Sv. Primož
Crnivec
Tuhinj
Menina
Jantarjeva pot
Vetrova pot
Arboretum
Municipium Atrans
Cistercijanski samostan
Bogenšperk
Geoss
Sv. Mohor
Sv. Andrej
Sv. Urh
Tabor
Železna jama
Ljubljana

MARIBOR
Graz
Leibnitz
Celje
Ehrenhausen an der Weinstraße
Gamlitz
MURECK
Kungota
Šentilj v Slov. Gor.
Pesnica pri Mariboru
Selnica ob Dravi
Ruše
Miklavž na Dravskem polju
Hoče
Rače
Slov. Bistrica
Kidričevo
Dravsko Polje
Letališče Maribor
Sv. Jurij v Slovinskih Goricah
Pragersko
Zg. Polskava
Fram
Limbuš
Kamnica
Lenart v Slov. Gor.

Federacija Bosne i Hercegovine
SARAJEVO
Visoko
Kiseljak
Ilijaš
Vogošća
Breza
Kreševo
Hadžići
Tarčin
Ilidža
Igman
Bjelašnica
Ivan sedlo (955)
Međunarodni aerodrom Sarajevo
Zenica
Konjic

Kladani
Moševići
Gajevi
Vrutci
Podlipnik
Medojevići
Vukasovići
Rakova Noga
Srednje
Korita
Homar
Kaljina
Lipnik
Vilić
Sirovine
Stupe
Han Šići
Ozren
Bokšići
Ozren
Šahbegovići
Stubline
Velika Njiva
Kalauzovići
Kostreša
Perca
Perići
Vrapče
Šljeme
Veliki Vrh
1328
Budišići
Gornji Močioci
Donji Močioci
Gvozdarevo
Vučja Luka
Kadino Selo
Ravna Romanija
Ljeljen
1311
E761
Nahorevo
Poljine
Čavljak
Vukotine
Republika
Mrkovići
Karaula
Bjelogorci
Radava
Gornja Slatina
Barice
Donje Biosko
Njemanica
Mokro
ŠIP
Faletići
Brezovice
Sinjevo
Pustopolje
19
8
Rogoušići
Gradac
BREKA
91
Moščanica
BJELAVE
Miljacka Mokranjska
Zečeva pećina
Novakova pećina
Bogovići
SOUKBUNAR
Jarčedoli
CITY MAP
Bulozi
16
D.Ljubogošta
Podmedenik
E761
Srpska
Romanija
Miljevići
Miljacka
Rakovac
Kaluđer
Careve Vode
Stajna
Petruše
Studenkovići
13
6
Kosmaj
Stanojevići
Dovlići
Čemanovići
Kozarevići
Trebević
1629
446
Udež
D.Pribanj
5
Miljacka Paljanska
Repca
Gluhovići
Tilava
Blizanci
Radonjići
Pale
Luke
Petrovići
Modrik
Klek
Kasindo
4
5
15
Stambolčić
17
Vlahovići
Tvrdimići
Pavlovac
Bistrica
Rakite
Željeznica
Sjetlina
Podgrab
Ravna pl.
Kijevo
Jablanica
Jahorina
Saice
15
Bogatići
Vrhprača Luke
Nehorići
Jahorina
Umčani
18
Bijela
Ilovice
Slavljevići
Delijaš
Govedovići
Karovići
Hamzići
E762
Brutusi
Šišići
Sjeverovići
Trebečaj
Pendičići
Vrbovnik
Foča
Podromanija
Ustiprača

Dmiš
Postinje
Donje-
Gornje-
Bidnić
Smolčić
Matende
Mijići
Čuci
Donji-
Gornji-
-Muč
Sutina
Neorić
Movran
843
Grozdanići
Meserice
Cvrljevo
Milići
Božići
Gudića st.
Gornji-
-Matasi
Donji-
Razdolje
Visoka
Zec
Baturine st.
Reljine staje
Soldine st.
Marendići
Krivi Dol
Sv. Ivan
Crni umac
552
Divojevići
Sv. Filip i Jakov
Kladnice
Nisko
(376)
Parčani
Brštanovo
Maleš
Bakići
Bijakovac
735
Moseć
215
Biljak
Jurići
Bužančići
Kita
678
Lećevica
Ljubeč
Gizdavac
Privija
Melvani
Stare Ku
Korita
Radinje
Sušci
Šratok
Drgići
Crni Vrh
596
Korušce
Vlaka
Pometeno brdo
619
Mijići
Trolokve
Bašići
Ostojići
Taraši
Topići
Dugobabe
Prgomet
Kozlica
Uble
Kapitanović
Sv. Duh
19
Mamut
Donje-
Prugovo
Lisac
760
Radinje
Rajčići
Dirlići
44
Ljubić
(550)
Roljak
Koprivno
(371)
Dugopolje
Prgomet
Golubići
Lončari
Boljati
Vučevica
(342)
Veliki-
Bročanac
Mali-
A1
24a
Radošić
Vučevica
Sv. Ante
Crni krug
650
Bralić
Labin
Ivkovići
Bolici
Opor
Kozjak
"Kozjak"
Blaca
Konjsko
Košťak
644
Aquapark Dalmatia Dugopolje
Barkljačić
Gilijanovići
385
477
Malačka
Biranj
631
Sv. Ivan
Sv. Lovre
Sv. Luka
779
Sučurac
500
602
461
Grlo
Kurtovići
Radići
469
Šantić
Želj.st.
Kaštel Stari
Sv. Mihovil
Sv. Juraj
677
Stari grad
Želj.st.Sadine
Maljkovići
Jurčev
25
Gospa na Hladi
Sv. Juraj
Sadža
Gizdić
Klis
(360)
Kosa Klis
Debel
Trnoščak
472
Sv. Nofar
208
E65
Sela
Mornar
Solin
Milati
Longo
Plano
Sv. Marta
Sv. Roko
Nehaj
Novi
Stari
Lukšić
Kambelovac
Gomilica
Jugovinil
Salona
Majdan
Jadro
Mravince
Žrnovn
Barada
Sv. Oštak
Rešnik
Štafilić
KAŠTELA
Sućurac
Vranjic
Želj.st.Split-Predgrade
Trogir
SPU
Zračna luka Split-Kaštela
Kučine
Bijaci
Divulje
(44)
Mlinice
Trogirski kanal
Kaštelanski zaljev
Gospa od Poljuda
Luka Poljud
Dobri
Kila
120
Kamen
Koresnica
Sv. Duje
Sv. Jure
440
21
93
City Map
Sv. Lovre
Sv. Križ
Čiovo
Seget Donji
Sv. Jakov
Arbanija
Sv. Mauro
Žedno
Oceanograf.instit
Sv. Jere
Rt Marjan
Marjan
178
Arheološki muzej
Etnografski muzej
Lučac
Dioklecijanova palača
Trstenik
Sv. Lovro
Stobreč
Strožanac
Zal. Saldun
Sv. Todor
Okrug Gornji
Supetarska uvala
Meje
92
SPLIT
(9)
Jadranska magistrala
L. Stobreč
Donji Okrug
Rudine
212
Slatine
97
Rt Čiova
22
28
Sv. Fabjan
285
Movarštica
Kraljevac
Labaduša
ČIOVO
Gospa Prizinica
Grljevac
Sv. Fumija
Trogir
Ancona, Drvenik Veli
Sveti Martin
Rt Mu
Splitski kanal
ŠOLTA
B
Donja Krušica
180
Donje Selo
Rogač
Srednje-Selo
Nečujam
Rat
24
Grohote
Rogač
208
Vela Straž
111
Nečujam
Oblik
206
Poganica
Tatinja
Jorja
Stomorska
Gospa u borima
Gornje Selo
237
Gornja Krušica
Senjska
Vis, Stari Grad, Vela Luka, Jelsa, Bol, Ublí
Rt Gomilica
Livka
Sv. Ivan
Rt Sv. Nikola
TN Palma
Prbujac
99
Sutivan
Petrinović mauzolej
Supetar
Sv. Vicenc
Sv. Marija
Miletin dub
17
Stipanska Stinjiva
Mirca
(48)
211
Hum
205
Vršovica
360
Bobovišća
Milna
Šibenik
Drvenik Mali, Split, Primošten, Šibenik

Sinj
Glavice
Brnaze
Turjaci
Trilj
Otok
Ruda
Udovičić
Grab
Kośute
Čaporice
Čačvina
Velić
Vukić
Dugopolje
Kotlenice
Bisko
Donji Dolac
Srijane
Gornji Dolac
Novo Selo
Trnbusi
Ugljane
Budimir
Cista Velika
Blato na Cetini
Katuni
Šestanovac
Kostanje
Podgrade
Zadvarje
Slime
Omiš
Dugi Rat
Krilo Jesenice
Tugare
Duće
Gata
Ostrvica
Kučiće
Svinišće
Mimice
Marušići
Pisak
Vrulja
Brela
Postira
Splitska
Škrip
BRAČ
Brački kanal
Sinjsko polje
Omiška dinara
Omiški primorje
Mosor
Biorine
Kamešnica
Cetina

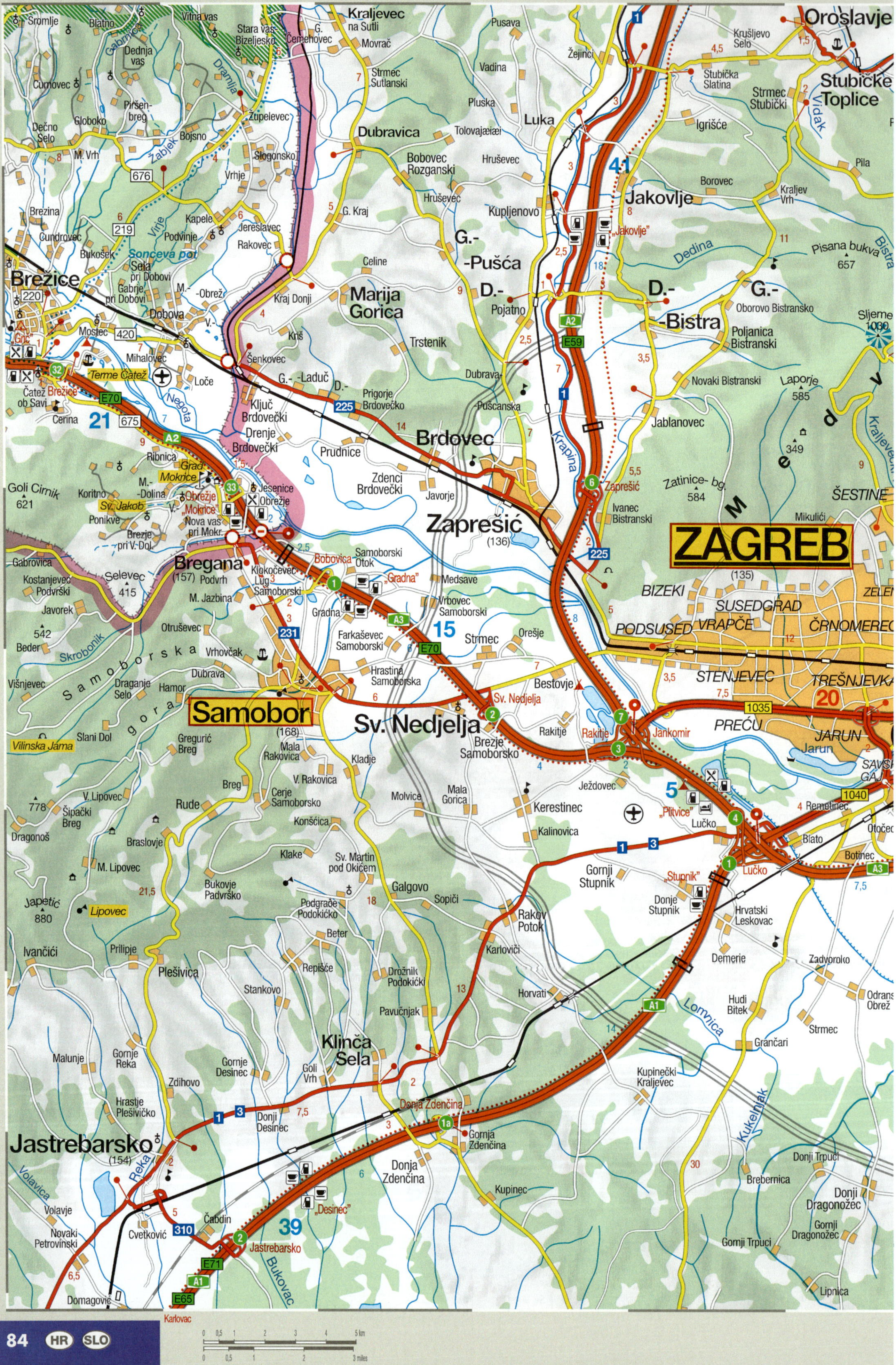
Zabok
Krapina
Zabok
Oroslavje
Stubičke Toplice
Kraljevec na Sutli
Vitna vas
Stara vas-Bizeljsko
G. Čemehovec
Sromlje
Blatno
Dednja vas
Cumovec
Pišen-breg
Globoko
Dečno Selo
M. Vrh
Dramlja
Župelevec
Slogonsko
Bojsno
Vrhje
Movrač
Strmec Sutlanski
Pusava
Vadina
Žejinci
Kršljevo Selo
Stubička Slatina
Strmec Stubički
Igrišće
Vidak
Pila
Dubravica
Tolovajećaj
Luka
Pluska
Bobovec Rozganski
Hruševec
Borovec
Kraljev Vrh
Jakovlje
Kupljenovo
G. Kraj
Brezina
Cundrovec
Bukošek
Kapele
Podvinje
Jereslavec
Rakovec
Sončeva pot
Sela pri Dobovi
Gabrje pri Dobovi
M.-Obrež
Brežice
Dobova
Kraj Donji
Celine
Marija Gorica
G.-Pušća
D.-Pušća
Pojatno
Dedina
Pisana bukva
657
Bistra
D.-Bistra
G.-Bistra
Oborovo Bistransko
Poljanica Bistranski
Sljeme
1030
Mostec
Mihalovec
Terme Čatež
Loče
Šenkovec
Kriš
Trstenik
Čatež ob Savi
Brežice
Cerina
Negota
G.-Laduč
D.-Laduč
Prigorje Brdovečko
Ključ Brdovečki
Drenje Brdovečki
Dubrava
Pušćanska
Novaki Bistranski
Laporje
585
Jablanovec
Krapina
Brdovec
Prudnice
Zdenci Brdovečki
Javorje
Zaprešić
(136)
Zaprešić
Zatinice-bg.
584
Ivanec Bistranski
349
Medvednica
Kraljevečki
Šestine
Mikulići
ZAGREB
(135)
Ribnica
Grad Mokrice
Jesenice
Obrežje
Goli Cirnik
621
Koritno
M.-Dolina
Sv. Jakob
Ponikve
V.-Dolina
Obrežje
Mokrice
Nova vas pri Mokr.
Brezje pri V. Dol
Gabrovica
Kostanjevec Podvrški
Javorek
542
Beder
Selevec
415
Bregana
(157)
Podvrh
Klokočevec
Lug Samoborski
Bobovica
Samoborski Otok
„Gradna"
Medsave
Gradna
Vrbovec Samoborski
M. Jazbina
Otruševec
Farkaševec Samoborski
Strmec
Orešje
Bizeki
Susedgrad
Podsused
Vrapče
Črnomerec
Stenjevec
Trešnjevka
Skrobonik
Vrhovčak
Samoborska gora
Višnjevec
Draganje Selo
Hamor
Hrastina Samoborska
Bestovje
Samobor
(168)
Sv. Nedjelja
Sv. Nedjelja
Rakitje
Rakitje
Jankomir
Prečko
Jarun
Jarun
Slani Dol
Vilinska Jama
Gregurić Breg
Mala Rakovica
Kladje
Brezje Samoborsko
Savski Gaj
Breg
V. Rakovica
Cerje Samoborsko
Molvice
Mala Gorica
Ježdovec
„Plitvice"
Lučko
Remetinec
V. Lipovec
Šipački Breg
778
Dragonoš
Rude
Konšćica
Kerestinec
Kalinovica
Blato
Otočec
Braslovje
Klake
Sv. Martin pod Okićem
Gornji Stupnik
Lučko
Botinec
M. Lipovec
Bukovje Podvrško
Galgovo
Sopiči
„Stupnik"
Donje Stupnik
Japetić
880
Lipovec
Podgrađe Podokićko
Beter
Rakov Potok
Hrvatski Leskovac
Prilipje
Ivančići
Karlovići
Demerje
Plešivica
Repišće
Zadvorsko
Stankovo
Drežnik Podokićki
Horvati
Odranski Obrež
Hudi Bitek
Lomnica
Pavučnjak
Strmec
Klinča Sela
Grančari
Malunje
Gornje Reka
Gornje Desinec
Goli Vrh
Zdihovo
Kupinečki Kraljevec
Hrastje Plešivičko
Donja Zdenčina
Kukeljnjak
Donji Desinec
Jastrebarsko
(154)
Gornja Zdenčina
Donji Trpuci
Reka
Donja Zdenčina
Volavica
Brebernica
Volavje
„Desinec"
Kupinec
Donji Dragonožec
Novaki Petrovinski
Cvetković
Čabdin
Gornji Dragonožec
Gornji Trpuci
Jastrebarsko
Bukovac
Domagović
Lipnica
Karlovac
Novo Mesto
0 0,5 1 2 3 4 5 km
0 0,5 1 2 3 miles

Marija Bistrica
Marija Bistrica
Komin Varaždin
Donja Stubica
Gornja Stubica
Sv. Ivan Zelina
Laz Stubički
Drenova
576
Moravče
Rakovec
Kašina
Sesvete
Popovec
Brckovljani
Dugo Selo
DUBRAVA
MAKSIMIR
HEDVEŠČAK
CENTAR
TRNJE
NOVI ZAGREB
PEŠČENICA
TRNAVA
Ivanja Reka
Rugvica
VELIKA GORICA
Zračna luka "Franjo Tuđman"
Kosnica
Sava
Lomnica
Kanal Sava-Odra-Sava
Orle
Mraclin
Turopolje
Buševec
Mala Buna
Šiljakovina
Karlovac
Sisak Petrinja
Ivanić-Grad
Vrbovec

1 : 20 000

PREGLED LIST
QUADRO D' UNIONE
ÁTTEKINTŐTÉRKÉP

PREGLED LISTOV
CARTE D'ASSEMBLAGE
SKOROWIDZ ARKUSZY

BLATTÜBERSICHT
OVERZICHTSKAART
KLAD MAPOVÝCH LISTŮ

KEY MAP
MAPA ÍNDICE
KLAD MAPOVÝCH LISTOV

1 : 20 000

Tumač znakova / Legenda	Legenda / Signos convencionales	Zeichenerklärung / Jelmagyarázat	Legend / Objaśnienia znaków	Segni convenzionali / Vysvětlivky	Légende / Legenda

HR	SLO	D		UK	I	F
Autocesta	Avtocesta	Autobahn		Motorway	Autostrada	Autoroute
Četiri traka ceste	Štiripasovna cesta	Vierspurige Straße		Road with four lanes	Strada a quattro corsie	Route à quatre voies
Prolaz	Tranzitna cesta	Durchgangsstraße		Thoroughfare	Strada di attraversamento	Route de transit
Glavna cesta	Glavna cesta	Hauptstraße		Main road	Strada principale	Route principale
Ostale ceste	Druge ceste	Sonstige Straßen		Other roads	Altre strade	Autres routes
Jednosmjerna ulica - Pješačka zona	Enosmerna cesta - Površine za pešce	Einbahnstaße - Fußgängerzone		One-way street - Pedestrian zone	Via a senso unico - Zona pedonale	Rue à sens unique - Zone piétonne
Informacije - Parkiranje	Informacije - Parkirišče	Information - Parkplatz	i P	Information - Parking place	Informazioni - Parcheggio	Information - Parking
Glavni željeznički kolodvor s	Glavna železniška proga z	Hauptbahn mit Bahnhof		Main railway with station	Ferrovia principale con stazione	Chemin de fer principal avec gare
Drugi vlak	Druga železniška proga	Sonstige Bahn		Other railway	Altra ferrovia	Autre ligne
Metro	Podzemska železnica	U-Bahn	U U6 U6	Underground	Metropolitana	Métro
Tramvaj	Tramvaj	Straßenbahn		Tramway	Tram	Tramway
Park+Ride	Park+Ride	Park+Ride	P+R	Park+Ride	Park+Ride	Park+Ride
Policijska stanica - Pošta	Policijska postaja - Pošta	Polizeistation - Postamt	P	Police station - Post office	Posto di polizia - Ufficio postale	Poste de police - Bureau de poste
Bolnica - Hostel	Bolnišnica - Mladinski hotel	Krankenhaus - Jugendherberge		Hospital - Youth hostel	Ospedale - Ostello della gioventù	Hôpital - Auberge de jeunesse
Crkva	Cerkev	Kirche		Church	Chiesa	Église
Televizijski toranj - Svjetionik	Televizijski stolp - Svetilnik	Fernsehturm - Leuchtturm		TV tower - Lighthouse	Torre televisiva - Faro	Tour de télévision - Phare
Spomenik - Kula	Spomenik - Stolp	Denkmal - Turm		Monument - Tower	Monumento - Torre	Monument - Tour
Izgrađenom dijelu, Javna zgrada	Stanovanjske zgradbe, Javna zgradba	Bebaute Fläche, öffentliches Gebäude		Built-up area, public building	Caseggiato, edificio pubblico	Zone bâtie, bâtiment public
Poslovni park	Industrijske zgradbe	Industriegelände		Industrial area	Zona industriale	Zone industrielle
Park, šuma	Park, gozd	Park, Wald		Park, forest	Parco, bosco	Parc, bois

NL	E	H		PL	CZ	SK
Autosnelweg	Autopista	Autópálya		Autostrada	Dálnice	Diaľnica
Weg met vier rijstroken	Carretera de cuatro carriles	Négysávos út		Droga o czterech pasach ruchu	Čtyřstopá silnice	Čtvorprúdová cesta
Weg voor doorgaand verkeer	Carretera de tránsito	Átmenő út		Droga przelotowa	Průjezdní silnice	Priechodná cesta
Hoofdweg	Carretera principal	Főút		Droga główna	Hlavní silnice	Hlavná cesta
Overige wegen	Otras carreteras	Egyéb utak		Drogi inne	Ostatní silnice	Ostatné cesty
Straat met eenrichtingsverkeer - Voetgangerszone	Calle de dirección única - Zona peatonal	Egyirányú utca - Sétáló utca		Ulica jednokierunkowa - Strefa ruchu pieszego	Jednosměrná ulice - Pěší zóna	Jednosmerná cesta - Pešia zóna
Informatie - Parkeerplaats	Información - Aparcamiento	Információ - Parkolóhely	i P	Informacja - Parking	Informace - Parkoviště	Informácie - Parkovisko
Belangrijke spoorweg met station	Ferrocarril principal con estación	Fővasútvonal állomással		Kolej główna z dworcami	Hlavní železnice s stanice	Hlavná železnica so stanicou
Overige spoorweg	Otro ferrocarril	Egyéb vasútvonal		Kolej drugorzędna	Ostatní železnice	Ostatná železnica
Ondergrondse spoorweg	Metro	Földalatti vasút	U U6 U6	Metro	Metro	Podzemná dráha
Tram	Tranvía	Villamos		Linia tramwajowa	Tramvaj	Električka
Park+Ride	Park+Ride	Park+Ride	P+R	Park+Ride	Park+Ride	Park+Ride
Politiebureau - Postkantoor	Comisaría de policia - Correos	Rendőrség - Postahivatal	P	Komisariat - Poczta	Policie - Poštovní úřad	Policia - Poštový úrad
Ziekenhuis - Jeugdherberg	Hospital - Albergue juvenil	Kórház - Ifjúsági szálló		Szpital - Schronisko młodzieżowe	Nemocnice - Ubytovna mládeže	Nemocnica - Mládežnícká ubytovňa
Kerk	Iglesia	Templom		Kościół	Kostel	Kostol
T.V. mast - Vuurtoren	Torre de televisión - Faro	Vagy tévétorony - Világítótorony		Wieża telewizyjnej - Latarnia morska	Televizní věž - Maják	Televízna veža - Maják
Monument - Toren	Monumento - Torre	Emlékmű - Torony		Pomnik - Wieża	Pomník - Věž	Pomník - Veža
Bebouwing, openbaar gebouw	Zona edificada, edificio público	Beépítés, középület		Obszar zabudowany, budynek użyteczności publicznej	Zastavěná plocha, veřejná budova	Zastavená plocha, Verejné budovy
Industrieterrein	Zona industrial	Iparvidék		Obszar przemysłowy	Průmyslová plocha	Priemyslová plocha
Park, bos	Parque, bosque	Park, erdő		Park, las	Park, les	Park, les

Cetinje

Dubrovnik

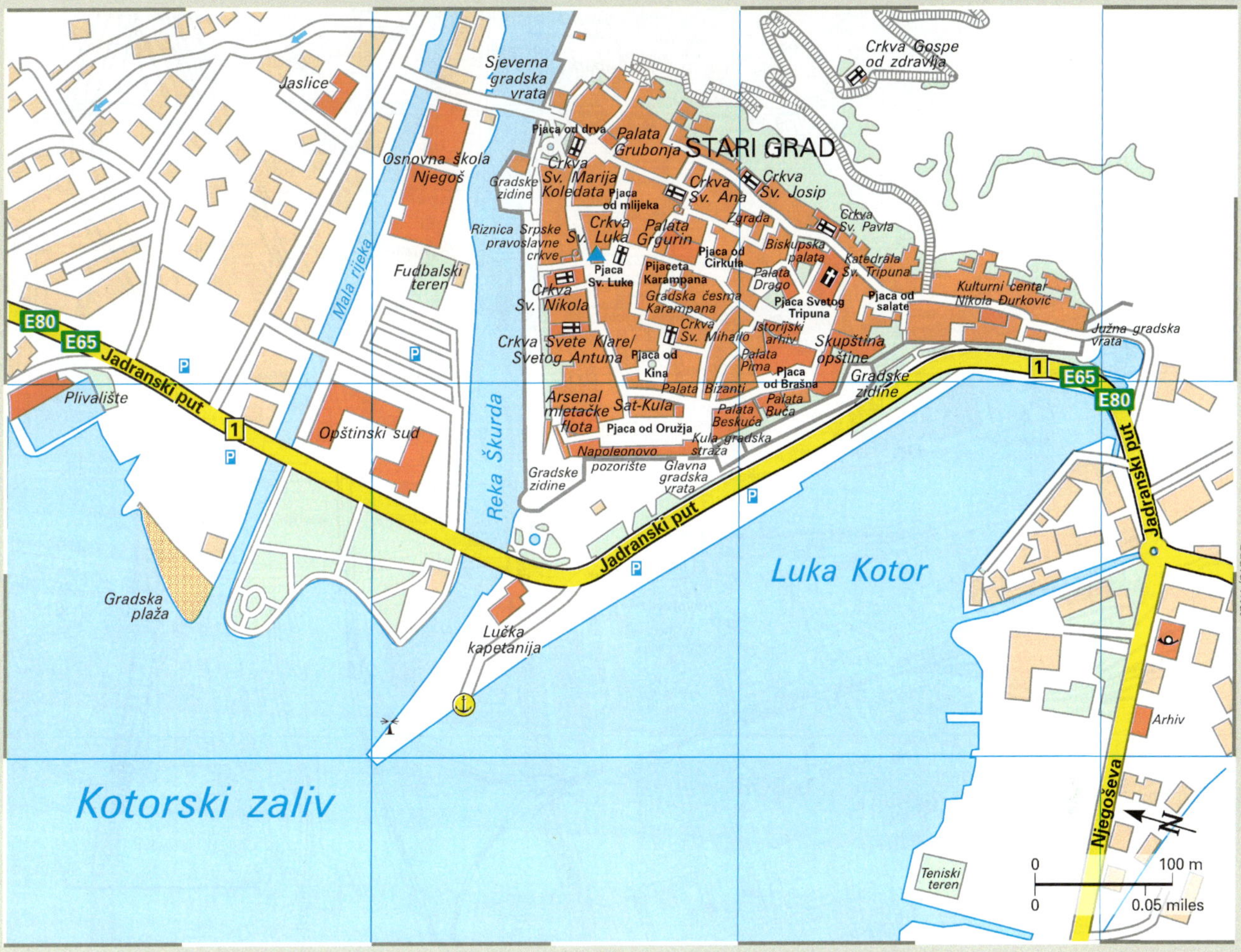
Sjeverna gradska vrata
Jaslice
Osnovna škola Njegoš
Pjaca od drva
Palata Grubonja
STARI GRAD
Crkva Gospe od zdravlja
Crkva Sv. Marija Koledata
Gradske zidine
Pjaca od mlijeka
Crkva Sv. Ana
Crkva Sv. Josip
Zgrada
Crkva Sv. Pavla
Riznica Srpske pravoslavne crkve
Crkva Sv. Luka
Palata Grgurin
Pjaca od Cirkula
Biskupska palata
Katedrala Sv. Tripuna
Pjaca Sv. Luke
Pjaceta Karampana
Gradska česma Karampana
Palata Drago
Pjaca Svetog Tripuna
Pjaca od salate
Kulturni center Nikola Đurković
Fudbalski teren
Mala rijeka
Crkva Sv. Nikola
Crkva Sv. Mihailo
Istorijski arhiv
Crkva Svete Klare/ Svetog Antuna
Pjaca od Kina
Palata Pima
Skupština opštine
Južna gradska vrata
Pjaca od Brašna
Gradske zidine
E80
E65
Jadranski put
Plivalište
Arsenal mletačke flote
Sat-Kula
Palata Bizanti
Palata Buća
Palata Beskuća
Pjaca od Oružja
Kula gradska straža
Opštinski sud
Reka Škurda
Napoleonovo pozorište
Glavna gradska vrata
Gradske zidine
1
Luka Kotor
Gradska plaža
Lučka kapetanija
Arhiv
Kotorski zaliv
Njegoševa
Teniski teren
0
100 m
0
0.05 miles
Perast, Risan
Budva, Tivat

Ljubljana

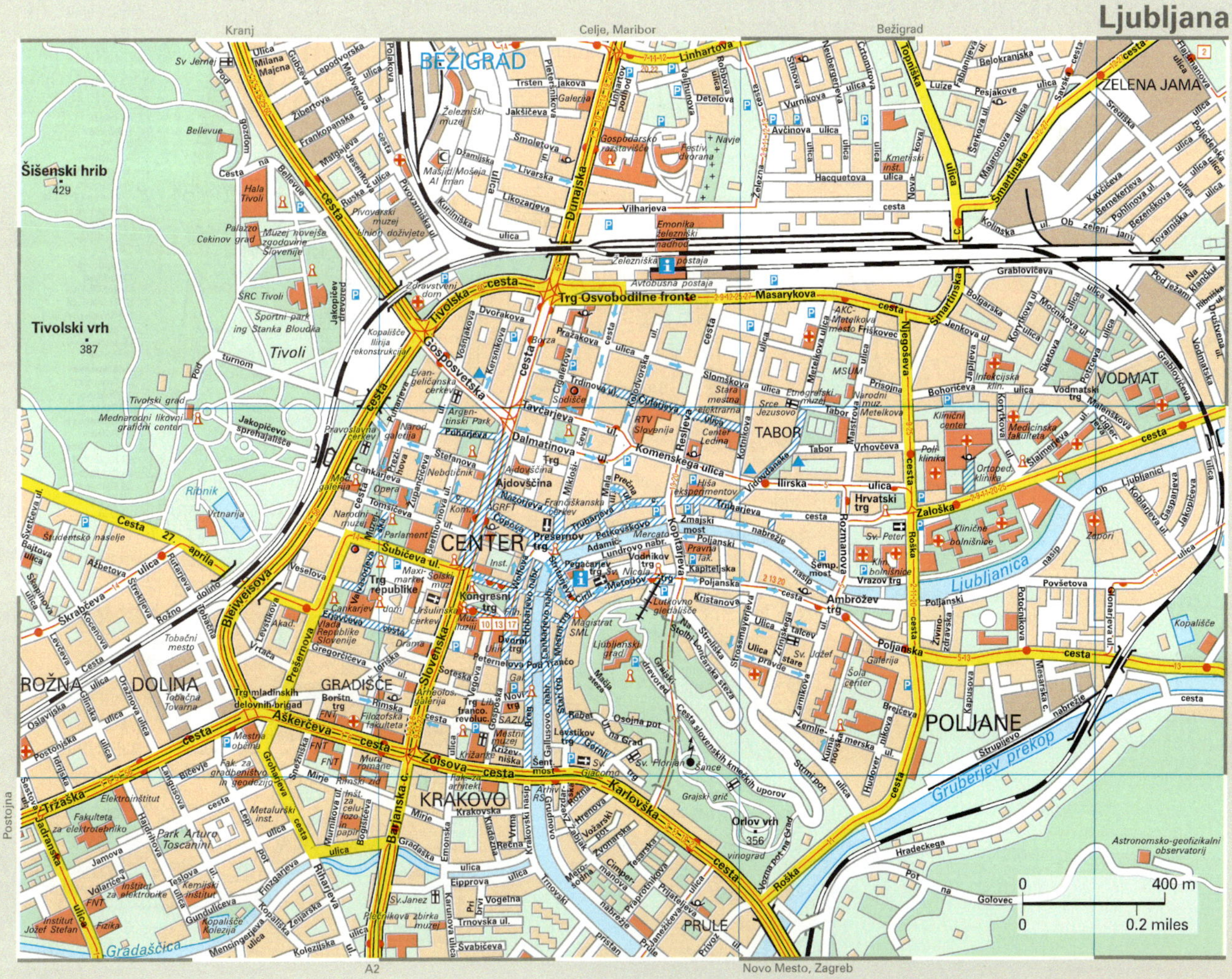
Kranj
Celje, Maribor
Bežigrad
BEŽIGRAD
ZELENA JAMA
Šišenski hrib
429
Tivolski vrh
387
Tivoli
Hala Tivoli
Trg Osvobodilne fronte
Masarykova
Dunajska
Vilharjeva
Linhartova
VODMAT
TABOR
CENTER
Prešernov trg
Kongresni trg
Trg republike
GRADIŠČE
ROŽNA DOLINA
KRAKOVO
POLJANE
PRULE
Ljubljanica
Gruberjev prekop
Gradaščica
Orlov vrh
356
Tržaška
Aškerčeva cesta
Zoisova cesta
Karlovška
Roška
Poljanska cesta
Zaloška
Njegoševa
Šmartinska
Bleiweisova
Slovenska
Tivolska cesta
Celovška
Trubarjeva
Hrvatski trg
Ambrožev trg
Astronomsko-geofizikalni observatorij
0
400 m
0
0.2 miles
Postojna
A2
Novo Mesto, Zagreb

Maribor

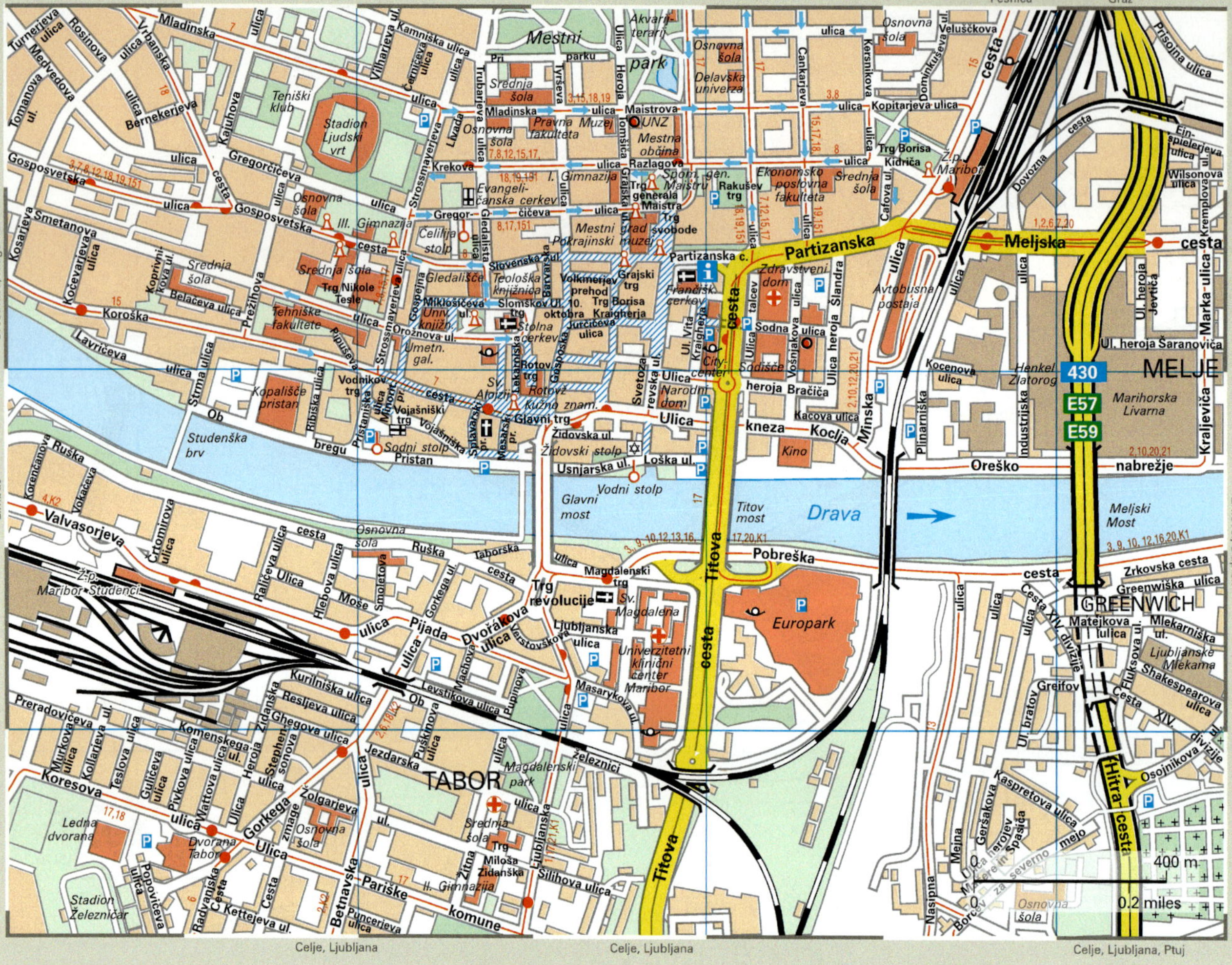

Pesnica · Graz · Brestrnica, Klagenfurt · Limbuš · Zrkovci, Duplek · Celje, Ljubljana · Celje, Ljubljana · Celje, Ljubljana, Ptuj

MELJE · TABOR · GREENWICH · Drava

400 m
0.2 miles

Mostar

Sarajevo · Široki Brijeg · Ljubuški · Metković · Metković

CIM · ZGONI · CENTAR II · AVENIJA · Smrčenjaci · BIJELI BRIJEG · STRELČEVINA · PASJAK · CARINA · MAZOLJICE · BALINOVAC · CERNICA · BRANKOVAC · ĐIKOVINA · PANJEVINA · PODHUM · BJELUŠINE · LUKA · DONJA MAHALA · ŠEHOVINA · Neretva · Radobolja

1 Hakala
2 Zvonića
3 R. Frenje
4 Kurtova
5 Braće Trbonja
6 Drljevića
7 Ahmeta Pintula
8 Segetalova
9 Kazazića
10 Kalajdžića
11 Ljubića
12 Kljunova
13 Kresina
14 Behlilovića
15 Solakovića
16 Karadozbegova
17 Bišćevića
18 Telčeva
19 Burića
20 Stupćeva
21 Ćiberova
22 Soldina
23 [illegible]
24 Glavanova
25 Šotrića
26 Ulica Konak
27 Kujundžiluk
28 Dizdareva
29 Kalhanska
30 Škorina
31 Čalina
32 Ramića
33 Ćemalova
34 Jakirovića
35 Đozlina
36 Ćerkića
37 Buljkina
38 Karadžina
39 Dragnića
40 Kahvina
41 Hrnjićića
42 Kanjina
43 Bišćevića
44 Br. Šehovića
45 Kukavićina
46 Mačkića

400 m
0.2 miles

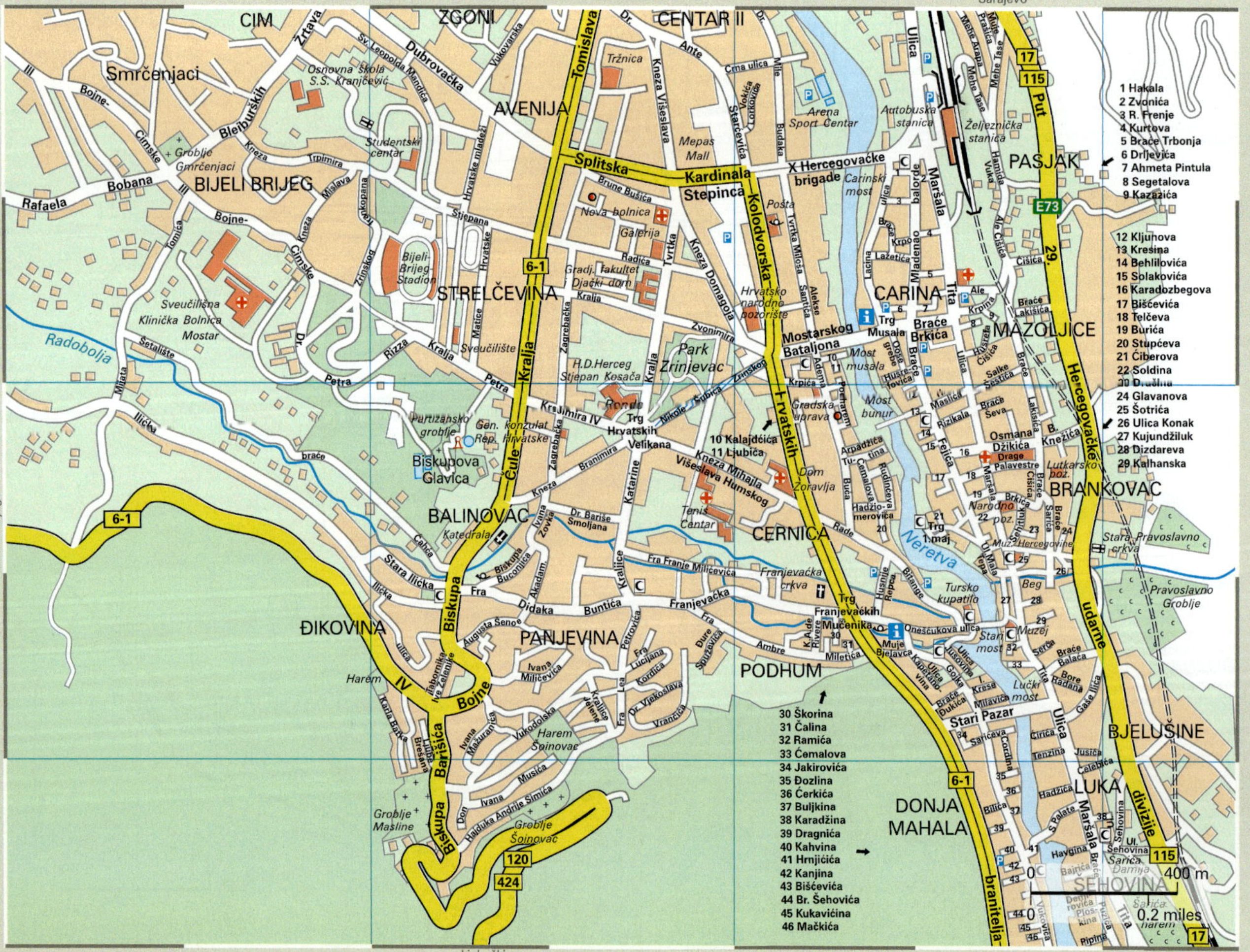

Rijeka

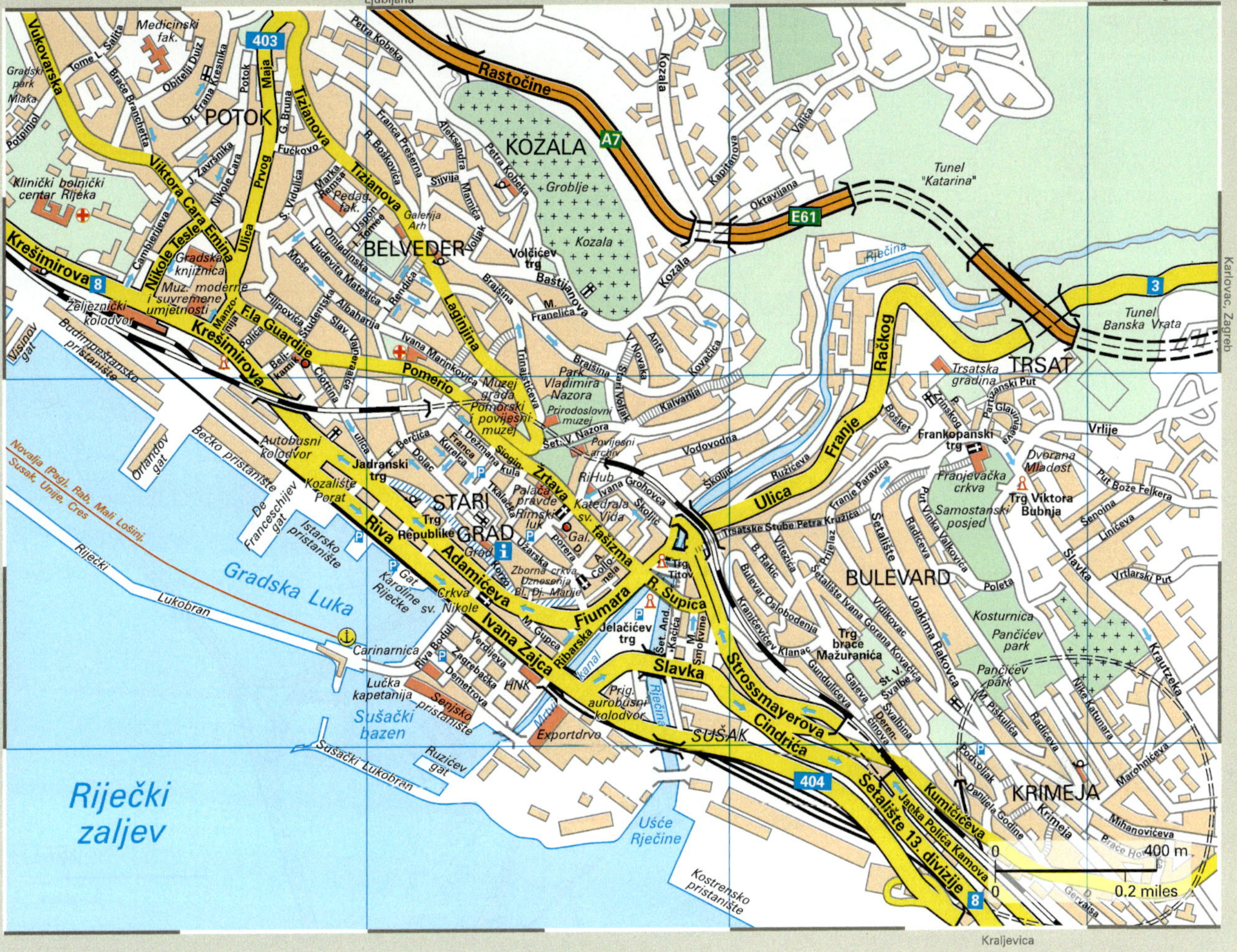

Ljubljana

Opatija, Pula

Karlovac, Zagreb

Kraljevica

POTOK

KOZALA

BELVEDER

TRSAT

STARI GRAD

BULEVARD

SUŠAK

KRIMEJA

Gradska Luka

Riječki zaljev

Tunel "Katarina"

Tunel Banska Vrata

0 — 400 m

0 — 0.2 miles

Sarajevo

Zenica, Tuzla

Zenica, Tuzla

Jablanica

Srbinje

Srbinje

Rogatica

Rogatica

BREKA

HRASTOVI

VELEŠIĆI

KOŠEVO

KOŠEVSKO BRDO

BJELAVE

CIGLANE

GORICA

CRNI VRH

MEJTAŠ

BAŠČARŠIJA

CENTAR

MARINDVOR

SKENDERIJA

BISTRIK

MRAKUŠA

0 — 400 m

0 — 0.2 miles

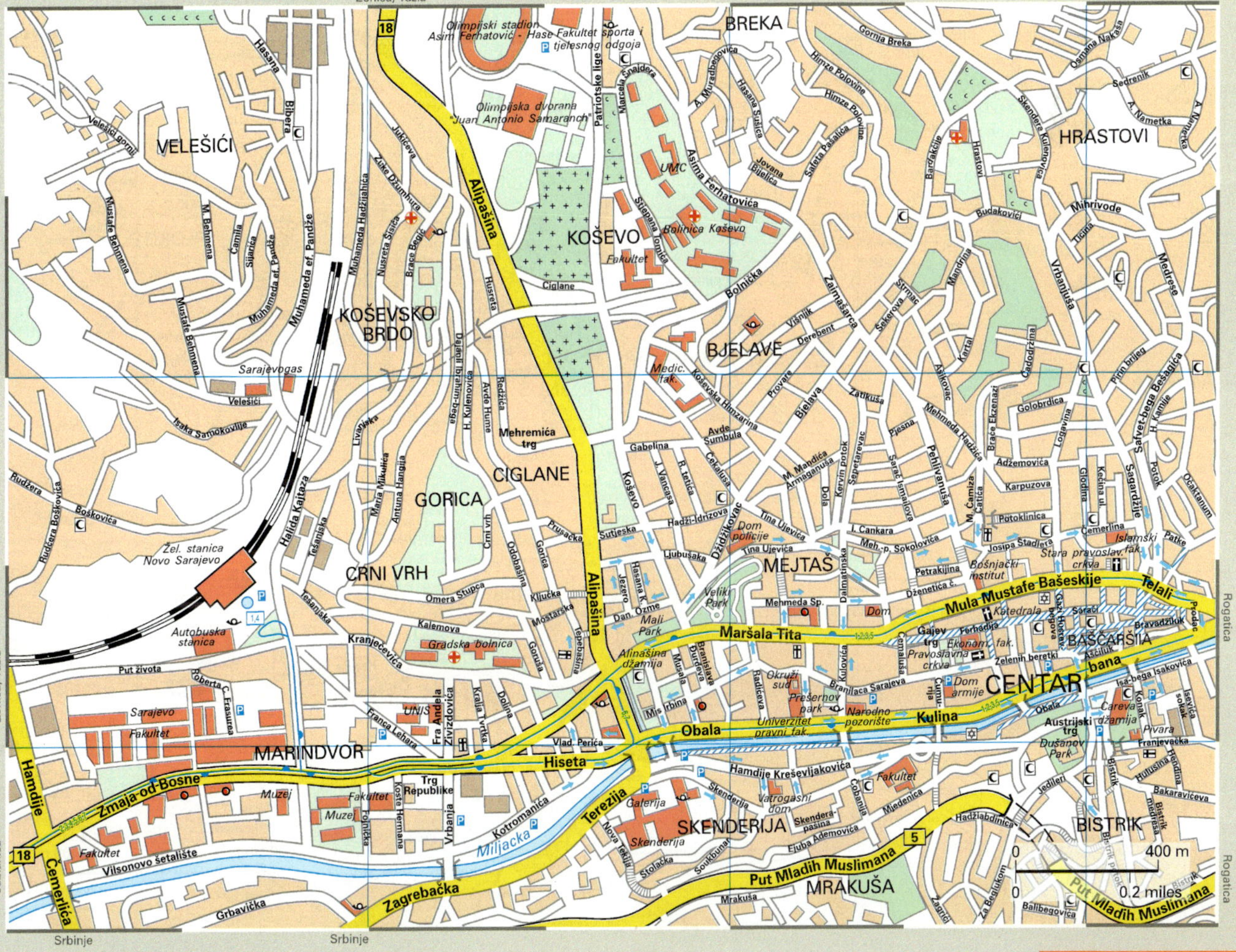

Šibenik

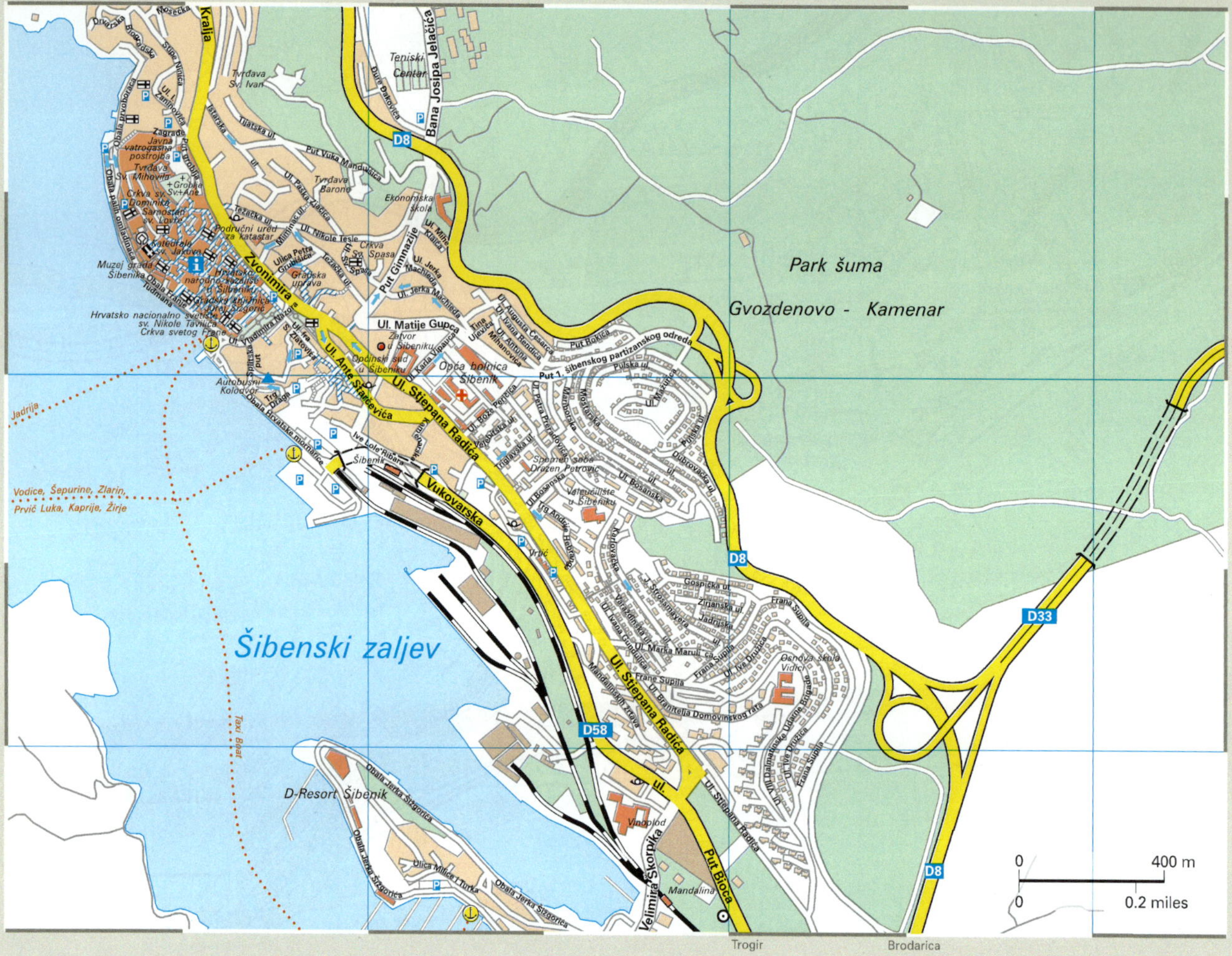

Split

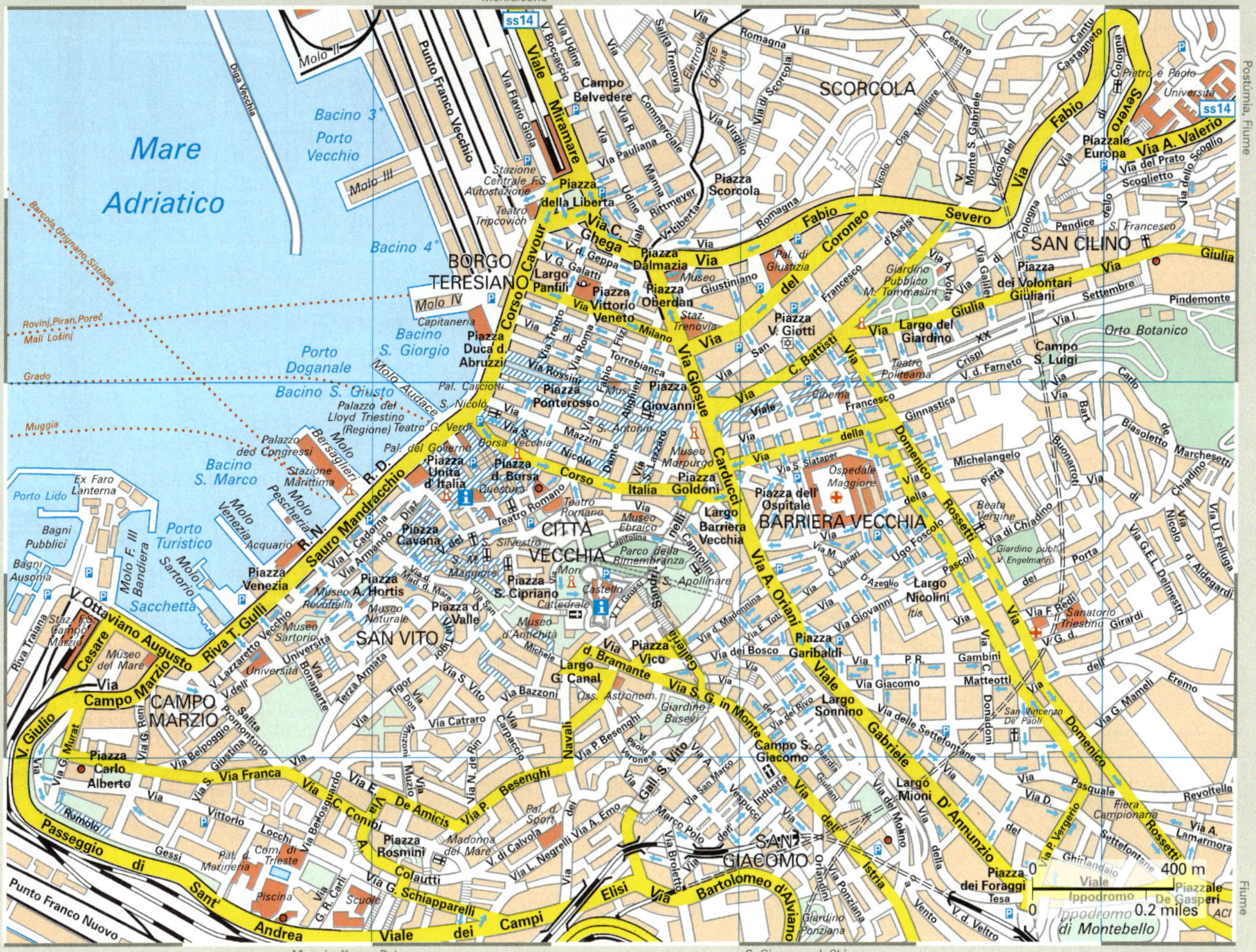

Trieste

Monfalcone

Postumia, Fiume

Mare Adriatico

BORGO TERESIANO

SCORCOLA

SAN CILINO

CITTÀ VECCHIA

BARRIERA VECCHIA

SAN VITO

CAMPO MARZIO

SAN GIACOMO

0 — 400 m

0 — 0.2 miles

Muggia, Koper, Pula

S. Giuseppe d. Chiusa

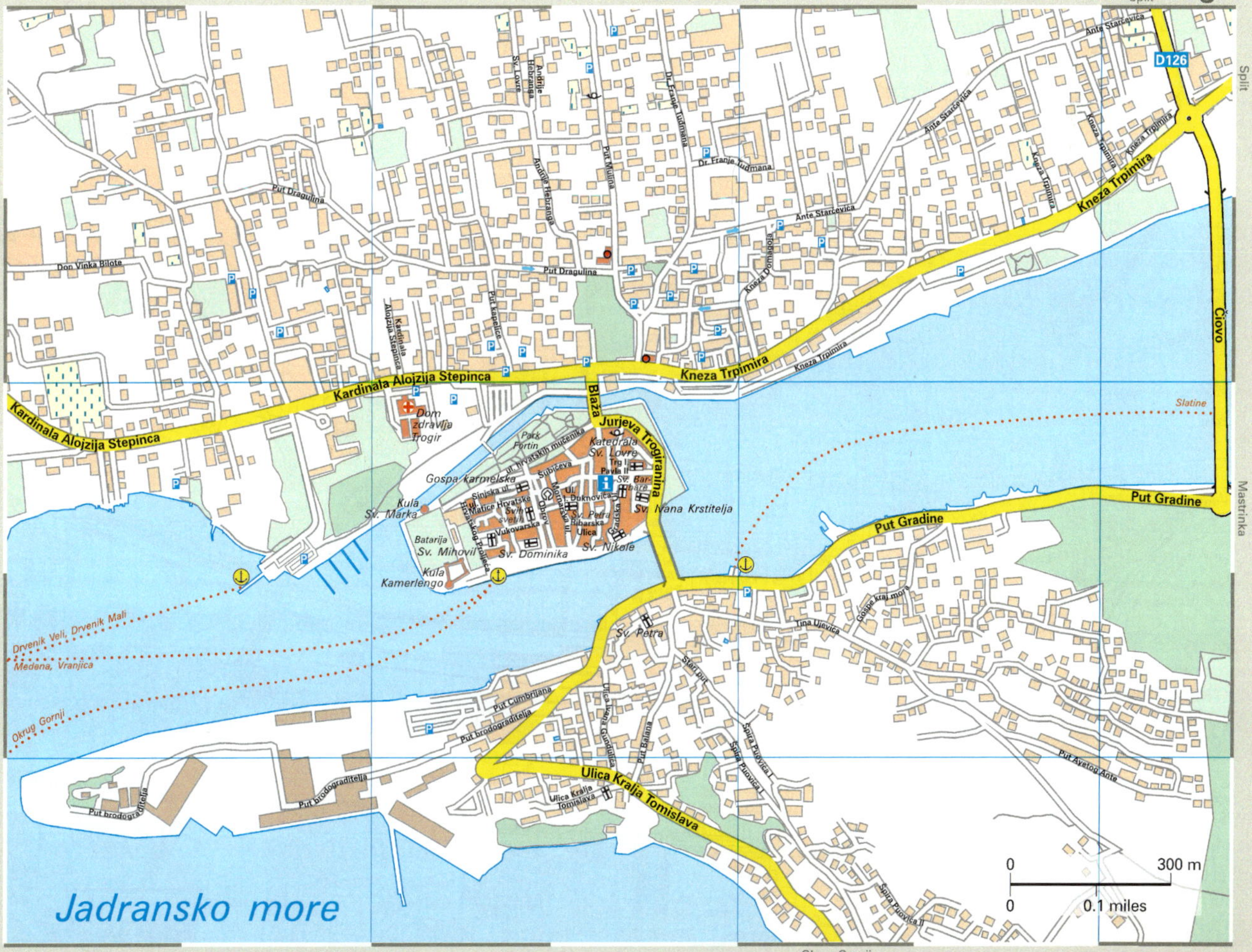

Trogir

Split

Šibenik

Mastrinka

Jadransko more

0 — 300 m

0 — 0.1 miles

Okrug Gornji

Zadar

Pag

Rijeka, Maslenica

Nin

Split, Šibenik

Zadarski kanal

0 400 m
0 0.2 miles

Zagreb

Sljeme

Bjelovar, Varaždin

Slavonski Brod

Zaprešić, Krapina, Ljubljana

Bregana, Ljubljana

Karlovac, Rijeka

Novi Zagreb

0 400 m
0 0.2 miles

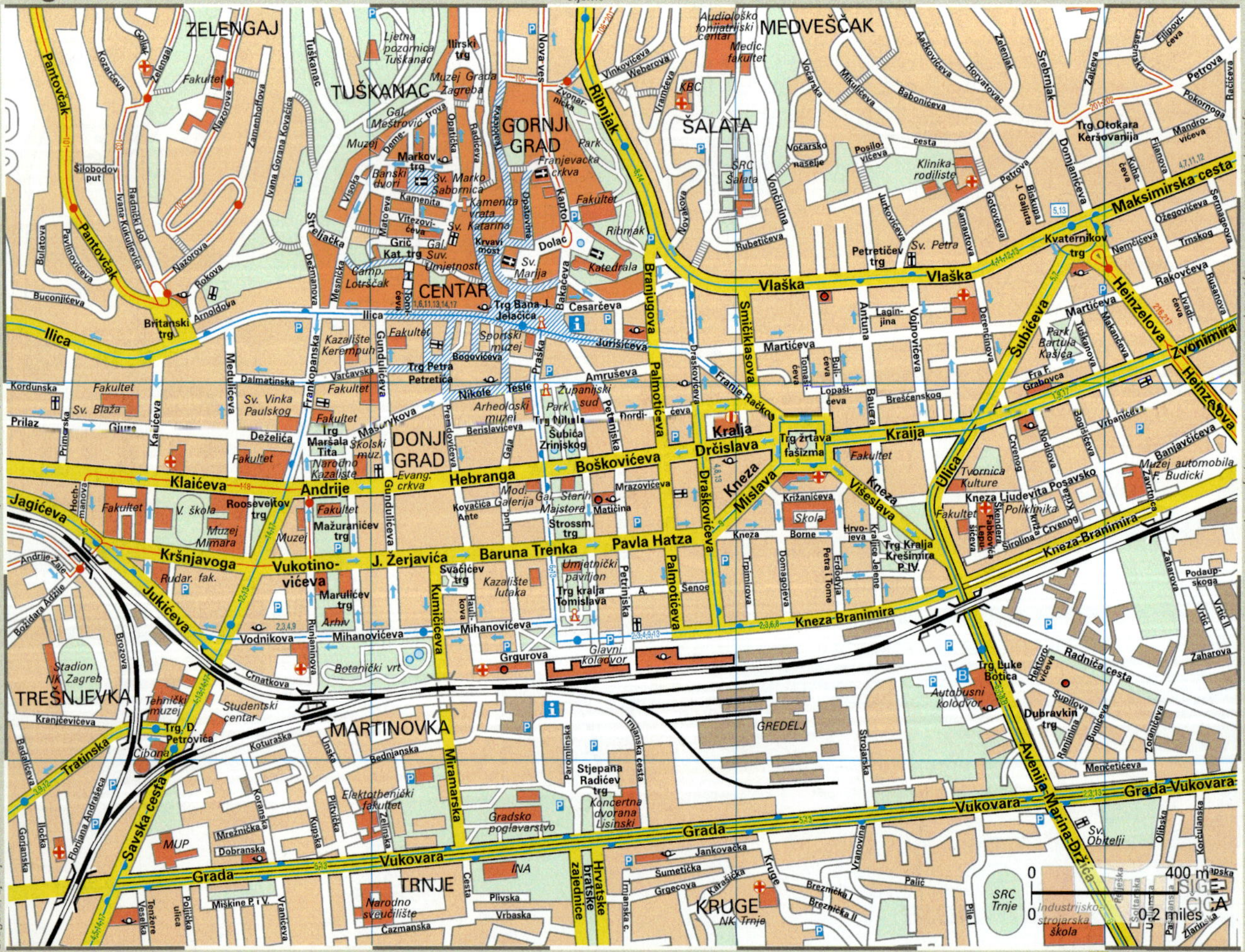

HRVATSKA (CROATIA)

km/h				
	50	90	110	130
	50	90	110	130
	50	80	80	90
	50	80	80	90
	50	80	80	100
	50	70	70	70

 56 542 km²

 4 170 000

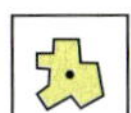 Zagreb 793 000

 ✓

112/92

 112/94

SOS 112/93

 HRV

 +385

 ±1h Coordinated Universal Time (UTC ±1)

 ✓

 ✓

 ✓

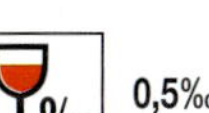 0,5‰

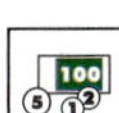 1 EURO (€) = 100 Cents

 **Croatian national tourist board**
+385 1 46 99 333
www.croatia.hr

 ✓

 24h +385 1 1987 HAK

SLOVENIJA

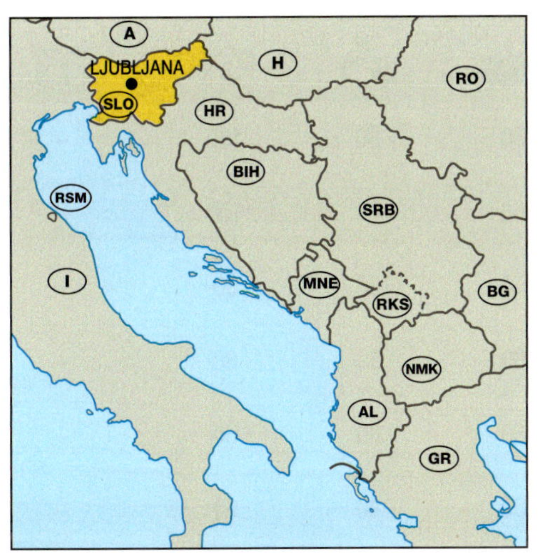

km/h				
	50	90	100	130
	50	90	100	130
	50	90	100	100
	50	80	80	80
	50	80	100	100
	50	70	70	70

 20 237 km²

 2 100 000

 Ljubljana 279 600

 112

 112

 112

 SLV

 +386

 ±1h Coordinated Universal Time (UTC ±1)

 ✓

 ✓

 ✓

 0,5‰

1 EURO (€) = 100 Cents

 **Slovenska turistična organizacija**
+386 1 589 85 50
www.slovenia.info

 ✓

 24h 1987 AMZS

BIH BOSNA I HERCEGOVINA

km/h	Naselje	Izvan naselja	Brza cesta	Autocesta
Motocikl	50	80	100	130
Automobil	50	80	100	130
Automobil s prikolicom	50	80	80	80
Kamper	50	80	80	80
Autobus	50	80	80	100
Kamion	50	80	80	100

 51 197 km²

 3 263 459

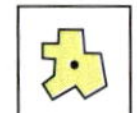 Sarajevo 291 422

122

 124

 123

HRV, BOS, SRP

 +387

 ±1h Coordinated Universal Time (UTC ±1)

 ✓

 ✓

 ✓

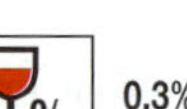 0,3‰

1 Konvertibilna Marka (BAM) = 100 Feninga100 Cents

 **Turistička zajednica Federacje B & H**
+387 33 58 09 99
www.bhtourism.ba

 ✓

  24h +387 33 12 82 BIHAMK

MNE CRNA GORA (MONTENEGRO)

km/h	Naselje	Izvan naselja	Brza cesta	Autocesta
Motocikl	50	80	100	-
Automobil	50	80	100	-
Automobil s prikolicom	50	80	80	-
Kamper	50	80	80	-
Autobus	50	80	80	-
Kamion	50	80	80	-

 13 812 km²

 621 000

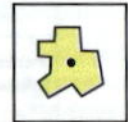 Podgorica 192 968

 112

 112

 112

MNE, SRP

 +382

 ±1h Coordinated Universal Time (UTC ±1)

 ×

 ✓

 ✓

 0,3‰

1 EURO (€) = 100 Cents

 **Nacionalna turistička organizacija Crne Gore**
+382 77 10 00 01
www.montenegro.travel

 ✓

 24h +382 198 07 AMSCG

Jezersko sedlo / Seebergsattel (Kärnten)	SLO/AUT	1215 m	1-12	12		✓	28 Pd 70
Karavanski predor / Karawanken-Straßentunnel (7,8 km)	SLO/AUT	674 m	1-12	2	✓	✓	27 Of/Pa 60/70
Karawanken-Straßentunnel / Karavanski predor (7,8 km)	AUT/SLO	674 m	1-12	2	✓	✓	27 Of/Pa 60/70
Koren / Wurzenpass	SLO/AUT	1073 m	1-12	18		✗	27 Oe 69
Loiblpass / Ljubelj Loibltunnel (1,6 km)	SLO/AUT	1370 m 1067 m	- 1-12	22 16	✓	✗ ✗>1t	27 Pb 70
Ljubelj / Loiblpass Loibltunnel (1,6 km)	AUT/SLO	1067 m 1370 m	- 1-12	22 16	✓	✗ ✗>1t	27 Pb 70
Predel / Passo del Predíl	SLO/I	1156 m	1-12	12		✗	26 Od 70
Predíl, Passo del / Predel	I/SLO	1156 m	1-12	12		✗	26 Od 70
Seebergsattel (Kärnten) / Jezersko sedlo	AUT/SLO	1215 m	1-12	12		✗	28 Pd 70
Vršič sedlo / Werschetzpass	SLO	1611 m	5-11	14		✗	27 Oe 70
Werschetzpass /Vršič sedlo	SLO	1611 m	5-11	14		✗	27 Oe 70
Wurzenpass / Koren	AUT/SLO	1073 m	1-12	14		✗	27 Oe 69

	km²		
BIH Nacionalni park Sutjeska	172,5	www.bhtourism.ba/ger/sutjeskanp.wbsp	71 Td 89
BIH Nacionalni park Kozara	35,2	www.npkozara.com	45 Rf 78
BIH Nacionalni park Una	198	www.nationalpark-una.ba/bs	52 Qf 80
HR Nacionalni park Plitvička Jezera	295	www.np-plitvicka-jezera.hr	43 Qd 79
HR Nacionalni park Paklenica	96	www.np-paklenica.hr	51 Qc 82
HR Nacionalni park Risnjak	31,98	www.np-risnjak.hr	41 Pd 76
HR Nacionalni park Mljet	53,75	www.np-mljet.hr	69 Sc 92
HR Nacionalni park Kornati	220	www.np-kornati.hr	58 Qc 86
HR Nacionalni park Krka	109	www.np-krka.hr	59 Qf 85
HR Nacionalni park Sjeverni Velebit	109	www.np-sjeverni-velebit.hr	51 Pf 80
HR Nacionalni park Brijuni	33,9	www.np-brijuni.hr	40 Oe 79
MNE Nacionalni park Durmitor	39	www.nparkovi.me	71 Tf 89
HR Nacionalni park Lovcén	62,2	www.nparkovi.me	73 Tf 94
HR Nacionalni park Skutarisee	400	www.nparkovi.me	73 Ua 95
SLO Nacionalni park Narodni Park	838,07	www.tnp.si/nationalpark	27 Oe 70

HR Dinopark Funtana	52452	Funtana	www.dinopark.hr	400d 77
HR Glavani Park	52207	Barban	www.glavanipark.com	40 Qf 78
MNE Avanturistički Park Lovcén		Lovecén	www.avanturistickipark.com	73 Tf 94
SLO Mariborsko Pohorje	2000	Maribor	www.bergfex.si	29 Qd 69
SLO Adrenalisko Sankališče Zlodejevo	3214	Zreče	www.unitur.eu	29 Qc 70

	Code		
BIH Međunarodni aerodrom Banja Luka	BNX	www.banjaluka-airport.com	45 Sb 79
BIH Međunarodni aerodrom Mostar	OMO	www.mostar-airport.ba	70 SF 89
BIH Međunarodni aerodrom Sarajevo	SJJ	www.sarajevo-airport.ba	63 Tb 86
BIH Međunarodni aerodrom Tuzla	TZL	www.tuzla-airport.ba	56 Te 82
HR Zračna luka Brač-Bol	BWK	www.airport-brac.ba	67 Re 89
HR Zračna luka Dubrovnik	DBV	www.airport-dubrovnik.hr	72 Tb 93
HR Zračna luka Lošinj	LSZ	www.airportmalilosinj.hr	50 Pc 81
HR Zračna luka Osijek	OSI	www.osijek-airport.hr	48 Te 76
HR Zračna luka Pula	PUY	www.airport-pula.com	40 Of 79
HR Zračna luka Rijeka	RJK	www.rijeka-airport.hr	41 Pd 77
HR Zračna luka Split-Kaštela	SPU	www.split-airport.hr	60 Rb 87
HR Zračna luka Zadar	ZAD	www.zadar-airport.hr	58 Qc 84
HR Zračna luka Zagreb	ZAG	www.zagreb-airport.hr	36 Ra 74
SLO Letališče Jožeta Pučnika Ljubljana	LJU	www.lju-airport.si	28 Pc 71
SLO Letališče Edvarda Rusjana Maribor	MBX	www.maribor-airport.si	30 Qe 70
SLO Letališče Portorož	POW	www.portoroz-airport.si	40 Od 76

UNESCO World Heritage

BIH Mostar (Old Bridge Area of the Old City)	2005	69 Se 89
BIH Višegrad (Mehmed Paša Sokolovič Bridge) = Most Mehmed-paše Sokolovića	2007	64 Ub 86
HR Dubrovnik (Old city)	1979	72 Ta 93
HR Plitvice Lakes National Park = Plitvička jezera, Nacionalni park	1979	43 Qd 79
HR Poreč (Episcopal Complex of the Euphrasian Basilica in the Historic Centre)	1997	30 Od 77
HR Šibenik (The Cathedral of St James) = Katedrala sv. Jakova	2000	59 Qf 86
HR Split (Historical Complex of Split with the Palace of Diocletian)	1979	60 Rc 87
HR Stari Grad Plain = Velopolje	2008	67 Rd 89
HR Trogir (Historic City)	1997	59 Rb 87
MNE Kotor (Natural and Culture-Historical Region)	1979	73 Td 94
SLO Idrija (Heritage of Mercury)	2012	33 Pa 72
SLO Kolišča (Prehistoric Pile dwellings around the Alps)	2011	34 Pd 73
SLO Škocjan Caves = Škocjanske jame	1986	33 Pa 75

Kazalo imena · Imensko kazalo · Namensverzeichnis · Index of names
Elenco dei nomi · Índice de nombres · Index des noms · Namenregister
Skorowidz nazw · Rejstřík jmen · Névjegyzék · Navnefortegnelse

①	②	③	④	⑤
2000*	Maribor		30	Qd 69
21000	Split	SPL	60	Rc 87
77000	Bihač	UnS	43	Qf 80
☆	Plitvička Jezera		43	Qd 97
▲	Krk		41	Pd 78
~	Drava		29	Qa 69

	①	*
HR BIH	Poštanski broj	Najniži poštanski broj u mjestima sa više poštanskih brojeva
SLO	Poštna številka	Najmanjša poštna številka v mestih z več poštnimi številkami
D	Postleitzahl	Niedrigste Postleitzahl bei Orten mit mehreren Postleitzahlen
UK	Postal code	Lowest postcode number for places having several postcodes
I	Codice postale	Codice di avviamento postale riferito a città comprendenti più codici di avviamento postale
E	Código postal	Código postal más bajo en lugares con varios códigos postales
F	Code postal	Code postal le plus bas pour les localités à plusieurs codes posteaux
NL	Postcode	Laagste postcode bij gemeenten met meerdere postcodes
PL	Kod pocztowy	Najniższy kod pocztowy w przypadku miejscowości z wieloma kodami pocztowymi
CZ	Poštovní směrovací číslo	Nejnižší poštovní směrovací číslo v městech s vicenásobnými poštovními směrovacími čísly
H	Irányítószám	Több irányítószámmal rendelkező helységeknél a legalacsonyabb irányítószám
DK	Postnummer	Laveste postnummer ved byer med fl ere postnumre

	☆	▲	~
HR BIH	Zanimljivost	Krajolik	Vode
SLO	Zaminivost	Pokrajina	Vodóvje
D	Sehenswürdigkeit	Landschaft	Gewässer
UK	Place of interest	Landscape	Waters
I	Curiosità	Paesaggio	Acque
E	Curiosidade	Paisaje	Aquas
F	Curiosité	Paysage	Eaux
NL	Bezienswaardigheid	Landschap	Wateren
PL	Interesujące obiekt	Krajobraz	Wody
CZ	Pozoruhodnost	Krajina	Vodstvo
H	Látványosság	Táj	Vizek
DK	Sevæ rdighed	Landskab	Vande

	2	3	4	5
HR BIH	Ime	županija/Kanton	Broj stranica	Koordinatna podjela
SLO	Imé	Okràj	Števílka strani	Položajna koordinata
D	Name	Gespanschaft/Bezirk	Seitenzahl	Suchfeldangabe
UK	Name	District	Page number	Grid reference
I	Nome	Distretto	Numero di pagina	Riquadro nel quale si trova il nome
E	Nombre	Distrito	Número de página	Coordenadas de localización
F	Nom	District	Numéro de page	Coordonnées
NL	Naam	District	Paginanummer	Zoekveld-gegevens
PL	Nazwa	Okręg	Numer strony	Współrzędne skorowidzowe
CZ	Název	Okres	Číslo strany	Údaje hledacího čtverce
H	Név	Kerület	Oldalszám	Keresőadat
DK	Navn	Distrikt	Sidetal	Kvadratangivelse

A-B-C...
HR 99–111 | BIH 118–127
A – B – C – Č – Ć – D – Dž – Đ – E – F – G – H – I – J – K – L – Lj – M – N – Nj – O – P – Q – R – S – Š – T – U – V – W – X – Y – Z – Ž

A-B-C...
SLO 112–117
A – B – C – Č – Ć – D – Đ – E – F – G – H – I – J – K – L – M – N – O – P – Q – R – S – Š – T – U – V – W – X – Y – Z – Ž

Županija · Okràj · Bezirk · District
Distretto · Distrito · District · District · Okres
Okręg · Okres · Kerület · Distrikt

B-B	Bjelovarsko-bilogorska	KR-Z	Krapinsko-zagorska	S-K	Šibensko-kninska
B-P	Brodsko-posavska	L-S	Ličo-Senjska	SPL	Splitsko-dalmatinska
D-N	Dubrovačko-neretvanska	MED	Međimurska	VAR	Varaždinska
G-ZG	Grad Zagreb	OS-B	Osječko-baranjska	VI-P	Virovitičko-podravska
IST	Istrska	PO-S	Požeško-slavonska	VU-S	Vukovarsko-srijemska
KAR	Karlovačka	PR-G	Primorsko-Goranksa	ZAD	Zadarska
KO-K	Koprivničko-križevačka	SI-M	Sisačko-moslavačka	ZGB	Zagrebačka

A

10363 Adamovec G-ZG 36 Ra73
35422 Adžamovci B-P 46 Sc77
☆ Aenona ZAD 51 Qb83
☆ Aequum SPL 60 Rd86
23445 Ajderovac ZAD 52 Ra82
☆ Akyadukt L-S 50 Pf81
53271 Alan L-S 42 Pf78
23452 Alavanje ZAD 59 Qd84
▲ Aleja glagoljasa IST 40 Pa76
53212 Aleksinica L-S 51 Qb81
34000 Alilovci PO-S 46 Se76
31226 Aljmaš OS-B 49 Tf75
43240 Andigola B-B 36 Rd74
32271 Andrijaševci VU-S 47 Te77
10370 Andrilovec ZGB 36 Rb74
21272 Anići SPL 69 Sb89
23245 Ante ZAD 51 Qb82
52466 Antenal IST 40 Od77
32213 Antin VU-S 47 Te76
52429 Antonci IST 40 Oe76
52440 Antonci IST 40 Od77
34543 Antunovac PO-S 37 Rf76
31216 Antunovac OS-B 39 Te76
42231 Apatija VAR 31 Re71
▲ Apatišanska duliba L-S 51 Qa80
48260 Apatovac KO-K 36 Rd72
32245 Apševci VU-S 48 Ua78
21224 Arbanija SPL 60 Rb87
☆ Arboretum Opeka VAR 30 Ra71
☆ Arena (Pula) IST 40 Of79
☆ Arheološki muzej SPL 60 Rc87
▲ Arkandel SPL 59 Ra88
51564 Artatore PR-G 50 Pc81
▲ Arta Vela S-K 58 Qd85
21246 Aržano SPL 61 Rf87
☆ Asseria ZAD 59 Qd84

B

22203 Babiceva Doca S-K 59 Qf87
53284 Babić Dolac L-S 42 Pf79
22304 Babići S-K 59 Ra84
20271 Babina D-N 67 Rf91
43232 Babinac B-B 37 Re74
43273 Babinac B-B 37 Sa74
43532 Babina Gora B-B 38 Sc74
32276 Babina Greda VU-S 47 Td78
23000 Babindub ZAD 58 Qb84
20225 Babino Polje D-N 69 Sd92
Babjak OS-B 47 Tb75
43203 Babotok B-B 37 Rf72
33411 Bačevac VI-P 38 Sc73
43271 Bačkovica B-B 37 Sa73
~ Bačkovica B-B 37 Sa74
52463 Bačva IST 40 Oe77
44450 Baćin SI-M 44 Re77
20340 Baćina D-N 69 Sc90
Baćin Dol B-P 45 Sc77
~ Baćinska jezero D-N 69 Sc90
52445 Baderna IST 40 Oe77
34552 Badljevina PO-S 45 Sb75
20353 Badžula D-N 69 Sd91
20341 Bagalovići D-N 69 Sd90
21254 Bahajići SPL 60 Rf88
21241 Bajagić SPL 60 Re86
51511 Bajčići PR-G 41 Pc78
52447 Bajkini IST 40 Oe76
51222 Bakar PR-G 41 Pd77
47264 Bakić KAR 42 Qc77
33520 Bakić VI-P 38 Se74
53213 Bakovac L-S 51 Qa80
53203 Bakovac Kosinjski L-S 51 Qb80
48000 Bakovčica KO-K 37 Rf72
52231 Balarini Grašići IST 40 Pa78
52447 Baldaši IST 40 Oe77
52211 Bale IST 40 Oe78
53244 Balenova Plana L-S 52 Qe83
52341 Balići IST 40 Of78
21250 Balići SPL 61 Rf88
44400 Balinac SI-M 43 Ra77
33514 Balinci VI-P 38 Se75
22322 Baljci S-K 60 Rb86
47243 Bandino Selo KAR 43 Qd77
21245 Bandovi SPL 60 Rf87
52000 Bani IST 40 Of77
Baničevac B-P 46 Sc76
23420 Banići ZAD 59 Qe84
20232 Banići D-N 69 Sf92
Bankovci VI-P 38 Sf75
53287 Banovača L-S 51 Pf81
44321 Banova-Jaruga SI-M 45 Rf76
Banovici B-P 46 Se78
51323 Banovina PR-G 41 Pe77
47212 Banska Selnica KAR 43 Qe75
47206 Banski Kovačevac KAR 35 Qe76
47212 Banski Moravci KAR 43 Qe76
49245 Banšćica KR-Z 36 Ra72
23263 Banj ZAD 58 Qb85
20343 Banja D-N 69 Sd90
20232 Banja D-N 69 Sf92
21276 Banja SPL 69 Sc89
10382 Banje Selo ZGB 36 Rb73
23422 Banjevci ZAD 59 Qd85
51280 Banjol PR-G 50 Pe80
52100 Banjole IST 40 Of80
Bapska VU-S 48 Ub77
20345 Baranova D-N 69 Sc90
31322 Baranjsko OS-B 39 Tc74
52352 Barat IST 40 Oe78
52207 Barban IST 40 Pa78
52215 Barbariga IST 40 Oe79
▲ Barbat ZAD 51 Pf81
51280 Barbat na Rabu PR-G 50 Pe80
~ Barbatski kanal PR-G 50 Pe80
51244 Barci PR-G 41 Pe77
43541 Barica PO-S 45 Sb75
53289 Barić Draga L-S 51 Qb82
47252 Barilović KAR 43 Qd76
53000 Barlete L-S 51 Qc81
Barotul ZAD 58 Qc85
52220 Bartići IST 40 Pa78
52424 Bartol IST 40 Of76
Bartolovci B-P 46 Sf77
42202 Bartolovec VAR 31 Rc71
47263 Bartolovići KAR 42 Qb77
21462 Basina SPL 68 Rd89
21320 Bast SPL 68 Rf88
43531 Bastajski Brđani B-B 38 Sc74
~ Bašćanska draga PR-G 41 Pe79
~ Bašinca ZAD 52 Qe82
51523 Baška PR-G 41 Pe79
Baška Voda SPL 68 Rf88
53206 Baške Oštarije L-S 51 Qb81
21320 Baško Polje SPL 68 Rf88
52403 Bäštini IST 40 Pa78
52207 Bateli IST 40 Of78
51251 Bater PR-G 41 Pf78
44320 Batina SI-M 44 Re76
31306 Batina OS-B 49 Tf73
44415 Batinova Kosa SI-M 43 Qf76
43500 Batinjani B-B 37 Sb75
34550 Batinjani PO-S 45 Sa76
52403 Batlug IST 40 Of78
47222 Batnoga KAR 43 Qe77
51523 Batomalj PR-G 41 Pe79
35410 Batrina B-P 46 Sd77
52403 Bazgalji IST 40 Of77
22321 Bdanj S-K 59 Rb85
47251 Beč KAR 42 Qc76
35250 Bečic B-P 46 Se77
49221 Bedekovčina KR-Z 36 Qf72
10381 Bedenica ZGB 36 Rb72
43271 Bedenička B-B 37 Sa73
43273 Bedenik B-B 37 Sa74
42253 Bednja VAR 30 Qf71
23445 Begluci ZAD 52 Ra82
47305 Begovac KAR 42 Qc78
43233 Begovača B-B 37 Rf75
Begovići SI-M 44 Rb77
51315 Begovo Razdolje PR-G 42 Pf77
Beketinci OS-B 47 Tc76
48267 Beketinec KO-K 36 Rc72
34350 Bektež PO-S 46 Sf76
52233 Belaj IST 40 Pa77
47250 Belajske Poljice KAR 43 Qd76
Bela Loza OS-B 47 Tb76
48312 Belanovo Selo KO-K 37 Rd71
52208 Belaviči IST 40 Pa79
47250 Belavići KAR 42 Qc76
51317 Bela Vodica PR-G 41 Pe76
49254 Belec KR-Z 36 Ra72
51555 Belej PR-G 50 Pc80
42214 Beletinec VAR 30 Rb71
51559 Beli PR-G 41 Pc78
40319 Belica MED 31 Rd70
31300 Beli Manastir OS-B 49 Td74
31551 Belišće OS-B 39 Tc74
51322 Belo Selo PR-G 41 Pe76
10381 Beloslavec ZGB 36 Rb72
10363 Belovar G-ZG 36 Rb73
47306 Beljevina KAR 43 Qd78
Beljevina OS-B 39 Ta75
52211 Bembo IST 40 Oe78
52231 Benažići IST 40 Pa78
52341 Benčići IST 40 Of78
52420 Benezi IST 40 Of76
31542 Beničanci OS-B 39 Tb75
23420 Benkovac ZAD 58 Qd84
51322 Benkovac Fužinski PR-G 41 Pe77
35430 Benkovac Okucanski B-P 45 Sb77
23420 Benkovačko Selo ZAD 59 Qd84
Berak VU-S 48 Ua77
52000 Beram IST 40 Of77
Beravci B-P 47 Tc78
23450 Berberi ZAD 52 Qe83
43232 Berek B-B 37 Re74
42201 Beretinec VAR 30 Rb71
52000 Bertoši IST 40 Of77
10437 Bestovje ZGB 35 Qe74
44210 Bestrma SI-M 44 Rc76
10312 Bešlinec ZGB 36 Rc74
10450 Beter ZGB 35 Qe74
22244 Betina S-K 58 Qd86
53288 Bezovec L-S 51 Qa81
20250 Bibica D-N 69 Sb91
52342 Bibići IST 40 Of78
23205 Bibinje ZAD 58 Qb84
Bicko Selo B-P 47 Tb77
22222 Bićine S-K 59 Qf85
51555 Bijar PR-G 50 Pc80
43500 Bijela B-B 38 Sb75
~ Bijela PO-S 37 Sa75
Bijela Stijena B-P 45 Sb76
20353 Bijeli Vir D-N 69 Sd90
31204 Bijelo Brdo OS-B 49 Tf75
53000 Bilaj L-S 51 Qc81
21330 Bilas SPL 69 Sc90
23422 Bila Vlaka ZAD 59 Qe85
51252 Bile PR-G 42 Pf78
21241 Bili Brig SPL 60 Re86
35410 Bili Brig B-P 46 Sd77
22000 Bilice S-K 59 Qf86
23450 Bilišane ZAD 52 Qe83
▲ Bilogora KO-K 37 Re72
53284 Bilopolje L-S 42 Pf79
Biluća L-S 42 Pf79
31327 Bilje OS-B 49 Te75
51317 Biljevina PR-G 41 Pe76
22321 Biočić S-K 59 Rb85
23210 Biograd na Moru ZAD 58 Qc85
▲ Biokovo SPL 68 Rf88
21270 Biokovsko Selo SPL 67 Sa88
21244 Biorine SPL 60 Re87
22305 Biovičino Selo S-K 59 Qf84
53250 Birovača L-S 52 Qf81
42226 Bisag VAR 36 Rb72
▲ Bisaga S-K 58 Qb86
21232 Bisko SPL 60 Re87
22300 Biskupija S-K 59 Rb84
10298 Bistra ZGB 35 Qf73
33520 Bistrica VI-P 38 Sd74
▲ Biševo SPL 66 Qf91
34330 Biškupci PO-S 46 Sd76
▲ Bitoraj L-S 42 Qa78
☆ Bitoraj PR-G 42 Pe77
☆ Bizantski Kastrun IST 40 Oe79
Bizjkovica S-K 58 Qb85
31222 Bizovac OS-B 39 Tc75
34553 Bjelajci PO-S 45 Sc76
Bjelanovac PO-S 45 Sb76
23420 Bjelina ZAD 59 Qf84
53230 Bjelopolje L-S 52 Qe80
~ Bjelovacka B-B 37 Re73
43000 Bjelovar B-B 37 Rf73
21210 Blaca SPL 60 Rc87
20357 Blace D-N 69 Sc90
47243 Blagaj KAR 43 Qd77
43507 Blagorodovac B-B 37 Sa75
21254 Blato na Celini SPL 60 Rf88
10363 Blaškovec G-ZG 36 Rb73
47305 Blata KAR 42 Qc78
43246 Blatnica B-B 37 Re74
10020 Blato G-ZG 35 Qf74
20225 Blato D-N 69 Sc92
20271 Blato D-N 67 Re91
44410 Blatuša SI-M 43 Qf77
51328 Blaževci PR-G 42 Qa76
10380 Blaževdol ZGB 36 Rb73
Blažević Dol B-P 46 Sd77
Blinja SI-M 44 Rc76
44010 Blinjski Kut SI-M 44 Rc76
▲ Bobara D-N 72 Ta93
22303 Bobodol S-K 59 Ra85
Bobota VU-S 47 Tf76
44210 Bobovac SI-M 44 Re76
10293 Bobovec Rozganski ZGB 35 Qe73
21404 Bobovišća SPL 67 Rc88
21225 Bobovišće SPL 59 Ra88
31550 Bocanjevci OS-B 39 Tc75
49282 Bočadir KR-Z 36 Ra72
☆ Bočaj L-S 51 Qb80
35430 Bodegraj B-P 45 Sb77
Bodovaljci B-P 46 Sc77
▲ Bodulaš IST 40 Of80
22324 Bogatič S-K 59 Qf85
23451 Bogatnik ZAD 52 Qe84
~ Bogdanica L-S 51 Qb81
Bogdanovci VU-S 48 Tf76
21201 Bogdanovići SPL 59 Rb87
22211 Bogdanovići S-K 59 Qe86
21468 Bogomolje SPL 68 Rf90
47222 Bogovolja KAR 43 Qe78
43245 Bojana B-B 37 Re74
43245 Bojana-Brdo B-B 37 Re74
44402 Bojna SI-M 43 Ra77
33522 Bokane VI-P 38 Sd75
23000 Bokanjac ZAD 51 Qb84
52342 Bokordići IST 40 Of78
33507 Bokšić Lug OS-B 39 Ta75
32242 Bokšić VU-S 48 Ua77
Bokšić OS-B 39 Ta75
21420 Bol SPL 68 Rd89
10344 Bolč ZGB 37 Re73
42230 Bolfan VAR 31 Re71
31323 Bolman OS-B 39 Td74
52434 Boljun IST 40 Pa77
52445 Bonaci IST 40 Oe77
51551 Bonić PR-G 50 Pd82
22206 Boraja S-K 59 Ra87
▲ Boraja Vilaja SPL 59 Ra87
53250 Boričevac L-S 52 Ra81
Boričevci PO-S 45 Sd76
47313 Borić KAR 42 Qa78
52210 Borik IST 40 Od78
52207 Borinići IST 40 Of78
43505 Boris B-B 37 Sa75
20250 Borje D-N 69 Sb91
Borojevići SI-M 44 Rc77
33410 Borova VI-P 38 Sc74
Borovac SI-M 45 Sa77
43531 Borova Kosa B-B 37 Sb75
20278 Borovci D-N 69 Sd90
22232 Borovica S-K 59 Qf86
44400 Borovita SI-M 43 Ra77
▲ Borovnik S-K 58 Qb86
32227 Borovo VU-S 48 Tf76
52402 Borut IST 40 Pa77
47251 Bosanci KAR 42 Qb76
47251 Bosiljevo KAR 42 Qb76
43240 Bosiljevo B-B 36 Rd74
~ Bosut OS-B 48 Tf77
23250 Bošana ZAD 51 Qa82
32270 Bošnjaci VU-S 47 Te78
43203 Botinac B-B 37 Rf73
10020 Botinec G-ZG 36 Qf74
48311 Botinovec KO-K 37 Re71
48322 Botovo KO-K 31 Rf71
44414 Bović SI-M 43 Qf76
53260 Božanići L-S 42 Qa78
23286 Božava ZAD 50 Pf84
10370 Božjakovina ZGB 36 Rb74
▲ Brač SPL 68 Rd88
Bračevci OS-B 47 Tb76
21203 Bračević SPL 60 Rc86
~ Brački kanal SPL 67 Rd88
52000 Brajkovići IST 40 Of77
52352 Brajkovići IST 40 Oe78
~ Brana OS-B 47 Td76
34550 Branešci PO-S 37 Sc76
31303 Branjina OS-B 39 Te74
31301 Branjin Vrh OS-B 39 Td74
10430 Braslovje ZGB 35 Qd74
10451 Bratina ZGB 35 Qe75

▲ Bratin Otok D-N 68 Re92
22222 Bratiškovci S-K 59 Qf85
21236 Bravčev Dolac SPL 60 Rd85
23285 Brbinj ZAD 58 Qa84
10370 Brckovljani ZGB 36 Rb74
10340 Brčevec ZGB 36 Rc73
Brčino B-P 46 Sf77
53262 Brda L-S 42 Qb78
52462 Brda Collalto IST 40 Oe76
23235 Brdarići ZAD 51 Qb83
51214 Brdce PR-G 33 Pb76
48267 Brdo KO-K 36 Rc72
48214 Brdo Cirkvensko KO-K 37 Rd73
44410 Brdo Utinjsko SI-M 43 Qe76
10291 Brdovec ZGB 35 Qe73
44440 Brđani SI-M 44 Rb77
44210 Brđani Cesta SI-M 44 Rc76
10453 Brebrovac ZGB 35 Qd74
~ Brebrovac ZGB 35 Qd74
52444 Brečevići IST 40 Oe77
52220 Breg IST 40 Pa78
10432 Bregana ZGB 35 Qe73
~ Bregana ZGB 35 Qd74
10451 Bregana Pisarovinska ZGB 35 Qf75
51211 Bregi PR-G 41 Pb76
49218 Bregi Kostelski KR-Z 35 Qe71
34543 Brekinska PO-S 37 Sa76
Brela SPL 67 Rf88
Brestača SI-M 45 Rf76
~ Brestača SI-M 45 Rf77
44400 Brestik SI-M 43 Rb77
Brestovac PO-S 46 Sd77
43505 Brestovac Daruvarski B-B 37 Sa75
43505 Brestovačka Brda B-B 37 Sa75
51315 Brestova Draga PR-G 42 Pe77
52426 Brest pod Učkom IST 41 Pa76
44250 Brest Pokupski SI-M 44 Rb76
51213 Brešca PR-G 41 Pb76
Brešće OS-B 49 Td75
33507 Breštanovci VI-P 39 Sf74
51213 Breza PR-G 41 Pc76
43252 Breza B-B 37 Re73
47276 Brezari KAR 35 Qc75
51251 Breze PR-G 42 Pf77
33406 Brezik KO-K 37 Sa72
33518 Brezik VI-P 38 Se74
10344 Brezine ZGB 37 Re73
34543 Brezine Kukunjevačke PO-S 45 Sa76
10431 Brezje ZGB 35 Qe74
40311 Brezje MED 31 Rc70
42225 Breznica VAR 36 Rb72
31416 Breznica Đakovačka OS-B 47 Ta77
Breznica Našička OS-B 39 Tb75
42225 Breznički Hum VAR 36 Rb72
47282 Breznik KAR 35 Qc75
47313 Brezno Drežničko KAR 42 Qa77
53252 Brezovac L-S 52 Ra82
43000 Brezovac B-B 37 Rf73
Brezovac Subocki SI-M 45 Sa76
47241 Brezova Glava KAR 43 Qd76
10345 Brezovec ZGB 36 Rc73
48350 Brezovica KO-K 37 Sa72
33411 Brezovica VI-P 38 Sd73
31555 Brezovica OS-B 39 Tb75
48214 Brezovljani KO-K 36 Rd73
Brezovljani VI-P 38 Sf75
Brezovo Polje SI-M 44 Ra77
44272 Brežane-Lekeničke SI-M 36 Ra75
47212 Brežani KAR 43 Qe76
52422 Brgudac IST 40 Pa76
23292 Brgulje ZAD 50 Pf83
51253 Bribir PR-G 41 Pe78
22214 Bribir S-K 59 Qf85
22223 Bribirske Mostine S-K 59 Qf85
52462 Brič IST 40 Oe76
52447 Brig IST 40 Oe77
47276 Brihovo KAR 35 Qb75
31000 Brijest OS-B 39 Te75
20248 Brijesta D-N 69 Sd91
52100 Brijuni IST 40 Oe79
▲ Brijuni PR-G 40 Oe79
☆ Brijuni, Nacionalni park IST 40 Od79
21275 Brikva SPL 68 Sb89
44320 Brinjani SI-M 37 Re75
53260 Brinje L-S 42 Qa78
21335 Brist SPL 69 Sb90
20271 Bristva D-N 68 Re91
21228 Bristvica SPL 59 Ra87
23000 Briševo ZAD 51 Qb84
22324 Brištane S-K 59 Qf85
51323 Brizić PR-G 41 Pe77
52424 Brkač IST 40 Oe77
23450 Brkići ZAD 52 Qe84
44273 Brkiševina ZGB 44 Ra76
49282 Brlekovo KR-Z 36 Ra72
10454 Brlenić ZGB 35 Qd75
~ Brljansko jezero S-K 59 Ra84
20272 Brna D-N 68 Rf91
21230 Brnaze SPL 60 Rd86
51215 Brnčići PR-G 41 Pc76
53244 Brničevo L-S 52 Qe83
20271 Brnistrova D-N 68 Re91
22206 Brnjača S-K 59 Ra87
44400 Brnjeuška SI-M 43 Rb76
22221 Brnjica S-K 59 Ra86
20230 Broce D-N 69 Se92
47245 Bročanac KAR 43 Qd78
Bročice SI-M 45 Rf77
22010 Brodarica S-K 59 Qf86
48356 Brodić KO-K 37 Sb72
51312 Brod Moravice PR-G 42 Pf76
51301 Brod na Kupi PR-G 41 Pf76
34310 Brodski Drenova PO-S 46 Se77
35252 Brodski Stupnik B-P 46 Se77
35000 Brodski Zdenci B-P 46 Sf77
Brođanci OS-B 39 Tc75
47000 Brođani KAR 43 Qd76
23445 Brotnja ZAD 52 Ra82
20233 Brsčine D-N 72 Sf92
51418 Brseč PR-G 41 Pb77
Bršadin VU-S 48 Tf76
▲ Brščak ZAD 50 Pe83
~ Bršljanica B-B 37 Rf75
☆ Brštanik D-N 69 Sd90
21202 Brštanovo SPL 60 Rc87
52474 Brtonigla IST 40 Od76
Brubno SI-M 44 Ra77
~ Brucina SI-M 43 Rb77
51511 Brusići PR-G 41 Pc78
21454 Brusje SPL 67 Rc89
34550 Brusnik PO-S 45 Sb76
53206 Brušane L-S 51 Qb81
23421 Bruška ZAD 59 Qe84
▲ Brušnjak ZAD 58 Qb85
23441 Bruvno ZAD 52 Qf82
52352 Bubani IST 40 Oe78
47282 Bubnjarci KAR 35 Qc75
34553 Bučje PO-S 45 Sc76
Bučje Gorjansko OS-B 47 Tb76
47242 Budačka Rijeka KAR 43 Qd77
53201 Budak L-S 51 Qc81
23422 Budak ZAD 59 Qe85
33411 Budakovac VI-P 38 Sd73
48362 Budančevica KO-K 37 Sa73
44202 Budaševo SI-M 44 Rc76
31432 Budimci OS-B 47 Tb76
21243 Budimir SPL 60 Re87
49284 Budinšćina KR-Z 36 Rb72
10456 Budinjak ZGB 35 Qc74
48350 Budrovac KO-K 37 Sa73
33406 Budrovac Lukački VI-P 38 Sc73
31400 Budrovci OS-B 47 Tc77
47201 Budrovci Draganički KAR 35 Qd75
44330 Bujavica PO-S 45 Sa76
52460 Buje IST 40 Od76
22306 Bukarica S-K 52 Qf84
10411 Bukevje ZGB 36 Rb74
33410 Bukova VI-P 38 Sc74
10040 Bukovac G-ZG 36 Ra73
~ Bukovac ZGB 35 Qe75
33518 Bukovački Antunovac VI-P 38 Se75
51244 Bukova draga PR-G 41 Pe77
40314 Bukovec MED 31 Rc70
44415 Bukovica SI-M 43 Qf76
35422 Bukovica B-P 45 Sc77
47211 Bukovica Utinjska KAR 43 Qe76
53260 Buković Selo L-S 42 Qa78
48260 Bukovje Križevačko KO-K 36 Rd73
10430 Bukovje-Podvrško ZGB 35 Qe74
35209 Bukovlje L-S 42 Qa78
44203 Bukovsko Lukavečko SI-M 44 Rd76
51311 Bukov Vrh PR-G 42 Pf76
Bukvik VI-P 38 Sf75
23420 Bulić ZAD 59 Qe85
51251 Bulići PR-G 42 Pf77
43273 Bulinac B-B 37 Rf74
~ Buna SI-M 36 Ra75
23450 Bundale ZAD 52 Qf84
53271 Bunica L-S 42 Pf78
53235 Bunić L-S 52 Qd80
10314 Bunjani ZGB 36 Rd74
☆ Burnum S-K 59 Qf84
52474 Buroli IST 40 Od76
33404 Bušetina VI-P 38 Sc73
10417 Buševec ZGB 36 Ra75
53250 Bušević L-S 52 Ra81
21223 Bušinci SPL 60 Rb88
☆ Buta ZAD 58 Qc85
42225 Butkovec VAR 36 Rb72
~ Butoniga IST 40 Of76
10345 Buzadovac ZGB 36 Rd73
51219 Buzdohanj PR-G 41 Pc76
52420 Buzet IST 40 Of76
44400 Buzeta SI-M 43 Ra77
~ Buzeta SI-M 44 Ra77
22322 Buzovi S-K 60 Rc86
53211 Bužim L-S 51 Qb81
52466 Bužinija IST 40 Od77

C

33523 Cađavički Lug OS-B 38 Sf74
35430 Cage B-P 45 Sb77
10313 Caginec ZGB 36 Rc74
47264 Capani KAR 42 Qc77
48263 Carevdar KO-K 37 Rd72
47303 Carevo Polje KAR 42 Qb77
53296 Caska L-S 51 Pf81
20210 Cavtat D-N 72 Tb93
▲ Ceja IST 40 Of80
10299 Celine ZGB 35 Qe73
21273 Celj SPL 68 Sb89
☆ Centralna Partizanska Bolnica KAR 43 Qe77
48213 Cepidlak KO-K 37 Re73
22323 Cera S-K 59 Rb86
Ceremosnjak OS-B 46 Ta76
Cerić VU-S 47 Tf77
43240 Cerina B-B 36 Rd74
52447 Cerjani IST 40 Oe77
10340 Cerje ZGB 36 Rc73
44272 Cerje Letovaničko SI-M 36 Ra75
10430 Cerje Samoborsko ZGB 35 Qe74
32272 Cerna VU-S 47 Te77
51319 Cernik PR-G 41 Pc76
35400 Cernik B-P 45 Sc77
23440 Cerovac ZAD 52 Ra83
Cerovac PO-S 46 Se76
47252 Cerovac Barilovički KAR 42 Qc76
23440 Cerovac Bruvanjski ZAD 52 Qf82
47241 Cerovac Tušilovički KAR 43 Qd76
☆ Cerovačke pećine ZAD 52 Qf83
10456 Cerovica ZGB 35 Qc74
22301 Cerovići S-K 53 Rb84
52402 Cerovlje IST 40 Pa77
47303 Cerovnik KAR 42 Qb78
10418 Cerovski Vrh ZGB 36 Qf75
53288 Cesarica L-S 51 Qa81
53288 Cesarička L-S 51 Qa81
42208 Cestica VAR 30 Ra70
22310 Cetina S-K 60 Rc85
~ Cetina SPL 60 Rd86
47222 Cetingrad KAR 43 Qe78
47222 Cetinski Varoš KAR 43 Qe78
43000 Ciglena B-B 37 Rf73
49223 Ciglenica Zagorska KR-Z 35 Qf72
Ciglenik PO-S 46 Sf76
~ Ciglenska B-B 37 Rf74
49218 Cigrovec KR-Z 35 Qe72
34553 Cikote PO-S 45 Sc76
23264 Cimera ZAD 58 Qc85
34550 Ciovare PO-S 45 Sb76
40323 Cirkovljan MED 31 Rd70
48213 Cirkvena KO-K 37 Rd73
21256 Cista Provo SPL 60 Rf87
21244 Cista Velika SPL 60 Rf87
22310 Civljane SPL 60 Rc85
☆ Corinum ZAD 59 Qd84
43270 Cremušina B-B 37 Sb74
51557 Cres PR-G 41 Pc79
▲ Cres PR-G 41 Pc80
~ Creski zaljev Valun PR-G 41 Pc79
Cret Bizovački OS-B 39 Tc75
31531 Cret Viljevski OS-B 39 Ta74
51260 Crikvenica PR-G 41 Pe77
21229 Crivac SPL 60 Rc86
44317 Crkveno Selo SI-M 36 Rd75
20243 Crkvice D-N 69 Sc91
▲ Crkvina D-N 70 Se92
23422 Crljenik ZAD 59 Qe85
53289 Crmušina L-S 51 Qb82
33507 Crnac VI-P 38 Sf74
47206 Crna Draga KAR 35 Qf76
▲ Crna Punta IST 41 Pa79
53206 Crni Dabar L-S 51 Qa81
53273 Crni kal L-S 42 Qa79
51251 Crni Kal PR-G 41 Pf77
51317 Crni Lug PR-G 41 Pe76
53287 Crni Padež L-S 51 Qa80
23000 Crno ZAD 51 Qb84
Crnogovci B-P 46 Sc77
Crveni Bok SI-M 44 Re76
▲ Crveni otok IST 40 Od78
52475 Crveni Vrh IST 32 Od76
~ Crveno i Modro jezero SPL 61 Sb88
48260 Cubinec KO-K 36 Rd72
10345 Cugovec ZGB 36 Rd73
48312 Cvetkovec KO-K 37 Re71
42255 Cvetlin VAR 30 Qf71
Cvetović SI-M 44 Rb78
47243 Cvijanović Brdo KAR 43 Qd77
22301 Cvijanovići S-K 52 Rb83
47240 Cvitović KAR 43 Qd78

Č

51306 Čabar PR-G 34 Pd75
10450 Čabdin ZGB 35 Qd75
52428 Čabrnica IST 40 Of76
52342 Čabrunići IST 40 Of78
53211 Čačić Draga L-S 51 Qb81
33514 Čačinci VI-P 38 Sf75
43271 Čadavac B-B 37 Sa74
33523 Čađavica VI-P 38 Sf74
~ Čađavica VI-P 38 Sd74
34350 Čaglin PO-S 46 Sf76
35214 Čajkovci B-P 47 Tc77
52470 Čakinji IST 40 Od76
Čakovci VU-S 48 Ua77
Čakovci VU-S 48 Ua77
40000 Čakovec MED 31 Rc70
52333 Čambarelići IST 40 Pa77
53235 Čanak L-S 51 Qc80
21240 Čaporice SPL 60 Re87
Čaprginci B-P 45 Sb77
20273 Čara D-N 68 Rf91
21218 Čarje SPL 59 Rb87
47242 Čatrnja KAR 43 Qd77
51210 Čavle PR-G 41 Pc76
▲ Čavlin S-K 58 Qd86
~ Čavlovica PO-S 37 Rf75
43240 Čazma B-B 36 Rd74
Čečavac PO-S 45 Sc76
10450 Čeglje ZGB 35 Qd75
40323 Čehovec MED 31 Rd70
21317 Čelina SPL 67 Re88
20221 Čelo D-N 72 Ta92
33000 Čemernica VI-P 38 Sc74
10312 Čemernica Lonjska ZGB 36 Rc74
31325 Čeminac OS-B 39 Te74
22306 Čengići S-K 52 Qf84
Čenkovo OS-B 46 Ta77
48350 Čepelovac KO-K 37 Sa72
52232 Čepić IST 40 Oe76
20231 Čepikuće D-N 69 Sf91
31431 Čepin OS-B 39 Td75
21244 Čerenpolje SPL 60 Re87
52440 Červar-Porat IST 40 Od77
~ Česma B-B 37 Rf74
~ Česma B-B 36 Rd74
40313 Čestijanec MED 31 Rc69
20230 Česvinica D-N 69 Sd91
▲ Česvinica D-N 67 Rf92
44210 Četrvtkovac SI-M 44 Rd76
20207 Čibača D-N 72 Tb93
42232 Čičkovina VAR 31 Rd71
44203 Čigoč SI-M 44 Rd76
20213 Čilipi D-N 72 Tb93
▲ Čiovo SPL 60 Rb88
52425 Čiritež IST 40 Of76
21254 Čisla SPL 60 Re88
22214 Čista Mala S-K 59 Qe85
22214 Čista Velika S-K 59 Qe85
22303 Čitluk S-K 59 Ra85
51514 Čižići PR-G 41 Pd78
33525 Čomborje VI-P 38 Se74
53231 Čorkova Uvala KAR 43 Qd79
Čovac B-P 45 Sa77
53224 Čovići L-S 42 Qb80
40306 Črečan MED 31 Rc70
44410 Črenušnica SI-M 43 Qf76
42201 Črešnjevo VAR 30 Rb71
49217 Čret KR-Z 35 Qe72
51263 Črišnjeva PR-G 41 Pd77
☆ Črna mlaka ZGB 35 Qe75
42204 Črnec VAR 31 Rc71
~ Črnec ZGB 36 Rb74
31553 Črnkovci OS-B 39 Tb74
10410 Črnkovec ZGB 36 Ra74
10000 Črnomerec G-ZG 35 Qf74
21236 Čubrice SPL 60 Rd85
10362 Čučerje G-ZG 36 Ra73
22305 Čučevo S-K 59 Qf85
53230 Čujića Krčevina L-S 43 Qd80
53201 Čukovac L-S 51 Qc81
42230 Čukovec VAR 31 Rd71
40325 Čukovec MED 31 Re70
42223 Čurilovec VAR 36 Rc71
22323 Čvrljevo S-K 60 Rb86
22221 Čvrljevo S-K 59 Ra86

Ć

51242 Ćandrli PR-G 41 Pd77
33514 Ćeralije VI-P 38 Se75
51564 Ćunski PR-G 50 Pc81
43000 Ćurlovac B-B 37 Rf73
52402 Ćusi IST 40 Pa77

D

53222 Dabar L-S 42 Qb79
21233 Dabar SPL 60 Rd86
23445 Dabašnica ZAD 52 Ra82
53291 Dabove L-S 50 Pf81
Dabrina SI-M 44 Ra77
52466 Dajla IST 40 Od76
▲ Dajna S-K 58 Qc86
31226 Dalj OS-B 49 Tf76
52420 Dane IST 40 Pa76
10456 Dane ZGB 35 Qd74
22205 Danilo S-K 59 Ra86
22000 Danilo Biranj S-K 59 Ra86
22205 Danilo Kraljice S-K 59 Ra86
10360 Dankovec G-ZG 36 Ra73
43240 Dapci B-B 36 Rd74
43504 Dapčevački Brđani B-B 37 Sb74
31326 Darda OS-B 39 Te75
43500 Daruvar B-B 37 Sb75
43246 Daskatica B-B 37 Re74
43272 Dautan B-B 37 Rf74
Davor B-P 45 Sd78
22240 Dazlina S-K 59 Qe85
33523 D. Bazije VI-P 38 Sf74
10313 Deanovec ZGB 36 Rc74
53235 Debelo Brdo L-S 52 Qe81
23206 Debeljak ZAD 58 Qc84
▲ Debeljak L-S 51 Qa81
48267 Dedina KO-K 36 Rd72
40318 Dekanovec MED 31 Rd70
10432 Delivuki ZGB 35 Qd74
51300 Delnice PR-G 42 Pe76
48325 Delovi KO-K 37 Rf72
10257 Demerje G-ZG 35 Qf74
10313 Derežani ZGB 36 Rc74
23440 Deringaj ZAD 52 Qf82
49216 Desinić KR-Z 35 Qd72
47307 Desmerice KAR 42 Qb77
44201 Desna-Martinska Ves SI-M 36 Rc75
20344 Desne D-N 69 Sd90
44400 Desni Degoj SI-M 43 Qf76
44201 Desni Dubrovčak SI-M 36 Rc75

47206 Desni-Štefanki KAR 35 Qf76
10451 Desno-Sredičko KAR 35 Qf75
44201 Desno Trebarjevo SI-M 36 Rc75
44201 Desno Željezno SI-M 36 Rb75
21334 Despoti SPL 69 Sb90
33411 Detkovac VI-P 38 Sd73
53289 Devčić L-S 51 Qb82
53274 Devčići L-S 42 Qa80
43506 Dežanovac B-B 37 Sa75
21232 Dicmo SPL 60 Rd87
43504 Dijakovac B-B 38 Sc74
48260 Dijankovec KO-K 36 Rc72
43211 Dijebala B-B 37 Re73
33407 Dijelka VI-P 38 Sc73
23231 Diklo ZAD 51 Qb84
52222 Diminići IST 40 Pa79
▲ Dinara SPL 60 Rc84
20245 Dingač D-N 69 Sc91
48362 Dinjevac VI-P 37 Sb73
23249 Dinjiška ZAD 51 Qb82
43280 Dišnik B-B 37 Rf75
51311 Divjake PR-G 42 Pf76
21202 Divojevići SPL 60 Rb86
53000 Divoselo L-S 51 Qc82
Divoševci B-P 47 Tc78
52206 Divšići IST 40 Of79
21220 Divulje SPL 60 Rb87
Divuša SI-M 44 Rc78
21320 Dječje Selo SPL 68 Rf88
Djedina Rijeka PO-S 46 Sf77
53250 Dnopolje L-S 52 Qf81
~ Dobra PR-G 42 Qa76
43500 Dobra Kuća B-B 38 Sb75
20353 Dobranje D-N 69 Se91
21256 Dobranje SPL 60 Rf87
51415 Dobreć Antići PR-G 41 Pb77
47262 Dobrenići KAR 42 Qc77
33522 Dobrić VI-P 38 Sd75
51514 Dobrinj PR-G 41 Pd78
23264 Dobropoljana ZAD 58 Qc85
23421 Dobropoljci ZAD 59 Qe84
53252 Dobroselo L-S 52 Ra82
34551 Dobrovac PO-S 45 Sa76
33518 Dobrović VI-P 38 Sf75
Dodoši SI-M 44 Rb77
21222 Dograde SPL 59 Ra87
21410 Dol SPL 68 Rd88
21460 Dol SPL 68 Rd89
22305 Dolac S-K 52 Qf84
53224 Dolci L-S 42 Qb80
Dolci VI-P 38 Sf75
52426 Dolenja Vas IST 40 Pa76
20231 Doli D-N 69 Se92
49000 Dolići KR-Z 35 Qf71
▲ Dolin PR-G 50 Pe80
Dolina B-P 45 Sc78
Dolnjaki SI-M 44 Ra77
53221 Doljani L-S 42 Qc79
53252 Doljani L-S 52 Ra82
43500 Doljani B-B 37 Sb75
10450 Domagović ZGB 35 Qd75
43212 Domankuš B-B 37 Re73
40318 Domašinec MED 31 Rd70
53273 Domine L-S 42 Qa79
☆ Dominikanski samostan SPL 67 Re89
23222 Donil Zemunik ZAD 51 Qc84
Donja Bačuga SI-M 44 Rb76
49250 Donja Batina KR-Z 36 Ra72
Donja Berbina B-P 47 Tb78
10298 Donja Bistra ZGB 35 Qf73
47221 Donja Brusovača KAR 43 Qe77
44250 Donja Budičina SI-M 44 Rb76
44410 Donja Čemernica SI-M 43 Qf76
40328 Donja Dubrava MED 31 Re71
48260 Donja Glogovnica KO-K 36 Rd72
44318 Donja Gračenica SI-M 37 Rd76
10370 Donja Greda ZGB 36 Rb74
44317 Donja Jelenska SI-M 36 Rd75
53284 Donja Klada L-S 42 Pf80
43270 Donja Kovačica B-B 37 Rf74
10451 Donja Kupčina ZGB 35 Qe75
44210 Donja Letina SI-M 44 Rd76
Donja Mlinoga SI-M 44 Rb76
Donja Motičina OS-B 39 Ta76
10312 Donja Obreška ZGB 36 Rc74
34552 Donja Obrijež PO-S 45 Sa75
47253 Donja Perjasica KAR 43 Qc77
43232 Donja Petrička B-B 37 Re74
53244 Donja Ploča L-S 52 Qd82
43290 Donja Rašenica B-B 37 Sb74
48267 Donja Rijeka KO-K 36 Rc72
49254 Donja Selnica KR-Z 36 Ra72
49240 Donja Stubica KR-Z 36 Qf73
Donja Stupnica SI-M 44 Rb78
23445 Donja Suvaja ZAD 52 Ra82
49224 Donja Šemnica KR-Z 36 Qf72
34550 Donja Šumetlica PO-S 45 Sb76
43246 Donja Šušniara B-B 37 Re74
21245 Donja Tijarica SPL 60 Rf87
44430 Donja-Velešnja SI-M 44 Rc77
48306 Donja Velika KO-K 37 Re72
10346 Donja Velika ZGB 36 Rc73
42255 Donja Višnjica VAR 30 Ra71
42245 Donja Voća VAR 30 Ra71
Donja Vrba B-P 46 Ta78
43531 Donja Vrijeska B-B 38 Sb75
20240 Donja Vrućica D-N 68 Sb90
10450 Donja Zdenčina ZGB 35 Qe74
10382 Donja Zelina ZGB 36 Rb73
21228 Donj. Blizna SPL 59 Ra87
23420 Donje Biljane ZAD 51 Qc84
47261 Donje-Bukovlje KAR 42 Qc76
43532 Donje Cjepidlake B-B 38 Sc74
49233 Donje Jesenje KR-Z 30 Qf71
42243 Donje Ladanje VAR 30 Ra71
42220 Donje Makojišće VAR 36 Rb72
32245 Donje Novo Selo VU-S 48 Tf78
21206 Donje Ogorje SPL 60 Rc86
10380 Donje Orešje ZGB 36 Rb73
53213 Donje Pazarište L-S 51 Qb81
23223 Donje Planjane S-K 59 Ra86
22000 Donje Polje S-K 59 Qf86
21275 Donje Raščane SPL 68 Sb89
23207 Donje Raštane ZAD 58 Qc84
44400 Donje Selište SI-M 43 Ra77
44400 Donje Selkovac SI-M 43 Ra76
23275 Donje Selo ZAD 51 Qa84
21430 Donje Selo SPL 66 Rb88
47271 Donje Stative KAR 35 Qc75
44400 Donje Taborište SI-M 43 Qf76
21423 Donj. Humac SPL 67 Rd88
35214 Donji Andrijevci B-P 47 Tb77
53223 Donji Babin Potok L-S 43 Qd79
21233 Donji Bitelić SPL 60 Rd86
44430 Donji Bjelovac SI-M 44 Rc77
Donji Bogićevci B-P 45 Sb77
43500 Donji Borki B-B 38 Sb75
47241 Donji Budački KAR 43 Qd76
Donji Čaglić PO-S 45 Sa76
43500 Donji Daruvar B-B 37 Sb75
10450 Donji Desinec ZGB 35 Qe74
Donji Dobretin SI-M 44 Rb78
21205 Donji Dolac SPL 60 Re87
43240 Donji Dragičevci B-B 36 Rd74
10253 Donji Dragonožec G-ZG 36 Qf75
47240 Donji Furjan KAR 43 Qe78
Donji Hrastovac SI-M 44 Rd77
40320 Donji Hrašćan MED 31 Rd70
10413 Donji Hruševec ZGB 36 Ra75
44440 Donji Javoranj SI-M 44 Rc78
23452 Donji Karin ZAD 52 Qd84
42204 Donji Kneginec VAR 31 Rc71
40314 Donji Koncovčak MED 31 Rc69
53203 Donji Kosinj L-S 51 Qb80
40320 Donji Kraljevec MED 31 Rd70
42000 Donji Kućan VAR 31 Rc71
44430 Donji Kukuruzari SI-M 44 Rc77
10292 Donji Laduč ZGB 35 Qe73
47240 Donji Lađevac KAR 43 Qd78
53250 Donji Lapac L-S 52 Qf81
35410 Donji Lipovac B-P 46 Sd77
43240 Donji Lipovčani B-B 36 Rd74
49225 Donji Macelj KR-Z 30 Qf71
20232 Donji Majkovi D-N 70 Sf92
10344 Donji Markovac ZGB 37 Re73
42232 Donji Martijanec VAR 31 Rd71
53236 Donji Mekinjar L-S 52 Qe81
40326 Donji Mihaljevec MED 31 Re70
31540 Donji Miholjac OS-B 39 Ta74
43240 Donji Miklouš B-B 37 Re74
43203 Donji Mosti B-B 37 Rf72
21203 Donji Muć SPL 60 Rc86
47243 Donji Poloj KAR 43 Qd77
21264 Donji Proložac SPL 61 Sa88
52206 Donji Radeki IST 40 Of79
Donji Rajić SI-M 45 Sa77
Donji Rogolji B-P 45 Sb76
47213 Donji Sjeničak KAR 43 Qe76
47252 Donji Skrad KAR 43 Qd76
23445 Donji Srb ZAD 52 Ra82
10255 Donji Stupnik ZGB 35 Qf74
Donji Subocka PO-S 45 Sa76
▲ Donji Školji D-N 67 Rf92
10253 Donji Trpuci G-ZG 35 Qf74
53233 Donji Vaganac L-S 43 Qe79
Donji Varaš B-P 45 Sb78
47252 Donji Velemerić KAR 43 Qd76
40327 Donji Vidovec MED 31 Re70
44272 Donji Vukojevac SI-M 36 Ra75
10342 Donji Vukšinac ZGB 36 Rd73
51251 Donji Zagon PR-G 42 Pe78
23222 Donji Zentunik ZAD 58 Qc84
47261 Donji Zvečaj KAR 42 Qc76
51303 Donji Žagarji PR-G 34 Pe75
Donji Žirovac SI-M 44 Ra78
21430 Donj. Krušica SPL 66 Rb88
21223 Donj. Okrug SPL 59 Rb88
21203 Donj. Postinje SPL 60 Rc86
21251 Donj. Sitno SPL 60 Rd87
23247 Donj. Slivnica ZAD 51 Qc83
22323 Donj. Utore S-K 59 Rb86
22323 Donj. Vinovo S-K 59 Rb86
Dopsin OS-B 47 Td76
51221 Doričići PR-G 41 Pc77
53288 Došen Plana L-S 51 Qa81
20246 Drače D-N 69 Sc91
52440 Dračevac IST 40 Oe77
23241 Dračevac Ninski ZAD 51 Qb83
21420 Dračeva luka SPL 67 Rd89
21423 Dračevica SPL 67 Rd89
51554 Draga PR-G 41 Pc77
22202 Draga S-K 59 Qf87
51522 Draga Baščanska PR-G 41 Pe79
Dragalić B-P 45 Sb77
48363 Draganci KO-K 37 Sb72
43212 Draganić B-B 37 Re73
10450 Draganić ZGB 35 Qd75
23211 Drage ZAD 58 Qd85
21275 Dragljane SPL 69 Sb89
53212 Dragnuša L-S 51 Qa80
10430 Dragonoš ZGB 35 Qd74
47285 Dragoševci KAR 35 Qb74
Dragotin OS-B 47 Tb77
44400 Dragotina SI-M 43 Rb77
Dragovci B-P 46 Se77
23286 Dragove ZAD 51 Pf84
34550 Dragović PO-S 45 Sb76
51557 Dragozetići PR-G 41 Pb78
~ Dragučki P. IST 40 Of77
52402 Draguć IST 40 Pa76
51265 Dramalj PR-G 41 Pe77
10455 Drašći Vrh ZGB 35 Qc74
40325 Draškovec MED 31 Re70
42226 Drašković VAR 36 Rb72
Drašnice SPL 68 Sa89
~ Drava MED 31 Re71
~ Dráva KO-K 37 Sa72
31305 Draž OS-B 49 Te73
43270 Dražica B-B 37 Rf74
51218 Dražice PR-G 41 Pc76
10361 Drenčec G-ZG 36 Rb73
23440 Drenovac Osredački ZAD 52 Rb83
53244 Drenovac Radučki L-S 51 Qd82
Drenov Bok SI-M 44 Re77
32260 Drenovci VU-S 48 Tf79
42223 Drenovec VAR 36 Rc71
53226 Drenov Klanac L-S 42 Qb79
52222 Drenje IST 41 Pa78
Drenje OS-B 47 Tb76
10291 Drenje Brdovečko ZGB 35 Qe73
~ Dretulja KAR 42 Qc78
47313 Drežnica KAR 42 Qa78
47246 Drežnik Grad KAR 43 Qe79
10450 Drežnik-Podokicki ZGB 35 Qe74
22324 Drinovci S-K 59 Ra85
51242 Drivenik PR-G 41 Pd77
43272 Drljanovac B-B 37 Rf74
10432 Drmići ZGB 35 Qd74
10411 Drnek ZGB 36 Rb74
22320 Drniš S-K 59 Ra85
48322 Drnje KO-K 37 Rf71
52220 Dropići IST 40 Pa78
49231 Druškovec KR-Z 35 Qe71
42206 Družbinec VAR 30 Rb70
~ Drvenički kanal SPL 59 Ra88
21333 Drvenik SPL 69 Sb90
20210 Drvenik D-N 72 Tb93
▲ Drvenik S-K 59 Qf87
21225 Drvenik Mali SPL 59 Ra88
21225 Drvenik Veliki SPL 59 Ra88
40321 Držimurec MED 31 Rd70
20210 Duba Konavoska D-N 72 Tc93
20240 Duba Pelješka D-N 68 Sa90
20230 Duba- Stonska D-N 69 Sd91
51511 Dubašnica, Malinska- PR-G 41 Pd78
Dubočac B-P 46 Sf78
21318 Dubočaj SPL 67 Rf88
23440 Duboki Dol ZAD 52 Qf83
31304 Duboseviča OS-B 39 Te73
Dubovac Okučanski B-P 45 Sb77
49245 Dubovec KR-Z 36 Ra72
21450 Dubovica SPL 68 Rd90
10418 Dubranec ZGB 36 Qf75
10040 Dubrava G-ZG 36 Ra74
10342 Dubrava ZGB 36 Rd73
21252 Dubrava SPL 60 Rd87
22000 Dubrava S-K 59 Qf86
20248 Dubrava D-N 69 Sc91
22240 Dubrava kod Tisna S-K 59 Qe86
49210 Dubrava Zabočka KR-Z 36 Qf72
47250 Dubravci KAR 42 Qc76
47250 Dubravčani KAR 42 Qc76
10293 Dubravica ZGB 35 Qe73
20350 Dubravica D-N 69 Sd90
22222 Dubravice S-K 59 Qf85
20216 Dubravka D-N 72 Tc93
~ Dubravsko jez. MED 31 Rd71
20000 Dubrovnik D-N 72 Ta93
21315 Duće SPL 60 Re88
53294 Dudići L-S 50 Pe81
47262 Duga Gora KAR 42 Qb76
52220 Duga Luka IST 41 Pa78
Duga Meda VI-P 38 Sf75
47250 Duga Resa KAR 43 Qd76
48312 Duga Rijeka KO-K 36 Rd71
47241 Dugi Dol KAR 43 Qd76
▲ Dugi Otok ZAD 50 Pe84
21315 Dugi Rat SPL 60 Rd88
▲ Dugo S-K 59 Qe87
21231 Dugobabe SPL 60 Rc87
23446 Dugopolje ZAD 52 Rb83
21204 Dugopolje SPL 60 Rd87
44410 Dugo Selo SI-M 43 Qf76
10370 Dugo Selo ZGB 36 Rb74
33406 Dugo Selo Lukačko VI-P 38 Sc73
20207 Duhac D-N 72 Ta93
43507 Duhovi B-B 45 Sa75
53220 Dulibe L-S 42 Qb80
21271 Dundići SPL 61 Sa88
53284 Dundović Pod L-S 51 Pf80
53287 Dundović Podkuki L-S 51 Pf80
47221 Dunjak KAR 43 Qd77
40305 Dunjkovec MED 31 Rc70
43231 Durdić B-B 37 Rf74
20218 Durinići D-N 72 Tc94
47282 Durlinci KAR 35 Qc75
53287 Duširkava L-S 51 Pf80
33515 Duzluk VI-P 38 Sf75
44271 Dužica SI-M 36 Rb75
☆ Dvigrad IST 40 Oe78
44440 Dvor SI-M 44 Rc78
☆ Dvorac ZAD 59 Qe84
10451 Dvoranci ZGB 35 Qf75
10347 Dvorišće ZGB 36 Rb73
44400 Dvorišće SI-M 43 Ra76
47283 Dvorište Ozaljsko KAR 35 Qc74
47261 Dvorjanci KAR 42 Qc76
22203 Dvornica S-K 59 Ra87
33533 Dvorska VI-P 38 Sc74

Đ

31400 Đakovo OS-B 47 Tc77
48316 Đelekovec KO-K 31 Rf71
32244 Đeletovci VU-S 48 Ua77
22305 Đevrske S-K 59 Qf85
43532 Đulovac B-B 38 Sc75
31402 Đurđanci OS-B 47 Td77
31511 Đurđenovac OS-B 39 Ta75
48350 Đurđevac KO-K 37 Sa72
48260 Đurđic KO-K 36 Rd72
33522 Đurićić VI-P 38 Se75
32260 Đurići VU-S 48 Tf79
42224 Đurinovec VAR 36 Rc72
49225 Đurmanec KR-Z 35 Qf71

E

☆ Efrayijefa bazilika IST 40 Od77
21232 Ercegovci SPL 60 Rd87
47262 Erdelj KAR 42 Qc76
31226 Erdut OS-B 49 Ua75
47281 Erjavec KAR 35 Qc75
52425 Erkovčići IST 40 Pa76
31216 Ernestinovo OS-B 47 Td76
22306 Ervenik S-K 52 Qf84
49247 Ervenik Zlatarski KR-Z 36 Ra72

F

52463 Fabci IST 40 Oe77
52000 Fakini IST 40 Of77
52231 Farkaloncі IST 40 Pa78
10344 Farkaševac ZGB 37 Rd73
52212 Fažana IST 40 Oe79
~ Fažanski kanal IST 40 Oe79
▲ Fenera IST 40 Of80
51305 Ferbežari PR-G 34 Pd75
48356 Ferdinandovac KO-K 37 Sb72
52447 Ferenci IST 40 Oe77
31512 Feričanci OS-B 38 Sf75
40316 Ferketinec MED 31 Rd70
34340 Ferovac PO-S 46 Sf76
52206 Filipana IST 40 Of79
34551 Filipovac PO-S 45 Sa76
52100 Fižela IST 40 Oe79
52450 Flengi IST 40 Od78
52332 Florčići IST 40 Pa77
48267 Fodrovec KO-K 36 Rc72
~ Fojba IST 40 Of77
52342 Foli IST 40 Of78
31402 Forkuševci OS-B 47 Tc76
☆ Fortlica L-S 42 Qb79
40314 Frakanovec MED 31 Rc70
53270 Francikovac L-S 42 Pf78
52000 Frankovići IST 40 Oe77
51559 Frantin PR-G 41 Pc78
☆ Franjevački samostan ZAD 52 Qd84
☆ Franjevačkj samostan ZAD 58 Qc85
▲ Frašker IST 40 Oe80
52470 Fratrići IST 40 Od76
53230 Frkašić L-S 52 Qe80
34310 Frkljevci PO-S 46 Se77
52448 Frnjolić IST 40 Oe78
10343 Fuka ZGB 36 Rd73
52452 Funtana IST 40 Od77
52440 Fuškulin IST 40 Od77
51322 Fužine PR-G 41 Pe77

G

48323 Gabajeva Greda KO-K 37 Sa72
21262 Gabelice SPL 68 Sb88
51511 Gabonjin PR-G 41 Pd78
32280 Gaboš VU-S 47 Te76
20213 Gabrili D-N 72 Tb93
~ Gacka L-S 42 Qb79
42242 Gačice VAR 30 Rb71
22215 Gaćelezi S-K 59 Qe85
33410 Gaćište VI-P 38 Sd74

53294 Gager L-S 50 Pe81
34543 Gai PO-S 45 Sa76
10340 Gaj ZGB 36 Rc73
52215 Gajana IST 40 Of78
31305 Gajic OS-B 49 Te73
21241 Gala SPL 60 Re86
44000 Galdovo SI-M 44 Rc76
10435 Galgovo ZGB 35 Qe74
43000 Galovac B-B 37 Rf73
23222 Galovac ZAD 58 Qc84
20353 Galović D-N 69 Se91
52216 Galžaha IST 40 Of79
52426 Gamberi IST 40 Pa77
52460 Gamboči IST 40 Od76
▲ Gangaro ZAD 58 Qc85
▲ Gangarol ZAD 58 Qc85
35212 Garčin B-P 47 Tb77
40319 Gardinovec MED 31 Rd70
43280 Garešnica B-B 37 Rf75
43280 Garešnički Brestovac B-B 37 Rf75
51516 Garica PR-G 41 Pd78
21236 Garjak SPL 60 Rc85
Gašinci OS-B 47 Tb77
31554 Gat OS-B 39 Tb74
21253 Gata SPL 60 Re88
Gazije OS-B 38 Sf76
21467 Gdinj SPL 67 Rf90
47221 Gejkovac KAR 43 Qe77
47262 Generalski Stol KAR 42 Qc76
51304 Gerovo PR-G 34 Pd75
51304 Gerovski Kraj PR-G 41 Pd75
49284 Gertovec KR-Z 36 Rb72
35400 Giletinci B-P 45 Sc77
21247 Gizdavac SPL 60 Rc87
33000 Gladimirovica VI-P 38 Sc74
10413 Gladovec-Kravarski ZGB 36 Ra75
~ Glamočnica L-S 52 Qd82
▲ Glamoć ZAD 58 Qb85
53221 Glavace L-S 42 Qb79
52207 Glavani IST 40 Of78
22310 Glavaš S-K 60 Rc84
▲ Glavat D-N 68 Sa92
21225 Glavica SPL 59 Ra88
21230 Glavice SPL 60 Re86
44440 Glavičani SI-M 44 Rc78
10363 Glavnica Donja G-ZG 36 Ra73
~ Glavničica G-ZG 36 Rb73
51511 Glavotok PR-G 41 Pc78
49225 Glažuta KR-Z 30 Qf71
53261 Glibodol L-S 42 Qc79
22221 Gligići S-K 59 Ra86
44400 Glina SI-M 43 Ra77
~ Glina KAR 43 Qd77
~ Glina SI-M 44 Ra76
44250 Glinska Poljana SI-M 44 Ra76
47240 Glinsko Vrelo KAR 43 Qd78
49246 Globočec KR-Z 36 Ra72
42230 Globočec Ludbreški VAR 31 Rd71
23440 Glogova ZAD 52 Qf83
48324 Glogovac KO-K 37 Rf72
49218 Glogovec Zagorski KR-Z 35 Qe72
Glogovica B-P 46 Sf77
~ Glogovnica B-B 36 Rc74
20350 Glušci D-N 69 Se90
21241 Gljev SPL 60 Re86
52404 Gljuščići IST 40 Of77
47222 Gnojnice KAR 43 Qe78
47263 Gojak KAR 42 Qb77
42205 Gojanec VAR 30 Rb71
47222 Gojkovac KAR 43 Qe77
44320 Gojlo SI-M 37 Rf76
48331 Gola KO-K 37 Sa71
52352 Golaš IST 40 Oe78
51301 Golik PR-G 42 Pf76
31543 Golinci OS-B 39 Ta74
44410 Golinja SI-M 43 Qf76
▲ Goli Otok PR-G 42 Pe79
52402 Gologorica IST 40 Pa77
51418 Golovik PR-G 41 Pb77
23451 Golubić ZAD 52 Qf83
22301 Golubić S-K 52 Rb84
10456 Golubići ZGB 35 Qd74
43500 Golubinjak B-B 37 Sa75
52215 Golubovo IST 40 Oe79
53203 Goljak L-S 42 Qa80
47201 Goljak KAR 35 Qd75
10453 Goljak ZGB 35 Qd74
47000 Goljaki KAR 43 Qd76
21213 Gomilica SPL 60 Rc87
51327 Gomirje PR-G 42 Qa76
51280 Gonar PR-G 41 Pe80
44250 Gora SI-M 43 Rb76
51306 Gorači PR-G 34 Pd75
10362 Goranec G-ZG 36 Ra73
52207 Gorica IST 40 Of78
48312 Gorica KO-K 31 Re71
23249 Gorica ZAD 51 Qa82
23207 Gorica ZAD 58 Qc84
10451 Gorica Jamnička ZGB 35 Qf75
51311 Gorica Skradske PR-G 42 Pf76
Gorice B-P 45 Sb77
☆ Gorice IST 41 Pc78
40324 Goričan MED 31 Re70
44440 Gorička SI-M 44 Rc78
53225 Gorići L-S 42 Qa79
47262 Gorinci KAR 42 Qc76
49218 Gorjakovo KR-Z 35 Qe72
31422 Gorjani OS-B 47 Tc76
49232 Gorjani Sutinski KR-Z 36 Qf71
22322 Gorn. Baljci S-K 60 Rc85
22222 Gorn. Grahovo S-K 59 Qf85
47283 Gorniki Vivodinski KAR 35 Qc75
21432 Gorn. Selo SPL 66 Rc88
23247 Gorn. Slivnica ZAD 51 Qc83
22323 Gorn. Utore S-K 60 Rb86
22323 Gorn. Vinovo S-K 60 Rb86
49254 Gornja Batina KR-Z 36 Ra72
10298 Gornja-Bistra ZGB 35 Qf73
21255 Gornja Brela SPL 68 Rf88
47221 Gornja Brusovača KAR 43 Qe77
44400 Gornja-Bučica SI-M 43 Qf76
44410 Gornja Čemernica SI-M 43 Qf76
43233 Gornja Garešnica B-B 37 Re75
47240 Gornja Glina KAR 43 Qd78
44318 Gornja Gračenica SI-M 44 Re75
23423 Gornja Jagodnja ZAD 58 Qd84
44317 Gornja Jelenska SI-M 37 Re75
10346 Gornjaki ZGB 36 Rc73
53284 Gornja Klada L-S 42 Pf80
43270 Gornja Kovačica B-B 37 Sa74
10450 Gornja Kupčina ZGB 35 Qd75
44210 Gornja Letina SI-M 44 Rd76
10412 Gornja Lomnica ZGB 36 Ra74
Gornja Meminska SI-M 44 Rd77
47245 Gornja Močila KAR 43 Qd78
52425 Gornja Nugla IST 40 Pa76
34552 Gornja Obrijež PO-S 45 Sa76
53244 Gornja Ploča L-S 52 Qe82
43285 Gornja Plošćica B-B 37 Rf74
43290 Gornja Rašenica B-B 37 Sb74
10450 Gornja-Reka ZGB 35 Qd74
42220 Gornja Rijeka KO-K 36 Rc72
49254 Gornja Selnica KR-Z 36 Ra72
49245 Gornja Stubica KR-Z 36 Qf73
Gornja Stupnica SI-M 44 Rb78
23445 Gornja Suvaja ZAD 52 Ra82
49232 Gornja Šemnica KR-Z 36 Qf72
34550 Gornja Šumetlica PO-S 45 Sb76
21245 Gornja Tijarica SPL 61 Rf87
47212 Gornja Trebinja KAR 43 Qe76
43285 Gornja Trnovitica B-B 37 Rf74
44410 Gornja Trstenica SI-M 43 Qf76
10456 Gornja Vas ZGB 35 Qc74
44430 Gornja Velešnja SI-M 44 Rc77
44316 Gornja Vlahinićka SI-M 37 Rd75
42245 Gornja Voća VAR 30 Ra71
35000 Gornja Vrba B-P 46 Ta78
43531 Gornja Vrijeska B-B 38 Sb75
20240 Gornja Vrućica D-N 69 Sb91
10450 Gornja Zdenčina ZGB 35 Qe74
47222 Gornja Žrvnica KAR 43 Qe77
33407 Gornje Bazje VI-P 38 Sc73
23420 Gornje Biljane ZAD 51 Qd84
47261 Gornje-Bukovlje KAR 42 Qc76
10413 Gornje Hruševec ZGB 36 Ra75
21327 Gornje Igrane SPL 68 Sa89
51223 Gornje Jelenje PR-G 41 Pd76
49233 Gornje Jesenje KR-Z 35 Qf71
44010 Gornje Komarevo SI-M 44 Rc76
42207 Gornje Ladanje VAR 30 Ra71
44250 Gornje Mokrice SI-M 43 Rb76
47250 Gornje Mrzlo Polje Mrežničko KAR 43 Qc76
21206 Gornje Ogorje SPL 60 Rc86
10380 Gornje Orešje ZGB 36 Rb72
22323 Gornje Planjane S-K 59 Rb86
47281 Gornje Pokupje KAR 35 Qd75
21203 Gornje Postinje SPL 60 Rc86
Gornje Predrijevci VI-P 38 Sf75
33525 Gornje Predrijevo VI-P 38 Se74
10382 Gornje Psarjevo ZGB 36 Rb73
44400 Gornje Selište SI-M 43 Ra77
44400 Gornje Selkovac SI-M 43 Ra76
47213 Gornje Sjeničak KAR 43 Qe76
43203 Gornje Sredice B-B 37 Re72
44400 Gornje Taborište SI-M 43 Ra76
51301 Gornje Tihovo PR-G 41 Pf76
44400 Gornje Viduševac SI-M 43 Ra76
42208 Gornje Vratno VAR 30 Ra70
53223 Gornje Vrhovine L-S 42 Qc79
47307 Gornje-Zagorje KAR 42 Qb77
43203 Gornje Zdelice B-B 37 Rf72
53231 Gornji-Babin Potok L-S 43 Qd79
44430 Gornji Bjelovac SI-M 44 Rc77
Gornji Bogičevci B-P 45 Sb77
43500 Gornji Borki B-B 38 Sc75
20207 Gornji Brgat D-N 72 Ta93
Gornji Čaglić PO-S 45 Sb76
10020 Gornji Čeh G-ZG 36 Qf74
43500 Gornji Daruvar B-B 37 Sb75
10450 Gornji Desinec ZGB 35 Qe74
Gornji Dobretin SI-M 44 Rb79
21205 Gornji Dolac SPL 60 Re88
43245 Gornji Draganec B-B 37 Rd74
43240 Gornji Dragičevci B-B 36 Rd74
48260 Gornji Grad KO-K 36 Rd72
34550 Gornji Grahovljani PO-S 45 Sb76
Gornji Hrastovac SI-M 44 Rd77
40306 Gornji Hrašcan MED 31 Rc70
21424 Gornji Humac SPL 67 Re89
Gornji Klasnić SI-M 44 Ra77
42204 Gornji Kneginec VAR 31 Rc71
53203 Gornji Kosinj L-S 51 Qb80
40316 Gornji Kraljevec MED 31 Rc70
47240 Gornji Kremen KAR 43 Qd78
43202 Gornji Križ B-B 37 Re72
40305 Gornji Kuršanev MED 31 Rc71
53250 Gornji Lapac L-S 52 Ra81
35410 Gornji Lipovac B-P 46 Sd77
43240 Gornji Lipovčani B-B 36 Rd74
20232 Gornji Majkovi D-N 70 Sf92
10342 Gornji Marinkovac ZGB 36 Rd74
42232 Gornji Martijanec VAR 31 Rd71
53236 Gornji Mekinjar L-S 52 Qe81
40306 Gornji Mihaljevec MED 31 Rb70
33520 Gornji Miholjac VI-P 38 Sd74
43240 Gornji Miklouš B-B 37 Re74
21247 Gornji Muć SPL 60 Rd86
10314 Gornji Prnjarovec ZGB 36 Rd74
21264 Gornji Proložac SPL 61 Sb88
Gornji Rogolji B-P 45 Sb76
47242 Gornji Skrad KAR 43 Qd77
23445 Gornji Srb ZAD 52 Ra82
43506 Gornji Sređani B-B 37 Sa75
10255 Gornji-Stupnik ZGB 35 Qe74
Gornji Subocka PO-S 45 Sa76
53251 Gornji Štrbci L-S 52 Qf81
48265 Gornji Tkalec ZGB 36 Rc73
10253 Gornji Trpuci G-ZG 35 Qf75
21325 Gornji Tučepi SPL 68 Sa89
43507 Gornji Uljanik B-B 37 Sa75
53233 Gornji Vaganac L-S 43 Qe79
Gornji Varoš B-P 45 Sb78
21260 Gornji Vinjani SPL 61 Sb88
34330 Gornji Vrhovci PO-S 46 Sd76
23222 Gornji Zemunik ZAD 51 Qc84
47261 Gornji Zvečai KAR 42 Qc76
Gornji Žirovac SI-M 44 Ra78
▲ Gorski Kotar <[region]> 42 Pe76
51312 Goršeti PR-G 34 Pf76
☆ Gospa od Kamela S-K 59 Qe86
☆ Gospa Prizinica SPL 60 Rc88
☆ Gospa u borima SPL 66 Rc88
53000 Gospić L-S 51 Qc81
51514 Gostinjac PR-G 41 Pd78
22305 Gošić S-K 59 Qe85
49284 Gotalovec KR-Z 36 Rb72
48331 Gotalovo KO-K 31 Rf71
20226 Govedari D-N 69 Sc92
43506 Goveđe Polje B-B 37 Sa75
21242 Grab SPL 60 Re87
23440 Grab ZAD 52 Qf83
51557 Grabar PR-G 41 Pc79
Grabarje PO-S 46 Sf76
35000 Grabarje B-P 46 Ta77
10342 Graberec ZGB 36 Rd74
44250 Graberje SI-M 43 Rb76
10313 Graberje Ivaničko ZGB 36 Rc74
33520 Grabić VI-P 38 Se74
Graboštani SI-M 44 Rd77
Grabova L-S 42 Pf79
33000 Grabovac VI-P 38 Sc74
31309 Grabovac OS-B 49 Te74
21271 Grabovac SPL 61 Rf88
47245 Grabovac Korita KAR 43 Qd79
47242 Grabovac Krnjački KAR 43 Qd76
23244 Grabovi Klanac ZAD 51 Qc83
43240 Grabovnica B-B 37 Rd74
~ Grabovnica B-B 37 Rd74
32000 Grabovo VU-S 48 Ua77
47251 Grabrk KAR 42 Qb76
49210 Grabrovec KR-Z 35 Qf72
52100 Grabrovići IST 40 Of79
48362 Grabrovnica VI-P 37 Sb73
53230 Grabušić L-S 52 Qe80
22222 Gračac S-K 59 Qf85
23440 Gračac ZAD 52 Qf83
23420 Gračak ZAD 59 Qe84
10370 Gračec ZGB 36 Rb73
~ Gračenica SI-M 44 Rd76
52403 Gračišće IST 40 Pa77
☆ Gračišće SPL 67 Rf89
22322 Gradac S-K 60 Rb86
21330 Gradac SPL 69 Sc90
Gradac PO-S 46 Se77
10345 Gradec ZGB 36 Rc73
10451 Gradec Pokupski ZGB 35 Qf75
10410 Gradići ZGB 36 Ra74
33411 Gradina VI-P 38 Sd73
47261 Gradišće KAR 42 Qc76
32273 Gradište VU-S 47 Te78
Gradište PO-S 46 Sf76
10430 Gradna ZGB 35 Qe74
44210 Gradusa Posavska SI-M 44 Rd76
53291 Gramače L-S 50 Pe81
10257 Grančari G-ZG 35 Qf74
51252 Grane PR-G 42 Pf78
10040 Granešina G-ZG 36 Ra73
Granice OS-B 46 Ta76
☆ Grapica Spilja SPL 67 Re90
48312 Grbaševec KO-K 31 Re71
43290 Grbavac B-B 37 Sa74
▲ Grbavac S-K 59 Qf87
48306 Grdak KO-K 37 Re72
10432 Grdanjci ZGB 35 Qd74
~ Grdevica B-B 37 Sa74
52000 Grdoselo IST 40 Of77
22010 Grebaštica S-K 59 Qf87
~ Grebenska B-B 37 Sa74
10341 Greda ZGB 36 Rc73
44273 Greda SI-M 36 Rb75
42243 Greda VAR 30 Rb71
44210 Greda SI-M 44 Rd76
10311 Greda Breška ZGB 36 Rc74
49290 Gredice KR-Z 35 Qe72
44415 Gređani SI-M 43 Qf77
Gređani Okučanski B-P 45 Sb77
52100 Gregovica IST 40 Of79
48265 Gregurovec KO-K 36 Rc72
Grgurevići B-P 46 Sf77
23242 Grgurica ZAD 51 Qc83
Grgurići D-N 70 Se92
~ Grgurov kanal PR-G 41 Pe79
47272 Grice KAR 35 Qc75
52402 Grimalda IST 40 Of77
51244 Grižane PR-G 41 Pe77
Grižići B-P 46 Sf77
48355 Grkina KO-K 37 Sa72
49231 Grletinec KR-Z 35 Qe71
21231 Grlo-Klis SPL 60 Rd87
51556 Grmov PR-G 41 Pc80
51555 Grmožaj PR-G 50 Pc80
Grmušani SI-M 44 Rb78
52233 Grobnik IST 40 Pa77
51219 Grobnik PR-G 41 Pc76
21430 Grohote SPL 66 Rb88
20234 Gromača D-N 72 Ta92
21465 Gromin Dolac SPL 68 Re90
▲ Gromovača L-S 51 Pf80
52429 Grožnjan Grisignana IST 40 Oe76
20271 Gršćica D-N 67 Re91
21262 Grubine SPL 61 Sa88
22000 Grubišići S-K 59 Qf86
43290 Grubišno Polje B-B 37 Sb74
20215 Gruda D-N 72 Tc93
▲ Grujica PR-G 50 Pd82
52000 Gržani IST 40 Of77
52341 Gržini IST 40 Of78
G. Trnava B-P 45 Sb77
49214 Gubaševo KR-Z 35 Qf72
23440 Gubavčevo polje ZAD 52 Qf83
10450 Guci ZGB 35 Qd75
10253 Gudci ZGB 36 Qf75
21272 Gudelji SPL 68 Sa88
43251 Gudovac B-B 37 Re73
23440 Gudura ZAD 52 Ra83
22221 Gulin S-K 59 Qf86
35222 Gundinci B-P 47 Tc78
32260 Gunja VU-S 47 Tf79
Gunjel L-S 50 Pe80
49245 Gusakovec KR-Z 36 Ra72
~ Gusić jezero L-S 42 Qa79
▲ Gustac S-K 58 Qc86
▲ Gustac ZAD 58 Qc85
21222 Gustirna SPL 59 Ra87
48267 Guščerovec KO-K 36 Rc72
44203 Gušće SI-M 44 Rd76
51251 Gvuno PR-G 42 Pf77
33518 G. Viljevo VI-P 38 Se74
44410 Gvozd SI-M 43 Qf76
44440 Gvozdansko SI-M 44 Rb78

H

10343 Habjanovac ZGB 36 Rd73
Habjanovci OS-B 39 Tc75
10343 Haganj ZGB 36 Rd73
51326 Hajdine PR-G 42 Qa76
51554 Halimac PR-G 50 Pc80
48350 Hampovica KO-K 37 Rf72
40313 Hapićina MED 31 Rc69
Harkanovci OS-B 39 Tb75
10362 Harkuševac G-ZG 36 Qf73
10000 Hedveščak G-ZG 36 Qf73
43284 Hercegovac B-B 37 Sa75
48000 Herešin KO-K 37 Rf71
51514 Hlapa PR-G 41 Pd78
48323 Hlebine KO-K 37 Rf72
51311 Hlevci PR-G 42 Pf76
49225 Hlevnica KR-Z 35 Qe71
20230 Hodilje D-N 69 Se91
40320 Hodošan MED 31 Rd70
51316 Homer PR-G 41 Pe76
53230 Homoljac L-S 52 Qd80
10436 Horvati G-ZG 35 Qe74
10414 Hotnja ZGB 43 Ra75
51556 Hrasta PR-G 41 Pc80

44000 Hrastelnica SI-M 44 Rc75
Hrastin OS-B 47 Td76
10430 Hrastina Samoborska ZGB 35 Qe74
10380 Hrastje ZGB 36 Rb73
43280 Hrastovac B-B 37 Rf75
43280 Hrastovčić B-B 37 Rf75
49240 Hrastovec KR-Z 36 Qf73
44250 Hrastovica SI-M 44 Rb76
42232 Hrastovljan VAR 31 Rd71
42230 Hrastovsko VAR 31 Rd71
10020 Hrašće Turopoljsko G-ZG 36 Qf74
49283 Hrašćina KR-Z 36 Rb72
52207 Hrboki IST 40 Pa78
10010 Hrelice G-ZG 36 Qf74
52207 Hreljići IST 40 Of78
51226 Hreljin PR-G 41 Pd77
47300 Hreljin Ogulinski KAR 42 Qb77
48267 Hrgovec KO-K 36 Rc72
31400 Hrkanovci Đakovački OS-B 47 Tb77
53284 Hrmotine L-S 42 Pf79
Hrnjevac PO-S 46 Se76
49225 Hromec KR-Z 30 Qe71
48213 Hrsovo KO-K 37 Re73
49240 Hruševec KR-Z 36 Qf72
21233 Hrvace SPL 60 Rd86
10257 Hrvastski-Leskovac G-ZG 35 Qf74
44450 Hrvatska Dubica SI-M 44 Re77
44430 Hrvatska Kostajnica SI-M 44 Rd77
Hrvatski Čuntić SI-M 44 Rb76
53226 Hrvatsko Polje L-S 42 Qa79
44415 Hrvatsko Selo SI-M 43 Qf77
42233 Hrženica VAR 31 Rd71
10257 Hudi Bitek G-ZG 35 Qf74
48306 Hudovljani KO-K 37 Re72
52425 Hum IST 40 Pa76
33520 Hum VI-P 38 Sd74
21465 Humac SPL 68 Re90
33514 Humljani VI-P 38 Se75
49231 Hum na Sutli KR-Z 29 Qe71
44320 Husain SI-M 44 Re76
~ Husainac SI-M 44 Re76
47000 Husje KAR 35 Qd76
21450 Hvar SPL 67 Rc89
▲ Hvar SPL 67 Re89
~ Hvarski kanal SPL 67 Rd89

I

51414 Ičići PR-G 41 Pb77
22222 Ićevo S-K 59 Qf85
▲ Idula ZAD 51 Qa84
21328 Igrane SPL 68 Sa89
10297 Igrišće SPL 69 Sb89
51414 Ika PR-G 41 Pb77
32248 Ilača VU-S 48 Ua77
33523 Ilmin Dvor VI-P 38 Sf74
32236 Ilok VU-S 48 Uc77
44320 Ilova SI-M 44 Re76
~ Ilovička vrata PR-G 50 Pd82
51552 Ilovik PR-G 50 Pd82
▲ Ilovik PR-G 50 Pd82
43284 Ilovski Klokočevac B-B 37 Sa75
48316 Imbriovec KO-K 31 Rf71
21260 Imotski SPL 61 Sb88
22211 Imperial S-K 59 Qe86
34350 Imrijevci PO-S 46 Ta77
43506 Imsovac B-B 37 Sa75
23420 Islam Grčki ZAD 51 Qc83
23242 Islam Latinski ZAD 51 Qc83
23293 Ist ZAD 50 Pe83
▲ Ist ZAD 50 Pe83
52428 Istarske Toplice IST 40 Oe76
▲ Istra IST 40 Oe77
~ Iški kanal ZAD 58 Qa84
10344 Ivančani ZGB 36 Rd73
21465 Ivan Dolac SPL 68 Rd90
42240 Ivanec VAR 30 Ra71
10290 Ivanec-Bistranski ZGB 35 Qe73
48260 Ivanec Križevački KO-K 36 Rd72
42240 Ivanečka Željeznica VAR 30 Rb71
51559 Ivani PR-G 41 Pb78
10310 Ivanić-Grad ZGB 36 Rc74
23420 Ivaniševići ZAD 59 Qe84
32281 Ivankovo VU-S 47 Te77
31227 Ivanovci OS-B 39 Tc75
34350 Ivanovci PO-S 46 Sf77
40000 Ivanovec MED 31 Rc70
31531 Ivanovo OS-B 39 Ta74
43500 Ivanovo Polje B-B 37 Sa75
43504 Ivanovo Selo B-B 37 Sb74
43231 Ivanska B-B 37 Re74
▲ Ivanšćica <[region]> 36 Ra71
52207 Ivanušići IST 40 Of78
10373 Ivanja Reka G-ZG 36 Ra74
Ivanjski-Bok SI-M 44 Re76
53202 Ivčevića Kosa L-S 51 Qc80
22305 Ivoševci S-K 59 Qf84
☆ Izvor Kupe PR-G 41 Pe75
▲ Iž ZAD 58 Qa84

J

51326 Jablan PR-G 42 Qa76
53287 Jablanac L-S 50 Pf80
Jablanac Jasenovački SI-M 45 Sa77
10298 Jablanovec ZGB 35 Qf73
~ Jablanski kanal ZAD 58 Qd85
21240 Jabuka SPL 60 Re87
23451 Jabukovac ZAD 52 Qf83
Jabukovac SI-M 44 Rb77
~ Jadova L-S 52 Qd82
53000 Jadovno L-S 51 Qb81
51264 Jadranovo PR-G 41 Pd77
52100 Jadreški IST 40 Of79
47272 Jadrići KAR 35 Qb75
22215 Jadrija S-K 59 Qf86
22010 Jadrtovac S-K 59 Qf86
34551 Jagma PO-S 45 Sa76
48000 Jagnjedovec KO-K 37 Re72
21450 Jagodna SPL 67 Rc89
10415 Jagodno ZGB 36 Ra74
31324 Jagodnjak OS-B 39 Td74
47220 Jagrovac KAR 43 Qe77
52403 Jakačići IST 40 Pa77
▲ Jakljan D-N 72 Se92
52332 Jakomići IST 40 Pa77
43202 Jakopovac B-B 37 Rf72
42204 Jakopovec VAR 31 Rc71
52444 Jakovići IST 40 Oe77
10297 Jakovlje ZGB 35 Qf73
Jakšic PO-S 46 Se76
51325 Jakšići PR-G 42 Qa76
42000 Jalkovec VAR 31 Rb71
42223 Jalševec Svibovečki VAR 36 Rc71
49214 Jalšje KR-Z 35 Qf72
40312 Jalšovec MED 30 Rb69
42203 Jalžabet VAR 31 Rc71
☆ Jama Balinka KAR 42 Qc78
☆ Jama Boredine IST 40 Od77
44321 Jamarica SI-M 45 Rf76
10451 Jamnička Kiselica ZGB 35 Qf75
47304 Janja Gora KAR 42 Qc78
44321 Janja Lipa SI-M 45 Rf76
53202 Janjče L-S 51 Qc80
20246 Janjina D-N 69 Sc91
47250 Jarče Polje KAR 42 Qc76
22203 Jarebinjak S-K 59 Qf87
42225 Jarek Bisaški VAR 36 Rb72
51253 Jargovo PR-G 41 Pe78
32280 Jarmina VU-S 47 Te77
51307 Jarmovac PR-G 33 Pd75
Jaruge B-P 47 Tc78
10110 Jarun G-ZG 35 Qf74
~ Jarun ZGB 35 Qf74
10432 Jarušje ZGB 35 Qd74
47314 Jasenak KAR 42 Qa77
33000 Jasenaš VI-P 38 Sc74
23043 Jasenice ZAD 52 Qd83
20210 Jasenice D-N 72 Tb93
43227 Jasenik B-B 37 Sa73
44324 Jasenovac SI-M 45 Rf77
53288 Jasenovača L-S 51 Qa81
10450 Jastrebarsko ZGB 35 Qd75
47281 Jaškovo KAR 35 Qc75
Javnica SI-M 44 Rb78
10432 Javorek ZGB 35 Qd74
51252 Javorje PR-G 42 Pf78
~ Javornica SI-M 44 Rc78
47306 Javornik KAR 42 Qc79
23440 Javornik ZAD 52 Ra83
Javornik SI-M 44 Rc78
48325 Javorovac KO-K 37 Rf72
Jazavica SI-M 45 Sa77
44273 Jazvenik SI-M 36 Rb76
49232 Jazvine KR-Z 35 Qf72
48324 Jeduševac KO-K 37 Rf72
☆ Jelbvac L-S 42 Qa79
~ Jelenska SI-M 37 Rd75
▲ Jeleričic PR-G 41 Pd77
Jelisanvac OS-B 39 Ta75
53289 Jelova Ruja L-S 51 Qb82
52420 Jelovice IST 33 Of76
51223 Jelovka PR-G 41 Pd77
21465 Jelsa SPL 67 Re90
42240 Jerovec VAR 30 Ra71
49282 Jertovec KR-Z 36 Rb72
23244 Jesenar ZAD 51 Qc83
21314 Jesenice SPL 60 Rd88
21314 Jesenice SPL 60 Rd88
10363 Jesenovec G-ZG 36 Ra73
52233 Jesenovik IST 40 Pa77
~ Jez. Butoniga IST 40 Of77
22242 Jezera S-K 59 Qd86
53262 Jezerane L-S 42 Qb78
53231 Jezerce L-S 43 Qd79
Jezero PO-S 46 Ta76
~ Jezero Begovac KAR 42 Qc78
47304 Jezero I Dio KAR 42 Qc78
~ Jezero Kuti D-N 69 Sd91
~ Jezero Sabljaki Selo KAR 42 Qb77
52000 Ježenj IST 40 Of77
51500 Ježevac PR-G 41 Pd78
21236 Ježević SPL 60 Rc85
35000 Ježevik B-P 46 Ta77
10370 Ježevo ZGB 36 Rb74
Ježinov Stan S-K 58 Qb85
42253 Ježovec VAR 30 Qf71
10314 Johovec ZGB 36 Rc75
47221 Johovo KAR 43 Qd77
47303 Josipdol KAR 42 Qb77
31000 Josipovac OS-B 39 Td75
Josipovac Punit OS-B 47 Tc76
33525 Josipovo VI-P 38 Se74
53234 Jošan L-S 52 Qe81
23222 Jošane ZAD 58 Qc84
33515 Jošava VI-P 38 Sf75
31216 Jovanovac OS-B 49 Td76
23248 Jovići ZAD 51 Qc83
22301 Jovićići S-K 52 Rb83
33412 Jugovo Polje VI-P 38 Sd74
21275 Jujinovići SPL 68 Sa89
52220 Junac IST 40 Pa78
52420 Juradi IST 40 Of76
51523 Jurandvor PR-G 41 Pe79
22000 Juras S-K 59 Qf86
51213 Jurdani PR-G 41 Pb76
47220 Jurga KAR 43 Qe77
52470 Juricani IST 40 Od76
21201 Jurići SPL 60 Rb87
Jurjevac Punit OS-B 47 Tc76
42243 Jurketinec VAR 30 Rb71
Jurkovac PO-S 46 Ta76
23244 Jurline ZAD 51 Qc83
47276 Jurovski Brod KAR 35 Qb75
52342 Juršići IST 40 Of78
23000 Jusupi ZAD 51 Qb83
▲ Južni Greben ZAD 50 Pe83

K

10344 Kabal ZGB 37 Rd73
47212 Kablar KAR 35 Qe76
52215 Kacana IST 40 Of79
51265 Kačjak PR-G 41 Pd77
22321 Kadina Glavica S-K 59 Rb85
43280 Kajgana B-B 37 Rf75
▲ Kakan S-K 59 Qd86
22305 Kakanj S-K 59 Qf85
23423 Kakma ZAD 58 Qc85
51252 Kalanji Miletći PR-G 42 Pf78
52460 Kaldanija IST 40 Od76
52424 Kaldir IST 40 Of77
23446 Kaldrma ZAD 52 Ra83
Kalenić PO-S 46 Sf77
23272 Kali ZAD 58 Qb84
51317 Kalić PR-G 34 Pe75
48361 Kalinovac KO-K 37 Sa72
53213 Kalinovača L-S 51 Qb81
▲ Kalnička gorje <[region]> 36 Rc72
48269 Kalnik KO-K 36 Rc72
53202 Kaluđerovac L-S 51 Qb81
47282 Kamanje KAR 35 Qc75
21213 Kambelovac SPL 60 Rc87
31309 Kamenac OS-B 39 Te74
42220 Kamena Gorica VAR 36 Rb72
47285 Kamenci KAR 35 Qb74
42250 Kamenica VAR 30 Ra71
47264 Kamenica Skradnička KAR 42 Qc77
21262 Kamen- most SPL 68 Sb88
47000 Kamensko KAR 43 Qd76
33522 Kamensko PO-S 46 Sc76
21246 Kamensko SPL 60 Rf87
48269 Kamešnica KO-K 36 Rd72
51280 Kampor PR-G 41 Pe80
52216 Kanal IST 40 Of79
~ Kanal Kupa-Kupa KAR 35 Qe75
~ Kanal Povljana ZAD 51 Qa82
~ Kanal Sava-Odra ZGB 35 Qf74
52352 Kanfanar IST 40 Of78
43283 Kaniška Iva B-B 37 Rf75
42240 Kaniža VAR 30 Ra71
Kaniža B-P 46 Sf78
22321 Kanjane S-K 59 Rb85
22324 Kaočine S-K 59 Ra85
43203 Kapela B-B 37 Rf73
42222 Kapela Kalnička VAR 36 Rc71
53230 Kapela Korenička L-S 43 Qe80
42231 Kapela Podravska VAR 31 Re71
43280 Kapelica B-B 37 Rf75
31531 Kapelna OS-B 39 Ta74
33525 Kapinci VI-P 38 Se74
22235 Kaprije S-K 59 Qe86
▲ Kaprije S-K 59 Qe86
34334 Kaptol PO-S 46 Se76
Karadžićevo VU-S 47 Te77
21230 Karakašica SPL 60 Rd86
31315 Karanac OS-B 39 Te74
53287 Karaula L-S 51 Pf81
20271 Karbuni D-N 68 Re91
52466 Karigador IST 40 Od76
☆ Karingrad Čovici L-S 42 Qb80
~ Karinsko more ZAD 52 Qd84
23452 Karin-Slana ZAD 52 Qd84
53288 Karlobag L-S 51 Qa81
47000 Karlovac KAR 35 Qd76
42233 Karlovec Ludbreški VAR 31 Rd71
21272 Karlušići SPL 68 Sa88
21266 Karoglani SPL 68 Sb88
52423 Karojba IST 40 Oe77
~ Kasina G-ZG 36 Ra73
51215 Kastav PR-G 41 Pc76
52000 Kašćerga Bravari IST 40 Of77
22213 Kašić S-K 59 Qe85
23420 Kašić ZAD 51 Qc84
10362 Kašina G-ZG 36 Ra73
47284 Kašt KAR 35 Qc74
23251 Kaštel ZAD 50 Pf81
21214 Kaštela SPL 60 Rc87
~ Kaštelanski zaljev SPL 60 Rc87
52464 Kaštelir-Labinci IST 40 Oe77
21216 Kaštel Novi SPL 60 Rc87
21216 Kaštel Stari SPL 60 Rc87
23450 Kaštel Žegarski ZAD 52 Qf84
☆ Katedrala (Krk) PR-G 41 Pd78
☆ Katedrala (Osor) PR-G 50 Pc80
☆ Katedrala (Trogir) SPL 59 Rb87
☆ Katedrala (Zagreb) G-ZG 36 Qf74
☆ Katedrala Sv. Jakora S-K 59 Qf86
▲ Katina ZAD 58 Qb85
43532 Katinac B-B 38 Sc75
44415 Katinovac SI-M 43 Qf77
44320 Katoličke Čaire SI-M 37 Re75
44316 Katoličko Selišće SI-M 36 Rd75
52222 Katorovo IST 40 Pa78
☆ Kat. Sv. Duje SPL 60 Rc87
52445 Katun IST 40 Oe77
52000 Katun IST 40 Of77
52232 Katun IST 41 Pb77
21250 Katuni SPL 60 Rf88
52000 Katun Lindarski IST 40 Of77
52208 Kavran IST 40 Of79
43226 Kegljevac B-B 37 Rf73
42203 Kelemen VAR 31 Rc71
10383 Keleminovec ZGB 36 Rb73
10431 Kerestinec ZGB 35 Qe74
47221 Kestenovac KAR 43 Qd77
53251 Kestenovac L-S 52 Qf81
Kešinci OS-B 47 Td76
51513 Kijac PR-G 41 Pd78
23440 Kijani ZAD 52 Qf83
22310 Kijevo S-K 60 Rc85
53244 Kik L-S 52 Qd82
43500 Kip B-B 37 Sb75
44414 Kirin SI-M 43 Qf76
53284 Kirini L-S 51 Pf80
22305 Kistanje S-K 59 Qf85
33405 Kladare VI-P 37 Sb73
10430 Kladje ZGB 35 Qe74
21202 Kladnice SPL 60 Rb86
Klakar B-P 46 Ta78
51217 Klana PR-G 41 Pc76
53226 Klanac L-S 42 Qa79
53223 Klanac L-S 42 Qc80
53212 Klanac L-S 51 Qb81
49290 Klanjec KR-Z 35 Qe72
53234 Klapavica L-S 52 Qe82
52420 Klarići IST 40 Of76
23422 Klarići ZAD 59 Qe85
53230 Klašnjica L-S 52 Qe80
20356 Klek D-N 69 Sd91
☆ Klek KAR 42 Qa77
~ Klek-Neum D-N 69 Sd91
53201 Klenovac L-S 51 Qc81
51252 Klenovica PR-G 41 Pf78
42244 Klenovnik VAR 30 Ra71
52421 Klenovšćak IST 40 Pa76
44320 Kletište SI-M 44 Re75
49282 Klimen KR-Z 36 Ra72
51514 Klimno PR-G 41 Pd78
10450 Klinča Sela ZGB 35 Qe74
44210 Klinjača SI-M 44 Rc76
21231 Klis SPL 60 Rd87
34550 Klisa PO-S 45 Sa76
▲ Klobučar S-K 58 Qc86
47221 Klokoč KAR 43 Qe77
☆ Klokoč KAR 43 Qe77
43211 Klokočevac B-B 37 Re73
Klokočevci OS-B 39 Ta75
Klokočevnik B-P 47 Ta77
49217 Klokovec KR-Z 35 Qe72
Kloštar PR-G 41 Pd77
52450 Kloštar IST 40 Oe78
10312 Kloštar Ivanić ZGB 36 Rc74
48362 Kloštar Podravski KO-K 37 Sa73
48264 Kloštar Vojakovački KO-K 37 Rd72
22322 Kljake S-K 60 Rb86
21276 Kljenak SPL 69 Sb89
42220 Ključ VAR 36 Rc72
47220 Ključar KAR 43 Qe77
47264 Ključ KAR 42 Qc77
52470 Kmeti IST 40 Od76
52220 Knapići IST 41 Pa78
Knezovljani SI-M 44 Rc77
20264 Kneža D-N 67 Sa91
Knežci PO-S 46 Sf76
34350 Kneževac PO-S 46 Ta76
23244 Kneževići ZAD 51 Qc82
47220 Knežević Kosa KAR 43 Qe76
31309 Kneževi Vinogradi OS-B 49 Te74
31302 Kneževo OS-B 49 Td73
22300 Knin S-K 59 Rb84
22300 Kninsko Polje S-K 59 Rb84
43211 Kobasičari B-B 37 Re73
10410 Kobilići ZGB 36 Ra74
44402 Kobiljak-Sesvetski G-ZG 36 Ra74
21241 Kodžomanove Staje SPL 60 Rd86
23244 Kojići ZAD 51 Qc83
51243 Kokanj PR-G 41 Pd77
23226 Kokić ZAD 51 Qd84
43000 Kokinac B-B 37 Rf73
47220 Kokirevo KAR 43 Qe76
21276 Kokorić SPL 69 Sb89
23251 Kolan ZAD 51 Pf82
43247 Kolarevo Selo B-B 37 Rf74
47220 Kolarić KAR 43 Qd77
23420 Kolarina ZAD 59 Qd85
22305 Kolašac S-K 59 Qf84
48312 Koledinec KO-K 31 Re71
52100 Koliba IST 40 Of79
▲ Koločep D-N 72 Sf93

~ Koločepski kanal D-N 69 Sf92
~ Koločepska vrata D-N 72 Sf93
▲ Koludarc PR-G 50 Pc81
52463 Kolumbera IST 40 Oe77
21236 Koljane SPL 60 Rd85
23443 Kom ZAD 52 Ra83
20213 Komaji D-N 72 Tb93
Komarnica B-P 46 Sd77
23451 Komazeci ZAD 52 Qf84
47222 Komesarac KAR 43 Qe78
53234 Komić L-S 52 Qe82
10383 Komin ZGB 36 Rb72
20344 Komin D-N 69 Sd90
21485 Komiža SPL 66 Ra90
32252 Komletinci VU-S 48 Tf78
Komogovina SI-M 44 Rc77
20236 Komolac D-N 72 Ta93
▲ Komorica S-K 59 Qe87
52425 Kompanj IST 40 Pa76
44316 Kompator ZGB 36 Rd75
53226 Kompolje L-S 42 Qb79
43245 Komuševac B-B 37 Rd74
10340 Konak ZGB 36 Rc73
43505 Končanica B-B 37 Sa75
53231 Končarev Kraj L-S 43 Qd80
Kondrić OS-B 47 Tb77
51559 Konec PR-G 41 Pb78
10430 Konšćica ZGB 35 Qe74
22221 Konjevrate S-K 59 Ra86
21231 Konjsko SPL 60 Rc87
53202 Konjsko Brdo L-S 51 Qc80
49282 Konjšćina KR-Z 36 Rb72
31327 Kopačevo OS-B 49 Te75
22300 Kopinjovac S-K 52 Qf84
▲ Kopište D-N 68 Re92
33522 Koprivna PO-S 46 Sc76
48000 Koprivnica KO-K 37 Rf72
Koprivnica PO-S 46 Se77
48324 Koprivnički Bregi KO-K 37 Rf72
48314 Koprivnički Ivanec KO-K 37 Re71
21204 Koprivno SPL 60 Rd87
22323 Koprno S-K 59 Ra86
22324 Koralić S-K 59 Ra85
~ Korana KAR 43 Qd78
20260 Korčula D-N 68 Sa91
▲ Korčula D-N 68 Rf91
~ Korčulanski kanal SPL 68 Rd90
10457 Kordići ZGB 35 Qc74
▲ Kordun <[region]> 43 Qd78
47245 Kordunski Ljeskovac KAR 43 Qe79
Korduševci B-P 46 Ta77
53230 Korenica L-S 52 Qe80
43531 Koreničani B-B 38 Sc75
52352 Korenići IST 40 Oe78
33404 Korija VI-P 38 Sb73
34551 Korita PO-S 45 Sa76
21232 Korita SPL 60 Rd87
20224 Korita D-N 69 Se92
21238 Korita SPL 60 Re86
47204 Koritinja KAR 35 Qe75
10342 Koritna ZGB 36 Rc73
Koritna OS-B 47 Td76
23420 Korlat ZAD 58 Qd84
52463 Korlevići IST 40 Oe77
▲ Kornat S-K 58 Qc86
~ Kornatski kanal ZAD 58 Qb86
51517 Kornić PR-G 41 Pd78
31207 Korod VU-S 47 Te76
31207 Korog VU-S 47 Te76
52222 Koromačno IST 40 Pa79
52207 Koromani IST 40 Of78
21202 Korušce SPL 60 Rc87
53202 Kosa Janjačka L-S 51 Qc80
51327 Kosanovići PR-G 42 Qa77
47252 Kosijersko Selo KAR 43 Qd76
52440 Kosinožići IST 40 Od77
22242 Kosirina S-K 58 Qd86
▲ Kosmerka S-K 58 Qd87
Kosna SI-M 44 Rb78
21236 Kosore SPL 60 Rc85
10342 Kostanj ZGB 36 Rd74
21207 Kostanje SPL 60 Rf88
43233 Kostanjevac B-B 37 Rf75
10455 Kostanjevac ZGB 35 Qc74
52429 Kostanjica IST 40 Oe76
52466 Kostanjija IST 40 Od77
51244 Kostelj PR-G 41 Pe77
47314 Kostići KAR 42 Qa77
51221 Kostrena PR-G 41 Pd77
44203 Kostrinja SI-M 44 Rd76
▲ Košara ZAD 58 Qc85
Koška OS-B 39 Tb75
42243 Koškovec VAR 30 Ra71
23250 Košljun ZAD 51 Qa82
~ Košljunski Zaljev ZAD 51 Qa82
Košutarica SI-M 45 Rf77
21240 Košute SPL 60 Re87
52463 Košutići IST 40 Oe77
Kotarani SI-M 44 Rb78
21276 Kotezi SPL 69 Sc89
21325 Kotišina SPL 67 Sa89
21204 Kotlenice SPL 60 Rd87
31309 Kotlina OS-B 49 Te74
40329 Kotoriba MED 31 Re70
43212 Kovačevac B-B 37 Re73
Kovačevac PO-S 45 Sa76
22305 Kovačevići S-K 59 Qf84
52464 Kovači IST 40 Od77
22300 Kovačić S-K 59 Rb84
52474 Kovri IST 40 Od76
44414 Kozarac SI-M 43 Qf76
31325 Kozarac OS-B 39 Te74
48362 Kozarevac KO-K 37 Sa73
20225 Kozarica D-N 69 Sc92
Kozarice SI-M 45 Rf76
Kozibrod SI-M 44 Rc78
21275 Kozica SPL 68 Sb89
▲ Kozina ZAD 58 Qc85
10370 Kozinščak ZGB 36 Rb74
10413 Kozjača ZGB 36 Ra75
31328 Kozjak OS-B 49 Te74
53235 Kozjan L-S 51 Qd80
23231 Kožino ZAD 51 Qb83
52233 Kožljak IST 41 Pb77
☆ Kožljak IST 41 Pb77
34550 Kragui PO-S 45 Sb76
23264 Kraj ZAD 58 Qc85
21232 Kraj SPL 60 Rd87
10299 Kraj Donji ZGB 35 Qe73
10293 Kraj Gornji ZGB 35 Qe73
44320 Krajiška Kutinica SI-M 37 Re75
47313 Krakar KAR 42 Qa77
Kralijevčani SI-M 44 Rb77
43212 Kraljevac B-B 37 Re73
49284 Kraljevec KR-Z 36 Rb72
49294 Kraljevec na Sutli KR-Z 35 Qe73
10361 Kraljevec-Sesvetski G-ZG 36 Rb74
51262 Kraljevica PR-G 41 Pd77
10297 Kraljev Vrh ZGB 35 Qf73
10346 Kraljev Vrh ZGB 36 Rc73
52464 Krancići IST 40 Oe77
52220 Kranjci IST 40 Pa78
52402 Kranjčići IST 40 Pa77
52220 Kranjica IST 40 Pa78
▲ Krapanj S-K 59 Qf86
49234 Krapina KR-Z 35 Qe72
49217 Krapinske Toplice KR-Z 35 Qf72
Krapje SI-M 44 Re77
51514 Kras PR-G 41 Pd78
51224 Krasica PR-G 41 Pd77
52460 Krasica IST 40 Oe76
53274 Krasno Polje L-S 42 Qa80
10454 Krašić ZGB 35 Qd75
44213 Kratečko SI-M 44 Rd76
10413 Kravarsko ZGB 36 Ra75
22243 Kravljačica S-K 58 Qb86
43532 Kravljak B-B 38 Sc74
53235 Krbava L-S 52 Qe81
53235 Krbavica L-S 52 Qd80
~ Krbavica L-S 51 Qd80
▲ Krbavsko polje L-S 52 Qd80
31530 Krčenik OS-B 38 Sf74
51557 Krčina PR-G 41 Pc79
53291 Krčine L-S 50 Pf81
~ Krčkizaljev PR-G 41 Pd78
10383 Krečaves ZGB 36 Rb73
20355 Kremena D-N 69 Sd91
▲ Kremenjak PR-G 41 Pb77
52460 Kremenje IST 40 Od76
43290 Krešević B-B 37 Sa74
21250 Kreševo SPL 60 Rf88
43506 Kreštelovac B-B 37 Sa75
22320 Kričke S-K 59 Rb86
Kričke SI-M 45 Sa76
52444 Kringa IST 40 Oe77
10312 Krišci ZGB 36 Rc74
40316 Krištanovec MED 31 Rc70
51213 Kriva PR-G 41 Pb76
Krivaj SI-M 45 Rf76
43232 Krivaja B-B 37 Re74
53271 Krivi Put L-S 42 Pf78
21263 Krivodol SPL 61 Sa88
10314 Križ ZGB 36 Rd75
44250 Križ SI-M 44 Rb76
48260 Križevci KO-K 36 Rc72
10382 Križevčec ZGB 36 Rb73
43231 Križic B-B 37 Re74
51241 Križišće PR-G 41 Pd77
53261 Križ-Kamenica L-S 42 Qa78
40316 Križovec MED 31 Rc70
53261 Križpolje L-S 42 Qb78
51500 Krk PR-G 41 Pd78
▲ Krk PR-G 41 Pd78
☆ Krka, Nacionalni park S-K 59 Qf85
10340 Krkač ZGB 36 Rc73
▲ Krknata ZAD 58 Qa85
22214 Krković S-K 59 Qe85
52352 Krmed IST 40 Oe78
51252 Krmpote PR-G 42 Pf78
51252 Krmpotske Vodice PR-G 42 Pf78
Krndija OS-B 47 Tc76
23248 Krneza ZAD 51 Qb83
52208 Krnica IST 40 Pa79
47242 Krnjak KAR 43 Qd76
52420 Kropinjak IST 40 Of76
21272 Krstatice SPL 68 Sa88
47221 Krstinja KAR 43 Qe77
53203 Krš L-S 51 Qb80
52232 Kršan IST 40 Pa77
52474 Kršete IST 40 Od76
52000 Kršikla IST 40 Of77
Kršinci OS-B 47 Tb76
▲ Kručica D-N 67 Rf92
53251 Kruge L-S 52 Qf81
21235 Krunići SPL 60 Rc85
31543 Krunoslavje OS-B 39 Ta74
23451 Krupa ZAD 52 Qf83
~ Krupa ZAD 52 Qe83
53203 Kruščica L-S 51 Qb80
~ Kruščičko jez. L-S 51 Qb80
Kruševica B-P 47 Tc78
22204 Kruševo S-K 59 Ra87
23450 Kruševo ZAD 52 Qd83
53205 Kruškovac L-S 51 Qd82
47222 Kruškovača KAR 43 Qe78
21232 Krušvar SPL 60 Rd87
52420 Krušvari IST 40 Of76
Krvavica SPL 67 Rf89
52462 Kuberton IST 40 Oe76
Kućanci Đakovački OS-B 47 Tb76
10419 Kuće ZGB 36 Ra74
51213 Kučeli PR-G 41 Pb76
21208 Kučiće SPL 60 Re88
10362 Kučilovina G-ZG 36 Ra73
47300 Kučinić-Selo KAR 42 Qb77
53203 Kučišta L-S 51 Qa80
20267 Kučište D-N 68 Sa91
31542 Kućanci OS-B 39 Ta75
42000 Kućan Marof VAR 31 Rc71
53288 Kućišta Cesarička L-S 51 Qa81
52425 Kuhari IST 40 Pa76
~ Kukelnjak G-ZG 35 Qf75
23271 Kukljica ZAD 58 Qb84
53205 Kukljić L-S 51 Qd82
51223 Kukuljanovo PR-G 41 Pd76
▲ Kukuljari S-K 58 Qd86
34551 Kukunjevac PO-S 45 Sa76
52332 Kukurini IST 40 Pa77
20340 Kula D-N 69 Sc90
Kula PO-S 46 Sf76
51500 Kula PR-G 41 Pd78
23420 Kula Atlagić ZAD 58 Qd84
20341 Kula Norinska D-N 69 Sd90
23420 Kulina ZAD 59 Qe85
Kuljani SI-M 44 Rc78
49295 Kumrovec KR-Z 35 Qe72
20217 Kuna Konavoska D-N 72 Tc93
20243 Kuna-Pelješka D-N 69 Sc91
52462 Kunčibreg IST 40 Oe76
53291 Kunera L-S 50 Pf81
47304 Kunić KAR 42 Qb78
23445 Kunovac Kupirovački ZAD 52 Ra83
48311 Kunovec KO-K 37 Re71
48311 Kunovec Breg KO-K 37 Re71
~ Kupa SI-M 44 Rb76
20207 Kupari D-N 72 Tb93
10455 Kupčina ZGB 35 Qc74
~ Kupčina KAR 35 Qd75
~ Kupčina ZGB 35 Qc74
10450 Kupinec ZGB 35 Qe75
10257 Kupinečki Kraljevec G-ZG 35 Qf74
43000 Kupinovac B-B 37 Rf73
23445 Kupirova ZAD 52 Ra83
51313 Kupjak PR-G 42 Pf76
10295 Kupljenovo ZGB 35 Qe73
47220 Kupljensko KAR 43 Qd77
▲ Kurba Mala ZAD 58 Qb85
▲ Kurba Vela S-K 58 Qc86
53234 Kurjak L-S 52 Qe82
52463 Kurjavići IST 40 Oe77
▲ Kurozeb L-S 51 Qa81
40305 Kuršanec MED 31 Rc71
47221 Kusaja KAR 43 Qe77
47306 Kuselj KAR 43 Qd79
34550 Kusonje PO-S 45 Sb76
33520 Kusonje VI-P 38 Sd74
Kuševac OS-B 47 Tc76
47263 Kušići KAR 42 Qb76
21276 Kutac SPL 69 Sc89
53225 Kuterevo L-S 42 Qa80
44320 Kutina SI-M 44 Re76
44320 Kutinica SI-M 37 Re75
~ Kutinica SI-M 37 Re75
44320 Kutinska Slatina SI-M 37 Re75
44320 Kutinsko-Selo SI-M 44 Re76
34340 Kutjevo PO-S 46 Sf76
48317 Kutnjak KO-K 31 Re71
Kutovi VI-P 38 Sf75
33522 Kuzma VI-P 38 Sc75
Kuzmica PO-S 46 Se77
49252 Kuzminec KR-Z 36 Qf72
48312 Kuzminec KO-K 31 Re71
51302 Kuželj PR-G 42 Pe76
~ Kvarner PR-G 40 Pa79
~ Kvarnerička vrata ZAD 50 Pd82
~ Kvarnerić IST 50 Pd80
53202 Kvarte L-S 51 Qc80
52342 Kvirin IST 40 Of79

L

52220 Labin IST 40 Pa78
52464 Labinci, Kaštelir- IST 40 Oe77
21201 Labin Dalmatinski SPL 59 Rb87
31542 Lacići OS-B 39 Tb75
47271 Ladešići KAR 35 Qc76
31550 Ladimirevci OS-B 39 Tc75
10342 Ladina ZGB 36 Rd73
48213 Ladinec KO-K 37 Re73
43284 Ladislav B-B 37 Sa74
48306 Ladislav KO-K 37 Re72
47241 Ladvenjak KAR 43 Qd76
Lađevac B-P 45 Sa77
22214 Lađevci S-K 59 Qe85
52341 Laginji IST 40 Of78
23452 Lakići ZAD 51 Qc84
51517 Lakmartin PR-G 41 Pd78
21233 Laktac SPL 60 Rd85
10382 Laktec G-ZG 36 Rb73
43246 Laminac B-B 37 Re74
52422 Lanišće IST 40 Pa76
47304 Lapat KAR 42 Qc78
47243 Lapovac KAR 43 Qd77
Lapovci OS-B 47 Tb77
47206 Lasinja KAR 35 Qf75
44410 Lasinjsko SI-M 43 Qf76
Laslovo OS-B 47 Te76
43273 Lasovac B-B 37 Sa73
▲ Lastovci D-N 68 Rf92
20290 Lastovo D-N 68 Rf92
▲ Lastovo D-N 68 Rf92
~ Lastovski kanal D-N 68 Re91
10000 Laščina G-ZG 36 Qf74
52447 Lašići Staniši IST 40 Oe77
22222 Laškovica S-K 59 Qf85
47304 Latin KAR 42 Qc78
51307 Lautari PR-G 34 Pd75
▲ Lavdara ZAD 58 Qb85
~ Lavdarski kanal ZAD 58 Qb85
▲ Lavsa S-K 58 Qc86
51316 Lazac Lokvarski PR-G 41 Pe76
51217 Laze PR-G 41 Pc76
52424 Laze IST 40 Of77
22302 Lazića Stan S-K 60 Rc84
47201 Lazina KAR 35 Qd75
49246 Laz-Stubički KR-Z 36 Ra73
21202 Lećevica SPL 60 Rc87
51251 Ledenice PR-G 41 Pf78
Ledenik OS-B 39 Tb75
☆ Ledenjača L-S 43 Qd79
10346 Ledina ZGB 36 Rc73
49290 Ledine Klanječke KR-Z 35 Qe72
48317 Legrad KO-K 31 Rf71
44272 Lekenik SI-M 36 Rb75
48265 Lemeš KO-K 36 Rc72
48306 Lepavina KO-K 37 Re72
22206 Lepenica S-K 59 Ra87
51307 Lepi dol PR-G 33 Pd75
~ Lepnica Jez. PR-G 41 Pe77
42250 Lepoglava VAR 36 Ra71
23420 Lepuri ZAD 59 Qe85
52426 Lesiščina IST 40 Pa76
47252 Leskovac KAR 43 Qd76
42223 Leskovec Toplički VAR 31 Rd71
52233 Letaj IST 40 Pa77
53260 Letinac L-S 42 Qb79
44010 Letovanci SI-M 44 Rc76
44271 Letovanić SI-M 43 Rb75
▲ Levan IST 40 Of80
Levenjska Varoš OS-B 47 Tb77
▲ Levrnaka S-K 58 Qb86
23243 Libinje ZAD 52 Qd83
51323 Lič PR-G 41 Pe77
Ličani OS-B 47 Tb75
47305 Lička Jesenica KAR 42 Qc79
53000 Lički Čitluk L-S 51 Qc82
53000 Lički Novi L-S 51 Qc81
53201 Lički Osik L-S 51 Qc81
53000 Lički Ribnik L-S 51 Qc82
53244 Ličko Cerje L-S 52 Qe82
53224 Ličko Lešće L-S 42 Qb80
53233 Ličko Petrovo Selo L-S 43 Qe79
44201 Lijeva Luka SI-M 36 Rc75
44201 Lijeva-Martinska Ves SI-M 36 Rc75
10311 Lijevi Dubravčak ZGB 36 Rc75
10414 Lijevi-Štefanki ZGB 35 Qf75
~ Lika L-S 51 Qc81
▲ Limska draga IST 40 Oe78
~ Limski zaljev IST 40 Od78
52000 Lindar IST 40 Of77
47261 Lipa KAR 42 Qc76
51214 Lipa PR-G 41 Pb76
53244 Lipac Radučki L-S 52 Qd82
51262 Lipica PR-G 41 Pd77
53261 Lipice L-S 42 Qb78
34551 Lipik PO-S 45 Sa76
51329 Liplje PR-G 42 Qb76
10253 Lipnica G-ZG 35 Qf75
10347 Lipnica ZGB 36 Rc73
~ Lipnica G-ZG 35 Qf74
34550 Lipovac PO-S 45 Sb76
33411 Lipovac VI-P 38 Sc73
32245 Lipovac VU-S 48 Ua78
10312 Lipovac-Lonjski ZGB 36 Rc74
43500 Lipovac Majur B-B 37 Sb75
32000 Lipovača VU-S 48 Tf76
47246 Lipovača Drežnička KAR 43 Qe79
51307 Lipovci PR-G 33 Pd75
49247 Lipovec KR-Z 36 Ra72
☆ Lipovec ZGB 35 Qd74
44322 Lipovljani SI-M 45 Rf76
53220 Lipovlje L-S 42 Qb79
43203 Lipovo Brdo B-B 37 Rf73
53203 Lipovo Polje L-S 51 Qb80
20231 Lisac D-N 70 Se91
▲ Lisac L-S 51 Pf80
23420 Lisičić ZAD 59 Qe84
Lisičine VI-P 38 Sd75
51211 Lisina PR-G 41 Pb76
51564 Liski PR-G 50 Pc81
23420 Lišane Ostrovičke ZAD 59 Qe85
23423 Lišane Tinjske ZAD 58 Qc84
23320 Lišnjak S-K 59 Ra85
42222 Liubelj Kalnički VAR 36 Rc72
52427 Livade IST 40 Oe76
47244 Livade KAR 43 Qc78
51304 Lividraga PR-G 34 Pd76
52203 Ližnjan IST 40 Of80
49253 Lobor KR-Z 36 Ra72
52206 Loborika IST 40 Of79
▲ Logorun S-K 59 Qe86
▲ Lokrum D-N 72 Ta93

☆ Lokvarka PR-G 41 Pe76
~ Lokvarsko Jez. PR-G 41 Pe76
51316 Lokve PR-G 41 Pe76
21263 Lokvičić SPL 61 Sa88
~ Lomnica G-ZG 35 Qf74
43504 Lončarica B-B 38 Sb74
Londžica OS-B 46 Ta76
44203 Lonja SI-M 44 Re76
~ Lonja SI-M 36 Rc75
~ Lonja SI-M 44 Re76
10341 Lonjica ZGB 36 Rb73
▲ Lonjsko polje SI-M 44 Rd76
51281 Lopar PR-G 41 Pe80
40311 Lopatinec MED 31 Rc70
20222 Lopud D-N 72 Sf92
▲ Lopud D-N 72 Sf92
~ Lopudska vrata D-N 72 Sf92
42242 Lorrečan VAR 30 Rb71
~ Lošiniski kanal PR-G 50 Pc81
▲ Lošinj PR-G 50 Pc81
53244 Lotiéi L-S 52 Qd83
Lotine SI-M 44 Rc77
Lovača SI-M 44 Rc77
Lovas VU-S 48 Ub77
Lovčić B-P 46 Se77
47283 Lović KAR 35 Qc74
53244 Lovinac L-S 52 Qe82
20269 Lovište D-N 67 Sa90
20357 Lovorje D-N 69 Sd91
20217 Lovorno D-N 72 Tc93
51415 Lovran PR-G 41 Pb77
51415 Lovranska Draga PR-G 41 Pb77
52470 Lovrečica IST 40 Od76
21410 Lovrečina SPL 67 Re88
10340 Lovrečka Varoš ZGB 36 Rc73
21257 Lovreć SPL 61 Rf88
☆ Lovreški PR-G 41 Pc79
52426 Lovrinčići IST 40 Pa77
44330 Lovska SI-M 45 Sa76
33404 Lozan VI-P 38 Sb73
52429 Lozari IST 40 Oe76
51554 Loze PR-G 50 Pc80
22203 Lozica S-K 59 Qf87
23234 Lozice ZAD 51 Qa83
51557 Loznati PR-G 41 Pc79
22000 Lozovac S-K 59 Qf86
21404 Ložišća SPL 67 Rc88
51557 Lubenice PR-G 41 Pb79
48312 Lubreški Ivanec KO-K 36 Rd71
10250 Lucko G-ZG 35 Qf74
31300 Luč OS-B 39 Td74
21230 Lučane SPL 60 Rd86
10451 Lučelnica ZGB 35 Qf75
49290 Lučelnica Tomaševečka KR-Z 35 Qe72
47253 Lučica KAR 42 Qc76
22243 Lučica S-K 58 Qb85
51300 Lučice PR-G 42 Pe76
34000 Lučinci PO-S 46 Sd76
21454 Lučišće SPL 67 Rd89
42230 Ludbreg VAR 31 Rd71
44316 Ludinica SI-M 37 Rd75
Ludvinci VU-S 48 Te76
31328 Lug OS-B 49 Te74
49221 Lug Orehovički KR-Z 35 Ra72
31224 Lug Subotički OS-B 47 Tb75
20236 Lujbač D-N 72 Ta92
10340 Luka ZGB 36 Rc73
10296 Luka ZGB 35 Qe73
23282 Luka ZAD 58 Qa85
20230 Luka D-N 69 Se91
~ Luka Budava IST 40 Of79
33406 Lukač VI-P 38 Sc73
~ Luka Črvar IST 40 Od77
~ Luka Dajla IST 40 Od76
51252 Luka Krmpotska PR-G 42 Pf78
~ Luka Mirna IST 40 Od77
47203 Luka Pokupska KAR 35 Qd75
22303 Lukar S-K 59 Ra85
~ Luka Umag IST 40 Oc76
33520 Lukavac VI-P 38 Sd74
10412 Lukavec ZGB 36 Qf74
44203 Lukavec Posavski SI-M 44 Rd76
51218 Lukeži PR-G 41 Pc76
10414 Lukinić Brdo ZGB 36 Qf75
23274 Lukoran ZAD 51 Qa84
51328 Lukovdol PR-G 42 Qa76
53284 Lukovo L-S 42 Pf79
10340 Lukovo ZGB 36 Rc73
51253 Lukovo PR-G 42 Pe77
53289 Lukovo Sugarje L-S 51 Qb82
20263 Lumbarda D-N 68 Sb91
53294 Lun L-S 50 Pe80
▲ Lunga S-K 58 Qc86
42231 Lunjkovec VAR 31 Re71
☆ Lunjski maslinici L-S 50 Pe80
▲ Lupac S-K 59 Qe86
52426 Lupoglav IST 40 Pa76
10370 Lupoglav ZGB 36 Rc74
20236 Luznica D-N 72 Ta92
10363 Lužan G-ZG 36 Rb73
42204 Lužan VAR 31 Rc71
35250 Lužani B-P 46 Se78

Lj

35250 Ljeskovac SI-M 44 Rb77
23248 Ljubač ZAD 51 Qb83
22300 Ljubač S-K 59 Ra84
~ Ljubački zaljev ZAD 51 Qb83
23248 Ljubač Stanovi ZAD 51 Qb83
42222 Ljubešćica VAR 36 Rc71
Ljubina SI-M 44 Rb78
21201 Ljubitovica SPL 59 Ra87
22323 Ljubostinje S-K 59 Ra86
51327 Ljubošina PR-G 42 Qa77
23245 Ljubotić ZAD 51 Qc82
22303 Ljubotić S-K 59 Ra85
53235 Ljubovo L-S 51 Qd81
43500 Ljudevit B-B 37 Sb75
35400 Ljupina B-P 45 Sc77
20217 Ljuta D-N 72 Tc93

M

40306 Macinec MED 31 Rb70
22305 Macure S-K 59 Qf84
33522 Macute VI-P 38 Sd75
49251 Mače KR-Z 36 Ra72
10344 Mački ZGB 37 Rd73
33522 Mačkovac VI-P 38 Sd74
Mačkovac B-P 45 Sc78
40000 Mačkovec MED 31 Rc70
52210 Madona IST 40 Oe78
42220 Madžarevo VAR 36 Rb71
44010 Madžari SI-M 44 Rc76
31542 Magadenovac OS-B 39 Tb75
▲ Magarčić ZAD 51 Pf84
Magic Mala B-P 46 Sd77
43226 Maglenča B-B 37 Rf73
47286 Mahićno KAR 35 Qd75
44201 Mahovo SI-M 36 Rc75
Maja SI-M 44 Ra77
~ Maja SI-M 44 Ra77
Majar OS-B 47 Tb77
Majdan SI-M 44 Rb78
42206 Majerje VAR 30 Rb70
☆ Majka Božja PR-G 50 Pc80
10382 Majkovec ZGB 36 Rb73
52463 Majkusi IST 40 Oe77
44400 Majske Poljane SI-M 44 Ra76
10344 Majur ZGB 37 Re73
44430 Majur SI-M 44 Rd77
48260 Majurec KO-K 36 Rd72
21300 Makar SPL 67 Sa89
23206 Makarska ZAD 58 Qc84
21300 Makarska SPL 68 Rf89
20207 Makoše D-N 72 Tb93
52429 Makovci IST 40 Oe76
51306 Makov Hrib PR-G 34 Pd75
10000 Maksimir G-ZG 36 Ra74
43290 Mala Barna B-B 37 Sb74
43282 Mala Bršljanica B-B 37 Re75
10413 Mala Buna ZGB 36 Ra75
33405 Mala Črešnjevica VI-P 37 Sa73
43504 Mala Dapčevica B-B 38 Sb74
21329 Mala Dubna SPL 68 Sb89
49231 Mala Gora KR-Z 35 Qe71
10431 Mala Gorica ZGB 35 Qe74
44250 Mala Gorica SI-M 44 Rb76
44210 Mala Gradusa SI-M 44 Rc76
43290 Mala Jasenovača B-B 37 Sa74
53222 Mala Kapela L-S 42 Qc79
▲ Mala Kapela <[region]> 42 Qb78
Mala Kopanica B-P 47 Tc78
43285 Mala Mlinska B-B 37 Rf75
43270 Mala Pisanica B-B 37 Sa74
21460 Mala Rudina SPL 68 Rd89
22303 Malase S-K 59 Ra84
44400 Mala Solina SI-M 43 Ra76
40000 Mala Subotica MED 31 Rd70
33533 Mala Trapinska VI-P 38 Sc74
43285 Mala Trnovitica B-B 37 Rf74
21246 Mala Vinica SPL 61 Rf87
51212 Male Mune PR-G 41 Pa76
▲ Male Orjule PR-G 50 Pd82
▲ Male Srakane PR-G 50 Pb81
43531 Mali Bastaji B-B 38 Sb75
42231 Mali Bukovec VAR 31 Re71
44415 Malička SI-M 43 Qe77
▲ Mali Drvenik SPL 59 Ra88
Mali Gradac SI-M 44 Rb77
43270 Mali Grdevac B-B 37 Sb74
23284 Mali Iž ZAD 58 Qa84
47251 Malik KAR 42 Qb76
▲ Mali Kobiljak PR-G 41 Pe77
10430 Mali Lipovec ZGB 35 Qd74
51550 Mali Lošinj PR-G 50 Pc81
51304 Mali Lug PR-G 34 Pd75
43531 Mali Miletinac B-B 38 Sc74
47285 Malinci KAR 35 Qb74
35250 Malino B-P 46 Se77
51511 Malinska-Dubašnica PR-G 41 Pd78
44400 Mali Obljaj SI-M 43 Ra77
43280 Mali Pašijan B-B 37 Rf75
51557 Mali Podol PR-G 41 Pc79
48306 Mali Poganac KO-K 37 Rd72
20278 Mali Prolog D-N 69 Sc90
▲ Mali Sikavac ZAD 51 Qb83
53284 Mali Stolac L-S 42 Pf79
20231 Mali Ston D-N 69 Se91
52231 Mali Turini IST 40 Pa78
20235 Mali-Zaton D-N 72 Ta92
52215 Malmajola IST 40 Of79
43531 Mal. Maslenjača B-B 38 Sb75
21450 Malo Grablje SPL 67 Rc89
~ Malo more D-N 69 Sc91
43000 Malo Pavljani B-B 37 Re73
51317 Malo Selo PR-G 41 Pe76
53201 Malo Selo L-S 51 Qc81
~ Malostonski kanal D-N 69 Sd91
43226 Malo Trojstvo B-B 37 Rf73
23440 Malovan ZAD 52 Qf83
43283 Malo Vukovje B-B 37 Rf75
23440 Mal.Popine ZAD 52 Ra83
10450 Malunje ZGB 35 Qd74
47222 Maljevac KAR 43 Qe77
21233 Maljkovo SPL 60 Rd86
▲ Mana S-K 58 Qb86
52403 Mandalenčići IST 40 Of77
Mandićevac OS-B 47 Tb76
23440 Mandića Draga ZAD 52 Qf82
52434 Mandići IST 40 Pa77
47211 Mandić Selo KAR 43 Qe76
23251 Mandre ZAD 50 Pf82
51265 Manestri PR-G 41 Pd77
☆ Manita peć ZAD 51 Qc83
21256 Manndarići SPL 60 Rf87
22303 Manojlović S-K 59 Ra85
47211 Manjerovići KAR 43 Qe76
21236 Maovice SPL 60 Rc85
20224 Maranovići D-N 69 Sd92
53289 Marasi L-S 51 Qb82
52450 Marasi IST 40 Oe78
23248 Marasovići ZAD 51 Qc83
22300 Marasovine S-K 59 Ra84
52206 Marčana IST 40 Of79
43240 Marčani B-B 36 Rd74
51216 Marčelji PR-G 41 Pc76
52420 Marčenigla IST 40 Of76
49283 Maretić KR-Z 36 Rb72
42242 Margečan VAR 30 Rb71
52220 Marići IST 40 Pa78
49246 Marija Bistrica KR-Z 36 Ra72
10299 Marija Gorica ZGB 35 Qe73
31555 Marijanci OS-B 39 Tb74
51300 Marija Trošt PR-G 42 Pe76
21222 Marina SPL 59 Ra87
~ Marina Mali Losinj PR-G 50 Pc81
44400 Marinbrod SI-M 44 Ra76
52420 Marinci IST 40 Of76
53287 Marinci L-S 51 Pf81
Marinci VU-S 48 Tf76
49218 Marinec KR-Z 35 Qe72
51216 Marinići PR-G 41 Pc76
22301 Marinkovići S-K 52 Ra83
34543 Marino Selo PO-S 37 Rf76
51554 Marinska PR-G 50 Pc80
31555 Marjanski Ivanovci OS-B 39 Tb75
52210 Marko IST 40 Oe78
43500 Markovac B-B 38 Sb75
43212 Markovac KO-K 37 Re73
22312 Markovac S-K 59 Rb85
10342 Markovac Dubravski ZGB 36 Rd73
Markovac Našički OS-B 46 Ta75
10360 Markovo Polje G-ZG 36 Ra73
22243 Markov stan S-K 58 Qc86
32213 Markušica VU-S 47 Te76
43240 Martinac B-B 37 Re74
43226 Martinac B-B 37 Rf73
52420 Martinci IST 40 Of76
Martinci Čepinski OS-B 47 Tc75
31530 Martinci Miholjački OS-B 38 Sf74
52429 Martinčići IST 40 Oe76
Martinovci B-P 45 Sb77
~ Martinska B-B 37 Re74
44201 Martinska Ves SI-M 36 Rb75
52231 Martinski IST 40 Pa78
51556 Martinšćica PR-G 41 Pc80
49250 Martinšćina KR-Z 36 Ra72
42243 Maruševec VAR 30 Rb71
52462 Marušići IST 40 Oe76
23243 Maslenica ZAD 51 Qd83
☆ Maslenički most ZAD 51 Qd83
21430 Maslinica SPL 66 Rb88
▲ Maslinjak ZAD 50 Pe83
52447 Mastelići IST 40 Oe76
Mašić B-P 45 Sb77
☆ Maškovića han ZAD 58 Qd85
47245 Mašvina KAR 43 Qe78
51251 Mataija Draga PR-G 42 Pf78
51554 Matalda PR-G 50 Pc80
49240 Matenci KR-Z 35 Qf73
47262 Mateško Selo KAR 42 Qc77
~ Matica SPL 69 Sb88
21233 Matkovići SPL 60 Rd85
21236 Matkovine SPL 60 Rc85
22303 Matovo S-K 59 Ra85
51211 Matulji PR-G 41 Pb76
▲ Maun ZAD 50 Pf82
~ Maunski kanal ZAD 50 Pf82
☆ Mauzolei Meštrovica S-K 60 Rb85
23441 Mazin ZAD 52 Qf82
▲ Mažirina S-K 59 Qe87
53289 Mažurani L-S 51 Qa82
Mečenčani SI-M 44 Rc77
53205 Medak L-S 51 Qd82
47263 Medari KAR 42 Qb76
Medari B-P 45 Sb77
▲ Međimurje MED 31 Rd70
33520 Medinici VI-P 38 Se74
21271 Medov Dolac SPL 61 Sa88
52203 Medulin IST 40 Of80
43272 Međurača B-B 37 Rf74
44321 Međurić SI-M 45 Rf76
48327 Medvedičko KO-K 37 Sa72
▲ Medvedovo brdo L-S 51 Qa80
51415 Medveja PR-G 41 Pb77
23450 Medvida ZAD 59 Qe84
Međumajdan SI-M 44 Rb78
51225 Meja-Gaj PR-G 41 Pd77
53251 Melinovac L-S 52 Qf80
52207 Melnica IST 40 Pa78
53273 Melnice L-S 42 Qa79
42254 Meljan VAR 30 Qf71
51557 Merag PR-G 41 Pc79
53296 Metajna L-S 51 Qa81
20350 Metković D-N 69 Sd90
53202 Mezinovac L-S 51 Qb80
48350 Mičetinac KO-K 37 Sa72
10410 Mičevec ZGB 36 Ra74
Migalovci PO-S 46 Ta77
47250 Mihalić Selo KAR 42 Qc76
53230 Mihaljevac L-S 52 Qe80
34000 Mihaljevci PO-S 46 Se76
52440 Mihelići IST 40 Oe77
51556 Miholašćica PR-G 41 Pc80
48267 Miholec KO-K 36 Rc72
31543 Miholjački Poreč OS-B 39 Tb74
48326 Miholjanec KO-K 37 Rf72
47221 Miholjsko KAR 43 Qe77
40000 Mihovljan MED 31 Rc70
49252 Mihovljan KR-Z 36 Qf72
34553 Mijači PO-S 46 Sc76
40316 Miklavec MED 31 Rc70
33514 Mikleuš VI-P 38 Se75
44320 Mikleuška SI-M 37 Re75
Mikluševci VU-S 48 Ua77
10000 Mikulići G-ZG 35 Qf73
20218 Mikulići D-N 72 Tc94
33000 Milanovac VI-P 38 Sc74
43245 Milaševac B-B 37 Rd74
23248 Miletići ZAD 51 Qb83
20357 Milhalj D-N 69 Sc91
Milisavci SI-M 45 Sa77
21404 Milna SPL 67 Rc89
21450 Milna SPL 67 Rc90
21480 Milna SPL 66 Rb90
10362 Milnovi G-ZG 36 Qf73
51511 Milohnići PR-G 41 Pc78
47253 Miloševac KAR 42 Qc77
52341 Milotski Breg IST 40 Of77
23245 Milovac ZAD 51 Qc83
23000 Milovac ZAD 51 Qb83
49296 Miljana KR-Z 35 Qd72
43541 Miljanovac B-B 37 Sb75
33518 Miljevci VI-P 38 Se75
53289 Miljkovići L-S 51 Qb82
21318 Mimice SPL 67 Re88
21465 Mina SPL 67 Re90
22321 Miočić S-K 59 Rb85
44250 Miočinovići SI-M 44 Rb77
23420 Miranje ZAD 58 Qd85
21400 Mirca SPL 67 Rd88
20269 Mirce D-N 67 Sa90
31309 Mirkovac OS-B 49 Te74
Mirkovci VU-S 47 Tf77
49223 Mirkovec KR-Z 36 Qf72
22322 Mirlović Polje S-K 60 Rc86
22323 Mirlović Zagora S-K 59 Ra86
~ Mirna IST 40 Od77
20353 Mislina D-N 69 Sd91
47276 Mišinci KAR 35 Qb75
23249 Miškovići ZAD 51 Qb82
53250 Mišljenovac L-S 52 Qf81
47304 Mišljenovići KAR 42 Qc78
51280 Mišnjak PR-G 50 Pf80
21228 Mitlo SPL 59 Ra87
Mitrovac PO-S 46 Sf76
10347 Mlaka ZGB 36 Rb73
Mlaka SI-M 45 Sa77
53203 Mlakva L-S 51 Qb80
20207 Mlini D-N 72 Tb93
▲ Mljet D-N 69 Sc92
~ Mljetski kanal D-N 69 Sc92
20210 Močići D-N 72 Tb93
51329 Močile PR-G 42 Qa76
☆ Močiljska spilja D-N 72 Ta92
☆ Modra špilja SPL 66 Ra91
23244 Modrić ZAD 51 Qd83
53284 Modrići L-S 42 Pf80
22305 Modrino Selo S-K 59 Qf84
47303 Modruš KAR 42 Qb78
52444 Mofardini IST 40 Oe77
~ Mofrini IST 40 Oe76
53205 Mogorić L-S 52 Qd82
Mohovo VU-S 48 Ub77
20250 Mokalo D-N 69 Sb91
20236 Mokošica D-N 72 Ta92
49243 Mokrice KR-Z 35 Qf73
49243 Mokrice KO-K 36 Rc72
22307 Mokro Polje S-K 59 Ra84
23292 Molat ZAD 50 Pf83
▲ Molat ZAD 50 Pe83
Molunat D-N 72 Tc94
48327 Molve KO-K 37 Sa72
20341 Momići D-N 69 Sd90
52462 Momjan IST 40 Oe76
52210 Monfiorenco IST 40 Od78
52100 Monticchio = Muntić IST 40 Of79
52460 Montrin IST 40 Od76
10363 Moravče G-ZG 36 Ra73
51325 Moravice PR-G 42 Qa76
51312 Moravička Sela PR-G 42 Pf76
▲ Morovnik ZAD 50 Pe82
23422 Morpolača ZAD 59 Qe85
22320 Moseć S-K 59 Rb86
▲ Moseć S-K 59 Rb86
44317 Moslavačka Slatina SI-M 37 Rd75
▲ Mosor SPL 60 Rd87
10342 Mostari ZGB 36 Rc74
52223 Most- Raša IST 40 Pa78
47272 Mošanci KAR 35 Qb75
44253 Moščenica SI-M 44 Rc76
51417 Moščenice PR-G 41 Pb77

51417 Mošćenička Draga PR-G 41 Pb77
Moštanica SI-M 44 Rc76
51251 Mošune PR-G 42 Pf77
52424 Motovun IST 40 Oe76
52423 Motovunski Novaki IST 40 Of77
42220 Možđenec VAR 36 Rc72
10410 Mraclin ZGB 36 Ra75
☆ Mramornica IST 40 Od76
21209 Mravince SPL 60 Rd87
20234 Mravinjac D-N 70 Sf92
22205 Mravnica S-K 59 Ra87
20232 Mravnica D-N 69 Sf92
20234 Mrcevo D-N 72 Sf92
▲ Mrčara D-N 68 Re92
~ Mrežnica KAR 42 Qc77
~ Mrežnica KAR 42 Qc77
47262 Mrežnički-Brest KAR 42 Qc76
47222 Mrgani KAR 43 Qe78
▲ Mrkan D-N 72 Tb93
51315 Mrkopalj PR-G 41 Pf77
23262 Mrljane ZAD 58 Qc85
▲ Mrtonjak ZAD 58 Qb85
51317 Mrzla Vodica PR-G 41 Pd76
~ Mrzlica PR-G 41 Pd76
53271 Mrzli Dol L-S 42 Qa78
47271 Mrzljaki KAR 35 Qb75
Mrzović OS-B 47 Td77
51213 Mučići PR-G 41 Pb76
21203 Muć SPL 60 Rc86
52440 Mugeba IST 40 Od77
23226 Mulić ZAD 51 Qd83
23235 Mulo ZAD 51 Qb83
52000 Munci IST 40 Of77
51280 Mundanije PR-G 50 Pe80
43504 Munije B-B 38 Sb74
52100 Muntić IST 40 Of79
52444 Muntrilj IST 40 Oe77
47303 Munjava KAR 42 Qb77
~ Muratovica SI-M 45 Rf77
52470 Murine IST 40 Od76
40315 Mursko Središće MED 31 Rc69
22243 Murter S-K 58 Qd86
▲ Murter S-K 58 Qd86
~ Murtersko more ZAD 58 Qc86
51554 Murtovnik PR-G 50 Pc81
▲ Murvenjak S-K 58 Qd86
23000 Murvica ZAD 51 Qb84
21420 Murvica SPL 68 Rd89
31400 Musić OS-B 47 Ta77
44316 Mustafina Klada ZGB 36 Rd75
53201 Mušaluk L-S 51 Qc81
23450 Muškovci ZAD 52 Qe83
53234 Mutilić L-S 52 Qe81
52208 Mutvoran IST 40 Of79
44203 Mužilovčica SI-M 44 Re76

N

☆ Nacionalni park Mljet D-N 69 Sc92
☆ Nacionalni park Risnjak PR-G 41 Pd76
23445 Nadurljaj ZAD 52 Ra82
23451 Nadvoda ZAD 52 Qf84
51328 Nadvučnik PR-G 42 Qa76
21425 Nagorinac SPL 68 Re89
20267 Nakovana D-N 68 Sa90
31550 Nard OS-B 39 Tc75
43247 Narta B-B 37 Re74
31500 Našice OS-B 39 Ta76
31511 Našičko Novo Solo OS-B 39 Ta75
53251 Nebljusi L-S 52 Qf81
44250 Nebojan SI-M 36 Rb76
21432 Nečujam SPL 66 Rb88
40305 Nedelišće MED 31 Rc70
☆ Nedinum ZAD 58 Qc84
32000 Negoslavci VU-S 48 Tf77
10341 Negovec ZGB 36 Rb73
52215 Negrin IST 40 Oe78
☆ Nehaj L-S 42 Pf79
21247 Neorić SPL 60 Rd86
~ Neretljanski kanal D-N 68 Sa90
51554 Nerezine PR-G 50 Pc81
21423 Nerežišća SPL 67 Rd89
☆ Nesactium IST 40 Of79
10382 Nespeš ZGB 36 Rb73
23445 Neteka ZAD 52 Ra82
47271 Netretić KAR 42 Qc75
22323 Nevest S-K 59 Rb86
23264 Nevidane ZAD 58 Qc85
43272 Nevinac B-B 37 Rf74
32245 Nijemci VU-S 48 Ua78
47240 Nikšić KAR 43 Qd78
23232 Nin ZAD 51 Qb83
23232 Ninski Stahovi ZAD 51 Qb83
21202 Nisko SPL 60 Rc86
44440 Niševići SI-M 44 Rc78
~ Norino D-N 69 Sd90
22324 Nos Kalik S-K 59 Qf86
33523 Noskovci VI-P 38 Se74
33520 Nova Bukovica VI-P 38 Se75
48331 Novačka KO-K 37 Sa71
43203 Nova Diklenica B-B 37 Rf73
44250 Nova Drenčina SI-M 44 Rb76
35400 Nova Gradiška B-P 45 Sc77
10343 Nova Kapela ZGB 36 Rd73
35410 Nova Kapela B-P 46 Sd77
10342 Novaki ZGB 36 Rd73
33525 Novaki VI-P 38 Sd74
47272 Novaki Lipnički KAR 35 Qc75
10372 Novaki Oborovski ZGB 36 Rb74
52402 Novaki Pazinski IST 40 Of77
10450 Novaki Petrovinski ZGB 35 Qd75
48265 Novaki Ravenski KO-K 36 Rc73
42203 Novakovec VAR 31 Rd71
40318 Novakovec MED 31 Rd70
22300 Novakovića Stan S-K 60 Rb84
43532 Nova Krivaja B-B 38 Sc75
47245 Nova Kršlja KAR 43 Qe79
Nova Lipa PO-S 46 Sd76
53291 Novalja L-S 50 Pf81
43271 Nova Pisanica B-B 37 Sa74
43285 Nova Ploščica B-B 37 Rf74
43272 Nova Rača B-B 37 Rf74
20278 Nova Sela D-N 69 Sd90
21254 Nova Sela SPL 60 Re87
Nova Subocka SI-M 45 Rf76
52446 Nova Vas IST 40 Od77
52474 Nova Vas IST 40 Od76
52233 Nova vas IST 41 Pb77
42206 Nova Ves VAR 30 Rb71
~ Novčica L-S 51 Qc81
31322 Novi Bezdan OS-B 39 Tc74
48263 Novi-Bošnjani KO-K 37 Rd72
31325 Novi Čeminac OS-B 49 Td74
31226 Novi Erdut OS-B 48 Ua75
44250 Novi Farkašić SI-M 44 Ra76
48214 Novi Glog KO-K 37 Rd73
49255 Novi Golubovec KR-Z 36 Qf71
Novi Grabovac SI-M 45 Rf76
52466 Novigrad IST 40 Od77
23312 Novigrad ZAD 51 Qd83
Novi Grad B-P 47 Tc78
33411 Novi Gradac VI-P 38 Sd73
47250 Novigrad na Dobri KAR 42 Qc76
48325 Novigrad Podravski KO-K 37 Rf72
~ Novigradsko more ZAD 52 Qd83
Novi Jankovci VU-S 48 Tf77
42220 Novi Marof VAR 36 Rc72
43000 Novi Pavljani B-B 37 Rf73
Novi Varoš B-P 45 Sb77
51250 Novi Vinodolski PR-G 42 Pe78
10020 Novi Zagreb G-ZG 36 Qf74
10415 Novo Čiče ZGB 36 Ra74
10380 Novo Mjesto ZGB 36 Rb73
31322 Novo Nevesinje OS-B 39 Tc74
10315 Novoselec ZGB 36 Rd75
31542 Novo Selo OS-B 39 Ta75
21425 Novo Selo SPL 68 Rf89
40305 Novo Selo MED 31 Rc71
53000 Novoselo Bilajsko L-S 51 Qc81
43233 Novo Selo Garešničko B-B 37 Re75
44400 Novo Selo Glinsko SI-M 44 Ra76
44000 Novo Selo Palanječko SI-M 36 Rc76
40000 Novo Selo Rok MED 31 Rc70
10456 Novo Selo Žumberačko ZGB 35 Qd74
43000 Novoseljani B-B 37 Rf73
Novo Topolje B-P 47 Tb77
48355 Novo Virje KO-K 37 Sa72
34000 Novo Zvečevo PO-S 38 Sd75
44330 Novska SI-M 45 Rf76
22305 Nunić S-K 59 Qf84
Nuštar VU-S 47 Tf77

Nj

51512 Njivice PR-G 41 Pd78

O

10370 Obedišće Ježevsko ZGB 36 Rb74
Oblakovac PO-S 45 Sd76
▲ Oblik S-K 58 Qc85
▲ Oblik S-K 59 Qf87
47244 Obljajac KAR 42 Qc78
20210 Obod D-N 72 Tb93
10372 Oborovo ZGB 36 Rb74
Obradovci VI-P 38 Sf75
47283 Obrež KAR 35 Qc75
23450 Obrovac ZAD 52 Qe83
21241 Obrovac Sinjski SPL 60 Re86
43000 Obrovnica B-B 37 Rf74
21423 Obršje SPL 67 Rd89
▲ Obun ZAD 58 Qc85
▲ Obzova PR-G 41 Pe79
22318 Oćestovo S-K 59 Ra84
~ Odra SI-M 36 Rb75
10020 Odranski Obrež G-ZG 36 Qf74
44000 Odra Sisačka SI-M 44 Rc75
51555 Ograde PR-G 50 Pc81
47300 Ogulin KAR 42 Qb77
47300 Ogulinski KAR 42 Qb77
10315 Okešinec ZGB 36 Rd75
47241 Okić KAR 43 Qd76
21485 Okjučna SPL 66 Ra90
22303 Oklaj S-K 59 Ra85
▲ Oključ S-K 58 Qc86
44316 Okoli SI-M 36 Rd75
52352 Okreti IST 40 Oe78
21223 Okrug SPL 59 Rb87
51317 Okrug Gornji SPL 60 Rb88
47300 Okruglica KAR 42 Qb77
33404 Okrugljača VI-P 38 Sc73
35430 Okučani B-P 45 Sb77
10410 Okuje ZGB 36 Ra74
20224 Okuklje D-N 69 Se92
10370 Okunšćak ZGB 36 Rb74
23296 Olib ZAD 50 Pe82
▲ Olib ZAD 50 Pe82
▲ Olipa D-N 69 Se92
~ Olipski kanal ZAD 50 Pe82
53284 Oltari L-S 42 Pf79
34552 Omanovac PO-S 37 Sb76
51252 Omar PR-G 42 Pf78
21310 Omiš SPL 60 Re88
51513 Omišalj PR-G 41 Pd77
23440 Omsica ZAD 52 Qf82
53234 Ondić L-S 52 Qe82
23000 Opačići ZAD 51 Qb84
21257 Opanci SPL 61 Rf88
51410 Opatija PR-G 41 Pb76
10414 Opatija ZGB 36 Qf75
23210 Opatijski Torovi ZAD 58 Qc85
10310 Opatinec ZGB 36 Rc74
Opatovac VU-S 48 Ub77
Opatovac B-P 45 Sc77
21201 Opor SPL 60 Rb87
40323 Oporovec MED 31 Re71
35213 Oprisavci B-P 47 Tb78
52428 Oprtalj Portole IST 40 Oe76
20355 Opuzen D-N 69 Sd90
21276 Orah SPL 69 Sc89
33515 Orahovica VI-P 38 Sf75
53250 Oraovac L-S 52 Qf81
Oraovica SI-M 44 Rc78
20234 Orašac D-N 72 Ta92
21277 Oraževitići SPL 69 Sc90
52206 Orbanići IST 40 Of78
20250 Orebic D-N 68 Sb91
49228 Orehovica KR-Z 36 Qf72
40322 Orehovica MED 31 Rd70
49221 Orehovički KR-Z 36 Qf72
33410 Orešac VI-P 38 Sd74
52207 Orihi IST 40 Of78
35250 Oriovac B-P 46 Se78
Oriovčić B-P 46 Ta77
10411 Orle ZGB 36 Rb74
51557 Orlec PR-G 41 Pc79
22312 Orlić S-K 59 Rb85
47000 Orlovac KAR 35 Qd75
43272 Orlovac B-B 37 Rf74
43290 Orlovac Zdenački B-B 37 Sa74
~ Orljava PO-S 46 Se77
32242 Orolik VU-S 48 Tf77
49243 Oroslavje KR-Z 35 Qf73
43274 Orovac B-B 37 Rf73
52450 Orsera = Vrsar IST 40 Od78
Orubica B-P 46 Sc78
▲ Orud SPL 66 Ra88
▲ Oruda PR-G 50 Pd81
20246 Osabjava D-N 69 Sc91
~ Osatina OS-B 47 Td76
44317 Osekovo SI-M 44 Rd75
21252 Osić SPL 60 Rd88
31000 Osijek OS-B 39 Te75
48260 Osijek Vojakovački KO-K 36 Rd72
20242 Oskorušno D-N 69 Sb91
52402 Oslići IST 40 Of76
21232 Osoje SPL 60 Rd87
21205 Osoje SPL 60 Re87
51329 Osojnik PR-G 42 Qb76
20236 Osojnik D-N 72 Ta92
51554 Osor PR-G 50 Pc80
~ Osorski zaljev PR-G 50 Pc80
▲ Osoršćica PR-G 50 Pc80
23446 Osredci ZAD 52 Ra82
22323 Ostrogašica S-K 59 Ra86
Ostrošinci OS-B 47 Tb76
23420 Ostrovica ZAD 59 Qe85
Ostrovo VU-S 48 Te76
51327 Ostrožica PR-G 42 Qa77
44410 Ostrožin SI-M 43 Qf76
53201 Ostrvica L-S 51 Qc81
20205 Ošlje D-N 69 Se91
47302 Oštarije KAR 42 Qb77
22214 Oštarije S-K 59 Qe85
22000 Oštrica S-K 59 Qf86
42220 Oštrice VAR 36 Rc71
43233 Oštri Zid B-B 37 Re74
22322 Otavice S-K 60 Rb85
~ Otešica L-S 51 Qb81
21236 Otišić SPL 60 Rc85
43505 Otkopi B-B 37 Sb75
53220 Otočac L-S 42 Qb79
40323 Otok MED 31 Rd71
21238 Otok SPL 60 Re86
32252 Otok VU-S 48 Tf78
22318 Oton S-K 59 Ra84
23442 Otrić ZAD 52 Ra83
20342 Otrić D-N 69 Sc90
33405 Otrovanec VI-P 37 Sb73
☆ Oubovac KAR 43 Qd75
31400 Ovčara OS-B 47 Tb77
31400 Ovčara OS-B 47 Td75
32000 Ovčara VU-S 48 Ua77
33410 Ovčara Suhopoljska VI-P 38 Sc74
47280 Ozalj KAR 35 Qc75
34550 Ožegovci PO-S 45 Sc76

P

32000 Pačetin VU-S 47 Tf76
52342 Pačići IST 40 Of78
21261 Padosoje SPL 68 Sb88
51550 Padova PR-G 41 Pc80
22300 Pađene S-K 59 Ra84
23250 Pag ZAD 51 Qa82
▲ Pag L-S 50 Pf81
52402 Pagubice IST 40 Of77
52448 Pajari IST 40 Oe77
22305 Pajči S-K 52 Qf84
52342 Pajkovići IST 40 Of78
34350 Paka PO-S 46 Ta77
Paklenica SI-M 45 Sa77
☆ Paklenica, Nacionalni park ZAD 51 Qc82
~ Pakleni kanal SPL 66 Rc89
▲ Pakleni Otoci SPL 66 Rb90
23211 Pakoštane ZAD 58 Qd85
22320 Pakovo Selo S-K 59 Ra86
~ Pakra SI-M 44 Re76
34550 Pakrac PO-S 45 Sb76
43500 Pakrani B-B 38 Sb75
▲ Palacol PR-G 50 Pd81
23440 Palanka ZAD 52 Ra84
44000 Palanjek SI-M 36 Rc75
23000 Paleka ZAD 51 Qc84
43284 Palešnik B-B 37 Rf75
40320 Palinovec MED 31 Rd70
40321 Palovec MED 31 Rd70
Paljevina OS-B 47 Tb76
23312 Paljuv ZAD 51 Qd84
52208 Papini IST 40 Pa79
53205 Papuča L-S 51 Qd82
▲ Papuk VI-P 38 Sf75
52231 Paradiž IST 40 Pa78
22305 Parčić S-K 59 Qf84
22321 Parčić S-K 59 Rb85
53244 Parčići L-S 52 Qe82
52440 Parenzo = Poreč IST 40 Od77
51306 Parg PR-G 34 Pd75
☆ Park prirode Papuk VI-P 38 Sd75
20345 Pasičina D-N 69 Sc90
Pasikovci PO-S 45 Sd76
51214 Pasjak PR-G 33 Pb76
~ Paška vrata ZAD 51 Qa82
~ Paški kanal PR-G 50 Pe80
☆ Paški most ZAD 51 Qb83
~ Paški zaljev ZAD 51 Pf81
23262 Pašman ZAD 58 Qc85
▲ Pašman ZAD 58 Qb85
~ Pašmanski kanal ZAD 58 Qb84
43000 Patkovac B-B 37 Rf73
Paučje OS-B 46 Ta76
44210 Paukova SI-M 44 Rc76
44440 Paukovac SI-M 44 Rc78
10382 Paukovec ZGB 36 Rb73
Paušinci VI-P 38 Sf75
51221 Paveki PR-G 41 Pd77
53288 Pavičići L-S 51 Qb82
53289 Pavičići L-S 51 Qb82
52208 Pavićini IST 40 Pa79
48355 Pavlianci KO-K 37 Sb72
43240 Pavličani B-B 36 Rd74
43203 Pavlin Kloštar B-B 37 Re72
43270 Pavlovac B-B 37 Sa74
47240 Pavlovac Blagajski KAR 43 Qd77
53205 Pavlovac Vrebački L-S 51 Qd81
48265 Pavlovec Ravenski KO-K 36 Rc73
51329 Pavlovići PR-G 42 Qa76
52434 Paz IST 40 Pa77
52000 Pazin IST 40 Of77
33410 Pčelić VI-P 38 Sd74
44415 Pecka SI-M 43 Qf77
23210 Pečina ZAD 58 Qd85
53235 Pećane L-S 52 Qe81
10454 Pećno ZGB 35 Qd74
Pedalj SI-M 44 Rb78
23312 Pedić ZAD 51 Qd84
40315 Peklenica MED 31 Rc70
▲ Pelješac D-N 69 Sb91
52420 Peničići IST 40 Of76
33410 Pepelana VI-P 38 Sc74
52420 Perci IST 40 Of76
52465 Perci IST 40 Od77
47242 Perići KAR 43 Qd77
☆ Peristil SPL 60 Rc87
51252 Perišin stan PR-G 42 Pf78
47253 Perjasica KAR 42 Qc77
Perkovci B-P 47 Tc77
22205 Perković S-K 59 Ra86
44415 Perna SI-M 43 Qf77
51557 Pernat PR-G 41 Pb79
52212 Peruj IST 40 Oe79
49251 Peršaves KR-Z 36 Ra72
~ Peručko jezero SPL 60 Rc85
53202 Perušić L-S 51 Qc81
23420 Perušić Benkovački ZAD 59 Qd84
52208 Peruški IST 40 Pa79
48260 Pesek KO-K 36 Rd72
10341 Peskovec ZGB 36 Rb73
48000 Peščenik KO-K 37 Re72
~ Peščenjak ZGB 36 Ra74
10000 Pešćenica G-ZG 36 Qf74
44272 Pešćenica SI-M 36 Rb75
49282 Pešćeno KR-Z 36 Rb72
52207 Petehi IST 40 Of78
48321 Peteranec KO-K 37 Rf71
31321 Petlovac OS-B 39 Td74
20207 Petrača D-N 72 Tb93
10418 Petravec ZGB 36 Qf75
23231 Petrčane ZAD 51 Qa83
51559 Petričevi PR-G 41 Pb78
10456 Petričko Selo ZGB 35 Qc74
42206 Petrijanec VAR 30 Rb70
31208 Petrijevci OS-B 39 Td75
53221 Petrinić Polje L-S 42 Qc79

R

48350 Rakitnica KO-K 37 Rf73
10419 Rakitovec ZGB 36 Ra75
31543 Rakitovica OS-B 39 Tb74
52445 Rakovci IST 40 Oe77
10347 Rakovec ZGB 36 Rb73
47245 Rakovica KAR 43 Qd79
10436 Rakov Potok ZGB 35 Qe74
23245 Ramići ZAD 51 Qc83
21203 Ramljane SPL 60 Rc86
22300 Ramljane S-K 59 Rb85
53224 Ramljani L-S 51 Qc80
52463 Rapavel IST 40 Oe77
52342 Raponji IST 40 Of78
48312 Rasinja KO-K 37 Re71
22215 Raslina S-K 59 Qf86
23440 Rastičevo ZAD 52 Ra83
43504 Rastovac B-B 38 Sb74
21228 Rastovac SPL 59 Ra87
53231 Rastovača L-S 43 Qd79
52223 Raša IST 40 Pa78
48264 Raščani KO-K 37 Rd72
52422 Rašpor IST 40 Pa76
23420 Raštević ZAD 58 Qd84
34310 Ratkov PO-S 46 Se77
Rausovac SI-M 44 Rd77
23283 Rava ZAD 58 Qa84
▲ Ravan S-K 59 Qe87
21276 Ravča SPL 69 Sb89
51314 Ravna Gora PR-G 42 Pf76
43274 Ravneš B-B 37 Sa73
52222 Ravni IST 41 Pa79
49216 Ravnice Desiničke KR-Z 35 Qe72
21466 Ravni Dolac SPL 67 Re90
▲ Ravni Kotari ZAD 51 Qb83
49225 Ravninsko KR-Z 35 Qf71
Razbojište OS-B 47 Tb76
51312 Razdrto PR-G 42 Qa76
51317 Razloge PR-G 34 Pe76
51317 Razloški Okrug PR-G 41 Pe76
53262 Razvala L-S 42 Qb78
22303 Razvode S-K 59 Ra85
23248 Ražanac ZAD 51 Qc83
22203 Ražanj S-K 59 Qf87
22020 Ražine S-K 59 Qf86
52207 Rebići IST 40 Pa78
21260 Rebići SPL 61 Sb88
47264 Rebrovići KAR 42 Qc77
47203 Rečica KAR 43 Qd75
47203 Rečica Kriška ZGB 36 Rd75
~ Rećina IST 40 Pa76
48305 Reka KO-K 37 Re72
10345 Remetinec ZGB 36 Rd73
42220 Remetinec VAR 36 Rb71
43532 Removac B-B 38 Sc74
47300 Rendulić KAR 42 Qa77
48332 Repaš KO-K 37 Sa72
44320 Repušnica SI-M 37 Re76
~ Repušnica SI-M 44 Re76
34310 Resnik G-ZG 36 Ra74
10457 Restovo Žumberačko ZGB 35 Qc74
53233 Rešetar L-S 43 Qe79
35403 Rešetari B-P 45 Sc77
▲ Rešnik L-S 52 Qe82
Retkovci VU-S 47 Td77
33000 Rezovac VI-P 38 Sc74
52342 Režanci IST 40 Of78
47212 Ribari KAR 35 Qe76
Ribarica L-S 51 Qa81
47307 Ribarići KAR 42 Qb77
31327 Ribarska Kuća OS-B 49 Tf75
53203 Ribnik L-S 51 Qb80
47272 Ribnik KAR 35 Qc75
34543 Ribnjaci PO-S 37 Rf75
~ Ribnjaci Jasinje B-P 46 Se78
43273 Ribnjačka B-B 37 Sa73
48312 Ribnjak KO-K 36 Rd71
~ Ribnjak Blatnica B-B 37 Re74
~ Ribnjak Crna mlaka ZGB 35 Qe75
~ Ribnjak Draganići KAR 35 Qd75
~ Ribnjak Garešnica B-B 37 Rf75
▲ Ribnjak Lipovljani SI-M 45 Rf76
~ Ribnjak Narta B-B 37 Rf74
~ Ribnjak Poljana Pakračka PO-S 45 Rf75
~ Ribnjak Siščeni B-B 37 Rd74
~ Ribnjak Vukšinac ZGB 36 Rd74
53244 Ričice L-S 52 Qe82
21267 Ričice SPL 61 Sa87
51251 Ričičko bilo PR-G 42 Pf78
☆ Rider S-K 59 Ra86
22300 Riđane S-K 59 Rb85
~ Riječki Zaljev PR-G 41 Pb77
51000 Rijeka PR-G 41 Pc76
42253 Rinkovec VAR 30 Ra71
52220 Ripenda Kosi IST 41 Pb78
52220 Ripenda Kras IST 41 Pa78
51516 Risika PR-G 41 Pd78
49295 Risvica KR-Z 35 Qe72
53206 Rizvanuša L-S 51 Qb82
~ Rječina PR-G 41 Pc76
52425 Roč IST 40 Pa76
52425 Ročko Polje IST 40 Pa76
23420 Rodaljice ZAD 59 Qe84
21430 Rogač SPL 66 Rb88
20343 Rogotin D-N 69 Sc90
33404 Rogovac VI-P 38 Sb73
52464 Rogovići IST 40 Od77
22203 Rogoznica S-K 59 Qf87
43282 Rogoža B-B 37 Rf75
34553 Rogulje PO-S 45 Sc76
22244 Romantika S-K 58 Qd85
21236 Romića Torine SPL 60 Rd85
20225 Ropa D-N 69 Sc92
47271 Rosopajnik KAR 35 Qc75
Rosulje SI-M 44 Rd77
21205 Rošca SPL 60 Re87
21271 Roščići SPL 67 Sa88
52440 Rošini IST 40 Od77
☆ Roški slap S-K 59 Qf85
23243 Rovanjska ZAD 51 Qd83
52210 Rovigno = Rovinj IST 40 Od78
52210 Rovinj IST 40 Od78
52210 Rovinjsko Selo IST 40 Oe78
43212 Rovišće B-B 37 Re73
44400 Roviška SI-M 44 Ra77
48306 Rovištanci KO-K 37 Re72
▲ Rozanski kukovi L-S 51 Qa80
10000 Rozari G-ZG 36 Ra74
20236 Rožat D-N 72 Ta92
21245 Rože SPL 60 Rf87
☆ Rt Gustinja IST 40 Oe78
23248 Rtina ZAD 51 Qb83
▲ Rt Kamenjak IST 40 Of80
▲ Rt Marlera IST 40 Pa80
▲ Rt Mašnjak IST 41 Pb78
▲ Rt Osor PR-G 50 Pb80
▲ Rt Peneda IST 40 Oe79
▲ Rt Sekal IST 40 Pa79
▲ Rt Ubac IST 40 Pa79
▲ Rt Verudica IST 40 Oe79
▲ Rt Višnjica D-N 69 Sc90
▲ Rt Vnetak PR-G 50 Pb81
10411 Ruča ZGB 36 Rb75
21242 Ruda SPL 60 Re86
▲ Ruda D-N 72 Sf92
~ Ruda SPL 60 Re87
53230 Rudanovac L-S 52 Qe80
10430 Rude ZGB 35 Qd74
22305 Rudele S-K 59 Ra84
23248 Rudići ZAD 51 Qc83
51514 Rudine PR-G 41 Pd77
21216 Rudine SPL 60 Rb87
20231 Rudine D-N 70 Se92
53223 Rudopolje L-S 42 Qc79
23440 Rudopolje ZAD 52 Qf82
10370 Rugvica ZGB 36 Rb74
53203 Ruja L-S 51 Qa80
Rujevac SI-M 44 Rb78
51211 Rukavac PR-G 41 Pb76
21480 Rukavac SPL 66 Rb90
21233 Rumin SPL 60 Rd86
21261 Runovići SPL 69 Sb88
51214 Rupa PR-G 33 Pb76
23241 Rupalj ZAD 51 Qc83
53287 Rupčići L-S 51 Pf80
22222 Rupe S-K 59 Qf85
33411 Rušani VI-P 38 Sd73
Rušćica B-P 46 Ta78
48260 Ruševac KO-K 37 Re72
47222 Ruševica KAR 43 Qe77
Ruševo PO-S 46 Sf77
51252 Rušica PR-G 42 Pf78
43232 Ruškovac B-B 37 Rf74
44316 Ruškovica SI-M 36 Rd75
33515 Ružice VI-P 46 Sf75
22322 Ružić S-K 60 Rb86
51213 Ružići PR-G 41 Pb76
52232 Ržišće IST 40 Pa78

S

47306 Saborsko KAR 42 Qc79
23232 Sabunike ZAD 51 Qa83
47246 Sadilovac KAR 43 Qe79
52000 Sajkovići IST 40 Of77
10345 Salajci ZGB 36 Rd73
51500 Salatići PR-G 41 Pd78
Salbunara SPL 66 Ra91
52420 Salež IST 40 Of76
23281 Sali ZAD 58 Qb85
42240 Salinovec VAR 30 Ra71
☆ Salona SPL 60 Rc87
47303 Salopeki Modruški KAR 42 Qb78
47240 Salopek Luke KAR 43 Qe78
43232 Samarica B-B 37 Re74
Samatovci OS-B 39 Td75
☆ Samestan ZAD 52 Qf83
10430 Samobor ZGB 35 Qe74
10347 Samoborec ZGB 36 Rb73
10430 Samoborski Otok ZGB 35 Qe73
▲ Samograd S-K 58 Qd86
☆ Samostan Blaca SPL 67 Rd89
☆ Samostan Krka S-K 59 Qf85
52465 Santa Marina IST 40 Od77
22203 Sapina Doca S-K 59 Ra87
▲ Saplun D-N 67 Rf92
Saptinovci OS-B 39 Ta75
51216 Saršoni PR-G 41 Pc76
31000 Sarvaš OS-B 49 Tf75
43272 Sasovac B-B 37 Rf74
31222 Satnica OS-B 39 Tc75
Satnica Đakovačka OS-B 47 Tc76
21233 Satrić SPL 60 Rd86
~ Sava ZGB 36 Rb75
~ Sava B-P 46 Se78
23285 Savar ZAD 58 Qa84
40000 Savska Ves MED 31 Rc70
52475 Savudrija IST 32 Oc76
33522 Sažije PO-S 46 Sc76
52460 Sažoni IST 40 Oe76
33405 Sedlarica VI-P 37 Sb73
22322 Sedramić S-K 59 Rb86
21218 Seget SPL 59 Rb87
21218 Seget Donji SPL 59 Rb87
21218 Seget Gornji SPL 59 Rb87
21218 Seget Vranjica SPL 59 Rb87
42230 Segovina VAR 37 Rd71
47285 Sekulići KAR 35 Qb74
33522 Sekulinci VI-P 38 Sd75
44273 Sela SI-M 44 Rb75
21425 Selca SPL 68 Rf89
21468 Selca kod Bogomolja SPL 67 Rf90
21460 Selca kod Starog Grada SPL 67 Rd90
51266 Selce PR-G 41 Pe78
31400 Selci Đakovački OS-B 47 Tb77
52448 Selina IST 40 Oe78
53287 Seline L-S 51 Pf81
23244 Seline ZAD 51 Qc83
44316 Selišće SI-M 44 Rd76
53203 Selište L-S 51 Qb80
47246 Selište KAR 43 Qd79
53234 Selište L-S 52 Qe81
47245 Selište KAR 43 Qd78
44320 Selište SI-M 37 Re75
44430 Selište SI-M 44 Rd77
49246 Selnica KR-Z 36 Ra72
40314 Selnica MED 31 Rc70
48317 Selnica Podravska KO-K 31 Re71
42230 Selnik VAR 31 Rd71
42243 Selnik VAR 30 Rb71
49217 Selno KR-Z 35 Qe72
10451 Selsko Brdo ZGB 35 Qf75
52420 Seljaci IST 40 Of76
31402 Semeljci OS-B 47 Td76
53270 Senj L-S 42 Pf79
52420 Senj IST 40 Of76
48327 Senjanska KO-K 37 Sa72
~ Senjska vrata PR-G 41 Pe79
▲ Senjsko bilo L-S 42 Qa79
21254 Seoca SPL 60 Re88
Seona OS-B 46 Ta76
53273 Serdari L-S 42 Pf78
47246 Sertić Poljana KAR 43 Qd79
▲ Sestrice D-N 67 Sa92
23291 Sestrunj ZAD 51 Qa84
▲ Sestrunj ZAD 51 Pf83
~ Sestrunjski kanal ZAD 51 Pf83
10360 Sesvete G-ZG 36 Ra74
42233 Sesvete Ludbreške VAR 31 Rd71
44201 Setuš SI-M 36 Rc75
43274 Severin B-B 37 Rf74
~ Severinski potok B-B 37 Sa73
48350 Severovci KO-K 37 Sa72
21226 Sevid SPL 59 Ra87
43270 Sibenik B-B 37 Sb74
35252 Sibinj B-P 46 Sf77
51252 Sibinj Krmpotski PR-G 42 Pf78
47252 Siča KAR 42 Qc76
21232 Sičane SPL 60 Rd87
Siče B-P 46 Sd78
Sičice B-P 45 Sc77
Sigeci SI-M 45 Rf76
48321 Sigetec KO-K 37 Rf71
Sikirevci B-P 47 Tc78
23207 Sikovo ZAD 58 Qc84
Silaš OS-B 47 Te76
23295 Silba ZAD 50 Pe82
▲ Silba ZAD 50 Pd82
~ Silbanski kanal ZAD 50 Pd82
21218 Simići SPL 59 Rb87
53224 Sinac L-S 42 Qb80
21318 Sinišće SPL 68 Re88
52463 Sinožići IST 40 Oe77
21230 Sinj SPL 60 Rd86
43541 Sirač B-B 37 Sb75
48350 Sirova-Katalena KO-K 37 Sa73
44000 Sisak SI-M 36 Rc76
43245 Siščani B-B 37 Rd74
23249 Sišini ZAD 51 Qa82
▲ Sit ZAD 58 Qb85
22205 Sitno Donje S-K 59 Ra86
~ Sitski kanal ZAD 58 Qb85
22321 Siverić S-K 59 Rb85
40317 Sivica MED 31 Rd70
23245 Sjauševi stanj ZAD 51 Qb82
47213 Sjeničak Lasinjski KAR 43 Qe76
☆ Sjeverni Velebit, Nacionalni park L-S 42 Pf79
52206 Skabići IST 40 Of79
47212 Skakavac KAR 43 Qe76
▲ Skala ZAD 58 Qb85
44400 Skela SI-M 43 Ra77
Skenderovci PO-S 46 Sd76
52222 Skitača IST 40 Pa79
52207 Skitača IST 40 Of78
23233 Skoblari ZAD 51 Qa83
47264 Skočići KAR 42 Qc77
51311 Skrad PR-G 42 Pf76
22222 Skradin S-K 59 Qf86
☆ Skradinski buk S-K 59 Qf86
22222 Skradinsko Polje S-K 59 Qf85
47302 Skradnik KAR 42 Qb77
51500 Skrbčići PR-G 41 Pc78
20290 Skrivena Luka D-N 68 Rf92
33520 Sladojevci VI-P 38 Sd74
32242 Slakovci VU-S 48 Tf77
40305 Slakovec MED 31 Rc70
44250 Slana SI-M 44 Ra76
10430 Slani Dol ZGB 35 Qd74
49245 Slani Potok KR-Z 36 Ra73
20232 Slano D-N 69 Sf92
10362 Slanovec G-ZG 36 Ra73
42230 Slanje VAR 31 Rd71
10346 Slatina ZGB 36 Rc73
33520 Slatina VI-P 38 Se74
44400 Slatina Pokupska SI-M 43 Ra76
49234 Slatina Svedruška KR-Z 35 Qe71
21000 Slatine SPL 60 Rc88
Slatinik Dren OS-B 47 Tb76
33514 Slatinski Drenovac VI-P 38 Se75
Slavonske Bare VI-P 38 Sf75
35000 Slavonski Brod B-P 46 Sf78
Slavonski Kobaš B-P 46 Se78
44410 Slavsko Polje SI-M 43 Qe76
51311 Sleme Skradsko PR-G 42 Pf76
21255 Slime SPL 60 Rf88
52341 Slivari IST 40 Of78
22205 Slivno S-K 59 Ra86
21272 Slivno SPL 68 Sb88
20356 Slivno Ravno D-N 69 Sd91
Slobodna Vlast OS-B 46 Ta77
42230 Slokovec VAR 31 Rd71
44210 Slovinci SI-M 44 Rd77
43272 Slovinska Kovačica B-B 37 Rf74
52420 Slum IST 40 Of76
47240 Slunj KAR 43 Qd78
~ Slunjčica KAR 43 Qd78
47240 Slušnica KAR 43 Qd78
☆ Sljeme ZGB 36 Qf73
10430 Smerovišće ZGB 35 Qd74
23420 Smilčić ZAD 51 Qd84
52233 Smilovići IST 40 Pa77
53211 Smiljan L-S 51 Qb81
23222 Smoković ZAD 51 Qc84
20231 Smokovljani D-N 69 Se91
53244 Smokrić L-S 52 Qe82
23249 Smokvica ZAD 51 Qa83
Smokvica S-K 58 Qc86
20272 Smokvica D-N 68 Rf91
51252 Smokvica Krmpotska PR-G 41 Pf78
21247 Smolčić SPL 60 Rc86
53231 Smoljanac L-S 43 Qd79
52342 Smoljanci IST 40 Of78
☆ Smrdangrad D-N 69 Sd91
22319 Smrdelje S-K 59 Qf85
Smrtić B-P 45 Sb77
33522 Smude VI-P 38 Sd75
10360 Soblinec G-ZG 36 Ra73
10312 Sobočani ZGB 36 Rc74
20225 Sobra D-N 69 Sd92
☆ Sokolac L-S 42 Qa79
43506 Sokolovac B-B 37 Sa75
48306 Sokolovac KO-K 37 Re72
23210 Sokoluša ZAD 58 Qd85
23250 Solana Pag ZAD 51 Qa82
22030 Solaris S-K 59 Qf86
21210 Solin SPL 60 Rc87
51514 Soline PR-G 41 Pd78
23287 Soline ZAD 50 Pf84
20207 Soline D-N 72 Tb93
20226 Soline D-N 69 Sc92
32255 Soljani VU-S 48 Tf79
22222 Sonković S-K 59 Qf85
10361 Sop ZGB 36 Ra74
10415 Sop Bukevski ZGB 36 Rb74
33525 Sopje VI-P 38 Se74
49218 Sopot KR-Z 35 Qe72
52470 Sosi IST 40 Od76
10457 Sošice ZGB 35 Qc74
Sotin VU-S 48 Ua77
52420 Sovinjska Brda IST 40 Of76
22212 Sovlje S-K 59 Qe86
32254 Spačva VU-S 48 Tf78
▲ Spačva VU-S 48 Tf78
22000 Sparadi S-K 59 Qf86
20230 Sparagovići D-N 69 Sd91
▲ Sparušnjak ZAD 51 Pf84
☆ Spilja Ostaševica D-N 69 Sd92
21000 Split SPL 60 Rc87
21410 Splitska SPL 68 Rd88
~ Splitski kanal SPL 60 Rb88
47272 Sračak KAR 35 Qb75
42209 Sračinec VAR 30 Rb71
52474 Srbani IST 40 Od76
22211 Srdarići S-K 59 Qe86
48325 Srdinac KO-K 37 Rf72
10431 Srebrnjak SI-M 36 Ra75
Sredanci B-P 47 Tb78
~ Sredica ZAD 52 Ra82
53234 Srednja Gora L-S 52 Qe81
51304 Srednja Krašićevica PR-G 41 Pe76
10346 Srednja Velika ZGB 36 Rc73
~ Srednja vrata PR-G 41 Pc78
43500 Srednji Borki B-B 38 Sc75
34550 Srednji Grahovljani PO-S 38 Sb76
~ Srednji kanal ZAD 51 Pf84
35410 Srednji Lipovac B-P 46 Sd77
▲ Srednji Otok ZAD 58 Qa84
47253 Srednji Poloj KAR 42 Qc77
~ Sredska B-B 37 Re74
51555 Srem PR-G 50 Pc80
20246 Sreser D-N 69 Sc91
21205 Srijane SPL 60 Re87
43231 Srijedska B-B 37 Rf74
48306 Srijem KO-K 37 Re72
22211 Srima S-K 59 Qe86
21292 Srinjine SPL 60 Rd88

23423 Staban ZAD 58 Qd85
52232 Stabljevac IST 41 Pa77
53262 Stajnica L-S 42 Qb78
53203 Stakić Selo L-S 51 Qb80
51251 Stalak PR-G 42 Pf77
21465 Stan SPL 67 Re90
52206 Stancija Pilićeti IST 40 Of79
10370 Stančić ZGB 36 Rb73
40312 Stanetinec MED 30 Rb70
43252 Staničići B-B 37 Re73
51557 Stanić PR-G 41 Pc79
52222 Stanišovi IST 40 Pa78
44400 Stankovac SI-M 43 Ra76
23422 Stankovci ZAD 59 Qe85
10450 Stankovo ZGB 35 Qe74
51521 Stara Baška PR-G 41 Pe79
43203 Stara Diklenica B-B 37 Rf73
35435 Stara Gradiška B-P 45 Sb78
43532 Stara Krivaja B-B 38 Sc75
10312 Stara Marča ZGB 36 Rc74
53291 Stara Novalja L-S 50 Pf81
43232 Stara Plošćica B-B 37 Rf74
43272 Stara Rača B-B 37 Rf74
Stara Subocka SI-M 45 Rf76
51314 Stara Sušica PR-G 42 Pf76
53287 Starčević Pod L-S 51 Pf81
43203 Starčevljani B-B 37 Rf73
43000 Stare Plavnice B-B 37 Re73
53244 Stare Selo L-S 52 Qd82
48306 Stari-Bošnjani KO-K 37 Rd72
44271 Stari Brod SI-M 36 Re76
44271 Stari Farkašić SI-M 36 Ra76
☆ Starigard SPL 60 Re88
10343 Stari Glog ZGB 36 Rd73
Stari Grabovac SI-M 45 Rf77
53284 Starigrad L-S 42 Pf80
48000 Starigrad KO-K 37 Re72
21460 Stari Grad SPL 68 Rd89
☆ Stari grad S-K 59 Rb84
☆ Stari grad ZAD 58 Qd85
☆ Stari grad SPL 60 Rd87
☆ Stari Grad (Sisak) SI-M 44 Rc76
33405 Stari Gradac VI-P 38 Sb73
23244 Starigrad Paklenica ZAD 51 Qc83
Stari Jankovci VU-S 48 Tf77
51314 Stari Laz PR-G 42 Pf76
51312 Stari Lazi PR-G 42 Pf76
32284 Stari Mikanovci VU-S 47 Td77
43246 Starine B-B 37 Re74
43000 Stari Pavljani B-B 37 Rf73
10257 Starjak G-ZG 35 Qf75
33405 Starogradacki Marof VI-P 38 Sb73
~ Starogradski zaljev SPL 67 Rd89
35420 Staro Petrovo Selo B-P 45 Sd77
53220 Staro Selo L-S 42 Qb79
44010 Staro Selo SI-M 44 Rc76
44415 Staro Selo Topusko SI-M 43 Qf77
43246 Staro Štefanje B-B 37 Re74
Staro Topolje B-P 47 Tb77
20345 Staševica D-N 69 Sc90
10090 Stenjevec G-ZG 35 Qf74
☆ Stepići PR-G 41 Pc78
21276 Stilja SPL 69 Sb89
53287 Stinica L-S 50 Pf80
Stiniva S-K 58 Qb86
44414 Stipan SI-M 43 Qf76
Stipanovci OS-B 47 Tb76
▲ Stipanska SPL 66 Ra88
51556 Stivan PR-G 41 Pc80
21311 Stobreč SPL 60 Rd87
10432 Stojdraga ZGB 35 Qd73
52332 Stojšići IST 40 Pa77
53270 Stolac L-S 42 Pf79
▲ Stomorina D-N 67 Rf92
21432 Stomorska SPL 66 Rc88
20230 Ston D-N 69 Se91
21480 Stončica SPL 66 Rb90
~ Stonski kanal D-N 69 Se92
49000 Strahinje KR-Z 35 Qf71
40000 Strahoninec MED 31 Rc70
52446 Stranići IST 40 Od77
20210 Stravča D-N 72 Tb93
47273 Straža KAR 42 Qc76
43505 Stražanac B-B 37 Sa75
34330 Stražeman PO-S 46 Sd76
34000 Striježevica PO-S 45 Sd76
51511 Strilčići PR-G 41 Pc78
21245 Strizirep SPL 60 Re87
31410 Strizivojna B-P 47 Tc77
52220 Strmac IST 40 Pa78
35430 Strmac B-P 45 Sc76
10454 Strmac-Pribićki ZGB 35 Qd74
10020 Strmec G-ZG 35 Qf74
10410 Strmec Bukevski ZGB 36 Ra74
42206 Strmec Podravski VAR 30 Rb70
10434 Strmec-Samoborski ZGB 35 Qe74
49244 Strmec Stubički KR-Z 35 Qf73
49294 Strmec Sutlanski KR-Z 35 Qe73
Strmen SI-M 44 Re76
21243 Strmendolac SPL 60 Re87
22311 Strmica S-K 53 Rb84
Strošinci VU-S 48 Ua79
42233 Struga VAR 31 Rd71
Struga SI-M 44 Rc78
~ Struga ZGB 35 Qe75
10361 Struga Nartska ZGB 36 Rb74
20278 Struge D-N 69 Sd90
44317 Stružec SI-M 36 Rd75
22243 Stržnja Statival S-K 58 Qb85
Stubalj SI-M 44 Rd77
51326 Stubica PR-G 42 Qa76
49243 Stubička Slatina KR-Z 35 Qf73
49244 Stubičke Toplice KR-Z 36 Qf73
51217 Studena PR-G 41 Pc76
53202 Studenci L-S 51 Qc80
21265 Studenci SPL 61 Sa87
49234 Stuparje KR-Z 35 Qe72
~ Stupnica SI-M 44 Rb77
Stupnički Kuti B-P 46 Se78
10255 Stupnik ZGB 35 Qe74
44000 Stupno SI-M 44 Rb75
44320 Stupovača SI-M 37 Rf75
22000 Subićevac S-K 59 Qf86
~ Subocka SI-M 45 Rf76
21235 Subotic SPL 60 Rc85
48311 Subotica Podravska KO-K 37 Re71
23440 Sučevići ZAD 52 Ra83
21212 Sućurac SPL 60 Rc87
21469 Sućuraj SPL 68 Sb90
42220 Sudovec VAR 36 Rc72
20223 Suđurađ D-N 72 Sf92
43240 Suhaja B-B 37 Rd74
48362 Suha-Katalena KO-K 37 Sa73
33507 Suha Mlaka VI-P 38 Sf74
51280 Suha Punta PR-G 50 Pe80
▲ Suhi vrh PR-G 41 Pb77
33410 Suhopolje VI-P 38 Sc74
23241 Suhovare ZAD 51 Qc84
22303 Suknovci S-K 59 Ra85
23206 Sukošan ZAD 58 Qb84
Sulkovci PO-S 46 Se77
21426 Sumartin SPL 67 Rf89
Sumpetar SPL 60 Rd88
51315 Sunger PR-G 42 Pe77
44210 Sunja SI-M 44 Rd76
~ Sunja SI-M 44 Rc77
~ Sunja SI-M 44 Rd76
21400 Supetar SPL 67 Rd88
▲ Supetar D-N 72 Tb93
51280 Supetarska Draga PR-G 41 Pe80
51280 Surline PR-G 50 Pe80
51561 Susak PR-G 50 Pb81
▲ Susak PR-G 50 Pb81
10090 Susegrad G-ZG 35 Qf74
10411 Suša ZGB 36 Rb75
▲ Sušac D-N 67 Rd92
51561 Sušak PR-G 41 Pc77
53288 Sušanj Cesarički L-S 51 Qa81
21232 Sušci SPL 60 Rd87
23275 Sušica ZAD 51 Qa84
51243 Sušik PR-G 41 Pe77
31511 Sušine OS-B 39 Ta75
52233 Sušnjevica IST 40 Pa77
21247 Sutina SPL 60 Rd86
49251 Sutinske Toplice KR-Z 36 Qf72
21403 Sutivan SPL 67 Rc88
20223 Sutulija D-N 72 Sf92
44203 Suvoj SI-M 44 Re76
31308 Suza OS-B 49 Te74
51514 Sužan PR-G 41 Pd78
☆ Sv.Ante ZAD 58 Qc85
☆ Sv.Benedikt ZAD 58 Qc85
☆ Sv. Donat ZAD 51 Qb84
☆ Sveta Ana S-K 59 Qf86
10382 Sveta Helena ZGB 36 Rb73
48260 Sveta Helena KO-K 36 Rd72
53271 Sveta Jelena L-S 42 Pf78
52332 Sveta Katarina IST 40 Pa77
☆ Sveta Kátarina G-ZG 36 Qf74
10020 Sveta Klara G-ZG 36 Qf74
52428 Sveta Lucija IST 40 Oe76
☆ Sveta Lucija PR-G 41 Pe79
40327 Sveta Marija MED 31 Re70
53289 Sveta Marija Magdalena L-S 51 Qb82
☆ Sveta Marija Snježna PR-G 41 Pc79
52222 Sveta Marina IST 41 Pa78
52231 Sveta Nedelja IST 40 Pa78
21465 Sveta Nedjelja SPL 67 Rd90
42233 Svet. Đurđ VAR 31 Rd71
▲ Sveti Andrijak D-N 72 Sf93
51511 Sveti Anton PR-G 41 Pd78
52222 Sveti Baštijan IST 40 Pa78
47281 Svetice KAR 35 Qc75
☆ Sveti Damjan PR-G 50 Pe80
52420 Sveti Donat IST 40 Of76
☆ Sveti Dujma ZAD 58 Qc85
☆ Sveti Dunat PR-G 41 Pd78
33000 Sveti-Đurađ VI-P 38 Sc74
31552 Sveti Đurađ OS-B 39 Tb74
23207 Sveti Filip i Jakov ZAD 58 Qc85
▲ Sveti Grgur PR-G 42 Pe79
42214 Sveti Ilija VAR 31 Rb71
51514 Sveti Ivan PR-G 41 Pd78
☆ Sveti Ivan PR-G 41 Pe79
10380 Sveti Ivan Zelina ZGB 36 Rb73
48214 Sveti Ivan Žabno KO-K 36 Rd73
53284 Sveti Juraj L-S 42 Pf79
40320 Sveti Juraj MED 31 Rd70
☆ Sveti Jure SPL 67 Sa88
▲ Sveti Klement SPL 66 Rc90
49284 Sveti Križ KR-Z 36 Rb72
40321 Sveti Križ MED 31 Rd70
21270 Sveti Križ SPL 67 Sa88
☆ Sveti Lovre S-K 59 Qf86
52448 Sveti Lovreč IST 40 Oe77
☆ Sveti Marko PR-G 41 Pd77
52420 Sveti Martin IST 40 Of76
21312 Sveti Martin SPL 60 Rd88
☆ Sveti Martin IST 40 Oe77
40313 Sveti Martin na Muri MED 31 Rc69
49245 Sveti Matej KR-Z 36 Ra73
☆ Sveti Mihovil IST 40 Oe78
☆ Sveti Mikula PR-G 41 Pc78
52470 Sveti Pelegrin IST 40 Od76
47300 Sveti Petar KAR 42 Qb77
51559 Sveti Petar PR-G 41 Pc78
▲ Sveti Petar PR-G 50 Pd82
48260 Sveti Petar Cvrstec KO-K 37 Rd72
23207 Sveti Petar na Moru ZAD 58 Qc84
48267 Sveti Petar Orehovec KO-K 36 Rc72
53244 Sveti Rok L-S 52 Qd82
☆ Sveti Roko ZAD 58 Qc85
40312 Sveti Urban MED 30 Rb70
51511 Sveti Vid Miholjice PR-G 41 Pd78
51554 Svet. Jakov PR-G 50 Pc81
49215 Svet. Križ KR-Z 35 Qe72
49223 Svet.-Križ Začretje KR-Z 35 Qf72
22323 Svet. Marija S-K 59 Rb86
21328 Svet. Mihovil SPL 68 Sa89
10431 Svet.Nedelja ZGB 35 Qe74
10453 Svetojanska ZGB 35 Qd74
42231 Svet. Petar VAR 31 Re71
52404 Svet.Petar u Šumi IST 40 Of77
52342 Svetvinčenat IST 40 Of78
☆ Sv. Eufemija PR-G 50 Pe80
21256 Svib SPL 61 Rf87
10361 Svibje ZGB 36 Ra74
42223 Svibovec VAR 31 Rc71
42209 Svibovec Podravski VAR 30 Rb70
Svilaj B-P 47 Tb78
▲ Svilaja S-K 60 Rc85
Svinica SI-M 44 Rc77
47221 Svinica Krstinjska KAR 43 Qe77
32242 Svinjarevci VU-S 48 Tf77
21462 Svirče SPL 68 Rd90
☆ Sv.Ivan L-S 51 Qc82
☆ Sv.Ivan SPL 68 Re90
☆ Sv. Jelena SPL 68 Rd88
☆ Sv. Jerolim ZAD 51 Qa84
☆ Sv.Josip SPL 67 Rc89
☆ Sv.Juraj SPL 68 Re88
☆ Sv.Kasijan ZAD 58 Qb84
☆ Sv. Križ ZAD 51 Qb83
☆ Sv. Križ SPL 60 Rb87
☆ Sv. Križ SPL 66 Rb90
☆ Sv.Kuzma i Damjan ZAD 58 Qc85
☆ Sv.Ivan S-K 59 Ra85
☆ Sv. Marija SPL 67 Re89
☆ Sv. Marta SPL 60 Rb87
☆ Sv.Martin ZAD 51 Qd84
☆ Sv Mártin SPL 67 Rc88
☆ Sv. Mihovil PR-G 50 Pc80
☆ Sv. Mihovil ZAD 58 Qa85
☆ Sv. Mihovil ZAD 58 Qa84
☆ Sv. Mihovil S-K 59 Qf86
☆ Sv. Nikola ZAD 51 Qb83
☆ Sv.Nikola S-K 59 Qf87
47253 Svojić KAR 42 Qc77
Svoski Dol PO-S 46 Ta77
☆ Sv. Pelegrin ZAD 58 Qa84
☆ Sv. Petar SPL 60 Re88
☆ Sv.Petar ZAD 58 Qb84
☆ Sv.Petar SPL 60 Rc86
53236 Svračkovo Selo L-S 52 Qd81
☆ Sv.Spas S-K 60 Rc85
☆ Sv.Srjepari SPL 67 Rc89
☆ Sv.Trojica ZAD 51 Qc83
☆ Sv.Vid ZAD 51 Qa82

Š

35400 Šagovina Cernička B-P 45 Sb77
Šagovina Mašička B-P 45 Sb77
49245 Šagudovec KR-Z 36 Ra73
52207 Šajini IST 40 Of78
47276 Šakanje KAR 35 Qc75
53235 Šalamunić L-S 52 Qd81
10380 Šalovec ZGB 36 Rb73
52100 Šandalj IST 40 Of79
43227 Šandrovac B-B 37 Sa73
23420 Šaponje ZAD 59 Qe84
32234 Šarengrad VU-S 48 Ub77
23243 Šarlići ZAD 52 Qd83
44320 Šartovac SI-M 44 Re75
44210 Šaš SI-M 44 Rd77
42253 Šaša VAR 30 Qf71
33523 Šaševo VI-P 38 Se74
10360 Šašinovec G-ZG 36 Ra73
44202 Šašna Greda SI-M 44 Rc76
44400 Šatornja SI-M 43 Ra76
▲ Šćedro SPL 67 Re90
~ Šćedrovski kanal SPL 68 Rd90
10410 Šćitarjevo ZGB 36 Ra74
▲ Šćitna ZAD 58 Qb85
52420 Šćulci IST 40 Of76
53230 Šeganovac L-S 52 Qe80
52470 Šeget IST 40 Od76
53287 Šegote L-S 50 Pf80
52208 Šegotići IST 40 Pa79
10347 Šelovec ZGB 36 Rc73
48350 Šemovci KO-K 37 Sa72
42202 Šemovec VAR 31 Rc71
10292 Šenkovec ZGB 35 Qe73
40000 Šenkovec MED 31 Rc70
34550 Šeovica PO-S 45 Sb76
10414 Šestak Brdo ZGB 36 Qf75
52000 Šestani IST 40 Of77
21250 Šestanovac SPL 60 Rf88
10000 Šestine G-ZG 35 Qf73
52100 Ševe IST 40 Of79
22215 Ševerdinovi S-K 59 Qe86
22000 Šibenik S-K 59 Qf86
~ Šibenski kanal S-K 59 Qf86
Šibikovac PO-S 46 Ta76
43541 Šibovac B-B 37 Sb75
23245 Šibuljine ZAD 51 Qc82
Šidski Banvci VU-S 48 Ua77
53288 Šikić-Dražica L-S 51 Qa81
52100 Šikići IST 40 Of79
51515 Šilo PR-G 41 Pd78
▲ Šilo ZAD 51 Pf84
10413 Šiljakovina ZGB 36 Ra75
43232 Šimljana B-B 37 Re74
~ Šimljana B-B 37 Re74
43232 Šimljanica B-B 37 Rf74
43233 Šimljanik B-B 37 Re75
49216 Šimunci KR-Z 35 Qe72
10362 Šimunčevec G-ZG 36 Ra73
23251 Šimuni ZAD 51 Pf82
42253 Šinkovica VAR 30 Qf71
▲ Šipan D-N 72 Sf92
20223 Šipanska Luka D-N 69 Sf92
21225 Širan SPL 59 Ra88
Širinci B-P 45 Sb77
10314 Širinec ZGB 36 Rc74
22324 Širitovici S-K 59 Ra85
53201 Široka Kula L-S 51 Qc81
22204 Široke S-K 59 Ra87
Široko Polje OS-B 47 Tc76
52100 Šišan IST 40 Of79
44273 Šišinec SI-M 43 Ra76
Šiškovci VU-S 47 Td77
47204 Šišljavić KAR 35 Qe75
21256 Šituni SPL 61 Rf87
23223 Škabrnje ZAD 58 Qc84
53260 Škalić L-S 42 Qa78
51217 Škalnica PR-G 41 Pc76
47283 Škaljevica KAR 35 Qc75
23293 Škarda ZAD 50 Pe83
▲ Škarda ZAD 50 Pe83
53221 Škare L-S 42 Qb79
22324 Škarica S-K 59 Ra85
51218 Škć PR-G 41 Pd76
22324 Škelj S-K 59 Ra85
43531 Škodinovac B-B 38 Sb75
51307 Škodovnik PR-G 33 Pd75
21261 Škore SPL 69 Sb88
21201 Škrapici SPL 59 Ra86
42201 Škriljevec VAR 30 Rb71
22213 Škriljine S-K 59 Qd85
21410 Škrip SPL 68 Rd88
51223 Škrljevo PR-G 41 Pd77
52232 Škrlji IST 41 Pb77
52423 Škropeti IST 40 Of77
▲ Škrovada S-K 59 Qd87
23248 Škulići ZAD 51 Qb83
▲ Škulj S-K 58 Qc86
47243 Šlivnjak KAR 43 Qd77
31542 Šljivoševci OS-B 39 Tb75
51263 Šmrika PR-G 41 Pd77
48322 Šoderica KO-K 31 Rf71
☆ Šodja Sveta Nedjelja SPL 67 Rd90
Šodolovci OS-B 47 Td76
53271 Šojatski Dolac L-S 42 Pf78
51221 Šojći PR-G 41 Pd77
▲ Šolta SPL 59 Rb88
~ Šoltanski kanal SPL 66 Ra88
23420 Šopot ZAD 58 Qd84
52420 Šovinjak IST 40 Of76
34550 Španovica PO-S 45 Sb76
10090 Špansko G-ZG 35 Qf74
53213 Španjuša L-S 51 Qb81
51281 Šparožinje PR-G 42 Pe79
☆ Špilja Sveti Romualda IST 40 Od78
48265 Špiranec KO-K 36 Rd73
33404 Špišić-Bukovica VI-P 38 Sb73
51219 Štab PR-G 41 Pd76
21216 Štafilic SPL 60 Rb87
48324 Štaglinec KO-K 37 Rf72
52223 Štalije IST 40 Pa78
20205 Štedrica D-N 69 Se91
42202 Štefanec VAR 31 Rc71
40000 Štefanec MED 31 Rc70
43246 Štefanje B-B 37 Re74
52428 Šterna IST 40 Oe76
53244 Štikada L-S 52 Qe83
22321 Štikovo S-K 60 Rb85
52212 Štinjan IST 40 Oe79
53287 Štirovača L-S 51 Qa80
Štitar VU-S 47 Td78
Štivica B-P 45 Sd77
53287 Štokić Pod L-S 51 Pf81
52342 Štokovci IST 40 Of78
48356 Štorgač KO-K 37 Sb72
40312 Štrigova MED 30 Rb69
52420 Štrped IST 40 Of76
40314 Štrukovec MED 31 Rc70
52463 Štuti IST 40 Oe77
31300 Šumarina OS-B 39 Td74
52231 Šumber IST 40 Pa77
10313 Šumećani ZGB 36 Rc74
Šumeće B-P 46 Sf78
33515 Šumede VI-P 46 Sf75

35430 Šumetlica Cernička B-P 45 Sc77
43505 Šuplja Lipa B-B 37 Sb75
52444 Šurani IST 40 Of77
52445 Šušnjici IST 40 Oe77
21270 Šute SPL 68 Rf88
49223 Švaljkovec KR-Z 35 Qf72
47000 Švarča KAR 43 Qd76
53225 Švica L-S 42 Qb79
44440 Švrakarica SI-M 44 Rc77

T

44250 Taborište SI-M 44 Rb76
▲ Tajan D-N 67 Rf92
▲ Tajan D-N 70 Se92
10310 Tarno ZGB 36 Rc74
52465 Tar-Vabriga IST 40 Od77
47222 Tatar Varoš KAR 43 Qd78
▲ Televrina PR-G 50 Pc80
31207 Tenja OS-B 47 Te75
22321 Tepljuh S-K 59 Rb85
33407 Terezino Polje VI-P 38 Sc73
▲ Tetovišnjak S-K 58 Qd86
31554 Tiborjanci OS-B 39 Tb74
10432 Tihočaj ZGB 35 Qd74
▲ Tijat S-K 59 Qe86
Timarci SI-M 44 Rd77
52444 Tinjan IST 40 Of77
22240 Tisno S-K 59 Qd86
34553 Tisovac PO-S 45 Sc76
10456 Tisovec ZGB 35 Qc74
44201 Tišina Erdedska SI-M 36 Rc75
44000 Tišina Kaptolska SI-M 36 Rc75
23440 Tiškovac Lički ZAD 52 Ra83
22305 Tišma S-K 59 Qf84
23212 Tkon ZAD 58 Qc85
▲ Tmara S-K 59 Qf87
52210 Tn Monsena IST 40 Od78
☆ TN Palma SPL 67 Rd88
51550 TN Sunčana uvala PR-G 50 Pc81
52210 Tn Valdaliso IST 40 Od78
☆ Tn Zlatne Stijene IST 40 Of79
47244 Tobolić KAR 42 Qc78
43272 Tociljevac B-B 37 Rf74
47243 Točak KAR 43 Qd77
20231 Točionik D-N 70 Se91
21247 Tokići SPL 60 Rc86
53236 Tolić L-S 52 Qe81
43000 Tomaš B-B 37 Rf73
31422 Tomašanci OS-B 47 Tc76
10456 Tomaševci ZGB 35 Qc74
10383 Tomaševec ZGB 36 Rb73
43280 Tomašica B-B 37 Sa75
47262 Tomašići KAR 42 Qc76
21254 Tomić SPL 60 Re88
53262 Tomićeva Draga L-S 42 Qb78
51325 Tomići PR-G 42 Qa76
23440 Tomingaj ZAD 52 Qf82
20248 Tomislavovac D-N 69 Sd91
52341 Tomišići IST 40 Of78
Tompojevci VU-S 48 Ua77
53224 Tonkovići L-S 42 Qc80
21202 Topići SPL 60 Rc87
52223 Topit IST 40 Pa78
~ Toplica B-B 37 Rf75
47262 Toplice Lesće KAR 42 Qb76
20205 Topolo D-N 69 Se91
44202 Topolovac SI-M 44 Rc76
43270 Topolovica B-B 37 Sb74
10311 Topolje ZGB 36 Rc75
31304 Topolje OS-B 49 Te73
44415 Topusko SI-M 43 Qf77
34543 Toranj PO-S 45 Sa76
48322 Torčec KO-K 31 Rf71
32213 Tordinci VU-S 48 Te76
31322 Torjanci OS-B 39 Tc74
23249 Tornići ZAD 51 Qa82
23234 Torovi ZAD 51 Qa83
40000 Totovec MED 31 Rc70
47264 Tounj KAR 42 Qb77
~ Tounjčica KAR 42 Qc77
53294 Tovarnele L-S 50 Pe80
32249 Tovarnik VU-S 48 Ua77
42253 Trakošćan VAR 30 Qf71
▲ Tramerka ZAD 50 Pe83
22320 Trbounje S-K 59 Ra85
47313 Trbovići KAR 42 Qa78
52402 Trdošjavići IST 40 Pa77
Trebež SI-M 44 Re76
51559 Trebojčia PR-G 41 Pc78
43504 Treglava B-B 37 Sb74
48214 Trema KO-K 37 Rd73
34330 Trenkovo PO-S 46 Sd76
44410 Trepča SI-M 43 Qf76
51218 Trestnik PR-G 33 Pc76
10000 Trešnjevka G-ZG 35 Qf74
34000 Treštanovci PO-S 46 Se76
47280 Trg KAR 35 Qc75
52224 Trget IST 40 Pa78
51243 Tribali PR-G 41 Pe77
52460 Triban IST 40 Oe76
23245 Tribanj ZAD 51 Qb82
22212 Tribunj S-K 59 Qe86
21240 Trilj SPL 60 Re87
52233 Trkovci IST 40 Pa77
35430 Trnakovac B-P 45 Sb77
10040 Trnava G-ZG 36 Ra74
Trnava OS-B 47 Tb77
53230 Trnavac L-S 51 Qd80
21254 Trnbusi SPL 60 Re88
20232 Trnova D-N 69 Sf92
53000 Trnovac L-S 51 Qb81
Trnovac SI-M 44 Rb77
40306 Trnovec MED 30 Rb70
42202 Trnovec Bartolovečki VAR 31 Rc71
20231 Trnovica D-N 69 Sf91
43233 Trnovitički Popovac B-B 37 Rf75
Trnjani B-P 47 Ta77
44010 Trnjani SI-M 44 Rc76
Trnjanski Kuti B-P 47 Ta78
10000 Trnje G-ZG 36 Qf74
21220 Trogir SPL 59 Rb87
~ Trogirski kanal SPL 60 Rb87
~ Trogirski zaljev SPL 59 Rb88
53223 Trojan grad L-S 43 Qd80
43506 Trojeglava B-B 37 Sa75
43000 Trojstveni Markovac B-B 37 Rf73
47303 Trojvrh KAR 42 Qb78
53288 Trolokve L-S 51 Qa81
21201 Trolokve SPL 59 Rb87
23245 Trošelji ZAD 51 Qb82
47263 Trošmarija KAR 42 Qb77
52000 Trošti IST 40 Of77
20240 Trpanj D-N 69 Sb90
32000 Trpinja VU-S 48 Tf76
☆ Trsat PR-G 41 Pc77
52420 Trstenik IST 40 Pa76
20245 Trstenik D-N 69 Sc91
▲ Trstenik PR-G 50 Pd80
10291 Trstenik Pušćanski ZGB 35 Qe73
20233 Trsteno D-N 72 Sf92
49000 Trški Vrh KR-Z 35 Qf71
44400 Trtnik SI-M 44 Ra77
21252 Truša SPL 60 Rd88
52000 Trviž IST 40 Of77
51305 Tržće PR-G 34 Pd75
51554 Tržic PR-G 50 Pc80
47240 Tržić Primišljanski KAR 43 Qd77
47264 Tržić Tounjski KAR 42 Qc77
10345 Tučenik ZGB 36 Rd73
21325 Tučepi SPL 67 Sa89
21252 Tugare SPL 60 Rd88
49247 Tugonica KR-Z 36 Ra72
49215 Tuhelj KR-Z 35 Qe72
49215 Tuheljske Toplice KR-Z 35 Qe72
42223 Tuhovec VAR 36 Rc71
43212 Tuk B-B 37 Re73
53230 Tuk Bjelopoljski L-S 52 Qe80
51315 Tuk Mrkopaljski PR-G 42 Pf77
Tulnik PO-S 46 Sf77
52222 Tunarica IST 40 Pa79
10455 Tupčina ZGB 35 Qc74
33406 Turanovac VI-P 38 Sc73
47000 Turanj KAR 43 Qd76
23207 Turanj ZAD 58 Qc85
43504 Turčević Polje B-B 38 Sb74
42204 Turčin VAR 31 Rb71
40318 Turčišće MED 31 Rd70
☆ Turdak SPL 68 Rb89
22243 Tureta S-K 58 Qb85
21273 Turija SPL 68 Sa88
21273 Turija SPL 68 Sa88
21230 Turjaci SPL 60 Re87
53223 Turjanski L-S 51 Qd80
10381 Turkovčina ZGB 36 Rb72
47300 Turkovići KAR 42 Qa77
33405 Turnašica VI-P 37 Sb73
10417 Turopolje ZGB 36 Ra75
20218 Tušići D-N 72 Tc93
47241 Tušilović KAR 43 Qd76
47286 Tuškani KAR 35 Qd75
53284 Tuževac L-S 42 Pf79
53260 Tužević L-S 42 Qa78
42242 Tužno VAR 30 Rb71
43203 Tyrda Reka B-B 37 Re72

U

21202 Uble SPL 60 Rc87
20290 Ubli D-N 68 Re92
▲ Učka PR-G 41 Pb77
53234 Udbina L-S 52 Qe81
44440 Udetin SI-M 44 Rb78
21242 Udovičić SPL 60 Re87
23275 Ugljan ZAD 51 Qa84
▲ Ugljan ZAD 51 Qa84
21243 Ugljane SPL 60 Re87
31326 Uglješ OS-B 49 Td75
51253 Ugrini PR-G 42 Pe78
Ujča L-S 42 Pf79
52000 Ukotići IST 40 Of77
49231 Ulice KR-Z 35 Qe71
52440 Ulika IST 40 Od77
43507 Uljanik B-B 37 Sa75
52470 Umago = Umag IST 40 Od76
52470 Umag IST 40 Od76
21277 Umčani SPL 69 Sc89
44430 Umetić SI-M 44 Rc77
22322 Umljanović S-K 60 Rb86
Unčani SI-M 44 Rc78
22323 Unešić S-K 59 Rb86
51562 Unije PR-G 50 Pb81
▲ Unije PR-G 50 Pb81
~ Unijski kanal PR-G 50 Pb80
21265 Urtiljak SPL 61 Sa87
Uskoci B-P 45 Sb78
20210 Uskoplje D-N 72 Tb93
Ustica SI-M 45 Rf77
51555 Ustrine PR-G 50 Pc80
52100 Ušićovi Dvori IST 40 Of79
~ Utinja SI-M 44 Ra76
47211 Utinja Vrelo KAR 43 Qe76
43231 Utiskani B-B 37 Re74
Utolica SI-M 44 Rd77
▲ Utra ZAD 58 Pf84
21466 Uvala Prapatna SPL 68 Re90
22312 Uzdolje S-K 59 Rb85
53289 Uzelci L-S 51 Qa82
53289 Uzelci L-S 51 Qb82
53251 Užljebić L-S 52 Qf80

V

22222 Vaćani S-K 59 Qf85
22204 Vadalj S-K 59 Qf87
10296 Vadina ZGB 35 Qe73
43245 Vagovina B-B 37 Re74
51251 Valač PR-G 42 Pe77
52210 Valalta IST 40 Od78
52212 Valbandon IST 40 Oe79
51500 Valbiska PR-G 41 Pc78
52100 Valdebek IST 40 Of79
49218 Valentinovo KR-Z 35 Qe72
10347 Valetić ZGB 36 Rc73
52470 Valica IST 40 Od76
52440 Valkarin IST 40 Od77
31550 Valpovo OS-B 39 Tc75
52100 Valtura IST 40 Of79
51557 Valun PR-G 41 Pc79
44440 Vanići SI-M 44 Rc78
42000 Varaždin VAR 31 Rb71
42204 Varaždin Breg VAR 31 Rc71
42223 Varaždinske Toplice VAR 31 Rc71
~ Varaždinsko Jezero MED 31 Rc71
31327 Vardarac OS-B 49 Te75
22319 Varivode S-K 59 Qf85
52440 Varvari IST 40 Od77
☆ Varvaria S-K 59 Qf85
33525 Vaska VI-P 38 Sd74
53205 Vaščica L-S 51 Qd82
48264 Većeslavec KO-K 37 Re72
53230 Vedašić L-S 52 Qe80
21240 Vedrine SPL 60 Re87
44210 Vedro Polje SI-M 44 Rd76
22300 Veinovići S-K 59 Ra84
20270 Vela Luka D-N 67 Re91
21460 Vela Rudina SPL 68 Rd89
52434 Vela Učka PR-G 41 Pa77
~ Vela vrata PR-G 41 Pb78
▲ Velebit <[region]> 51 Qa81
☆ Velebit, Park prirode L-S 51 Qa81
☆ Velebitski Botanički vrt L-S 42 Pf80
~ Velebitski kanal IST 42 Pe78
51312 Vele Drage PR-G 42 Pf76
51212 Vele Mune PR-G 41 Pa76
▲ Vele Orjule PR-G 50 Pd81
▲ Vele Srakane PR-G 50 Pb81
10411 Veleševec ZGB 36 Rb75
▲ Veli Brak PR-G 50 Pd82
51213 Veli Brgud PR-G 41 Pb76
10413 Velica-Buna ZGB 36 Ra75
21240 Velič SPL 60 Re87
▲ Veli Drvenik SPL 59 Rb88
52231 Veli Golji IST 40 Pa78
23284 Veli Iž ZAD 58 Qa84
34330 Velika PO-S 46 Sd76
43290 Velika Barna B-B 37 Sa74
48306 Velika Branjska KO-K 37 Re72
43282 Velika Bršljanica B-B 37 Rf75
47242 Velika Crkvina KAR 43 Qc77
33405 Velika Črešnjevica VI-P 37 Sb73
43290 Velika Dapčevica B-B 38 Sb74
10410 Velika Gorcia ZGB 36 Ra74
44210 Velika Gradusa SI-M 44 Rc77
49216 Velika Horvatska KR-Z 35 Qe72
10314 Velika-Hrastilnica ZGB 36 Rc75
10451 Velika Jamnička ZGB 35 Qf75
43290 Velika Jasenovača B-B 37 Sa74
▲ Velika Kapela <[region]> 42 Pf77
33533 Velika Klisa B-B 38 Sc74
35221 Velika Kopanica B-P 47 Tc78
Velika Kraljeva SI-M 45 Rf76
51301 Velika Lešnica PR-G 41 Pf76
44316 Velika Ludina SI-M 36 Rd75
21206 Velika Milešina SPL 60 Rc86
10408 Velika Mlaka ZGB 36 Ra74
43285 Velika Mlinska B-B 37 Rf75
48306 Velika Mučna KO-K 37 Re72
21205 Velika Njiva SPL 60 Re87
10370 Velika Ostrna ZGB 36 Rb74
▲ Velika Paklenica ZAD 51 Qc83
43290 Velika Peratovica B-B 37 Sb74
43290 Velika Peratovica B-B 37 Sb74
43271 Velika Pisanica B-B 37 Sa74
53213 Velika Plana L-S 51 Qa81
23442 Velika Popine ZAD 52 Ra83
53203 Velika Rudinka L-S 51 Qb80
44400 Velika Solina SI-M 43 Ra76
44400 Velika Solina SI-M 43 Ra76
43284 Velika Trnava B-B 37 Sa74
43285 Velika Trnovitica B-B 37 Rf74
49224 Velika Ves KR-Z 35 Qf72
51317 Velika Voda PR-G 41 Pe76
44415 Velika Vranovina SI-M 43 Qf77
53284 Velike Brisnice L-S 51 Pf80
34552 Veliki Banovac PO-S 37 Sa76
43531 Veliki Bastaji B-B 38 Sb75
48306 Veliki Botinovac KO-K 37 Rd72
21231 Veliki Broćanac SPL 60 Rc87
42231 Veliki Bukovec VAR 31 Re71
47281 Veliki Erjavec KAR 35 Qc75
44400 Veliki Gradac SI-M 44 Rb77
43270 Veliki Grđevac B-B 37 Sa74
51329 Veliki Jadrč PR-G 42 Qb76
44400 Veliki Obljaj SI-M 43 Ra77
48317 Veliki Otok KO-K 31 Rf71
43280 Veliki Pašijan B-B 37 Rf75
48312 Veliki Poganac KO-K 36 Rd72
43233 Veliki Prokop B-B 37 Rf75
Veliki Prolog SPL 69 Sc89
48265 Veliki Raven KO-K 36 Rc73
▲ Veliki Risnjak PR-G 41 Pd76
~ Veliki Strug SI-M 45 Rf77
Veliki Sušnjar SI-M 44 Rb77
☆ Veliki Tabor KR-Z 35 Qd72
52208 Veliki Vareški IST 40 Of79
20235 Veliki-Zaton D-N 72 Ta92
43293 Veliki Zdenci B-B 37 Sa74
44317 Veliko Brdo SI-M 37 Rd75
21325 Veliko Brdo SPL 67 Sa89
43000 Veliko Korenovo B-B 37 Re73
Veliko Nabrđe OS-B 47 Tb76
44203 Veliko Svinjičko SI-M 44 Rd76
49214 Veliko Trgovišće KR-Z 35 Qf72
43226 Veliko Trojstvo B-B 37 Rf73
43282 Veliko Vukovje B-B 45 Rf75
51551 Veli Lošinj PR-G 50 Pd81
Velimirovac OS-B 39 Ta75
▲ Veli Otok ZAD 58 Qa84
23287 Veli Rat ZAD 50 Pf84
▲ Veli Rat ZAD 50 Pe84
▲ Veli Ražanac ZAD 51 Qc83
31554 Veliškovci OS-B 39 Tb74
43531 Vel. Maslenjača B-B 38 Sb75
~ Velo blato ZAD 51 Qa82
21450 Velo Grablje SPL 67 Rd89
☆ Velopolje SPL 68 Rd89
22320 Velušic S-K 59 Ra85
23420 Veljane ZAD 51 Qc84
47243 Veljun KAR 43 Qd77
53273 Veljun Primorski L-S 42 Pf78
51414 Veprinac PR-G 41 Pb76
32000 Vera VU-S 48 Tf76
51555 Verin PR-G 50 Pc80
52100 Veruda IST 40 Oe79
▲ Veruda IST 40 Oe80
23281 Verunić ZAD 50 Pf84
52220 Veselići IST 41 Pb78
23450 Veselinović ZAD 52 Qe83
34340 Vetovo PO-S 46 Se76
22204 Vezac S-K 59 Ra87
10315 Vezišće ZGB 36 Rd75
20352 Vid D-N 69 Sd90
53296 Vidalići L-S 51 Pf81
53291 Vidasi L-S 50 Pe81
52100 Vidikovac IST 40 Of79
51302 Vidikovac PR-G 41 Pe76
20350 Vidonje D-N 69 Sd91
10040 Vidovec G-ZG 36 Ra73
42205 Vidovec VAR 30 Rb71
51556 Vidovići PR-G 41 Pc79
44316 Vidrenjak SI-M 36 Rd75
20267 Viganj D-N 68 Sa91
52470 Vilanija IST 40 Od76
☆ Vilinska Jama ZGB 35 Qd74
31531 Viljevo OS-B 39 Ta74
21276 Vina SPL 69 Sc89
21236 Vinalić SPL 60 Rc85
48267 Vinarec KO-K 36 Rc72
42207 Vinica VAR 30 Ra70
42224 Vinično VAR 36 Rb72
21226 Vinišće SPL 59 Ra88
Vinkovački Banovci VU-S 48 Ua77
32100 Vinkovci VU-S 48 Te77
10346 Vinkovec ZGB 36 Rc73
52100 Vinkuran IST 40 Of79
51243 Vinodolska PR-G 41 Pe77
~ Vinodolski kanal PR-G 41 Pd77
31554 Vinogradci OS-B 39 Tc75
42230 Vinogradi Ludbreški VAR 31 Rd71
21260 Vinjani SPL 61 Sb88
23247 Vinjerac ZAD 51 Qc83
23234 Vir ZAD 51 Qa83
▲ Vir ZAD 51 Qa83
21450 Vira SPL 67 Rc89
48326 Virje KO-K 37 Rf72
33000 Virovitica VI-P 38 Sc74
~ Virsko more ZAD 50 Pf83
21480 Vis SPL 66 Rb90
▲ Vis SPL 66 Ra90
23241 Visočane ZAD 51 Qc83
20231 Visočani D-N 69 Se91
22323 Visoka S-K 59 Rb86
Visoka Greda B-P 45 Sb77
42224 Visoko VAR 36 Rb72
☆ Visovac S-K 59 Qf85
~ Visovačko jezero S-K 59 Qf85
53234 Visuć L-S 52 Qe81
~ Viški kanal SPL 66 Rb90
31401 Viškovci OS-B 47 Tc76
51216 Viškovo PR-G 41 Pc76
52463 Višnjan IST 40 Oe77
31000 Višnjevac OS-B 39 Td75
20218 Vitaljina D-N 72 Tc94
21465 Viternja SPL 68 Re89
47300 Vitunj KAR 42 Qa77
47283 Vivodina KAR 35 Qc74

52447 Vižinada IST 40 Oe77
33411 Vladimirovac VI-P 38 Sd73
Vladislavci OS-B 47 Td76
44400 Vlahović SI-M 43 Rb77
48325 Vlaislav KO-K 37 Rf72
53287 Vlaka L-S 51 Pf80
21450 Vlaka SPL 66 Rc89
21275 Vlaka SPL 68 Sb89
23249 Vlašići ZAD 51 Qb83
52224 Vlaška IST 40 Pa78
34350 Vlatkovac PO-S 46 Ta76
33522 Voćin VI-P 38 Sd75
~ Voćinska r. VI-P 38 Se75
47251 Vodena Draga KAR 42 Qc76
▲ Vodenjak ZAD 50 Pe83
51557 Vodice PR-G 41 Pc78
51252 Vodice PR-G 42 Pf78
33533 Vodice VI-P 38 Sc74
22211 Vodice S-K 59 Qe86
52420 Vodice Siljevac IST 33 Pa76
▲ Vodnjak SPL 66 Rb89
52215 Vodnjan IST 40 Of79
53260 Vodoteč L-S 42 Qa78
20216 Vodovađa D-N 72 Tc93
Vođinci VU-S 47 Td77
▲ Vojak PR-G 41 Pb77
48264 Vojakovac KO-K 36 Rd72
47220 Vojišnica KAR 43 Qe76
~ Vojlovica VI-P 38 Se75
47220 Vojnić KAR 43 Qe77
21240 Vojnić Sinjski SPL 60 Re87
47303 Vojnovac KAR 42 Qb78
48269 Vojnovec Kalnički KO-K 36 Rc72
53284 Volarice L-S 42 Pf79
~ Volavica ZGB 35 Qd74
44440 Volinja SI-M 44 Rc77
44318 Voloder SI-M 37 Rd75
~ Voloderec SI-M 37 Re75
51211 Volosko PR-G 41 Pb76
10000 Volovčica G-ZG 36 Ra74
21226 Voluja SPL 59 Ra88
44415 Vorkapić SI-M 43 Qf77
21245 Voštane SPL 60 Rf87
51513 Voz PR-G 41 Pd77
52234 Vozilići IST 41 Pa78
23440 Vrace ZAD 52 Qe83
51557 Vrana PR-G 41 Pc80
23210 Vrana ZAD 58 Qd85
52463 Vranići IST 40 Oe77
52440 Vranići IST 40 Od77
53244 Vranik L-S 52 Qe82
35000 Vranovci B-P 46 Ta77
10450 Vranov Dol ZGB 35 Qd74
53212 Vranovine L-S 51 Qb81
~ Vransko jezero ZAD 58 Qd85
~ Vransko jezero PR-G 41 Pc79
52434 Vranja IST 40 Pa77
21210 Vranjic SPL 60 Rc87
10090 Vrapče G-ZG 35 Qf74
51321 Vrata PR-G 41 Pe77
53271 Vrataruša L-S 42 Pf78
40316 Vratišinec MED 31 Rc70
21203 Vrba SPL 60 Rc86
42232 Vrbanovec VAR 31 Rd71
21462 Vrbanj SPL 68 Rd90
32254 Vrbanja VU-S 48 Tf79
21460 Vrbanjske Rudine SPL 68 Rd89
43226 Vrbica B-B 37 Rf73
22211 Vrbica S-K 59 Qe86
Vrbica OS-B 47 Td77
Vrbje B-P 45 Sc77
51516 Vrbnik PR-G 41 Pe78
22300 Vrbnik S-K 59 Rb84
42253 Vrbno VAR 30 Qf71
21463 Vrboska SPL 67 Re89
Vrbova B-P 46 Sd77
43500 Vrbovac B-B 37 Sb75
10340 Vrbovec ZGB 36 Rc73
Vrbovljani B-P 45 Sa77
49283 Vrbovo KR-Z 36 Rb72
51326 Vrbovsko PR-G 42 Qa76
53205 Vrebac L-S 51 Qd81
52231 Vrećari IST 40 Pa78
47314 Vrelo KAR 42 Qa77
53230 Vrelo Koreničko L-S 52 Qe80
☆ Vrelo Zrmanje ZAD 52 Ra83
23210 Vrgada ZAD 58 Qd85
▲ Vrgada ZAD 58 Qc85
~ Vrgadski kanal ZAD 58 Qd85
21276 Vrgorac SPL 69 Sc89
51500 Vrh PR-G 41 Pd78
52420 Vrh IST 40 Of76
48306 Vrhovac Sokolovački KO-K 37 Re72
Vrhovci PO-S 46 Sd77
Vrhovina B-P 46 Ta77
53223 Vrhovine L-S 42 Qc79
▲ Vrhovnjaci D-N 68 Sa92
21465 Vrisnik SPL 68 Rd90
21236 Vrlika SPL 60 Rc85
~ Vrljika SPL 61 Sb88
52462 Vrnjak IST 40 Oe76
53230 Vrpile L-S 52 Qe80
22205 Vrpolje S-K 59 Ra86
22300 Vrpolje S-K 59 Rb84
21245 Vrpolje SPL 60 Re87
35210 Vrpolje B-P 47 Tc77
52450 Vrsar IST 40 Od78
23235 Vrsi ZAD 51 Qb83
21222 Vrsine SPL 59 Ra87
53271 Vrtlina L-S 42 Pf78
42223 Vrtlinovec VAR 31 Rc71
43240 Vrtlinska B-B 36 Rd74
22000 Vrulje S-K 59 Qf86
22243 Vrulje S-K 58 Qb86
53273 Vrzići L-S 42 Qa79
47263 Vucelići KAR 42 Qb77
49221 Vučak KR-Z 36 Qf72
43240 Vučani B-B 37 Re74
53260 Vučetići L-S 42 Qa79
31402 Vučevci OS-B 47 Tc77
21231 Vučevica SPL 60 Rc87
~ Vučica OS-B 47 Te76
51325 Vučinići PR-G 42 Qa76
23440 Vučipolje ZAD 52 Qf83
21233 Vučipolje SPL 60 Rd86
23247 Vučjak ZAD 51 Qc83
34000 Vučjak PO-S 38 Sd76
Vučkovac OS-B 39 Tc75
21201 Vudrići SPL 59 Rb87
~ Vuger G-ZG 36 Ra74
42240 Vuglovec VAR 30 Ra71
22305 Vujašinovići S-K 59 Qf84
22321 Vujevic S-K 60 Rc85
Vuka OS-B 47 Td76
~ Vuka OS-B 48 Te76
40306 Vukanovec MED 31 Rb70
47313 Vukelić KAR 42 Qa78
47286 Vukoder KAR 35 Qd75
Vukojevci OS-B 47 Ta76
10418 Vukomerić ZGB 36 Qf75
22323 Vukorepi S-K 59 Rb86
33404 Vukosavljevica VI-P 37 Sb73
33404 Vukosavljevica VI-P 37 Sb73
47273 Vukova Gorica KAR 42 Qc76
32000 Vukovar VU-S 48 Tf76
48267 Vukovec KO-K 36 Rc72
22321 Vuković S-K 60 Rb85
43531 Vukovije B-B 38 Sb75
10419 Vukovina ZGB 36 Ra74
23452 Vukša ZAD 59 Qe84
23422 Vukšić ZAD 59 Qe85
40322 Vularija MED 31 Rc71
42250 Vulišinec VAR 30 Ra71
44273 Vurot SI-M 44 Rb76

Z

22030 Zablaće S-K 59 Qf86
48316 Zablatje KO-K 31 Re71
49210 Zabok KR-Z 35 Qf72
20230 Zabrđe D-N 69 Sd91
10345 Zabrđe ZGB 36 Rd73
52000 Zabrežani IST 40 Of77
23000 Zadar ZAD 51 Qb84
~ Zadarski kanal ZAD 51 Qa83
Zadgrađe PO-S 46 Se77
47000 Zadobarje KAR 35 Qc75
10381 Zadrkovec ZGB 36 Rc73
Zadubravlje B-P 47 Ta78
21255 Zadvarje SPL 60 Rf88
10257 Zadvorsko G-ZG 35 Qf74
23281 Zaglav ZAD 58 Qa85
21468 Zaglav SPL 67 Sa90
▲ Zaglava L-S 50 Pf81
51302 Zagolik PR-G 34 Pe76
▲ Zagora S-K 60 Rb86
52234 Zagorje IST 41 Pb78
47242 Zagorje KAR 43 Qd77
49296 Zagorska Sela KR-Z 35 Qd72
▲ Zagradski vrh PR-G 42 Pe77
10000* Zagreb G-ZG 36 Qf74
21270 Zagvozd SPL 67 Sa88
21425 Zagvozd SPL 68 Re89
51312 Zahrt PR-G 42 Pf76
43500 Zaile B-B 38 Sc75
48267 Zaistovec KO-K 36 Rc72
52332 Zajci IST 40 Pa77
49284 Zajezda KR-Z 36 Rb72
23445 Zaklopac ZAD 52 Ra82
53233 Zaklopača L-S 43 Qd79
Zakorenje PO-S 46 Sd76
51313 Zalesina PR-G 42 Pf76
47276 Zaluka Lipnička KAR 35 Qb75
53223 Zalužnica L-S 42 Qc79
~ Zaljev Budima D-N 70 Se92
~ Zaljev Komiža SPL 66 Ra90
~ Zaljev Raša IST 40 Pa79
52000 Zamask IST 40 Of77
20231 Zamaslina D-N 69 Se92
52475 Zambratija IST 40 Od76
51000 Zamet PR-G 41 Pc76
48267 Zamladinec KO-K 36 Rc72
42202 Zamlaka VAR 31 Rc71
21202 Zamovran SPL 60 Rc86
47203 Zamršje KAR 35 Qe75
21450 Zaninović SPL 67 Rd89
33525 Zanoš VI-P 38 Se74
Zaostrog SPL 69 Sb90
▲ Zapadak PR-G 42 Pf78
▲ Zapadni Greben ZAD 50 Pe83
10290 Zaprešić ZGB 35 Qe73
10020 Zaprude G-ZG 36 Qf74
23292 Zapuntel ZAD 50 Pe83
21450 Zaraće SPL 67 Rd90
21233 Zasiok SPL 60 Rd86
20216 Zastolje D-N 72 Tc93
21466 Zastražišće SPL 67 Rf90
23232 Zaton ZAD 51 Qb83
22215 Zaton S-K 59 Qe86
20235 Zaton, Mali- D-N 72 Ta92
23243 Zaton Obrovački ZAD 52 Qe83
21465 Zavala SPL 67 Re90
20273 Zavalatica D-N 68 Rf91
☆ Zavičajni muzej ZAD 58 Qc85
52208 Zavlica IST 40 Pa79
21275 Zavojane SPL 69 Sb89
53287 Zavratnica L-S 50 Pf80
51312 Zavrh PR-G 42 Pf75
52428 Završje IST 40 Oe76
51312 Završje PR-G 34 Pf75
42242 Završje Podbelsko VAR 30 Rb71
51557 Zbičina PR-G 41 Pc79
51557 Zbišina PR-G 41 Pc79
Zbjeg B-P 46 Sf78
44321 Zbjegovača SI-M 45 Rf76
47264 Zdenac KAR 42 Qc77
Zdenci VI-P 38 Sf75
10291 Zdenci Brdovečki ZGB 35 Qe73
43280 Zdenčac B-B 37 Rf75
43245 Zdenčec B-B 37 Re74
Zdenkovac PO-S 46 Ta76
51329 Zdihovo PR-G 42 Qb76
40314 Zebanec Selo MED 31 Rc70
22305 Zečevo S-K 59 Qf85
22203 Zečevo Rog. S-K 59 Qf87
47240 Zečev Varoš KAR 42 Qc78
▲ Zečjak L-S 51 Pf80
Zelčin OS-B 39 Tc75
~ Zelena laguna IST 40 Od77
☆ Zelena špilja SPL 66 Rb90
10000 Zelengaj G-ZG 35 Qf74
23450 Zelengrad ZAD 52 Qe84
53288 Zelenike L-S 51 Qa81
☆ Zeleni vir PR-G 42 Pf76
~ Zelina ZGB 36 Rb74
51317 Zelin Crnoluški PR-G 41 Pe76
51317 Zelin Mrzlovodički PR-G 41 Pe76
21233 Zelovo SPL 60 Rd86
21247 Zelovo Sutinsko SPL 60 Rd86
21483 Zena Glava SPL 66 Ra90
10414 Zgurić-Brdo ZGB 43 Qf75
40316 Ziškovec MED 31 Rc70
22232 Zlarin S-K 59 Qf86
▲ Zlarin S-K 59 Qf86
~ Zlarinski kanal S-K 59 Qe86
49250 Zlatar KR-Z 36 Ra72
49247 Zlatar Bistrica KR-Z 36 Ra72
31309 Zlatna Greda OS-B 49 Tf74
51244 Zlobin PR-G 41 Pe77
51324 Zlobin PR-G 41 Pd77
42255 Zlogonje VAR 30 Ra71
~ Zmajanski kanal S-K 59 Qe86
31307 Zmajevac OS-B 49 Te74
21266 Zmijavci SPL 68 Sb88
Zokov Gaj VI-P 39 Ta75
Zoljan OS-B 46 Ta76
51218 Zoretići PR-G 41 Pc76
47280 Zorkovac Mali KAR 35 Qd75
31324 Zornice OS-B 39 Td74
Zrče ZAD 50 Pf81
52428 Zrenj IST 40 Of76
Zrin SI-M 44 Rc77
43270 Zrinska B-B 37 Sa74
▲ Zrinska gora SI-M 44 Rb77
43202 Zrinski Topolovac B-B 37 Re72
10383 Zrinšćina ZGB 36 Rc72
23440 Zrmanja ZAD 52 Ra84
~ Zrmanja ZAD 52 Qd83
23443 Zrmanja Vrelo ZAD 52 Ra83
47313 Zrnići KAR 42 Qa78
47314 Zrnići KAR 42 Qa77
23226 Zubčići ZAD 51 Qd84
53296 Zubovići L-S 51 Pf81
47261 Zvečaj KAR 42 Qc76
10342 Zvekovac ZGB 36 Rd74
20210 Zvekovica D-N 72 Tb93
23286 Zverinac ZAD 50 Pf84
▲ Zverinac ZAD 50 Pf83
22300 Zvjerinac S-K 59 Rb85
51213 Zvoneće PR-G 41 Pb76
10344 Zvonik ZGB 37 Rd73
33523 Zvonimirovac VI-P 38 Sf74

Ž

53000 Žabica L-S 51 Qc81
43212 Žabjak B-B 37 Re73
10344 Žabnica ZGB 36 Rd73
22010 Žaborić S-K 59 Qf87
52341 Žagrići IST 40 Of78
22300 Žagrović S-K 59 Ra84
42250 Žarovnica VAR 30 Ra71
44271 Žažina SI-M 36 Rb76
22214 Žažvić S-K 59 Qe85
52440 Žbandaj IST 40 Oe77
48332 Ždala KO-K 37 Sa72
43000 Ždralovi B-B 37 Rf73
22222 Ždrapanj S-K 59 Qf85
23263 Ždrelac ZAD 58 Qb84
23247 Ždrilo ZAD 51 Qd83
21220 Žedno SPL 60 Rb87
51212 Žejane PR-G 41 Pb76
49214 Žejinci KR-Z 35 Qf73
40312 Železna Gora MED 31 Rb70
53233 Željava L-S 43 Qe79
53251 Željezno Polje L-S 52 Qf80
23000 Žerava ZAD 51 Qb83
23245 Žežej Stanj ZAD 51 Qc82
21250 Žeževica SPL 61 Rf88
51511 Žgaljići PR-G 41 Pc78
53291 Žigljen L-S 51 Pf81
44000 Žirčica SI-M 36 Rc75
~ Žirjanski kanal S-K 59 Qd86
22236 Žirje S-K 59 Qd87
▲ Žirje S-K 59 Qe87
33412 Žiroslavje VI-P 38 Sd74
~ Žirovac SI-M 44 Rb78
22320 Žitnić S-K 59 Ra85
10360 Žitnjak G-ZG 36 Ra74
10380 Žitomir KR-Z 36 Rb72
44450 Živaja SI-M 44 Re77
53287 Živi Bunari L-S 50 Pf80
35257 Živike B-P 46 Se78
22320 Živkovići S-K 59 Ra86
47220 Živković Kosa KAR 43 Qe76
21329 Živogošće SPL 68 Sa89
▲ Žižanj ZAD 58 Qc85
23282 Žman ZAD 58 Qa85
52341 Žminj IST 40 Of78
47300 Žnidovac KAR 42 Qa77
52428 Žnjidarici IST 40 Of76
52420 Žonti IST 40 Of76
44210 Žreme SI-M 44 Rd76
53284 Žrnovica L-S 42 Pf79
21251 Žrnovnica SPL 60 Rd87
20275 Žrnovo D-N 68 Sa91
35430 Žuberkovac B-P 45 Sb77
52447 Žudetići IST 40 Oe76
20247 Žuljana D-N 69 Sc91
10455 Žumberak ZGB 35 Qc74
10340 Žunci ZGB 36 Rc73
21273 Župa SPL 68 Sa89
42231 Županec VAR 31 Re71
32270 Županja VU-S 47 Te78
20242 Župaje Selo D-N 69 Sb91
▲ Žut S-K 58 Qc85
53260 Žuta Lokva L-S 42 Qa79
▲ Žutska Aba S-K 58 Qc86
~ Žutski kanal ZAD 58 Qb85
21262 Žužuli SPL 61 Sa88

A

6272 Abitanti 40 Oe76
4207 Adergas 28 Pc71
8341 Adlešiči 35 Qb75
9203 Adrijanci 30 Rb68
5213 Ajba 32 Od72
1336 Ajbelj 34 Pf75
8361 Ajdovec 34 Qa74
☆ Ajdovskigradec 35 Qc72
5270 Ajdovščina 33 Of73
5101 Ajševica 32 Oe73
4281 Aljažev dom 27 Oe70
1303 Ambrus 34 Pe74
3313 Andraž nad Polzela 29 Qa71
9221 Andrejci 30 Rb68
5210 Anhovo 32 Od72
6280 Ankaran 32 Oe75
8280 Anže 35 Qd73
9253 Apače 30 Qe70
9253 Apače 30 Qf68
4207 Apno 28 Pd71
3211 Arclin 29 Qb71
3301 Arja vas 29 Qb71
8280 Armeško 35 Qc72
3320 Arnače 29 Qa70
8253 Artiče 35 Qd73
8290 Arto 35 Qc73
6242 Artviže 33 Pa75
5215 Avče 32 Oe72
~ Avšček 32 Oe72

B

6000 Babiči 32 Oe76
1386 Babna Polica 33 Pd74
4220 Babnik 33 Pb72
1386 Babno Polje 33 Pd75
6253 Bač 33 Pb75
~ Bača 33 Of71
5216 Bača pri Modreju 32 Oe72
9000 Bakovci 30 Ra69
1336 Banjaloka 34 Pf75
5251 Banjšice 32 Oe72
9242 Banovci 30 Ra69
6217 Barka 33 Pa75
▲ Basališče 29 Qb70
4205 Bašelj 27 Pc71
5251 Bate 32 Oe72
5230 Bavšica 26 Od70
▲ Bavški Grintavec 26 Oe70
☆ Baza 20 34 Qa74
4275 Begunje 27 Pb70
1382 Begunje pri Cerknici 33 Pc74
▲ Begunjščica 27 Pb70
6240 Beka 33 Of75
5273 Bela 33 Pa73
1221 Bela 28 Pf71
2393 Bela Pec 28 Pe70
1386 Bela Voda 33 Pc75
4281 Belca 27 Of70
8343 Belčji Vrh 34 Qb76
3325 Bele Vode 28 Pf70
3310 Beli 29 Qb71
1355 Belica 33 Pc72
2208 Bellevue 29 Qd69
3240 Belo 29 Qd71
6230 Belsko 33 Pa74
9231 Beltinci 30 Rb69
1292 Benco 33 Pc73
2234 Benedikt v Slovenskih goricah 30 Qf69
9220 Benica 31 Rd69
1262 Beričevo 34 Pd72
9244 Berkovci 30 Ra69
9207 Berkovci 30 Rb68
1301 Bernard 34 Pe73
6101 Bertoki 32 Oe75
1000 Besnica 28 Pb71
1000 Besnica 34 Pd72
~ Besnica 34 Pe72
6250 Betuli 33 Pb75
1360 Bevke 33 Pc73
9265 Beznovci 30 Ra68
3212 Bezovica 29 Qc71
1000 Bežigrad 33 Pd72
4228 Bidržna 33 Pa71
5292 Bilje 32 Od73
8000 Birčna vas 34 Qa74
2393 Bistra 28 Pe70
☆ Bistra 33 Pb72
~ Bistra 28 Pe70
8232 Bistrica 34 Qa73
8340 Bistrica 34 Qa75
9232 Bistrica 30 Rb69
~ Bistrica 28 Pb70
2345 Bistrica ob Dravi 29 Qd69
3256 Bistrica ob Sotli 35 Qd72
1242 Bistričica 28 Pd71
6250 Bistriška bajta 33 Pb75
4264 Bitenjska 27 Pa71
5251 Bitež 32 Oe72
8259 Bizeljsko 35 Qe72
☆ Bizeljsko 35 Qe72
1223 Blagovica 34 Pe71
8283 Blanca 35 Qc73
1331 Blate 34 Pe74
1360 Blatna Brezovica 33 Pb73
~ Blatnica 27 Pa71
3273 Blatni Vrh 35 Qc72
8254 Blatno 35 Qd73
4260 Bled 27 Pa70
4273 Blejska Dobrava 27 Pa70
~ Blejsko jezero 27 Pa70
1385 Bloke 33 Pd74
1384 Bloška Polica 33 Pc74
1430 Boben 34 Qa72
6273 Bočaji 32 Oe76
3342 Bočna 28 Pf71
4260 Bodesče 27 Pa70
9265 Bodonci 30 Ra68
4220 Bodovlje 33 Pb72
☆ Bogenšperk 34 Pf72
9222 Bogojina 30 Rb68
3214 Boharina 29 Qc70
4263 Bohinjska Bela 27 Pa70
4264 Bohinjska Bistrica 27 Of71
~ Bohinjsko Jezero 27 Of71
8344 Bojanci 42 Qb75
8254 Bojsno 35 Qd73
2315 Bojtina 29 Qd70
9252 Boračeva 30 Ra69
9242 Boreci 30 Ra69
9203 Boreča 30 Ra67
9251 Borejci 30 Ra68
5223 Borjana 26 Oc71
1414 Borovak 34 Qa72
2281 Borovci 30 Qf70
1338 Borovec 34 Pe75
1353 Borovnica 33 Pc73
6273 Boršt 32 Oe76
8262 Boršt 35 Qd73
▲ Boskovec 28 Pf70
1337 Bosljiva Loka 34 Pe75
5230 Bovec 26 Od70
2317 Božje 29 Qc70
1275 Brajda 34 Pf72
5295 Branik 32 Oe73
3314 Braslovče 29 Qa71
9231 Bratonci 30 Rb69
5212 Brda 32 Od73
8343 Brdarci 34 Qb75
1230 Brdo 33 Pa72
1434 Breg 34 Qb72
1353 Breg 33 Pc73
4274 Breg 30 Qe70
5223 Breginj 26 Oc71
4211 Breg ob Savi 27 Pc71
1270 Breg pri Litiji 34 Pf72
3313 Breg pri Polzeli 29 Qa71
1292 Brest 33 Pc73
8280 Brestanica 35 Qc73
3250 Brestovec 30 Qd71
6210 Brestovica 33 Of74
6223 Brestovicapri Komnu 32 Od74
2354 Brestrnica 29 Qd69
3205 Brezen 29 Qb70
1274 Brezevo 34 Pf72
8250 Brezina 35 Qd73
4243 Brezje 27 Pb71
1356 Brezje 33 Pc72
1382 Brezje 33 Pc74
6225 Brezje 33 Pa74
8273 Brezje 35 Qc73
4290 Brezje pri Tržiču 28 Pb70
4220 Breznica 33 Pb72
8343 Breznik 34 Qa75
2363 Brezno 29 Qb69
8333 Brezova Reber 34 Qb74
8361 Brezova Reber pri Dvoru 34 Qa74
9201 Brezovci 30 Ra68
1351 Brezovica 40 Of76
1353 Brezovica 33 Pc73
1351 Brezovica 34 Qb73
1351 Brezovica pri Ljubljani 33 Pc72
8233 Brezovicapri Mirni 34 Qa73
1330 Brezovicapri Predgradu 34 Qa75
1303 Brezovi Dol 34 Pf74
8250 Brežice 35 Qd73
1338 Briga 34 Pf75
1210 Brinje 33 Pc72
1411 Briše 34 Pf72
4000 Britof 27 Pc71
5263 Brje 32 Oe73
6223 Brje pri Komnu 32 Oe74
▲ Brkini 33 Pa75
4220 Brode 33 Pb72
2327 Brunšvik 30 Qe70
5232 Brvce 26 Oe70
~ Buča 35 Qd72
3255 Buče 35 Qd72
9242 Bučečovci 30 Ra69
8276 Bučka 35 Qb73
5271 Budanje 33 Of73
9204 Budinci 30 Rb67
6217 Buje 33 Pa75
2281 Bukovci 30 Qf70
1316 Bukovec 34 Pe74
5293 Bukovica 34 Pf73
4227 Bukovica 33 Pb71
6230 Bukovje 33 Pa74
3263 Bukovje pri Slivnici 35 Qc72
3263 Bukovje v Babni Gori 35 Qc71
9222 Bukovnica 31 Rb68
5282 Bukovo 33 Of72
2373 Bukovska vas 29 Qa69
4227 Bukovščica 27 Pb71
4223 Bukov Vrh 33 Pb72
8263 Bušeča vas 35 Qd73
8331 Bušinja vas 35 Qb74
6272 Butari 40 Of76
8340 Butoraj 34 Qb75

C

1380 Cajnarja 33 Pc74
9261 Cankova 30 Ra68
3000* Celje 29 Qb71
8263 Cerklje 35 Qd73
4207 Cerklje na Gorejniskem 28 Pc71
1380 Cerknica 33 Pc74
~ Cerkniščica 33 Pc74
~ Cerkniško polje 33 Pc74
5282 Cerkno 33 Of72
2236 Cerkvenjak 30 Qf69
3250 Cerovec 34 Qa74
3250 Cerovec 30 Qd71
3240 Cerovec pri Šmarju 35 Qd71
1275 Cerovica 34 Pf72
2215 Ceršak 30 Qd68
5270 Cesta 34 Pe73
5270 Cesta 32 Of73
9214 Cezanjevci 30 Ra69
4220 Ciber 33 Pb72
2310 Cigonca 29 Qd70
2326 Cirkovce 30 Qe70
2282 Cirkulane 30 Qf70
☆ Citercijanski Samostan 34 Pe73
2236 Cogetinci 30 Qf69
5273 Col 33 Of73
6223 Coljava 32 Oe74
4209 Crngrob 33 Pb71
1372 Cunta 33 Pa73
2273 Cvetkovci 30 Ra70
1330 Cvišlerji 34 Pf75

Č

4224 Čabrače 33 Pa72
4290 Čadovlje 27 Pc71
8310 Čadraže 35 Qb73
9244 Čakova 30 Ra69
5280 Čar 33 Of72
8212 Čatež 34 Pf73
8212 Čatež 35 Qd73
5283 Čebej 32 Of72
1420 Čebine 34 Pf71
8263 Čedem 35 Qd73
5280 Čekovnik 33 Of73
1275 Čelo 34 Pe72
1413 Čemšenik 34 Pf71
9220 Čentiba 31 Rc69
8276 Čep 35 Qb73
9203 Čepinci 30 Rb67
5253 Čepovan 32 Oe72
4000 Čepulje 28 Pb71
2287 Čermožiše 30 Qe71
9000 Černelavci 30 Ra68
1223 Češnjice 34 Pe71
1223 Češnjice 35 Qb73
1313 Četežpri Strugah 34 Pe74
5230 Čezsoča 26 Od71
6276 Čežarji 32 Oe75
5220 Čiginj 32 Oe72
9207 Čikečka vas 31 Rb68
9232 Črenšovci 30 Rb69
9250 Črešnjevci 30 Qf69
8333 Črešnjevec 34 Qb75
2310 Črešnjevec 30 Qd70
8263 Črešnjice 35 Qd73
3305 Čreta Ropasija 28 Pf71
8000 Črmosnjicepri Stopičah 34 Qb74
8333 Črmošnjice 34 Qa74
2393 Črna na Koroškem 28 Pf70
1000 Črna vas 33 Pc72
9253 Črnci 30 Qf68
2370 Črneče 29 Pf69
5262 Črniče 32 Oe73
6275 Črni Kal 33 Of75
1275 Črni Potok 34 Pf72
3304 Črni Vrh 33 Pb72
3304 Črni Vrh 29 Pf71
3304 Črni Vrh 33 Pa73
3230 Črnolica 35 Qc71
8340 Črnomelj 34 Qb75
3320 Črnova 29 Qb71
1231 Črnuče 33 Pd72
4220 Čude 33 Pb72
8330 Čurile 35 Qb75
1290 Čušperk 34 Pe73

D

8344 Dalnje Njive 42 Qa76
8344 Damelj 42 Qb76
1386 Dane 34 Pe74
6210 Dane pri Sežani 33 Of74
☆ Da Pont 32 Oe75
4228 Davča 33 Pa71
▲ Debela gora 33 Pb74
▲ Debeli vrh 34 Pd74
3270 Debro 34 Qb71
8210 Dečja vas 34 Qa73
8253 Dečno Selo 35 Qd73
☆ Dedna gora 33 Pc75
6000 Dekani 32 Oe75
8340 Desinec 34 Qb75
5210 Deskle 32 Od72
2253 Destrnik 30 Qf70
6215 Divača 33 Of74
☆ Divaška jama 33 Of75
1233 Dob 34 Pd72
1382 Dobec 33 Pc73
8323 Dobindol 34 Qa74
2390 Dobja vas 28 Pf69
3262 Dobje pri Lesičnem 35 Qc72
3224 Dobje pri Planini 35 Qc72
5215 Doblar 32 Oe72
3270 Doblatina 34 Qb71
3331 Dobletina 28 Pf71
8257 Dobova 35 Qd73
1423 Dobovec 29 Qc71
1423 Dobovec 34 Qa72
1423 Dobovec 30 Qe71
8211 Dobrava 32 Od75
8211 Dobrava 34 Pf73
3210 Dobrava pri Konjicah 29 Qc70
8275 Dobrava pri Škocjanu 35 Qb73
1292 Dobravica 33 Pd73
8310 Dobravica 35 Qb73
5263 Dobravlje 32 Of73
6210 Dobravlje 33 Of74
1312 Dobre-polje 34 Pe74
3204 Dobrna 29 Qb70
8211 Dobrnič 34 Pf73
1356 Dobrova 33 Pc72
8281 Dobrova 35 Qc72
2370 Dobrova pri Dravogradu 29 Qa69
2204 Dobrovce 29 Qe70
3332 Dobrovec 28 Pf71
▲ Dobroveljska 28 Pf71
9223 Dobrovnik 31 Rc69
5212 Dobrovo 32 Od73
9231 Dokležovje 30 Rb69
3342 Dol 28 Pe71
8295 Dol 34 Qb73
2282 Dolane 30 Qf70
1251 Dole 34 Pe72
1273 Dole 34 Qa72
9204 Dolenci 30 Rb67
8210 Dolenja Nemška vas 34 Qa73
5283 Dolenja Trebuša 32 Of72
6224 Dolenjavas 33 Pa74
1331 Dolenja vas 34 Pe74
1355 Dolenja vas 33 Pc72
8341 Dolenjci 35 Qb75
8275 Dolenje Dole 35 Qb73
1380 Dolenje Jezero 33 Pc74
8000 Dolenje Kamenje 34 Qa73
8000 Dolenje Karteljevo 34 Qa73
8220 Dolenje Kronovo 34 Qb73
8310 Dolenje Mokro Polje 35 Qb73
1380 Dolenje Otave 33 Pc73
6254 Dolenje pri Jelšanah 41 Pb75
8274 Dolenje Radulje 35 Qb73
8262 Dolenje Skopice 35 Qd73
1380 Dolenje vas 33 Pc74
8294 Dolenji Boštanj 35 Qb72
1310 Dolenji Lazi 34 Pe74
5282 Dolenji Novaki 33 Pa72
8350 Dolenjske Toplice 34 Qa74
3232 Dolga Gora 29 Qd71
8212 Dolga Njiva 34 Pf73
1330 Dolga vas 34 Pf75
9220 Dolga vas 31 Rc69
9263 Dolič 30 Ra67
~ Dolina 32 Oe73
9220 Dolina pri Lendavi 31 Rd69
9232 Dolnja 30 Rb69
2211 Dolnja Počehova 30 Qd69
8311 Dolnja Prekopa 35 Qc73
6215 Dolnje Ležeče 33 Of74
6217 Dolnje Vreme 33 Pa75
9220 Dolnji Lakoš 31 Rc69
9264 Dolnji-Slaveči 30 Ra68
8331 Dolnji Suhor 35 Qb74
1276 Dolnji-Vrh 34 Pf73
1431 Dol pri Hrastniku 34 Qa72
1262 Dolpri Ljublani 34 Pd72
6221 Dol pri Vogljah 32 Oe74
1262 Dolsko 34 Pe72
8000 Dolž 34 Qb74
9261 Domajinci 30 Ra68
9206 Domanjševci 30 Rb68
4265 Dom Savica 27 Oe71
4283 Dom vi Tamarj 26 Oe70
1353 Dom v Peklu Pekel 33 Pc73
1230 Domžale 34 Pd72
2252 Dornava 30 Qf70
5294 Dornberk 32 Oe73
4281 Dovje 27 Of70
2382 Dovže 29 Qa70
1319 Draga 34 Pd75
1319 Draga 33 Pc72
1319 Draga 34 Qa73
8343 Dragatuš 34 Qb75
1230 Dragomelj 34 Pd72
1351 Dragomer, Log- 33 Pc72
6333 Dragonja 40 Od76
~ Dragonja 40 Oe76
9244 Dragotinci 30 Ra69
8340 Dragovanja vas 34 Qa75
~ Dramlja 35 Qd73
3222 Dramlje 29 Qc71
8330 Drašiči 35 Qc75
~ Drava 29 Qa69
~ Drava 30 Qf70
~ Drava 30 Qe70
~ Dravinja 30 Qe70
▲ Dravinjske gorice 30 Qd71
2370 Dravograd 29 Qa69
3210 Draža vas 29 Qc71
2288 Draženci 30 Qf70

4228 Dražgoše 27 Pa71
1360 Drenov Grič 33 Pb73
~ Dreta 28 Pf71
6257 Drevesnica 33 Pc74
5222 Drežnica 26 Od71
8344 Drežnik 42 Qb76
5222 Drežniške Ravne 26 Od71
8351 Drganja Sela 34 Qa74
8273 Drnovo 35 Qc73
9253 Drobtinci 30 Qf68
8290 Drožanje 35 Qb72
6257 Drskovče 33 Pb75
1240 Duplica 34 Pd71
5271 Duplje 33 Of73
6221 Dutovlje 32 Oe74
8361 Dvor 34 Pf74
3240 Dvor 29 Qd71
2241 Dvorjane 30 Qe70

E

6281 Elerji 32 Oe75
1372 Erjavec 33 Pa73

F

2343 Fala 29 Qc69
1336 Fara 42 Pf76
9262 Fiksinci 30 Qf68
9222 Filovci 30 Rb69
6330 Fjesa 32 Od75
2222 Flekušek 30 Qe69
3342 Florjan 28 Pe71
3330 Florjan 29 Pf70
5281 Fojde 33 Pa72
9208 Fokovci 30 Rb68
2315 Frajham 29 Qd70
2313 Fram, Rače- 30 Qd70
3213 Frankolovo 29 Qb71
8350 Frata 34 Pf74
3312 Fuit 34 Qa71
3334 Funtek 28 Pe71
1303 Fužina 34 Pe73

G

4290 Gaberc 27 Pc70
6222 Gaberje 33 Of73
9220 Gaberje 31 Rc69
3325 Gaberke 29 Qa70
8296 Gabrijele 34 Qb73
1000 Gabrje 34 Qb73
1000 Gabrje 34 Pe72
1000 Gabrje 33 Pc72
8321 Gabrje 35 Qb74
2256 Gabrnik 30 Qf70
1301 Gabrovčec 34 Pe73
1274 Gabrovka 34 Pf73
1420 Gabrsko 34 Qa72
2211 Gačnik 29 Qe69
2201 Gaj 29 Qd69
2272 Gajevci 30 Ra70
~ Gajševsko jezero 30 Ra69
3310 Galicija 29 Qb71
9231 Gančani 30 Rb69
6274 Gažon 32 Oe75
9251 Gederovci 30 Ra68
9223 Genterovci 31 Rc69
2288 Gerečja vas 30 Qe70
9261 Gerlinci 30 Ra68
1331 Glažuta 34 Pe74
2382 Glažuta 29 Qb70
4207 Glinje 28 Pd71
1317 Globel 34 Pd74
8262 Globočice 35 Qd73
3272 Globoko 34 Qb72
8254 Globoko 35 Qd73
8274 Gmajna 35 Qc73
8274 Gmajna 34 Pf73
1218 Gmajnica 33 Pd71
1274 Gobnik 34 Pf72
5271 Goče 33 Of74
2277 Godeninci 30 Rb70
5275 Godovič 33 Pa73
6243 Golac 33 Pa75
6242 Golačji hrib Mrše 33 Pa75
8270 Golek 35 Qc73
4224 Goli Vrh 33 Pb72
4204 Golnik 28 Pb71
1292 Golo 33 Pd73
3254 Golobinjek ob Sotli 35 Qd72
5212 Golo Brdo 33 Pc72
5212 Golo Brdo 32 Oc72
6250 Gomance 33 Pc75
9224 Gomilica 30 Rb69
3303 Gomilsko 29 Qa71
3214 Gora 29 Qc70
8270 Gora 35 Qc73
5280 Gore 34 Qa72
5280 Gore 33 Pa72
4247 Goreljek 27 Of71
8220 Gorenja 34 Qb73
8310 Gorenja Brezovica 33 Pc73
4224 Gorenja Dobrava 33 Pa72
5281 Gorenja Kanomlja 33 Of72
5282 Gorenja-Novaki 33 Pa72
5253 Gorenja Trebuša 32 Of72
4224 Gorenja vas 33 Pa72
4224 Gorenja vas 32 Od72
1295 Gorenjavas 34 Pe73
1336 Gorenja Žaga 34 Pf75
3327 Gorenje 29 Qa70
3327 Gorenje 33 Pa74
3327 Gorenje 33 Of73
1384 Gorenje Jezero 33 Pc74
1380 Gorenje Otave 33 Pc73
3214 Gorenjepri Zrecah 29 Qc70
8323 Gorenje Sušice 34 Qa74
8310 Gorenje Vrhpolje 35 Qb74
8216 Gorenji Globodol 34 Qa73
8283 Gorenji Leskovec 35 Qc72
1370 Gorenji Logatec 33 Pb73
8342 Gorenji Radenci 42 Qa76
8321 Gorenji Suhadol 35 Qb74
8273 Gorica 35 Qc71
8273 Gorica 35 Qc73
1215 Goričane 33 Pc72
1310 Gorica vas 34 Pe74
4204 Goriče 27 Pc71
4204 Goriče 33 Pa74
1352 Goričica 33 Pc73
1384 Goričice 33 Pc74
▲ Goričko 30 Ra68
2370 Goriški Vrh 29 Qa69
2272 Gorišnica 30 Ra70
6223 Gorjansko 32 Oe74
5282 Gorje 27 Pa70
4264 Gorjuše 27 Pa71
8330 Gornja Lokvica 35 Qb74
9250 Gornja Radgona 30 Qf68
5211 Gornje Cerovo 32 Od73
6256 Gornje Ležeče 33 Pa74
6217 Gornje Vreme 33 Pa75
2382 Gornji Dolič 29 Qb70
3342 Gornji Grad 28 Pe71
1292 Gornji Ig 33 Pc73
9203 Gornji Petrovci 30 Rb68
9263 Gornji Slaveči 30 Ra68
1276 Gornji-Vrh 34 Pf73
6250 Gornji Zemon 33 Pb75
4226 Goropeke 33 Pa72
1338 Gotenica 34 Pe75
▲ Goteniška gora 34 Pd75
3310 Gotovlje 29 Qa71
5281 Govejk 33 Pa72
5273 Gozd 33 Of73
4282 Gozd-Martuljek 27 Of70
2277 Grabe 30 Rb70
2236 Grabonoš 30 Ra69
6272 Gračišče 40 Of75
3272 Gračnica 34 Qb72
4207 Grad 28 Pc71
9264 Grad 30 Ra68
8332 Gradac 34 Qb75
☆ Grad Bistra 33 Pc73
8360 Gradenc 34 Pf74
2362 Gradišce na Kozjaku 29 Qc69
6243 Gradišče 33 Pa75
5271 Gradišče 33 Of73
1275 Gradišče 34 Pf72
9251 Gradišče 30 Ra69
☆ Grad Rihemberk 32 Oe73
☆ Grad Snežnik 33 Pc74
5242 Grahovo 32 Of72
1384 Grahovo 33 Pc74
2250 Grajena 30 Qf70
5242 Grant 33 Of71
3320 Graška Gora 29 Qa70
1370 Grčarevec 33 Pb73
1331 Grčarice 34 Pe75
1354 Grda Dolina 33 Pb72
5251 Grgar 32 Oe73
5251 Grgarske Ravne 32 Oe72
1336 Grgelj 34 Pf75
8332 Griblje 35 Qb75
1332 Grintovec 34 Pf74
☆ Grintovec 28 Pd70
5283 Griva 32 Of72
3302 Griže 29 Qa71
2256 Grlinci 30 Qf69
☆ Grobišče pod Krenom 34 Pf75
1290 Grosuplje 34 Pd73
1370 Gruden 33 Pa73
8273 Grěeča vas 35 Qc73
3261 Gubno 35 Qd72

H

2288 Hajdoše 30 Qe70
▲ Haloze 30 Qe71
8294 Hantin 35 Qb73
6250 Harije 33 Pb75
8362 Hinje 34 Pf74
5224 Hleviščе 26 Od71
2311 Hoče-Slivnica 30 Qd70
1301 Hočevje 34 Pe73
9205 Hodoš 31 Rb68
1354 Horjul 33 Pb72
4224 Hotavlje 33 Pa72
1372 Hotedršica 33 Pa73
1433 Hotemež 34 Qb72
2312 Hotinja vas 30 Qd70
9220 Hotiza 31 Rc69
▲ Hovca 33 Pc75
8331 Hrast 34 Qb74
4000 Hrastje 27 Pc71
9252 Hrastje Mota 30 Ra69
1430 Hrastnik 34 Qa72
1430 Hrastnik 34 Pe72
2230 Hrastovec 30 Qe69
6275 Hrastovlje 40 Of75
8344 Hrast pri Vinici 42 Qb76
6225 Hrašče 33 Pa74
1318 Hrib Loški Potok 34 Pd74
6240 Hrpelje-Kozina 33 Of75
6225 Hruševje 33 Pa74
6244 Hrušica 33 Pa75
5273 Hrušica 33 Pa73
8000 Hrušica 34 Qb74
4276 Hrušica 27 Pa70
▲ Hrušica 33 Pa73
6280 Hrvatini 32 Oe75
5242 Hudajužna 33 Of71
5296 Hudi Log 32 Od73
3205 Hudinja 29 Qb70
~ Hudinja 29 Qb70

I

5280 Idrija 33 Pa72
5216 Idrija pri Bači 32 Oe72
~ Idrijca 33 Of72
5280 Idrijska Bela 33 Of73
5281 Idrijske Krnice 33 Of72
5274 Idrijski Log 33 Pa73
5222 Idrsko 26 Od71
1292 Ig 33 Pd73
1230 Ihan 34 Pd72
2234 Ihova 30 Qf69
6250 Ilirska Bistrica 33 Pb75
3254 Imeno 35 Qd72
8293 Impoljski Potok 35 Qc73
1292 Iška vas 33 Pd73
9222 Ivanci 30 Rb69
1295 Ivančna Gorica 34 Pe73
2259 Ivanjkovci 30 Ra70
9245 Ivanjševci ob Ščavnici 30 Qf69
3212 Ivenca 29 Qb71
1411 Izlake 34 Pf72
6310 Izola 32 Od75
9231 Ižakovci 30 Rb69

J

8216 Jablan 34 Qa73
8294 Jablanica 33 Pb75
5230 Jablenca 26 Od71
1433 Jagnjenica 34 Qa72
3270 Jagoče 34 Qb71
6311 Jagodje 32 Od75
3230 Jakob 35 Qc71
~ Jakobski p. 29 Qe68
▲ Jalovec 26 Oe70
☆ Jama Vilenica 33 Of74
4201 Jamnik 27 Pb71
1000 Janče 34 Pe72
2253 Janežovski Vrh 30 Qf70
2363 Janževski Vrh 29 Qb69
4220 Jarček 33 Pb72
2211 Jareninski Dol 29 Qe69
1000 Jarše 33 Pd72
6250 Jasen 33 Pb75
2363 Javnik 29 Qc69
1261 Javor 34 Pe72
5220 Javorca 26 Oe71
6243 Javorje 33 Pa75
2393 Javorje 28 Pf70
4223 Javorje 33 Pb72
1275 Javorje 34 Pf72
1311 Javorje 34 Pd73
3220 Javornik 35 Qb71
1290 Javornik 34 Pe73
▲ Javorniki 33 Pb74
4270 Javorniški Rovt 27 Pa70
3222 Jazbine 29 Qc71
5282 Jazne 33 Pa72
4290 Jelendol 27 Pc70
1338 Jelenja vas 34 Pf75
5283 Jelenk 32 Of72
1318 Jelenov Žleb 34 Pd74
5275 Jelični Vrh 33 Pa73
▲ Jelovica 27 Pa71
1433 Jelovo 34 Qa72
6254 Jelšane 41 Pb75
4264 Jereka 27 Of71
2259 Jeruzalem 30 Rb70
4270 Jesenice 27 Pa70
4270 Jesenice 35 Qe73
1413 Jesenovo 34 Pf71
1281 Jevnica 34 Pe72
1360 Jezerce 33 Pb73
1352 Jezero 33 Pc73
~ Jezero Dežno 30 Qf70
~ Jezero Komarnik 30 Qe69
~ Jezero Pristava 30 Qe69
~ Jezero Redehova 30 Qe69
4206 Jezersko 28 Pc70
1000 Ježica 33 Pc72
8216 Jordankal 34 Qa73
2364 Josipdol 29 Qb69
8331 Jugorje 34 Qb74
▲ Julijske Alpe 26 Od70
6257 Jurišče 33 Pb75
1310 Jurjevica 34 Pe74
3273 Jurklošter 35 Qb72
2223 Jurovski Dol 30 Qe69
2201 Jurski vrh 29 Qd69
2256 Juršinci 30 Qf70

K

6215 Kačiče Pared 33 Of75
1330 Kačji Potok 34 Pf75
3313 Kaisek 29 Qa71
1420 Kal 34 Qa72
6257 Kal 33 Pa74
1370 Kalce 33 Pb73
6230 Kalič 33 Pb74
5230 Kal-Koritnica 26 Od70
5214 Kal nad Kanalom 32 Oe72
3233 Kalobje 35 Qc71
▲ Kalška gora 28 Pd70
5215 Kambreško 32 Od72
8211 Kamenje pri Dobrniču 34 Pf73
3230 Kameno 29 Qc71
3213 Kamna Gora 29 Qc71
4246 Kamna Gorica 27 Pb71
1262 Kamnica 34 Pe72
2351 Kamnica 30 Qd69
1241 Kamnik 28 Pd71
1241 Kamnik 34 Pf71
8210 Kamni Potok 34 Pf73
1242 Kamniška Bistrica 28 Pd71
▲ Kamniško Savinjske Alpe 28 Pb70
5222 Kamno 26 Od71
5213 Kanal 32 Od72
5213 Kanalski 32 Od72
5216 Kanalski Lom 32 Oe72
1252 Kandrše 34 Pf72
8340 Kanižarica 34 Qb75
▲ Kanjavec 27 Oe70
9220 Kapca 31 Rc69
8258 Kapele 35 Qe73
9252 Kapelski vrh 30 Ra69
2362 Kapla 29 Qa71
1338 Kaptol 34 Pf75
1315 Karlovica 34 Pd74
☆ Kartuzija Pleterje 35 Qc74
☆ Kartuzija Žiče 29 Qc71
3301 Kasaze 29 Qb71
3320 Kavče 29 Qa70
6210 Kazlje 33 Of74
2317 Kebelj 29 Qc70
4228 Kenda 33 Pa71
2250 Kicar 30 Qf70
2325 Kidričevo 30 Qe70
6255 Kilovče 33 Pb75
1412 Kisovec 34 Pf72
1433 Kladje pri Kremlju 34 Qa72
3342 Kladnik 28 Pe71
3204 Klanc 29 Qb70
1332 Kleč 34 Pf74
3332 Klemše 28 Pf71
6257 Klenik 33 Pb74
9242 Ključarovci pri Ljutomeru 30 Ra69
2310 Klopce 29 Qd70
6253 Kneška bajta 33 Pb75
5216 Kneške Ravne 27 Oe71
5216 Kneža 32 Oe72
6253 Knežak 33 Pb75
8211 Knežja vas 34 Pf73
5222 Kobarid 26 Od71
6222 Kobdilj 32 Of74
▲ Kobilja Glava 32 Oe71
9227 Kobilje 31 Rc68
6222 Kobjeglava 32 Oe74
1332 Koblarji 34 Pe74
5232 Koc 26 Od71
3214 Koča na Rogli 29 Qc70
4265 Koča pri Savici 27 Oe71
1330 Kočarji 34 Pf75
1338 Koče 34 Pe75
1330 Kočevje 34 Pf75
1338 Kočevska Reka 34 Pe75
8350 Kočevske Poljane 34 Qa74
▲ Kočevski Rog 34 Pf74
1000 Kodeljevo 33 Pd72
3270 Koder 34 Qa71
6222 Kodreti 33 Of74
2276 Kog 30 Rb70
5211 Kojsko 32 Od72
3314 Kokovnik 28 Pf71
4205 Kokra 28 Pc71
~ Kokra 27 Pc71
4000 Kokrica 27 Pc71
1411 Kolovrat 34 Pf71
6223 Komen 32 Oe74
1218 Komenda 33 Pd71
8294 Kompolje 34 Qb72
1312 Kompolje 34 Pe74
3210 Konjiška vas 29 Qc71
3304 Konjšca 34 Pf71
4220 Kopac 33 Pb72
4224 Kopačnica 33 Pa72
6000* Koper 32 Oe75
4226 Kopišar 33 Pa72
6221 Kopriva 32 Oe74
2393 Koprivna 28 Pe70
8282 Koprivnica 35 Qd72
1330 Koprivnik 34 Qa75
4264 Koprivnik 35 Qc73
4264 Koprivnik v Bohinju 27 Of71
~ Koprski Zaliv 32 Od75
2258 Koračice 30 Ra70
1370 Koren 33 Pa73
2283 Korenjak 30 Ra70
5242 Koritnica 33 Of72
6253 Koritnice 33 Pb75
8261 Koritno 35 Qd73
4270 Koroška Bela 27 Pa70
8000 Koroška vas 34 Qb74
9261 Korovci 30 Ra68
6310 Korte 32 Od76
5222 Koseč 26 Od71
6250 Koseze 33 Pb75
6250 Koseze 33 Pd71
8272 Kostanjek 35 Qd72
5296 Kostanjevica na Krasu 32 Od73
8311 Kostanjevica na Krki 35 Qc73
1336 Kostel 42 Pf75

6256 Košana 33 Pa74
9206 Košarovci 30 Rb68
3262 Košnica 34 Qb71
6274 Koštabona 40 Oe76
▲ Košuta 28 Pb70
8333 Kot 28 Pf69
1381 Kotliči 33 Pb74
2394 Kotlje 29 Pf69
8333 Kotpri Semiču 34 Qa75
1410 Kotredež 34 Pf72
6243 Kovčice 33 Pa75
5273 Kovk 33 Of73
4290 Kovor 28 Pb70
1386 Kozarišče 33 Pc74
5220 Kozaršče 32 Oe72
5281 Kozbumovša 33 Of72
6240 Kozina-Hrpelje 33 Of75
2382 Kozjak 29 Qb70
▲ Kozjak 29 Qb69
2201 Kozjak nad Pesnico 30 Qd69
2215 Kozjak pri Ceršaku 29 Qe68
6243 Kozjane 33 Pa75
▲ Kozjansko 35 Qd72
3260 Kozje 35 Qd72
▲ Kozjek 33 Pc74
2360 Kozji Vrh 29 Qb69
5220 Kozmerice 32 Oe72
2286 Kozminci 30 Qf71
6221 Krajna vas 32 Oe74
1225 Krajno Brdo 34 Pe71
1385 Kramplje 33 Pd74
4000* Kranj 27 Pc71
4280 Kranjska Gora 27 Oe70
9241 Krapje 30 Rb69
8332 Krasinec 35 Qb75
5212 Krasno 32 Od72
9261 Krašči 30 Ra68
1225 Krašnja 34 Pe72
8330 Krašnji vrh 35 Qc74
2250 Krčevina 30 Qe70
5222 Kred 26 Od71
▲ Kreda 27 Oe71
6223 Kregolišče 32 Oe74
5280 Krekovše 33 Of73
8270 Kremen 35 Qd73
4223 Kremenik 33 Pb72
6221 Kreplje 32 Oe74
1281 Kresnice 34 Pe72
1281 Kresniški Vrh 34 Pe72
☆ Krim 33 Pc73
3240 Kristan Vrh 29 Qd71
1242 Krivčevo 28 Pe71
☆ Krizna gora 33 Pc74
1218 Križ 33 Pd71
8295 Križ 34 Qb73
6210 Križ 32 Of74
4294 Križe 28 Pb70
4294 Križe 35 Qd72
9206 Križevci 30 Rb68
9242 Križevci pri Ljutomeru 30 Ra69
☆ Križna jama 33 Pc74
1301 Krka 34 Pe73
~ Krka 34 Qb74
6274 Krkavče 40 Oe76
8296 Krmelj 34 Qb73
5222 Krn 26 Od71
▲ Krn 26 Od71
3334 Krnica 28 Pe70
1430 Krnice 34 Qa72
~ Krnsko jez. 26 Oe71
9000 Krog 30 Ra69
5101 Kromberk 32 Oe73
4245 Kropa 27 Pb71
4245 Kropa 28 Pf71
9205 Krplivnik 31 Rb68
8262 Krška vas 35 Qd73
8270 Krško 35 Qc73
☆ Krško 35 Qc73
1233 Krtina 34 Pd72
6210 Krtinovica 32 Of74
1314 Krvava Peč 33 Pd73
8333 Krvavčji Vrh 34 Qb75
6272 Kubed 32 Of75
5242 Kuk 33 Of71
9206 Kukeč 30 Rb68
2325 Kungota 30 Qe70
2201 Kungota 29 Qd69
9245 Kunova 30 Qf69
3256 Kunšperk 35 Qe72
9244 Kupetinci 30 Ra69
4263 Kupljenik 27 Pa70
9000 Kupšinci 30 Ra68
2223 Kušernik 30 Qe69
9202 Kuštanovci 30 Rb68
5281 Kuštrin 33 Of72
6250 Kuteževo 33 Pb75
9263 Kuzma 30 Ra67
▲ Kuželjska stena 34 Pe76
8343 Kvasica 34 Qa75

L

6273 Labor 40 Oe76
5222 Ladra 26 Od71
3270 Lahomno 34 Qb72
3270 Lahomšek 34 Qb72
4207 Lahovče 28 Pd71
2284 Lancova vas 30 Qf70
6225 Landol 33 Pa74
▲ Lanževica 26 Oe71
2318 Laporje 29 Qd70
8361 Lašče 34 Pf74
3270 Laško 34 Qb72
3312 Latkova vas 29 Qa71
☆ Lavir Lijak 32 Oe73
1108 Lavrica 33 Pd72
1354 Lavrovec 33 Pb72
8323 Laze 42 Qa75
1370 Laze 33 Pb73
8323 Laze 29 Qa70
8323 Laze 28 Pe71
8323 Laze 33 Pc73
8323 Laze 34 Qa74
1319 Lazec 34 Pd75
1384 Laze pri Gorenjem Jezeru 33 Pc74
1352 Lazi 33 Pc73
8362 Lazina 34 Pf74
6224 Laže 33 Pa74
~ Ledava 30 Rb69
~ Ledavsko Jezero 30 Ra68
8290 Ledina 35 Qb72
5281 Ledine 33 Pa72
2380 Legen 29 Qa70
3241 Lemberg 29 Qd71
9201 Lemerje 30 Ra68
3342 Lenart 28 Pe71
4227 Lenart nad Lušo 33 Pb71
2230 Lenart v Slovenskih goricah 30 Qe69
9220 Lendava 31 Rc69
3330 Lepa Njiva 29 Pf70
5232 Lepena 26 Oe71
4264 Lepence 27 Of71
~ Lepenk 32 Oe72
4248 Lesce 27 Pa70
3261 Lesično 35 Qd72
1386 Leskova Dolina 33 Pc75
1294 Leskovec 34 Pe73
1294 Leskovec 35 Qc73
1294 Leskovec 30 Qd70
4224 Leskovica 33 Pa72
9253 Lešane 30 Qf68
2391 Leše 28 Pf69
4290 Leše 27 Pb70
2270 Lešnica 30 Ra70
3327 Letuš 29 Qa71
3301 Levec 29 Qb71
5214 Levpa 32 Oe72
2259 Libanja 30 Rb70
2372 Libeliče 28 Pf69
5222 Libušnje 26 Od71
5213 Lig 32 Od72
2341 Limbuš 29 Qd69
3213 Lipa 29 Qb70
9231 Lipa 30 Rb69
1000 Lipe 33 Pc73
6210 Lipica 33 Of75
9231 Lipovci 30 Rb69
1331 Lipovec 34 Pe74
1270 Litija 34 Pe72
5222 Livek 32 Od71
1330 Livold 34 Pf75
3202 Ljubečna 29 Qb71
~ Ljubevšca 33 Pa73
3330 Ljubija 29 Pf70
5220 Ljubinj 32 Oe71
1000* Ljubljana 33 Pd72
~ Ljubljanica 33 Pc73
3205 Ljubnica 29 Qb70
~ Ljubnica 28 Pf70
4244 Ljubno 27 Pb71
3333 Ljubno ob Savinji 28 Pe70
9240 Ljutomer 30 Rb69
2208 Lobnica 29 Qd69
3215 Loče 29 Qb71
3215 Loče 35 Qd73
3215 Loče 29 Qc71
3305 Ločica 28 Pf71
8294 Log 35 Qb72
8294 Log 28 Pb70
3334 Logar 28 Pe70
1360 Logar 33 Pb73
1315 Logarji 34 Pd74
3335 Logarska Dolina 28 Pd70
~ Logarščica 33 Pa72
1370 Logatec 33 Pb73
1358 Log-Dragomer 33 Pc72
5223 Logje 26 Oc71
5231 Log pod Mangartom 26 Od70
8360 Log pri Žužemberk 34 Pf73
6275 Loka 33 Of75
6275 Loka 35 Qd72
1234 Lokapri Mengšu 33 Pd72
1434 Loka pri Zidanem Mostu 34 Qb72
1221 Lokar 28 Pf71
9245 Lokavci 30 Qf69
5270 Lokavec 33 Of73
2213 Lokavec 30 Qe68
3304 Loke 29 Pf71
3304 Loke 29 Qa71
3304 Loke 28 Pe71
6219 Lokev 33 Of75
5253 Lokovec 32 Oe72
3325 Lokovica 29 Qa70
2391 Lokovica 28 Pf69
5252 Lokve 32 Oe72
8340 Lokve 34 Qb75
5296 Lokvica 32 Od73
3326 Lom 28 Pb70
9250 Lomanoše 30 Qf68
5274 Lome 33 Pa73
8290 Lončarjev Dol 35 Qc72
9206 Lončarovci 30 Rb68
3223 Lopaca 35 Qc72
3000 Lopata 29 Qb71
8362 Lopata 34 Pf74
1386 Loška Dolina 33 Pc74
2324 Lovrenc na Dravskem ploju 30 Qe70
2344 Lovrenc na Pohorju 29 Qc69
☆ Lovrenska jezera 29 Qb70
5272 Lozice 33 Of74
1386 Lož 33 Pc74
5210 Ložice 32 Od72
1332 Ložine 34 Pe74
6320 Lucija 40 Od75
1295 Lučarjev Kal 34 Pf73
3334 Luče 34 Pe73
3334 Luče ob Savinji 28 Pe70
4224 Lučine 33 Pb72
2393 Ludranski Vrh 28 Pf70
~ Lukaj 30 Ra68
2317 Lukanja 29 Qc70
9242 Lukavci 30 Ra69
1225 Lukovica pri Domžalah 34 Pe71
9253 Lutverci 30 Qf68
1385 Lužarji 33 Pd74
4212 Luže 28 Pc71

M

9202 Mačkovcj 30 Ra68
1330 Mahovnik 34 Pf75
2322 Majšperk 30 Qe70
2321 Makole 29 Qe71
1331 Makoše 34 Pe74
6250 Mala Bukovica 33 Pb75
1332 Mala Gora 34 Pf74
▲ Mala Gora 34 Pe74
2317 Malahorna 29 Qc70
1312 Mala Ilova Gora 34 Pe73
9243 Mala Nedelja 30 Ra69
1315 Mala Slevica 34 Pd74
2285 Mala Varnica 30 Qf71
3314 Male Braslovče 29 Qa71
2229 Malečnik 29 Qe69
8213 Male Dole 34 Pf73
3270 Male Grahovše 35 Qb72
4223 Malenski Vrh 33 Pa72
6310 Malija 32 Od76
8281 Mali Kamen 35 Qc72
1303 Mali Korinj 34 Pe73
1293 Mali Lipoglav 34 Pd73
1318 Mali Log 34 Pd74
8257 Mali Obrež 35 Qd73
8323 Mali Podljuben 34 Qa74
8000 Mali Slatnik 34 Qb74
8295 Malkovec 34 Qb73
5230 Malnik 26 Od70
1272 Mamolj 34 Pf72
5271 Manče 33 Of74
5231 Mangartsta koča 26 Od70
9204 Marcovci 30 Rb67
6250 Marela 33 Pc75
6273 Marezige 40 Oe75
2000* Maribor 30 Qd69
3270 Marija Gradec 34 Qb72
2206 Marjeta 30 Qe70
9000 Markišavci 30 Ra68
2281 Markovci 30 Qf70
1386 Markovec 33 Pc74
6242 Markovščina 33 Pa75
1431 Marno 34 Qa72
1380 Martinjak 33 Pc74
9203 Martinje 30 Ra67
4228 Martinj Vrh 33 Pa71
9221 Martjanci 30 Rb68
5232 Maselc 27 Oe70
6253 Mašun 33 Pc75
▲ Matarsko Podolje 33 Of75
6215 Matavun 33 Of75
1292 Matena 33 Pc73
6258 Matenja vas 33 Pb74
6242 Materija 33 Of75
9263 Matjaševci 30 Ra67
3312 Matke 29 Qa71
5243 Matrekar 33 Of71
4211 Mavčiče 33 Pc71
5212 Medana 32 Od73
1411 Medija 34 Pf72
3000 Medlog 29 Qb71
1210 Medno 33 Pc72
1373 Medvedje Brdo 33 Pa73
1319 Medvedjek 34 Pe75
1215 Medvode 33 Pc72
4290 Medvodje 27 Pc70
▲ Meja 27 Oe71
1241 Mekinje 28 Pd71
9252 Mele 30 Ra69
9231 Melinci 30 Rb69
3333 Meliše 28 Pf71
1234 Mengeš 33 Pd71
8350 Meniškavas 34 Qa74
6210 Merče 33 Of74
6250 Mereče 33 Pb75
5292 Merljaki 32 Od73
3241 Mestinje 29 Qd71
8330 Metlika 35 Qb75
1295 Metnaj 34 Pe73
1385 Metulje 33 Pd74
~ Meza 28 Pf70
~ Meza 29 Pf69
~ Meza 28 Pe70
2252 Mezgovci 30 Qf70
▲ Mežakla 27 Oe70
1386 Meželišče 33 Pc75
2392 Mežica 28 Pf69
3302 Migojnice 29 Qa71
8233 Migolica 34 Qa73
8257 Mihalovec 35 Qd73
2326 Mihovce 30 Qe70
2274 Mihovci 30 Ra70
8000 Mihovec 34 Qb74
8310 Mihovo 35 Qb74
8340 Miklarji 34 Qa75
2204 Miklavž na Dravskem Polju 29 Qe69
2275 Miklavž pri Ormožu 30 Rb70
5291 Miren 32 Od73
8233 Mirna 34 Qa73
8216 Mirna Peč 34 Qa73
3000 Mirt 35 Qb71
6217 Misliče 33 Pa75
2382 Mislinja 29 Qb70
~ Mislinja 29 Qa69
2382 Mislinjska Dobrava 29 Qa70
5232 Miša vas 26 Od70
1276 Miši Dol 34 Pf73
3215 Mlače 29 Qd71
9226 Mlajtinci 30 Rb68
4000 Mlaka 27 Pc71
1332 Mlaka 34 Pf75
1338 Mlaka pri Kočevska Reki 34 Pe75
1411 Mlinše 34 Pf72
2231 Mocna 30 Qe69
1433 Močilno 34 Qa72
5216 Mohor 32 Oe71
▲ Mohor 27 Oe71
4281 Mojstrana 27 Of70
☆ Mokrec 33 Pd73
8230 Mokronog-Trebelno 34 Qa73
1338 Morava 34 Pf75
9243 Moravci v Slovenskih goricah 30 Ra69
1251 Moravče 34 Pe72
1274 Moravčepri Gabrovki 34 Pf73
9226 Moravske Toplice 30 Rb68
2313 Morje 30 Qd70
4274 Moste 27 Pa70
1218 Moste 33 Pd72
8257 Mostec 35 Qd73
5216 Most na Soči 32 Oe72
~ Mostnica 27 Of71
9202 Moščanci 30 Ra68
2272 Moškanjci 30 Qf70
4240 Mošnje 27 Pb71
1221 Motnik 28 Pf71
9264 Motovilci 30 Ra68
9207 Motvarjevci 31 Rc68
6272 Movraž 40 Of76
1330 Mozelj 34 Pf75
3330 Mozirje 28 Pf70
8312 Mraševo 35 Qc73
8273 Mrtvice 35 Qd73
8292 Mrzla Planina 35 Qc72
5280 Mrzla Rupa 33 Of72
4247 Mrzli Studenec 27 Of70
3273 Mrzlo Polje 35 Qc72
1330 Muhavas 34 Pf75
1295 Muljava 34 Pe73
~ Mura 30 Rb69
2272 Muretinci 30 Qf70
9000* Murska Sobota 30 Ra69
9251 Murski 30 Ra68
9252 Murski Vrh 30 Ra69
2366 Muta 29 Qa69

N

4205 Nabernik 28 Pc71
~ Nadiža 26 Oc71
1386 Nadlesk 33 Pc74
2287 Nadole 30 Qe71
4202 Naklo 28 Pb71
5232 Na Logu 27 Oe70
5271 Nanos 33 Pa74
4267 Na Pečeh 27 Of71
4228 Na Plavžu 27 Pa71
1314 Naredi 33 Pd74
9257 Narin 33 Pb75
2233 Nasova 30 Qf69
3331 Nazarje 28 Pf71
5212 Neblo 32 Oc72
9224 Nedelica 31 Rc69
9245 Negova 30 Qf69
1310 Nemška vas 34 Pe74
4264 Nemški Rovt 27 Of71
6256 Neverke 33 Pa74
3253 Nezbiše 35 Qd71
5280 Nikova 33 Of73
1353 Niževec pri Borovnici 33 Pc73
4201 Njivica 27 Pb71
4263 Nomenj 27 Pa71
9240 Noršinci 30 Rb69
1357 Notranje Gorice 33 Pc73
3203 Nova Cerkev 29 Qb71
5000* Nova Gorica 32 Od73
6257 Nova Hisa 33 Pc74
2319 Novake 30 Qd71
8344 Nova Lipa 42 Qb76
1336 Nova Sela 42 Pf75
6256 Nova Šušica 33 Pa75
☆ Nova Štifta 34 Pd74
1385 Nova vas 33 Pd74
2281 Nova vas pri Markovcih 30 Qf70
1338 Novi Lazi 34 Pf75
☆ Novidunum 35 Qc73
1372 Novi Svet 33 Pa73

6254 Novokračine 33 Pb76
8000* Novo Mesto 34 Qb74
5212 Nozno 32 Od72
1235 Nožice 34 Pd71
9262 Nuskova 30 Ra68

O

☆ Obala 40 Od78
8350 Občice 34 Qa74
8211 Občine 34 Pf73
5283 Obrekar 33 Of72
2277 Obrež 30 Rb70
8261 Obrežje 35 Qe73
4263 Obrne Jama Pod 27 Pa71
6243 Obrov 33 Pa75
9262 Ocinje 30 Ra68
9245 Očeslavci 30 Qf69
9233 Odranci 30 Rb69
☆ Ojstrica 28 Pd70
4228 Ojstri Vrh 33 Pb71
3333 Okonina 28 Pf71
9244 Okoslavci 30 Ra69
1219 Okrog 28 Pe71
1274 Okrog 34 Pf73
6250 Okroglina 33 Pc75
☆ Olimje 35 Qd72
4205 Olševek 28 Pc71
1330 Onek 34 Pf75
5296 Opatje Selo 32 Od73
2317 Oplotnica 29 Qc70
~ Oplotnika 29 Qc70
5282 Orehek 33 Of72
6225 Orehek 33 Pa74
8310 Orehovica 35 Qb74
5291 Orehovlje 32 Od73
8290 Orehovo 34 Qb72
8259 Orešje 35 Qe72
8360 Orlaka 34 Pf73
1291 Orle 34 Pd72
1282 Orlek 34 Pf72
6210 Orlek 32 Of74
2364 Orlica 29 Qb69
~ Ormoško Jezero 30 Rb70
2270 Ormož 30 Ra70
5261 Osek 32 Oe73
2235 Osek 30 Qf69
1337 Osilnica 34 Pe75
2273 Osluševci 30 Ra70
6275 Osp 32 Of75
1380 Osredek 33 Pc73
6255 Ostrožno Brdo 33 Pa75
8311 Oštrc 35 Qc74
5282 Otalež 33 Of72
3201 Otemna 29 Qb71
5270 Otlica 33 Of73
1384 Otok 33 Pc74
9202 Otovci 30 Ra68
5261 Ozeljan 32 Oe73
2361 Ožbalt 29 Qc69

P

2250 Pacinje 30 Qf70
6333 Padna 32 Oe76
1337 Padovo 34 Pe75
232 Paka 29 Qb70
~ Paka 29 Qa70
6257 Palčje 33 Pb74
☆ Palško jezero 33 Pb74
2380 Pameče 29 Qa69
6333 Parecag 32 Od76
3314 Parižlje 29 Qa71
6257 Parje 33 Pb75
☆ Partizanska bolnica Franja 33 Pa72
3320 Paški Kozjak 29 Qb70
8340 Pavičici 34 Qb75
8255 Pavlova vas 35 Qd72
1290 Peč 34 Pe73
9202 Pečarovci 30 Ra68
1251 Peče 34 Pe72
1274 Pečice 34 Qa73
3257 Pečice 35 Qd72
5283 Pečine 32 Oe72
2321 Pečke 29 Qe71
1314 Pečki 33 Pd73
5281 Pečnik 33 Pa72
2000 Pekre 30 Qd69
1331 Perhajmska Koča 34 Pe75
2231 Pernica 30 Qe69
3310 Pernovo 29 Qb71
1275 Perovo Selo 34 Pf72
9262 Pertoča 30 Ra68
8344 Perudina 42 Qb76
2211 Pesnica 29 Qe69
~ Pesnica 30 Qf69
2231 Pesniški Vosek dvor 29 Qe69
1355 Petač 33 Pb72
9251 Petanjci 30 Ra69
6257 Petelinje 33 Pb74
▲ Petelinjsko jezero 33 Pb74
9220 Petišovci 31 Rc69
1373 Petkovec 33 Pb73
1336 Petrina 41 Pf76
1317 Petrinci 34 Pd74
6240 Petrinje 33 Of75
8340 Petrova vas 34 Qa75
5243 Petrov Brdo 27 Of71
9251 Petrovci 30 Ra69
3301 Petrovče 29 Qb71
1291 Pijava Gorica 33 Pd73
8270 Pijavško 35 Qc73
1380 Pikovnik 33 Pc73
3261 Pilštanj 35 Qd72
9220 Pince 31 Rd69
6330 Piran 32 Od75
~ Piranski Zaliv 32 Od76
8254 Piršenbreg 35 Qd73
8255 Pišece 35 Qd72
6257 Pivka 33 Pb74
☆ Pivka jama 33 Pb74
2311 Pivola 30 Qd70
2253 Placar 30 Qf70
6232 Planina 33 Pb74
3333 Planina 28 Pf70
5270 Planina 33 Of73
8312 Planina 35 Qd74
1242 Planina Košutna 28 Pd71
4224 Planina nad Horjulom 33 Pb72
4270 Planina pod Golico 27 Pa70
2315 Planina pod Šumikom 29 Qc70
5282 Planinapri Cerknem 33 Pa72
3225 Planina pri Sevnici 35 Qc72
5230 Planinarski dom Petra Skalarja 26 Oc70
3334 Planinšek 28 Pd71
▲ Plaski Vogel 27 Oe70
5210 Plave 32 Od72
4270 Plavž 27 Pa70
☆ Plecnikova 30 Rb68
8362 Pleš 34 Pf74
6221 Pliskovica 32 Oe74
9253 Plitvica 30 Qf68
9250 Plitvički Vrh 30 Qf69
5230 Plužna 26 Od70
6276 Pobegi 32 Oe75
2284 Pobrežje 30 Qf70
5282 Poče 33 Of72
5223 Podbela 26 Oc71
6250 Podbeže 33 Pa75
4201 Podblica 27 Pb71
8312 Podbočje 35 Qc73
8297 Podboršt 34 Qa72
5243 Podbrdo 33 Of71
6210 Podbreže 33 Of74
1386 Podcerkev 33 Pc74
5230 Podčela 26 Oc71
1360 Podčelo 33 Pb73
3254 Podčetrtek 35 Qd72
8342 Podgora 34 Qa75
2394 Podgora 29 Pf69
1000 Podgora 33 Pc72
8000 Podgora 34 Qa74
1386 Podgora pri Ložu 33 Pc74
2273 Podgorci 30 Ra70
1231 Podgorica 33 Pd72
6216 Podgorje 33 Of75
8292 Podgorje 35 Qc72
1240 Podgorje 28 Pd71
2381 Podgorje 29 Qa70
8255 Podgorje 35 Qd72
9253 Podgorje 30 Qe68
8000 Podgrad 33 Pa75
1000 Podgrad 34 Pd72
8000 Podgrad 34 Qb74
6217 Podgradpri Vremah 33 Pa75
6250 Podgraje 33 Pc75
4247 Podhom 27 Pa70
8344 Podklanec 42 Qb76
4226 Podklanec 33 Pa72
1385 Podklanec 34 Pd74
4280 Podkoren 27 Oe70
4264 Podkorica 27 Pa71
5273 Podkraj 33 Pa73
1414 Podkum 34 Qa72
5251 Podlaka 32 Oe72
2286 Podlehnik 30 Qf71
1330 Podlesje 34 Pf75
1360 Podlipa 33 Pb72
1360 Podlipa 34 Pf73
1261 Podlipoglav 34 Pd72
1411 Podlipovica 34 Pf72
4290 Podljubelj 28 Pb70
3311 Podlog 29 Qa71
4228 Podlonk 27 Pa71
5216 Podmelec 32 Oe72
5272 Podnanos 33 Of74
4244 Podnart 27 Pb71
4223 Podobeno 33 Pb72
3335 Podolševa 28 Pe70
2327 Podova 29 Qe70
2393 Podpeca 28 Pe70
1352 Podpeč 33 Pc73
☆ Podpeška jama 34 Pd73
1319 Podplanina 34 Pd75
3241 Podplat 29 Qd71
1319 Podpreska 34 Pd75
5272 Podraga 33 Of74
1356 Podsmreka 33 Pc72
3257 Podsreda 35 Qd72
8350 Podstenice 34 Qa74
2363 Podvelka 29 Qb69
3313 Podvin 29 Qa71
2250 Podvinci 30 Qf70
3334 Podvolovljek 28 Pe71
8292 Podvrh 35 Qc72
8332 Podzemelj 34 Qb75
▲ Pohorje 29 Qa69
8283 Poklek nad Blanco 35 Qc72
▲ Pokljuka 27 Of70
1353 Pokojišče 33 Pc73
3273 Polana 35 Qb72
3273 Polana 30 Qd70
3273 Polana 30 Ra68
2392 Polena 28 Pf69
2257 Polenšak 30 Qf70
1355 Polhov Gradec 33 Pb72
1290 Polica 34 Pe73
2221 Polička vas 29 Qe69
2391 Poljana 28 Pf69
4223 Poljane 33 Pb72
6210 Poljane 33 Of74
6243 Poljane pri Podgradu 40 Pa75
~ Poljanščica 33 Pb72
2319 Poljčane 29 Qd71
4275 Poljče 27 Pb70
1260 Polje 34 Pd72
3256 Polje 35 Qd72
3255 Polje 35 Qd72
4247 Poljšica 27 Pa70
5220 Poljubinj 32 Oe71
1332 Polom 34 Pf74
~ Polskava 29 Qd70
1272 Polšnik 34 Pf72
3313 Polzela 29 Qa71
6274 Pomjan 32 Oe76
3232 Ponikva 29 Qa71
3232 Ponikva 29 Qc71
5283 Ponikve 32 Oe72
8210 Ponikve 34 Qa73
1312 Ponikve 34 Pd73
6210 Ponikve 32 Of74
1290 Ponova vas 34 Pd73
1241 Poreber 28 Pd71
▲ Porezen 33 Of71
6320 Portorož 40 Od75
5230 Postaja B-čela 26 Od70
6230 Postojna 33 Pb74
☆ Postojnska jama 33 Pb74
3331 Potok 28 Pf71
8351 Potok 34 Qa74
8000 Potov Vrh 34 Qb74
6210 Povir 33 Of74
9202 Poznanocvi 30 Ra68
2331 Pragersko 30 Qd70
5220 Prapetno 32 Oe71
3305 Prapreče 28 Pf71
8294 Prapretno 34 Qb72
6275 Praproče 33 Of75
1355 Praproče 33 Pb72
4227 Praprotno 33 Pb71
4211 Praše 33 Pc71
2391 Prävali = Prevalje 28 Pf69
4000 Prebačevo 27 Pc71
3312 Prebold 29 Qa71
8000 Prečna 34 Qa74
9201 Predanovci 30 Ra68
4205 Preddvor 28 Pc71
8342 Predgrad 42 Qa75
5274 Predgriže 33 Pa73
6230 Predjama 33 Pa74
5270 Predmeja 33 Of73
6272 Pregara 40 Of76
6243 Pregarje 33 Pa75
3211 Prekorje 29 Qb71
1273 Prelesje 34 Qa72
2316 Preloge 34 Qa74
2316 Preloge 29 Qc70
8341 Preloka 42 Qc76
6255 Prelože 33 Pa75
3320 Prelska 29 Qb70
6255 Prem 33 Pb75
2206 Prepolje 30 Qe70
1352 Preserje 33 Pc73
1352 Preserje 32 Oe73
6258 Prestranek 33 Pb74
6240 Prešnica 33 Of75
2391 Prevalje 28 Pf69
1225 Prevoje 34 Pe72
8362 Prevole 34 Pf74
1338 Preža 34 Pe75
8341 Pribinci 34 Qb75
1313 Pri Cerkvi Struge 34 Pe74
1331 Prigorica 34 Pe74
5232 Pri Krnskih Jezerih 26 Od71
8332 Primostek 35 Qb75
3333 Primož 29 Qc71
3333 Primož pri Ljubnem 28 Pe70
4290 Pristava 28 Pb70
4290 Pristava 35 Qd71
4290 Pristava 30 Rb69
9202 Prosečka vas 30 Ra68
3230 Proseniško 29 Qc71
9207 Prosenjakovci 30 Rb68
3220 Prožinska vas 29 Qc71
2258 Pršetinci 30 Ra70
8312 Prušnja vas 35 Qc73
5297 Prvačina 32 Oe73
~ Psičina 30 Qf71
2250 Ptuj 30 Qf70
2323 Ptujska Gora 30 Qe70
~ Ptujsko Jezero 30 Qf70
9201 Puconci 30 Ra68
6274 Puče 40 Oe76
1386 Pudob 33 Pc74
4267 Pust 27 Of71
1272 Pustov Mlin 34 Pf72
2344 Puščava 29 Qc69
2270 Pušenci 30 Rb70
5215 Pušno 32 Od72
9265 Puževci 30 Ra68

R

2327 Rače-Fram 29 Qe70
4226 Račeva 33 Pa72
6244 Račice 33 Pa75
8210 Račje Selo 34 Pf73
1433 Radeče 34 Qb72
3330 Radegunda 28 Pf70
9252 Radenci 30 Ra69
1273 Radgonica 34 Qa72
2312 Radizel 30 Qd70
~ Radkovski p. 30 Rb68
2360 Radlje ob Dravi 29 Qb69
3333 Radmirje 28 Pf71
9223 Radmozanci 31 Rc69
8231 Radna vas 34 Qa73
1296 Radohovavas 34 Pf73
~ Radoljna 29 Qb70
1235 Radomlje 34 Pd71
9264 Radovci 30 Ra68
8330 Radovica 35 Qc74
4240 Radovljica 27 Pb70
4247 Radovna 27 Of70
3334 Raduha 28 Pe70
2381 Raduše 29 Qa70
2000 Radvanje Betnava 30 Qd69
9245 Radvenci 30 Qf69
1225 Rafolče 34 Pe71
2204 Ragoza 29 Qe70
1330 Rajhenav 34 Pf75
1330 Rajndol 34 Pf75
8274 Raka 35 Qc73
1381 Rakek 33 Pb74
9000 Rakičan 30 Rb69
1352 Rakitna 33 Pc73
1331 Rakitnica 34 Pe74
6258 Rakitnik 33 Pb74
▲ Rakitni vrh 33 Pc75
6216 Rakitovec 40 Of76
☆ Rakov Škocjan 33 Pb74
6225 Rakulik 33 Pa74
9251 Rankovci 30 Ra68
1315 Rašica 34 Pd73
4283 Rateče 26 Oe70
8222 Ratež 34 Qb74
8362 Ratje 34 Pf74
9207 Ratkovci 30 Rb68
3325 Ravne 29 Qa70
5282 Ravne 33 Of72
8272 Ravne 35 Qd73
1385 Ravne na Blokah 33 Pd74
2390 Ravne na Koroškem 28 Pf69
1219 Ravne pri Šmartnem 28 Pe71
4264 Ravne v Bohinju 27 Of71
5251 Ravnica 32 Oe73
1317 Ravni dol 34 Pd74
1385 Ravnik 33 Pd74
▲ Ravnik 33 Pa74
1434 Razbor 34 Qb72
2382 Razborca 29 Qb70
6225 Razdrto 33 Pa74
9240 Razkrižje 30 Rb69
▲ Razor 27 Oe70
5282 Razori 33 Of72
2000 Razvanje 30 Qd69
8211 Rdeči Kal 34 Qa73
8360 Reber 34 Pf73
2344 Recenjak 29 Qc69
3327 Rčica 29 Qa71
3332 Rečica ob Savinji 28 Pf71
3270 Reka 35 Qb72
5282 Reka 33 Of72
4205 Rekar 28 Pc70
4290 Rekar 27 Pc70
2363 Remšnik 29 Qb69
5292 Renče-Vogrsko 32 Oe73
6310 Renkaldo 32 Od75
1282 Renke 34 Pf72
5283 Renko 32 Oe72
9224 Renkovci 30 Rb69
8210 Repče 34 Qa73
1217 Repnje 33 Pc71
8333 Resa 34 Qa75
3214 Resnik 29 Qc70
4220 Reteče 33 Pc72
1281 Ribče 34 Pe72
4265 Ribčev Laz 27 Of71
1337 Ribjek 34 Pe75
1310 Ribnica 34 Pe74
6256 Ribnica 33 Pa75
8261 Ribnica Mokrice 35 Qd73
2364 Ribnica na Pohorju 29 Qb69
2364 Ribniška koča 29 Qb70
9252 Rihtarovci 30 Ra69
3272 Rimske Toplice 34 Qb72
2310 Ritoznoj 29 Qd70
6271 Rižana 32 Of75
6243 Rjavče 33 Pa75
▲ Rjavina 27 Of70
1314 Rob 33 Pd73
3335 Robanov kot 28 Pe70
5273 Robar 33 Pa73
5222 Robič 26 Od71
5223 Robidišče 26 Oc71
5215 Ročinj 32 Oe72
1230 Rodica 34 Pd72
▲ Rodica 27 Of71
6240 Rodik 33 Of75
4274 Rodine 27 Pb70
4274 Rodine 34 Qa73
4274 Rodine 34 Qa75
3250 Rogaška Slatina 30 Qd71
9262 Rogašovci 30 Ra68
3252 Rogatec 29 Qe71
1338 Rogati Hrib 34 Pf75
8330 Rosalnice 35 Qc75
2351 Rospoh 30 Qd69
1235 Rova 34 Pd71
1410 Rove 29 Qb71

A B C Č Ć D Đ E F G H I J K L M N O P Q R S Š T U V W X Y Z Ž

1282 Rovišče 34 Pf72
4264 Rovtarica 27 Pa71
1373 Rovtarske Žibrše 33 Pa73
1373 Rovte 33 Pb73
8232 Roženberk 34 Qa73
2213 Rožengrunt 30 Qe68
8340 Rožič Vrh 34 Qa75
8333 Rožni Dol 34 Qa74
8283 Rožno 35 Qc73
6223 Rubije 32 Oe74
3254 Rudnica 35 Qd72
1251 Rudnik 34 Pe72
1000 Rudnik 33 Pd72
4228 Rudno 27 Pa71
4264 Rudno Polje 27 Of70
2342 Ruše 29 Qd69
5242 Rut 33 Of71

S

6273 Sabadini 32 Oe75
6250 Sabonje 33 Pb75
1261 Sadinja vas 34 Pd72
2256 Sakušak 30 Qf70
5271 Sanabor 33 Of73
1282 Sava 34 Pf72
~ Sava 35 Qd73
~ Sava 34 Pe72
~ Sava 33 Pc72
~ Sava Bohinjka 27 Of71
~ Sava Dolinka 27 Of70
2257 Savci 30 Ra70
3333 Savina 28 Pe70
~ Savinja 34 Qb72
~ Savinja 29 Qb71
~ Savski Ribnik 30 Ra70
9221 Sebeborci 30 Rb68
4294 Sebenje 28 Pb71
6333 Seča 32 Od76
☆ Sečoveljske Soline 40 Od76
6333 Sečovlje 40 Od76
3255 Sedlarjevo 35 Qd72
5223 Sedlo 26 Oc71
3270 Sedraž 34 Qb72
▲ Segadici 32 Od75
~ Sejanski P. 30 Ra70
1241 Sela 28 Pe71
8360 Sela 34 Pf73
3254 Sela 35 Qd72
8257 Sela 35 Qd73
5296 Sela na Krasu 32 Od74
8362 Selapri Hinjah 34 Pf74
8220 Sela pri Štravberku 34 Qb73
4227 Selca 27 Pb71
6257 Selce 33 Pb74
8283 Selce 35 Qc72
2352 Selnica ob Dravi 29 Qc69
4226 Selo 33 Pa72
4226 Selo 32 Oe73
9207 Selo 30 Rb68
4260 Selo pri Bledu 27 Pa70
8233 Selopri Mirno 34 Qa73
1293 Selo pri Pancah 34 Pd72
1314 Selo pri Robu 33 Pd74
~ Selščica 33 Pb71
~ Selščica 33 Pa71
6000 Semedela 32 Oe75
8333 Semič 34 Qb75
6224 Senadole 33 Of74
5213 Senica 32 Oe72
5212 Senik 32 Od72
8281 Senovo 35 Qc72
6224 Senožeče 33 Pa74
1262 Senožeti 34 Pe72
8273 Senuše 35 Qc73
9262 Serdica 30 Ra68
2322 Sestrže 29 Qe70
8290 Sevnica 35 Qb72
~ Sevnična 35 Qc72
8000 Sevno 34 Qb73
6210 Sežana 33 Of74
4207 Sidraž 28 Pd71
8344 Sinji Vrh 42 Qb76
5283 Sinkovec 32 Of72
6242 Skadanščina 33 Of75
9261 Skakovci 30 Ra68
5210 Skale 32 Od72
1217 Skaručna 33 Pc72
4220 Skobelj 33 Pb72
3214 Skomarje 29 Qc70
6221 Skopo 32 Oe74
2288 Skorba 30 Qe70
5263 Skrilje 32 Of73
▲ Skrlatica 27 Oe70
3342 Skrotnik 28 Pe71
1373 Slabe 33 Pb73
3240 Sladka Gora 29 Qd71
2214 Sladki Vrh 30 Qe68
8330 Slamnavas 35 Qc74
5271 Slap 33 Of73
~ Slap Boka 26 Oc71
5283 Slap ob Idrijci 32 Oe72
~ Slap Peričnik 27 Of70
~ Slap Rinka 28 Pd70
~ Slap Savice 27 Oe71
~ Slap Šumik 29 Qc69
2222 Slatenik 30 Qe69
3224 Slatina 35 Qc72
5212 Slavče 32 Od72
1273 Slavina 34 Qa72
6258 Slavina 33 Pb74
6225 Slavinje 33 Pa74
1336 Slavski Laz 34 Pf76
2255 Slavšina 30 Qf69
1354 Slevica 33 Pb72
8311 Slinovec 35 Qc73
1252 Slivna 34 Pe72
3263 Slivnica 35 Qc71
2311 Slivnica, Hoče- 30 Qd70
2208 Slivniško Pohorje 29 Qd70
8258 Slogonsko 35 Qe73
6240 Slope 33 Of75
2288 Slovenja vas 30 Qe70
2380 Slovenj Gradec 29 Qa69
2310 Slovenska Bistrica 29 Qd70
8232 Slovenska vas 34 Qa73
1332 Slovenskavas 34 Pe74
▲ Slovenske gorice 30 Qe69
3210 Slovenske Konjice 29 Qc70
8274 Smednik 35 Qc73
1216 Smlednik 33 Pc71
2342 Smolnik 29 Qc69
1373 Smrečje 33 Pb72
▲ Smrečnica 33 Pc74
2315 Smrečno 29 Qc70
1291 Smrjene 34 Pd73
1332 Smuka 34 Pf74
▲ Snežnik 33 Pc75
2272 Sobetinci 30 Qf70
1296 Sobrače 34 Pf73
3203 Socka 29 Qb70
5232 Soča 26 Od70
~ Soča 32 Od72
6272 Sočerga 40 Of76
8342 Sodevci 34 Qa76
2273 Sodinci 30 Ra70
1317 Sodražica 34 Pd74
3213 Sojek 29 Qc71
3335 Solčava 28 Pe70
5250 Solkan 32 Od73
1215 Sora 33 Pc72
~ Sora 33 Pc72
4264 Soteska 27 Pa71
1241 Soteska 28 Pd71
8351 Soteska 34 Qa74
9244 Sovjak 30 Qf69
4225 Sovodenj 33 Pa72
5295 Spodnja Branica 32 Oe73
5281 Spodnja Idrija 33 Pa72
8253 Spodnja Pohanca 35 Qd73
2314 Spodnja Polskava 30 Qd70
3270 Spodnja Rečica 34 Qb72
4229 Spodnja Sorica 27 Pa71
9250 Spodnja Ščavnica 30 Qf69
2232 Spodnja Voličina 30 Qe69
1290 Spodnje Blato 34 Pe73
1000 Spodnje Dobrunje 33 Pd72
4206 Spodnje Fužine 28 Pc70
1211 Spodnje Gameljne 33 Pd72
2316 Spodnje Grušovje 29 Qd70
4206 Spodnje Jezersko 28 Pc70
3250 Spodnje Negonje 30 Qd71
1215 Spodnje Pirniče 33 Pc72
2319 Spodnje Poljčane 29 Qd71
3250 Spodnje Sečovo 30 Qd71
6281 Spodnje Škofije 32 Oe75
3223 Spodnje Tinsko 35 Qd71
2201 Spodnje Vrtiče 30 Qd69
4207 Spodnji-Brnik 28 Pc71
2382 Spodnji Dolič 29 Qb70
2241 Spodnji Duplek 30 Qe69
1270 Spodnji Hotič 34 Pe72
9245 Spodnji Ivanjci 30 Qf69
9240 Spodnji Kamenščak 30 Ra69
2381 Spodnji Razbor 29 Qa70
2250 Spodnji Velovlek 30 Qf70
2250 Spuhlja 30 Qf70
2215 Srebotje 29 Qe68
8340 Sredgora 34 Qa75
2277 Središče ob Dravi 30 Rb70
4205 Srednja Bela 27 Pc71
9232 Srednja Bistrica 30 Rb69
5281 Srednja Kanomlja 33 Of72
4267 Srednja vas 27 Of71
1319 Srednja vas pri Dragi 34 Pd75
1241 Srednja vas pri Kamniku 28 Pe71
4208 Srednja vas pri Šenčurju 28 Pc71
2382 Srednji Dolič 29 Qb70
8361 Srednji Lipovec 34 Pf74
9207 Sredšče 30 Rb68
8270 Sremič 35 Qc73
1337 Srobotnik ob Kolpi 42 Pe75
8256 Sromlje 35 Qd73
5224 Srpenica 26 Oc71
1242 Stahovica 28 Pd71
▲ Staničev vrh 28 Pd70
9203 Stanjevci 30 Rb68
1332 Stara Cerkev 34 Pf74
4265 Stara Fužina 27 Of71
4225 Stara Oselica 33 Pa72
8259 Stara Vas-Bizeljesko 35 Qe73
6253 Stare Ogence 33 Pc74
8350 Stare Žage 34 Qa74
1330 Stari Breg 34 Pf74
8270 Stari Grad 35 Qd73
1319 Stari Kot 34 Pd75
1332 Stari Log 34 Pf74
8342 Stari Trg ob Kolpi 42 Qa75
1386 Stari Trg pri Ložu 33 Pc74
6244 Starod 41 Pb75
5220 Staro Selo 26 Od71
2205 Starše 30 Qe70
1295 Stična 34 Pe73
~ Stiški Potok 34 Pe73
8280 Stlovnik 35 Qc73
2322 Stogovci 30 Qe70
▲ Stojna 34 Pe75
2281 Stojnci 30 Qf70
5263 Stomaž 32 Of73
3270 Stopce 34 Qb72
2289 Stoperce 30 Qe71
8322 Stopiče 34 Qb74
5282 Stopnik 33 Of72
▲ Storžič 27 Pc70
1231 Stožice 33 Pd72
4202 Strahinj 28 Pb71
1292 Strahomer 33 Pc73
6225 Strane 33 Pa74
3206 Stranice 29 Qc70
8333 Stranska vas 34 Qb75
5282 Straža 33 Of72
8351 Straža 34 Qa74
3222 Stražana Gori 29 Qc71
2391 Stražišče 27 Pc71
2391 Stražišče 28 Pf69
8340 Stražnji Vrh 34 Qa75
4227 Strehar 33 Pb71
9223 Strehovci 31 Rb69
1423 Strgar 34 Qa72
6230 Strmca 33 Pb74
3270 Strmca 34 Qb72
3334 Strmec 28 Pe70
1273 Strmec 34 Qa72
5231 Strmec na Predelu 26 Od70
9240 Stročja vas 30 Rb69
2390 Strojna 28 Pf69
3264 Strtenica 35 Qd71
9265 Strukovci 30 Ra68
6323 Strunjan 32 Od75
5243 Stržišče 27 Of71
5282 Stržnica 33 Of72
6244 Studena Gora 33 Pb75
2319 Studenice 30 Qd71
6230 Studeno 33 Pb74
6230 Studeno 34 Pf75
1385 Studeno na Blokah 33 Pc74
~ Suha 27 Of71
▲ Suha Krajina 34 Pe73
9208 Suhi Vrh 30 Rb68
▲ Suhi vrh 33 Pa74
6000 Susterna 32 Oe75
6254 Sušak 33 Pb76
1295 Sušica 34 Pe73
~ Sušica 35 Qd72
~ Suvinja 29 Pf71
5222 Sužid 26 Od71
2201 Svečina 29 Qd69
2233 Sveta Ana v Slovenskih goricah 30 Qf69
☆ Sveta Marija Magdalena 29 Qa69
2235 Sveta Trojica v Slovenskih goricah 30 Qf69
☆ Svete Gore 35 Qd72
3222 Svetelka 29 Qc71
2255 Sveti Andraž v Slovenskih goricah 30 Qf69
2365 Sveti Anton 32 Oe75
4220 Sveti Duh 33 Pb71
4220 Sveti Duh 29 Qc69
3250 Sveti Florijan 29 Qe71
1316 Sveti Gregor 34 Pd74
2360 Sveti Jernej 29 Qa69
3252 Sveti Jurij 30 Qe71
3252 Sveti Jurij 30 Ra68
9244 Sveti Jurij ob Ščavnici 30 Ra69
2223 Sveti Jurij v Slovenskih goricah 30 Qe69
3220 Svetina 35 Qb71
6333 Sveti Peter 40 Oe76
2367 Sveti Primož 29 Qa69
6240 Sveti Tomaž 33 Of75
2258 Sveti Tomaž 30 Ra70
1233 Sveti Trojica 34 Pd72
1380 Sveti Vid 33 Pc73
2367 Sveti Vid 29 Qb69
6223 Sveto 32 Oe74
1433 Svibno 34 Qa72
5222 Svino 26 Od71
6250 Sviščaki 33 Pc75

Š

8273 Šadovinek 35 Qc73
9201 Šalamenci 30 Ra68
1330 Šalka vas 34 Pf75
2277 Šalovci 30 Rb70
9204 Šalovci 30 Rb68
9204 Šalovski Breg 30 Rb68
6310 Šared 40 Od75
6223 Šbelji 32 Oe73
~ Ščavnica 30 Qf69
5282 Šebrelje 33 Of72
8281 Šedem 35 Qc72
6253 Šembije 33 Pb75
5261 Šempas 32 Oe73
3311 Šempeter 29 Qa71
5290 Šempeter pri Gorici 32 Od73
4208 Šenčur 28 Pc71
2391 Šentanel 28 Pf69
1222 Šentgotard 34 Pf71
2212 Šentilj 30 Qd68
2382 Šentilj pod Turjakom 29 Qb70
3332 Šentjanž 28 Pf71
3332 Šentjanž 29 Qa69
3332 Šentjanž 34 Qb72
8310 Šentjernej 35 Qc73
1354 Šentjošt 33 Pb72
3230 Šentjur 29 Qc71
1290 Šent Jurij 34 Pd73
8216 Šentjurij 34 Qa73
1410 Šentlambert 34 Pf72
8212 Šentlovrenc 34 Pf73
1296 Šentpavel 34 Pf73
8232 Šentrupert 35 Qc72
8232 Šentrupert 34 Qa73
1210 Šentvid 33 Pc72
3225 Šentvid 35 Qc72
3231 Šentvid pri Grobelnem 29 Qc71
1296 Šentvid pri Stični 34 Pf73
3325 Šentvid pri Zavodnju 28 Pf70
5283 Šentviška Gora 33 Of72
3240 Šerovo 29 Qd71
8233 Ševnica 34 Qa73
2331 Šikole 29 Qe70
1242 Šimnovec 28 Pd71
1000 Šiška 33 Pc72
3320 Škale 29 Qa70
3320 Škalske Cirkovce 29 Qa70
3224 Škarnice 35 Qc72
3215 Škedenj 29 Qc71
1414 Šklendrovec 34 Qa72
8275 Škocjan 35 Qb73
8275 Škocjan 34 Pd73
☆ Škocjanskejame 33 Pa75
▲ Škodovnik 33 Pc74
4220 Škofja Loka 33 Pb71
1291 Škofljica 33 Pd73
6223 Škrbina 32 Oe73
1292 Škrilje 33 Pd73
8310 Šmarje 32 Oe76
8310 Šmarje 35 Qc74
5295 Šmarje 32 Of73
3240 Šmarje pri Jelšah 29 Qd71
1293 Šmarje-Sap 34 Pd73
8220 Šmarješke Toplice 34 Qb73
8220 Šmarjeta 34 Qb73
~ Šmartinsko j. 29 Qb71
5211 Šmartno 28 Pf71
5211 Šmartno 29 Qb71
5211 Šmartno 32 Od72
2315 Šmartno na Pohorju 29 Qd70
3327 Šmartno ob Paki 29 Qa71
1275 Šmartno pri Litiji 34 Pf72
2383 Šmartno pri Slovenj Gradcu 29 Qa70
1219 Šmartno v Tuhinju 28 Pe71
8000 Šmihel 34 Qa74
3330 Šmihel nad Mozirjem 28 Pf70
3342 Šmiklavž 28 Pe71
2381 Šmiklavž 29 Qb71
2381 Šmiklavž 29 Qa70
~ Šoča 26 Oe70
2222 Šomat 30 Qe68
3325 Šoštanj 29 Qa70
8344 Špeharji 42 Qa76
1221 Špitalič 28 Pf71
9252 Šratovci 30 Ra69
1338 Štalcerji 34 Pf75
6222 Štanjel 32 Of74
☆ Štatenberg 29 Qe71
8231 Štatenberk 34 Qa73
8342 Štefanci 42 Qa75
4207 Štefanja Gora 28 Pc71
1281 Štengar 34 Pe72
6222 Štjak 33 Of74
3220 Štore 29 Qb71
6210 Štorje 33 Of74
8333 Štrekljevec 34 Qb74
8350 Štufna 34 Qa74
4228 Šturm 33 Pa71
5253 Šulgi 32 Oe72
8312 Šutna 35 Qc73

T

3304 Tabor 29 Qa71
5294 Tabor 32 Oe73
☆ Taborskajama 34 Pd73
1211 Tacen 33 Pc72
6243 Tatre 33 Pa75
3221 Teharje 29 Qb71
1215 Tehovec 33 Pc72
3250 Tekačevo 30 Qd71
~ Temenica 34 Qa73
5296 Temnica 32 Oe73
4204 Tenetiše 27 Pc71
3210 Tepanje 29 Qc70
1272 Tepe 34 Pf72
☆ Terme 30 Qf70
☆ Terme Čatež 35 Qd73
5214 Testeni 32 Oe72
9226 Tešanovci 30 Rb68
3270 Tevče 35 Qb72
1274 Tihaboj 34 Qa73
6281 Tinjan 32 Oe75
1282 Tirna 34 Pf72
3342 Tirosek 28 Pe71
1313 Tisovec 34 Pe74
9251 Tišina 30 Ra69
▲ Tjura 33 Pc75
3252 Tlake 30 Qe71
5220 Tolmin 32 Oe71
5220 Tolminske Ravne 27 Oe71
2390 Tolsti Vrh 28 Pf69
6221 Tomaj 32 Of74
2382 Tomaškavas 29 Qa70

3212 Tomaž 29 Qb71
6250 Tominje 33 Pb75
1292 Tomišelj 33 Pc73
4224 Toplice 33 Pa72
1382 Topol 33 Pc74
1382 Topol 28 Pe71
6250 Topolc 33 Pb75
6272 Topolovec 40 Oe76
1215 Topolpri Medvodah 33 Pc72
3326 Topolšica 29 Qa70
☆ Tosc 27 Of70
1000 Toško Čelo 33 Pc72
2213 Trate 30 Qe68
3231 Tratna 35 Qc71
1319 Trava 34 Pe75
1318 Travnik 34 Pd74
4000 Trboje 33 Pc71
2371 Trbonje 29 Qa69
1420 Trbovlje 34 Qa72
9263 Trdkova 30 Ra67
5230 Trdnjava Kluže 26 Od70
3256 Trebče 35 Qd72
8231 Trebelno 28 Pd71
8231 Trebelno, Mokronog- 34 Qa73
8253 Trebež 35 Qd73
4224 Trebija 33 Pa72
6222 Trebižani 33 Of74
8210 Trebnje 34 Qa73
~ Trebuša 32 Oe72
5232 Trenta 27 Oe70
▲ Trentski Pelc 26 Oe70
2274 Trgovišče 30 Ra70
8340 Tribuče 34 Qb75
☆ Triglav 27 Of70
☆ Triglavski Narodni Park 27 Oe70
1330 Trije križi 34 Pf75
3303 Trnava 29 Qa71
3222 Trnovec 29 Qc71
8330 Trnovec 35 Qb75
3000 Trnovlje 29 Qb71
1000 Trnovo 33 Pc72
5252 Trnovo 32 Oe73
5224 Trnovo ob Soči 26 Od71
2254 Trnovska vas 30 Qf69
▲ Trnovski gozd 32 Oe73
2380 Troblje 29 Qa69
3270 Trobni Dol 35 Qc72
1222 Trojane 34 Pf71
1290 Troščine 34 Pe72
6250 Trpčane 33 Pb75
6273 Trsek 40 Oe76
4204 Trstenik 27 Pc71
1236 Trzin 33 Pd72
~ Tržaški Zaliv 32 Oc75
2284 Tržec 30 Qf70
4290 Tržič 28 Pb70
8259 Tržišče 34 Qb73
3250 Tržišče 30 Qd71
6240 Tublje pri Hrpeljah 33 Of75
1241 Tunjiška 28 Pd71
4205 Tupaliče 28 Pc71
~ Turja 30 Ra69
1311 Turjak 34 Pd73
☆ Turjaški grad 34 Pd73
1431 Turje 34 Qa72
9224 Turnišče 31 Rb69

U

8344 Učakovci 42 Qb76
4265 Ukanc 27 Oe71
5213 Ukanje 32 Od72
1385 Ulaka 33 Pc74
1381 Unec 33 Pb74
8323 Uršna Sela 34 Qa74
5270 Ustje 33 Pc73
1217 Utik 33 Pd71
6210 Utovlje 33 Of74

V

1252 Vače 34 Pf72
9265 Vadarci 30 Ra68
1216 Valburga 33 Pc72
9251 Vanča vas 30 Ra69
9201 Vaneča 30 Rb68
6273 Vanganel 32 Oe75
3332 Varpolje 28 Pf71
2360 Vas 29 Qb69
1215 Vaše 33 Pc72
8351 Vavta vas 34 Qa74
3327 Vedet 29 Qa70
3320 Velenje 29 Qa70
4207 Velesovo 28 Pc71
8261 Velika Dolina 35 Qd73
▲ Velika gora 34 Pd74
1275 Velika Kostrevnica 34 Pf72
~ Velika Krka 30 Rb68
1360 Velika Ligojna 33 Pb73
1290 Velika Loka 34 Pe73
8212 Velika Loka 34 Pf73
2274 Velika Nedelja 30 Ra70
3310 Velika Pirešica 29 Qb71
▲ Velika Planina 28 Pd71
9225 Velika Polana 31 Rc69
1272 Velika Preska 34 Pf72
1290 Velika Račna 34 Pe73
8231 Velika Strmica 34 Qb73
1275 Velika Štanga 34 Pe72
1262 Velika vas 34 Pe72
8273 Velika vas pri Krškem 35 Qc73
1385 Velike Bloke 33 Pc74
8321 Velike Brusnice 34 Qb74
3270 Velike Gorelce 35 Qb72
1315 Velike Lašče 34 Pd74
1311 Velike Lipljene 34 Pd73
8262 Velike Malence 35 Qd73
1316 Velike Poljane 34 Qb73
1316 Velike Poljane 34 Pe74
8311 Velike Vodenice 35 Qc74
5263 Velike Žablje 32 Of73
8000 Veliki Cerovec 34 Qb74
8297 Veliki Cirnik 34 Qa73
6221 Veliki Dol 32 Oe74
8213 Veliki Gaber 34 Pf73
▲ Veliki Javornik 33 Pb74
8281 Veliki Kamen 35 Qd72
8361 Veliki Lipovec 34 Qa74
6230 Veliki Otok 33 Pb74
8273 Veliki Podlog 35 Qc73
☆ Veliki Snežnik 33 Pc75
8270 Veliki Trn 35 Qc73
6254 Veliko Brdo 33 Pb75
1290 Veliko Mlačevo 34 Pe73
6210 Veliko Polje 33 Of74
2316 Veliko Tinje 29 Qd70
1000 Veliko Trebeljevo 34 Pe72
6225 Veliko Ubeljsko 33 Pa74
~ Velka 30 Qe69
~ Velka 29 Qb69
1360 Verd 33 Pb73
3213 Verpete 29 Qb71
9241 Veržej 30 Ra69
4220 Vešter 33 Pb71
2370 Vič 33 Pc72
2274 Vičanci 30 Ra70
1225 Videm 34 Pe72
1262 Videm 34 Pd72
1296 Videm 34 Pf73
1312 Videm 34 Pe73
2284 Videm pri Ptuju 30 Qf70
9264 Vidonci 30 Ra68
2316 Vinarje 29 Qc70
3250 Vinec 35 Qd71
8344 Vinica 42 Qb76
8220 Vinica 34 Qb73
1262 Vinje 34 Pd72
8333 Vinji Vrh 34 Qb75
3320 Vinska Gora 29 Qa70
5271 Vipava 33 Of73
5263 Vipavski Križ 32 Of73
5212 Vipolže 32 Od73
~ Virje 35 Qd73
3254 Virštanj 35 Qd72
~ Virštanjski P. 35 Qd72
3225 Visoče 35 Qc72
4212 Visoko 28 Pc71
1294 Višnja Gora 34 Pe73
5273 Višnje 33 Pa73
1303 Višnje 34 Pf74
2276 Vitan 30 Rb70
3205 Vitanje 29 Qb70
2255 Vitomarci 30 Qf69
8294 Vitovec 34 Qb72
5261 Vitovlje 32 Oe73
▲ Vivodnik 28 Pe71
1351 Vnanje Gorice 33 Pc72
1217 Vodice 33 Pc71
▲ Vogel 27 Oe71
5252 Voglarji 32 Oe73
4208 Voglje 28 Pc71
5292 Vogrsko, Renče- 32 Oe73
4265 Voje 27 Of71
3212 Vojnik 29 Qb71
5283 Vojsk 33 Of72
5280 Vojsko 33 Of72
5296 Vojščica 32 Od74
4208 Voklo 28 Pc71
4224 Volaka 33 Pa72
5220 Volarje 26 Oe71
1000 Volavlje 34 Pe72
4223 Volča 33 Pb72
5220 Volče 32 Oe71
6256 Volče 33 Pa74
5293 Volčja Draga 32 Oe73
8233 Volčje Njive 34 Qa73
6223 Volčji Grad 32 Oe74
3305 Vologa 28 Pf71
▲ Volovica 29 Qb70
6210 Vrabče 33 Of74
1241 Vranja Peč 34 Pe71
8332 Vranoviči 34 Qb75
3305 Vransko 28 Pf71
2366 Vrata 29 Qa69
4274 Vrba 27 Pa70
8311 Vrbje 35 Qc74
3230 Vrbno 29 Qc71
1330 Vrbovec 34 Pf74
8333 Vrčice 34 Qa75
5213 Vrh 32 Od72
8232 Vrh 34 Qa73
2380 Vrhe 34 Qa71
2380 Vrhe 29 Qa69
8258 Vrhje 35 Qe73
2310 Vrhloga 30 Qd70
3270 Vrh nad Laškim 35 Qb72
1360 Vrhnika 33 Pb73
8341 Vrhovci 35 Qb75
5211 Vrhovlje 32 Od72
1433 Vrhovo 34 Qb72
8360 Vrhovo pri Zuzemberku 34 Pf73
1241 Vrhpolje 33 Of75
5271 Vrhpolje 33 Of73
1241 Vrhpoljepri Kamniku 28 Pd71
1251 Vrhpoljepri Moravčah 34 Pe72
▲ Vrh Škrli 27 Oe71
5232 Vrsnik 26 Oe71
5222 Vrsno 26 Od71
2201 Vršnik 29 Qd69
5290 Vrtojba 32 Od73
1354 Vrzdenec 33 Pb72
9208 Vučja Gomila 30 Rb68
9242 Vučja vas 30 Ra69
2365 Vuhred 29 Qb69
8344 Vukovci 42 Qb76
2241 Vurberk 30 Qe70
2367 Vuzenica 29 Qa69
2275 Vuzmetinci 30 Rb70

Z

6250 Zabiče 33 Pc75
2281 Zabovci 30 Qf70
5214 Zabrdo 27 Pa71
4227 Zabrekve 27 Pb71
3302 Zabukovica 34 Qa71
8274 Zabukovje 35 Qc73
3202 Začret 29 Qb71
5220 Zadlaz-Žabče 27 Oe71
5274 Zadlog 33 Of73
▲ Zadnjiški Dzebnik 27 Oe70
3211 Zadobrova Ljubečna 29 Qb71
1310 Zadolje 34 Pe74
3240 Zadrže 29 Qd71
5224 Zaga 26 Oc71
9250 Zagajski vrh 30 Qf69
5210 Zagomila 32 Od72
2256 Zagorci 30 Ra69
1312 Zagorica 34 Pf73
1312 Zagorica 34 Pe73
6257 Zagorje 33 Pb75
3261 Zagorje 35 Qc72
1410 Zagorje ob Savi 34 Pf72
8342 Zagozdac 34 Qa75
8275 Zagrad 29 Qb71
8340 Zagradec 34 Qa75
1330 Zajčje Polje 34 Pf75
4260 Zaka 27 Pa70
2286 Zakl 30 Qf71
5282 Zakojca 33 Of72
5243 Zakovkar 27 Of71
1385 Zakraj 33 Pd74
5282 Zakriž 33 Of72
5275 Zala 33 Pa73
4228 Zali Log 33 Pa71
8360 Zalisec 34 Pf73
4207 Zalog 28 Pd71
8000 Zalog 33 Pb74
8000 Zalog 34 Qa74
1000 Zalog 34 Pd72
8274 Zaloke 35 Qc73
8310 Zameško 35 Qc73
2272 Zamušani 30 Ra70
1360 Zaplana 33 Pb73
1217 Zapoge 33 Pc71
5213 Zapotok 32 Od72
1292 Zapotok 33 Pd73
1317 Zapotok 34 Pe74
4223 Zapreval 33 Pb71
8343 Zapudje 42 Qa75
4275 Zapuže 27 Pb70
6250 Zarečje 33 Pb75
4260 Zasip 27 Pa70
5220 Zastenar 26 Oe71
5220 Zatolmin 32 Oe71
4247 Zatrnik 27 Pa70
3325 Zavodnje 29 Qa70
1373 Zavratec 33 Pa73
1373 Zavratec 35 Qc73
2283 Zavrč 30 Ra70
1385 Zavrh 33 Pc74
2232 Zavrh 30 Qe69
6217 Zavrhek 33 Pa75
2382 Završe 29 Qa70
8282 Završe 35 Qc72
4220 Završnik 33 Pb72
6275 Zazid 33 Of76
6215 Zbelovo 29 Qd71
1215 Zbilje 33 Pc72
1312 Zdenska vas 34 Pe73
8272 Zdole 35 Qd72
8272 Zdole 35 Qd73
1380 Zelše 33 Pb74
5271 Zemono 33 Of73
9265 Zenkovci 30 Ra68
4201 Zgornja Besnica 28 Pb71
4201 Zgornja Besnica 34 Pe72
2310 Zgornja Bistrica 29 Qd70
2318 Zgornja Brežnica 29 Qd70
4245 Zgornja Dobrava 27 Pb71
2223 Zgornja Gasteraj 30 Qe69
2288 Zgornja Hajdina 30 Qf70
2362 Zgornja Kapla 29 Qc69
4205 Zgornja Kokra 28 Pc70
3241 Zgornja Kostrivnica 29 Qd71
2201 Zgornja Kungota 30 Qd69
☆ Zgornjaldrija 33 Pa72
4246 Zgornja Lipnica 27 Pb71
2316 Zgornja Ložnica 29 Qd70
4227 Zgornja Luša 33 Pb71
8256 Zgornja Pohanca 35 Qd73
2314 Zgornja Polskava 30 Qd70
2323 Zgornja Pristava 30 Qe70
4281 Zgornja Radovna 27 Of70
2381 Zgornja Razbor 29 Qa70
3270 Zgornja Rečica 34 Qa71
2233 Zgornja Ročica 30 Qf69
2235 Zgornja Senarska 30 Qf69
4229 Zgornja Sorica 27 Pa71
2233 Zgornja Ščavnica 30 Qf69
2213 Zgornja Velka 30 Qe68
2360 Zgornja-Vižinga 29 Qb69
2230 Zgornja Žerjavci 30 Qf69
4209 Zgornje Bitnje 27 Pc71
4203 Zgornje Duplje 28 Pb71
4206 Zgornje Fužine 28 Pc70
1211 Zgornje Gameljne 33 Pc72
4206 Zgornje Jezersko 28 Pc70
2319 Zgornje Poljčane 29 Qd71
4207 Zgornji-Brnik 28 Pc71
2241 Zgornji Duplek 30 Qe69
2285 Zgornji Leskovec 30 Qf71
8253 Zgornji Obrež 35 Qd73
4240 Zgornji Otok 27 Pb70
1219 Zgornji Tuhinj 28 Pe71
3240 Zibika 35 Qd71
~ Zibiški P. 35 Qd71
1432 Zidani Most 34 Qb72
2241 Zimica 30 Qe69
2205 Zlatoličje 30 Qe70
1225 Zlato Polje 34 Pe71
3214 Zreče 29 Qc70
4290 Zvirče 28 Pb71

Ž

~ Žabjek 35 Qd73
4209 Žabnica 33 Pb71
5282 Žabže 33 Of72
4228 Žagar 33 Pa71
3310 Žalec 29 Qa71
8220 Žaloviče 34 Qb73
3223 Žamerk 35 Qc72
4228 Žbontar 33 Pa71
8210 Žejnik 34 Pf73
4228 Železniki 27 Pb71
1291 Želimlje 33 Pd73
1330 Željne 34 Pf75
9203 Ženavlje 30 Rb67
2230 Ženjak 30 Qf69
9253 Žepovci 30 Qf68
2393 Žerjav 28 Pf70
2259 Žerovinci 30 Ra70
1384 Žerovnica 33 Pc74
2287 Žetale 30 Qe71
4223 Žetina 33 Pa71
9253 Žiberci 30 Qf68
2233 Žice 30 Qf69
3215 Žiče 29 Qc71
4294 Žiganja vas 28 Pb71
▲ Žigartov Vrh 29 Qc70
5292 Žigoni 32 Od73
8222 Žihovoselo 34 Qb74
2242 Žikarce 30 Qe69
1317 Žimarice 34 Pd74
4226 Žiri 33 Pa72
4274 Žirovnica 27 Pa70
4224 Žirovski Vrhnad Zalo 33 Pa72
9232 Žižki 30 Rb69
1215 Žlebe 33 Pc72
8341 Žuniči 35 Qc76
2324 Župečja vas 30 Qe70
8258 Župelevec 35 Qe73
8360 Žužemberk 34 Pf74
8362 Živrče 34 Pe74

Kanton · Okràj · Bezirk · District
Distretto · Distrito · District · District · Okres
Okręg · Okres · Kerület · Distrikt

Federacija Bosne i Hercegovine

Bos	Bosansko-podrinjski
HeN	Hercegovačko-neretvanski
K10	Kanton 10 (Hercegobosanski/Livjanski
Pos	Posavski
Sar	Sarajevo
Sre	Sredrjobosanksi
Tuz	Tuzlanski
UnS	Unsko-sanski
Zap	Zapadnohercegovački
Zen	Zeničko-dobojski

Republika Srpska

Srp	Republika Srpska

Brčko

Brč	Brčko District

A

76290 Ada Srp 47 Tc78
78404 Adžići Srp 45 Sa78
74400 Agići Srp 46 Se79
78211 Agino Selo Srp 54 Sb81
71161 Ahatovići Sar 62 Tb85
88365 Aladinići HeN 69 Sf90
78253 Aleksići Srp 45 Sc79
79206 Ališići Srp 44 Re79
76316 Amajlije Srp 57 Ub80
70267 Antonići Srp 53 Rf82
77246 Arapuša UnS 44 Rb79
☆ Arheološko nazalište HeN 70 Sf90
☆ Arslanagića most Srp 72 Tc92
80260 Ataševac K10 53 Rc82
76335 Atmačići Srp 57 Ua81
89245 Avtovac Srp 71 Td90

B

75303 Babice Donje Tuz 56 Tc82
75303 Babice Gornje Tuz 56 Tc82
70270 Babići Srp 54 Sb83
79249 Babića Kosa Srp 45 Rf78
79244 Babinac Srp 44 Rd77
71221 Babin Do Sar 63 Tb86
70224 Babino Selo Sre 54 Sc83
73225 Babljak Srp 64 Ua85
75350 Babunovići Tuz 56 Tc80
79244 Bačvam Srp 44 Rd77
88440 Bačvan HeN 61 Sc85
75446 Baćići Srp 57 Ua84
76210 Baderište Brč 48 Te80
73208 Bahovo Bos 63 Te87
80206 Bajagića Staje K10 60 Re86
89230 Bajčetići Srp 70 Tc91
72224 Bajvati Zen 56 Tb82
71233 Bak Srp 62 Tb88
78250 Bakinci Srp 45 Sb79
74250 Bakotič Zen 55 Ta81
71275 Bakovići Sre 62 Sf85
88280 Balkovići Srp 70 Ta89
78242 Balte Srp 54 Sb80
80249 Baljci K10 61 Sb86
89233 Baljci Srp 70 Tc91
77204 Baljevac UnS 43 Qe80
70260 Baljvine Srp 54 Sb82
88380 Bančići Srp 70 Sf91
75290 Banoviči Selo Tuz 56 Tc82
75290 Banovići Tuz 56 Td82
78000 Banja Luka Srp 54 Sb80
77242 Banjani UnS 44 Ra78
74270 Banja Vrucica Srp 55 Sf81
88206 Banjdol HeN 70 Sf89
77250 Bara UnS 53 Rc81
77253 Baraka UnS 53 Rb80
78429 Bardača Srp 45 Sc78
78206 Bare Srp 54 Sa81
71425 Bare Bos 63 Te86
71420 Bare Srp 63 Td86
70101 Barevo Sre 54 Sb82
78214 Barlovci Srp 45 Sb79
88403 Barmiš HeN 62 Sf86
75430 Bastahovine Srp 57 Ub84
77206 Bastasi K10 53 Rb82
78211 Bastasi Srp 54 Sb80
73305 Bastasi Srp 71 Te88
71223 Bašci Sar 63 Tc87
89240 Bašići Srp 70 Tc90
75272 Bašigovci Tuz 56 Te82
77249 Baštra UnS 44 Ra78
76318 Batar Srp 57 Ub81
88240 Batin Zap 61 Sc88
76312 Batković Srp 48 Ub79
73287 Batkovići Srp 64 Ua87
76237 Batkuša Srp 47 Td79
~ Bazen Lipa K10 60 Rf86
74400 Begluci Srp 46 Sf78
80230 Begovac K10 61 Sa85
72233 Begov Han Zen 55 Sf82
88443 Begović HeN 61 Sc86
80320 Begovo Selo K10 61 Sb85
77240 Benakovac UnS 44 Rb80
78418 Berek Srp 45 Sb78
88363 Berkovići Srp 70 Tb90
70270 Bešnjevo Srp 54 Sa83
76258 Biberovo Polje Tuz 56 Tc80
77000 Bihać UnS 43 Qf80
89201 Bihovo Srp 72 Tb92
88323 Bijača Zap 69 Sd90
☆ Bijambarska pećina Sar 63 Tc84
88208 Bijela HeN 62 Se88
88405 Bijela HeN 62 Sf87
76204 Bijela Brč 47 Td80
89233 Bijela Rudina Srp 70 Tc91
☆ Bijele stijene Zap 61 Sd87
72248 Bijele Vode Zen 55 Ta83
74400 Bijelo Brdo Srp 46 Sf78
73263 Bijelo Brdo Srp 64 Uc86
72285 Bijelo Bučje Sre 54 Sd83
74275 Bijelo Bučje Srp 55 Se82
74250 Bijelo Polje Zen 56 Tb81
89233 Bijeljani Srp 70 Tb90
76300 Bijeljina Srp 57 Ub80
80205 Bila K10 61 Rf86
71253 Bilalovac Sre 62 Sf84
~ Bilečko jezero Srp 70 Tc92
89230 Bileća Srp 70 Tc91
88202 Biletići Polje HeN 70 Se89
78220 Bilice Srp 54 Sc81
79285 Biljani Donji UnS 53 Re81
71240 Binježevo Sar 62 Tb85
88223 Biograc Zap 69 Se89
88286 Biograd Srp 70 Ta89
70202 Biokovina Sre 54 Sb83
~ Biošlica 56 Td84
75301 Bistarac Donji Tuz 56 Td81
70243 Bistrica Sre 61 Sd85
78408 Bistrica Srp 45 Sa78
72213 Bistrica Zen 55 Sf82
79204 Bistrica Srp 45 Rf79
78202 Bistrica Srp 45 Sa80
72230 Bistrica Zen 55 Ta82
71423 Bistrica Srp 63 Td86
~ Bistrica Srp 45 Rf79
72293 Bistro Sre 55 Sd84
73260 Bišćevići Srp 64 Ub87
79206 Biščani Srp 44 Rd79
74400 Bišnja Srp 46 Sf79
72245 Bištrani Zen 62 Tb84
88363 Bitunja Srp 70 Ta90
77250 Bjelaj UnS 52 Rb81
70260 Bjelajce Srp 54 Sa82
79247 Bjelajci Srp 44 Re78
77250 Bjelajski Vaganac UnS 53 Rb81
▲ Bjelašnica Sar 62 Ta86
71428 Bjelogorci Srp 63 Td85
88366 Bjelojevići HeN 69 Sf90
76318 Bjeloševac Srp 57 Ua81
71260 Bjelovići Sre 62 Ta85
88444 Blace HeN 62 Sd86
88400 Blace HeN 62 Ta87
88201 Blagaj HeN 69 Sf89
80320 Blagaj K10 61 Sb84
79220 Blagaj Japra Srp 44 Rc78
79220 Blagaj Rijeka Srp 44 Rc78
79226 Blatna Srp 44 Rb79
88263 Blatnica HeN 69 Se89
78234 Blatnica Sre 55 Sd82
74275 Blatnica Zen 55 Se82
76256 Blaževac Srp 47 Td79
88340 Blaževici Zap 69 Sc88
80249 Blažuj K10 61 Sb86
71215 Blažuj Sar 62 Tb85
~ Blidinje jezero Zap 61 Sd87
88263 Blizanci HeN 69 Se89
75283 Blošci Tuz 56 Te83
88409 Blučići HeN 62 Se86
88345 Bobanova Draga Zap 69 Sc88
75247 Bobetino Brdo Srp 57 Tf80
77206 Boboljusci UnS 52 Rb82
☆ Bobovac Zen 55 Tb84
78211 Bočac Srp 54 Sa81
76210 Boće Brč 47 Te80
89233 Bodenik Srp 70 Tc91
71340 Boganovići Zen 56 Td84
89233 Bogdaši Srp 70 Tc91
73247 Bogilice Srp 64 Uc86
88000 Bogodol HeN 62 Se88
89201 Bogojević Selo Srp 72 Tc93
71425 Bogovići Srp 63 Te85
73208 Bogovići Bos 63 Te87
76330 Bogutovo Selo Srp 57 Tf81
88280 Bojišta Srp 70 Ta89
79260 Bojište UnS 53 Rc80
80203 Bojmunte K10 60 Re85
70243 Bojska Sre 61 Sd84
76277 Bok Srp 47 Td78
75300 Bokavići Tuz 56 Td81
74322 Boljanić Srp 55 Tb80
75423 Boljevići Srp 64 Ud84
88360 Boljuni HeN 69 Sf90
☆ Borač Srp 64 Tf86
88405 Boračko Jezero HeN 62 Ta87
~ Boračko jezero HeN 62 Sf87
88343 Borajna Zap 69 Sc89
☆ Borašnica HeN 62 Sf87
88405 Borci HeN 62 Ta87
78223 Borci Srp 54 Sc81
80244 Borčani K10 61 Sb87
73225 Borika Srp 64 Ua85
78202 Borkovići Srp 45 Sa80
88365 Borojevići HeN 70 Sf90
78422 Borovčan Srp 46 Sd78
88280 Borovčići Srp 62 Ta88
71333 Borovica Gornja Zen 55 Tb83
72224 Borovnica Zen 55 Tb82
77231 Bosanska Bojna UnS 43 Ra77
79224 Bosanska Kostajnica Srp 44 Rd77
▲ Bosanska Krajina 44 Ra79
77240 Bosanska Krupa UnS 44 Ra79
Bosanski Dubočac Srp 46 Sf78
Bosanski Kobaš Srp 46 Se78
77250 Bosanski Petrovac UnS 53 Rc81
80270 Bosansko Grahovo K10 53 Rc83
79260 Bos. Milanovac UnS 53 Rd80
~ Bosna Sar 62 Tb85
76313 Bos. Rača Srp 48 Ub79
88340 Bostan Zap 69 Sc88
73208 Boškovići Bos 63 Te86
78253 Boškovići Srp 45 Sc79
88443 Bošnjak HeN 61 Sc86
74483 Botajica Srp 47 Tb79
88344 Bovani Zap 69 Sc88
79249 Božići Srp 45 Rf78
78225 Božići Srp 54 Sd81
88408 Bradina HeN 62 Ta86
72282 Brajkovići Sre 55 Se83
73207 Brajlovići Bos 63 Tf86
78243 Branešci Srp 54 Sd80
73225 Brankovići Srp 64 Ua85
88283 Bratač Srp 70 Tb89
75280 Brateljevići Tuz 56 Td83
75420 Bratunac Srp 57 Ub83
77250 Bravski Vaganac UnS 53 Rc81
77250 Bravsko UnS 53 Rd81
73220 Brčjgovo Srp 64 Ua86
76105 Brčko Brč 48 Te79
80320 Brda K10 61 Sb85
71221 Brda Sar 62 Tb86
70275 Brdani Srp 54 Sa83
~ Bregava HeN 69 Se90
78230 Bregovi Srp 54 Sb82
77205 Brekovica UnS 43 Qf79
Brestica HeN 69 Sd91
77253 Brestovac UnS 53 Rb81
71255 Brestovsko Sre 62 Ta84
71370 Breza Zen 62 Tb84
75214 Breze Tuz 56 Td82
78400 Brezici Srp 45 Sb78
78244 Brezičani Srp 54 Sc80
79208 Brezičani Srp 44 Rd78
78432 Brezik Srp 46 Sd79
88380 Brezoav Dola Srp 70 Tb91
71428 Brezovice Srp 63 Td85
76216 Brezovo Polje Brč 48 Tf80
76216 Brezovo Polje -Selo Brč 48 Tf79
75430 Brežani Srp 64 Uc84
75303 Brijesnica Donja Tuz 56 Tc81
72225 Brijesnica Gornja Zen 56 Tb82
73206 Brijest Bos 63 Tf87
72207 Briznik Zen 55 Ta83
76206 Brka Brč 47 Te80
71360 Brložnik Srp 64 Ua84
88324 Brljica Zap 69 Sc89
71254 Brnjaci Sre 62 Ta85
72243 Brnjic Zen 55 Ta83
71425 Brnjica Srp 63 Te86
Brnjik Tuz 56 Te80

88242 Broćanac Zap 61 Sc88
73309 Brod Srp 63 Te88
76105 Brod Brč 47 Te79
74450 Brod Srp 46 Sf78
76313 Brodac D. Srp 48 Ub79
76313 Brodac G. Srp 48 Ub79
☆ Brodar Srp 64 Ub86
78204 Bronzani Majdan Srp 45 Rf80
88392 Brštanica HeN 69 Se91
88363 Brštanik Srp 70 Sf89
73319 Brusna Srp 63 Tf87
75240 Brusnica Srp 56 Te80
76237 Brvnik Srp 47 Td78
88305 Bučevići HeN 69 Se90
80320 Bućevača K10 61 Sc85
88247 Budimiri Zap 61 Sb87
79263 Budimlić Japra Srp 44 Rc79
88285 Budisavlje Srp 70 Tb89
71244 Budmolici Sar 62 Ta86
71335 Budoželje Zen 63 Tb84
78000 Budžak Srp 45 Sb80
70234 Bugojno Sre 61 Sc84
71217 Buhntina Sar 62 Tb85
88224 Buhovo Zap 69 Sd89
☆ Bujak Srp 64 Ub86
78400 Bukovac Srp 45 Sb78
76206 Bukovac Brč 47 Te79
77250 Bukovača UnS 53 Rc81
80246 Bukova- Gora K10 61 Sa87
72264 Bukovci Sre 62 Sf84
80243 Bukovica K10 61 Sb87
71254 Bukovica Sre 62 Ta85
74250 Bukovica Zen 56 Tb81
78252 Bukovica Srp 45 Sb79
75444 Bukovica Srp 57 Ub84
76323 Bukovica Donja Srp 48 Tf80
76323 Bukovica Gornja Srp 57 Tf80
88403 Bukovlje HeN 62 Sf86
~ Bukvensko jezero K10 61 Rf85
76206 Bukvik Brč 47 Td80
74277 Buletić Srp 55 Se81
71144 Bulozi Srp 63 Tc85
88202 Buna HeN 69 Sf89
74400 Bunar Srp 46 Ta79
77250 Bunara UnS 53 Rd81
80260 Bunčevac K10 53 Rd83
73309 Bunovi Srp 63 Te88
88366 Burmazi HeN 70 Sf90
73240 Bursići Srp 64 Ua86
77250 Busije UnS 52 Rb81
79000 Busnovi Srp 44 Re79
72260 Busovača Sre 62 Sf84
~ Buško jezero K10 61 Rf86
71270 Butan Sre 62 Sf84
76218 Buzekara Brč 48 Tf80
77245 Bužim UnS 43 Ra78
~ Bužimica 43 Qf78

C

75358 Cage Tuz 56 Tc81
75405 Caparde Srp 57 Tf82
70267 Cardak Srp 54 Rf83
80230 Carevac K10 61 Rf85
88343 Carew Dolac Zap 69 Sc89
☆ Castrums Zap 69 Sd89
77220 Cazin UnS 43 Qf79
88375 Ccrovac HeN 72 Tb92
76318 Čengić Srp 57 Ua81
74412 Cerani Srp 46 Sf79
88286 Cerebašići Srp 70 Tb90
89245 Cernica Srp 71 Td90
88320 Cerno Zap 69 Sd89
88394 Cerovica HeN 70 Se91
74211 Cerovica Srp 55 Sf80
88240 Cerovi Doci Zap 61 Sc88
78403 Cerovljani Srp 45 Sb78
75445 Cerska Srp 57 Ua83
88370 Cicrina HeN 69 Sf91
79206 Cikote Srp 44 Rd78
88000 Cim HeN 69 Se88
▲ Cincar K10 61 Sa85
88263 Citluk HeN 69 Se89
88360 Cori HeN 70 Se90
73240 Crijep Srp 64 Ua86
☆ Crkvenigrad Srp 53 Rf80
79288 Crkveno Srp 53 Re82
76239 Crkvina Srp 47 Tc78
80260 Crljivica K10 53 Rc82
80270 Crnac K10 53 Rd83
77223 Crnaja UnS 43 Qe78
79220 Crna Rijeka Srp 44 Rc79
70260 Crna Rijeka Srp 54 Sb82
~ Crna rijeka Srp 54 Sa82
88286 Crnče Srp 70 Tb89
88226 Crne Lokve Zap 61 Sc88
70234 Crniče Sre 61 Sc84
88367 Crnići HeN 69 Sf90
71260 Crnići Sre 62 Ta85
75430 Crni Guber Srp 64 Ub84
80230 Crni Vrh K10 53 Rd83
☆ Crni vrh K10 61 Sc86
75206 Crno Blato Tuz 56 Te81
88395 Crnoglav HeN 69 Sf91
79260 Crnomarkovići UnS 53 Rd80
76328 Crnjelovo Srp 48 Ua79
77236 Crvarevac UnS 43 Ra78
80244 Crvenice K10 61 Sb87
88327 Crveni Grm Zap 69 Sc89
70235 Curčica Sre 61 Sc84
73250 Cvilin Bos 63 Te87
74210 Cvrtkovci Srp 46 Se80

Č

▲ Čabulja HeN 62 Sd87
79226 Čađavica Srp 44 Rc79
79283 Čađavica Srp 54 Rf82
76323 Čađavica Donja Srp 48 Ua80
76321 Čađavica Gornja Srp 57 Ua80
76321 Čađavica Srednja Srp 57 Ua80
77233 Čaglica UnS 43 Qf78
80205 Čaić K10 60 Re85
73280 Čajniče Srp 64 Ua87
72290 Čakići Sre 55 Se84
79265 Čaplje UnS 53 Re80
88300 Čapljina HeN 69 Se90
80204 Čaprazlije K10 60 Re85
79206 Čarakovo Srp 44 Rd79
78256 Čardačani Srp 45 Sb79
76316 Čardačine Srp 57 Ub80
74484 Čardak Srp 47 Tc79
72224 Čardak Zen 55 Tb82
Čarići HeN 70 Se91
72246 Čatići Zen 55 Ta84
78400 Čatrnja Srp 45 Sb78
▲ Čauševac Zen 56 Tb82
77249 Čava UnS 43 Ra78
88370 Čavaš HeN 70 Sf91
74274 Čečava Srp 55 Se80
79000 Čejreci Srp 44 Re78
75353 Čekanići Tuz 56 Tc80
79000 Čela Srp 44 Re79
73307 Čelebići Srp 71 Tf88
80203 Čelebić K10 60 Re85
75246 Čelić Tuz 56 Te80
78240 Čelinac Srp 54 Sb80
78242 Čelinac Gornji Srp 54 Sb80
79228 Čelopek Srp 44 Rc79
75413 Čelopek Srp 57 Ua82
71425 Čemernica Bos 63 Tf86
▲ Čemernica Srp 54 Sb81
89243 Čemerno Srp 71 Td89
▲ Čemerska planina Sar 63 Tb85
~ Čeotina Srp 63 Te88
88265 Čerin HeN 69 Sd89
78211 Česma Srp 45 Sb80
78253 Četojevići Srp 45 Sc80
Čičevci Srp 64 Ub84
88406 Čičevo HeN 62 Ta87
70270 Čifluk Srp 54 Sa83
78411 Čikule Srp 45 Sb78
72226 Činovići Zen 55 Tb82
88240 Čitluk Zap 61 Sb87
88280 Čitluk Srp 70 Ta89
88208 Čitluk HeN 62 Se87
79246 Čitluk Srp 44 Rd78
76333 Čitluk Srp 57 Tf80
74213 Čivčije Buk. Srp 46 Ta80
78202 Čokori Srp 45 Sa80
78430 Čorle Srp 46 Sd79
72284 Čosići Sre 54 Sc83
76273 Čović-Polje Srp 47 Td79
71340 Čude Zen 56 Te84
88400 Čuhovići HeN 62 Ta87
78427 Čukali Srp 45 Sd79
72282 Čukle Sre 55 Se83
80206 Čuklić K10 60 Rf86
88203 Čule HeN 69 Se89
71340 Čuništa Zen 56 Tc83
73311 Čurevo Srp 71 Te88
88370 Čvaljina HeN 70 Sf91
▲ Čvrsnica HeN 62 Sd87

Ć

☆ Ćava UnS 43 Ra78
88208 Ćopi st. HeN 62 Se87
77220 Ćoralići UnS 43 Qf79
77226 Ćoralići UnS 43 Qf78
80230 Ćoslije K10 60 Re84
77206 Ćukovi UnS 52 Ra81

D

☆ Dabarska spilja UnS 53 Rd80
88363 Dabrica Srp 70 Ta90
73287 Dakovići Srp 64 Ub87
79226 Damjanići Srp 44 Rb79
89245 Danići Srp 71 Td90
73263 Danilovići Srp 64 Uc86
~ Dašnica Srp 57 Ua80
71255 Datići Sre 62 Sf85
76310 Dazdarevo Srp 48 Ub80
75513 D. Dragunja Tuz 56 Td81
76297 D. Dubica Srp 47 Tc78
78211 Debeljaci Srp 54 Sb80
71221 Dejčići Sar 63 Tc86
71223 Delijaš Sar 63 Td86
☆ Delminium K10 61 Sb86
79243 Demirovac Srp 45 Rf77
73250 Denje Žešće Bos 63 Te87
79202 Dera Srp 45 Rf78
~ Deransko blato HeN 70 Se90
☆ Dernek Sar 63 Tc84
74400 Derventa Srp 46 Sf79
72240 Desetnik Zen 55 Ta84
~ Desna 62 Se85
73101 Deševa Bos 64 Tf86
75410 Devanje Srp 57 Ua83
75305 Devetak Tuz 56 Tc81
☆ Devetak Srp 64 Tf85
71260 Deževice Sre 62 Sf85
72227 Dičtica Zen 56 Tc83
89201 Diklići Srp 70 Ta92
75430 Dimnići Srp 57 Uc84
88215 Diva-Grabovica HeN 62 Se87
75400 Divič Srp 57 Ua82
89233 Divin Srp 70 Tb90
79246 Dizdarije Srp 44 Rd78
75272 Djedino Tuz 56 Td82
80270 D. Kazanci K10 60 Rd85
76335 D. Krčina Srp 57 Ua81
89233 Dlakoše Srp 70 Tb90
76259 D. Lukavac Tuz 47 Tc79
74413 D. Lupljanica Srp 46 Sf79
76274 D. Mahala Srp 47 Td78
76257 D. Međiđa Tuz 47 Tc80
76250 D. Mionica Tuz 47 Tc79
71387 D.Misoča Sar 63 Tb85
88280 Dnopolje Srp 70 Ta88
75513 D. Obodnica Tuz 56 Td81
72240 Doboj Zen 55 Ta84
74000 DOBOJ Srp 55 Ta80
75328 Doborovci Tuz 56 Tc80
75308 Dobošnica Tuz 56 Tc81
73223 Dobrače Srp 63 Tf86
75436 Dobrak Srp 64 Ud85
71305 Dobraljevo Sre 62 Sf84
74483 Dobra Voda Srp 46 Ta79
88206 Dobrč HeN 69 Sf88
89245 Dobrelji Srp 71 Td90
88000 Dobrič HeN 69 Se88
☆ Dobričevo Srp 70 Tc92
71300 Dobrinje Zen 62 Ta84
79223 Dobrljin Srp 44 Rc78
88324 Dobrnja Zap 69 Sc89
75212 Dobrnja Tuz 56 Td81
78207 Dobrnja Srp 54 Sa81
89209 Dobromani Srp 70 Ta92
74260 Dobro Polje Zen 55 Sf81
71230 Dobro Polje Srp 63 Td87
88263 Dobro Selo HeN 69 Se89
77242 Dobro Selo UnS 43 Ra78
70246 Dobrošin Sre 62 Sd85
73249 Dobrun Srp 64 Uc86
73247 Dobrunska Rijeka Srp 64 Uc86
70224 Doganovci Sre 54 Sb83
78211 Dojići Srp 54 Sb81
89233 Dola Srp 70 Tb91
80230 Dolac K10 61 Sa85
72226 Dolac Zen 55 Ta82
88324 Dole Zap 69 Sc89
77206 Dolovi UnS 52 Rb82
88367 Dolovi HeN 70 Sf89
77215 Doljani UnS 52 Qf80
88420 Doljani HeN 62 Sd86
~ Doljanka HeN 62 Se86
76233 Domaljevac Srp 47 Td78
88305 Domanovići HeN 69 Se90
89209 Domaševo Srp 70 Tb91
☆ Domavia (rom.) Srp 64 Ub84
88283 Donja Bijena Srp 70 Ta88
78407 Donja Dolina Srp 45 Sc78
79208 Donja Dragotina Srp 44 Rd78
72104 Donja Gračanica Zen 55 Sf83
88380 Donja-Ivica Srp 70 Ta91
88422 Donja Jablanica HeN 62 Se87
78410 Donja Jurkovica Srp 45 Sb78
79246 Donja Jutrogošta Srp 44 Rd78
77220 Donja Koprivna UnS 43 Qf79
79263 Donja Kozica Srp 53 Re80
78422 Donja Lepnica Srp 46 Sd78
89233 Donja Meka Gruda Srp 70 Tc90
72240 Donja Papratnica Zen 62 Ta84
70267 Donja Pecka Srp 53 Rf83
79206 Donja Ravska Srp 44 Rd79
79244 Donja Slabinja Srp 44 Rd77
79287 Donja Slatina Srp 53 Rf82
▲ Donja Spreča Tuz 56 Tb80
73260 Donja Strmica Srp 64 Ub86
77240 Donja Suvaja UnS 44 Ra80
71221 Donja-Tušila Sar 62 Tb87
88446 Donja Vast HeN 62 Se86
77235 Donja Vidovska UnS 43 Qe78
71330 Donja Vijaka Zen 56 Tc83
75272 Donja Višća st. Đurđevik Tuz 56 Td82
72212 Donja Vraca Zen 55 Sf83
89233 Donja-Vrbica Srp 70 Tc91

71356 Donje Babine Srp 63 Te84
89204 Donje Grančarevo Srp 72 Tc92
74455 Donje Kolibe Srp 46 Ta78
71300 Donje Moštre Zen 62 Ta84
73220 Donje-Osovo Srp 64 Ua85
79287 Donje Ratkovo Srp 53 Rf81
88400 Donje Selo HeN 62 Sf86
73249 Donje Vardište Srp 64 Uc86
79223 Donje Vodičevo Srp 44 Rc78
80320 Donje Vukovsko K10 61 Sb85
79228 Donji Agići Srp 44 Rc79
71340 Donji Bakići Zen 63 Td84
70267 Donji Baraći Srp 54 Rf83
70204 Donji Bešpelj Sre 54 Sb82
80243 Donji Brišnik K10 61 Sb87
79260 Donji Dabar UnS 53 Rd80
74413 Donji Detlak Srp 46 Se79
73249 Donji Dobrun Srp 64 Uc86
88286 Donji-Drežani Srp 70 Tb89
79227 Donji Dubovik Srp 44 Rb79
70266 Donji Graci Srp 53 Rf82
88220 Donji Gradac Zap 69 Sd88
79263 Donji Hazići Srp 53 Rf80
79246 Donji Jelovac Srp 44 Re78
79266 Donji Kamengrad UnS 44 Rd80
78234 Donji Koričani Sre 54 Sd82
88286 Donji-Lukavac Srp 70 Tb90
80320 Donji Malovan K10 61 Sb85
88343 Donji Mamići Zap 69 Sc88
70275 Donji Mujdžići Srp 54 Sa83
74278 Donji Očauš Srp 55 Se81
79000 Donji Orlovci Srp 44 Re79
78204 Donji Pervan Srp 54 Sa80
78408 Donji Podgradci Srp 45 Sa78
79284 Donji Ramići UnS 53 Re81
80204 Donji Rujani K10 60 Re85
78438 Donji Smrtići Srp 46 Se79
80270 Donji Tiškovac K10 52 Rb83
78220 Donji Vagani Srp 54 Sb81
70220 Donji Vakuf Sre 54 Sc84
79206 Donji Volar Srp 44 Rd79
88201 Donji Vranjevići HeN 70 Sf89
79289 Donji-Vrbljani Srp 53 Re82
75445 Donji Zalukovik Srp 57 Tf83
88394 Donji Zelerkovac HeN 70 Se91
75323 D. Orahovica Tuz 56 Tc81
74225 D. Osječani Srp 46 Ta80
71420 Dovlići Srp 63 Tc86
80270 D. Peulje K10 53 Rd84
75412 D. Pilica Srp 57 Ua81
76212 D. Rabić Brč 47 Te79
73313 Drače Srp 63 Td88
88306 Dračevo HeN 69 Se90
89209 Dračevo Srp 70 Ta91
88343 Dragačina Zap 69 Sc88
76323 Dragaljevac Donji Srp 48 Ua80
76323 Dragaljevac Gornji Srp 57 Ua80
78403 Dragelji Srp 45 Sa78
70275 Dragnić Srp 54 Sa83
80230 Dragnjić K10 61 Sa85
78215 Dragočaj Srp 45 Sa79
73309 Dragočava Srp 63 Te88
74209 Dragolovci Srp 55 Se80
71340 Dragoradi Zen 63 Td84
79287 Dragoraj Srp 53 Rf82
78227 Drahova Srp 54 Sc81
74250 D. Rakovac Zen 55 Tb81
79243 Draksenić Srp 45 Rf77
89245 Dramešina Srp 71 Td89
88280 Dramiševo Srp 62 Ta88
88443 Drašac HeN 61 Sd86
70243 Dražev Dol Sre 61 Sd85
71254 Draževići Sre 62 Ta85
89240 Dražljevo Srp 71 Td89
75280 Drecelj Tuz 56 Te84
78432 Drenova Srp 46 Sd80
77246 Drenova Glavica st. UnS 43 Rb79
70101 Drenov Do Sre 54 Sb83
89201 Drenovi Do Srp 72 Tc93
☆ Drhtar Srp 70 Tc88
75245 Drijenč Tuz 56 Td81
~ Drina Srp 64 Ua86
~ Drina Srp 64 Ub85
☆ Drina kanjon Srp 64 Ub85
☆ Drina most Srp 64 Ub86
79290 Drinić Srp 53 Rc81
88345 Drinovci Zap 69 Sb88
75410 Drinjača Srp 57 Ua83
~ Drinjača 56 Td83
~ Drinjača 57 Tf83
72215 Drivuša Zen 55 Sf83
~ Drogučina 62 Se85
72207 Drugavci Zen 55 Ta83
78256 Drugovići Srp 45 Sc79
89240 Drugovići Srp 71 Td90
80260 Drvar K10 53 Rc82
80260 Drvar Selo K10 53 Rc82
☆ Drvenica Srp 70 Ta90
74480 D. Skugrić Srp 47 Tc79
76237 D. Slatina Srp 47 Td79
75350 D. Srebrenik Tuz 56 Td80
76297 D. Svilaj Srp 47 Tb78
78439 D. Štrpci Srp 46 Se79
76335 D. Trnova Srp 57 Ua81
89247 Dubljevići Srp 70 Tc89
75446 Dubnica Srp 57 Ua83
~ Dubnica Srp 57 Tf83
88400 Dubočani HeN 62 Ta87
89204 Dubočani Srp 70 Tc92
88380 Dubočica Srp 70 Ta91
70233 Duboka Sre 61 Sc85
88363 Duboka Srp 70 Sf90
71333 Duboštica Zen 56 Tb83
73240 Dubovo Srp 64 Uc86
77215 Dubovsko UnS 52 Ra80
88345 Dubrava Zap 69 Sb88
78243 Dubrava Srp 54 Sd80
76205 Dubrave Brč 47 Td80
78411 Dubrave Srp 45 Sb78
78407 Dubrave Srp 45 Sc78
71250 Dubrave Sre 62 Ta85
80230 Dubrave K10 53 Rf84
70202 Dubrave Sre 54 Sc83
75273 Dubrave Tuz 56 Te82
72252 Dubravica Sre 55 Se84
Dubravice Srp 57 Ub83
73305 Dučeli Srp 71 Te88
88407 Dudle HeN 62 Ta87
71340 Dugandžići Zen 63 Td84
79263 Duge Njive Srp 44 Rc79
78429 Dugo Polje Srp 45 Sc78
74483 Dugo Polje Srp 47 Tb79
77215 Dugo Polje UnS 52 Ra80
73260 Dugovječ Srp 64 Uc87
78208 Dujakovci Srp 54 Rf81
71221 Dujmovići Sar 63 Tc87
74272 Dulići Srp 55 Se81
89245 Dulići Srp 71 Td90
70270 Duljci Srp 54 Sa83
73225 Dumunjići Srp 64 Ua85
73240 Dunja Lijeska Srp 64 Ub86
71275 Dusina Sre 62 Sf85
75446 Dušanovo Srp 57 Ua83
88390 Duži HeN 69 Se91
89201 Duži Srp 72 Tb92
88342 Dužice Zap 69 Sd88
78432 D. Vijačani Srp 46 Sd80
79246 Dvorište Srp 44 Re78
76313 Dvorovi Srp 48 Uc79
76311 Dvorovi Srp 48 Ub80
88370 Dvrsnica HeN 70 Sf91
76209 D. Zovik Brč 56 Te80
88403 Džanići HeN 62 Se86
88400 Džepi HeN 62 Ta86
79268 Dževari UnS 44 Rd80
71360 Džimrije Srp 64 Tf84
71305 Džindići Zen 62 Ta84
88285 Džinova Mahala Srp 70 Ta89
76273 D. Žabar Srp 47 Td79
75271 D. Živinice Tuz 56 Td82

Đ

73313 Đečevo Srp 63 Te87

E

☆ Ergele Borika Srp 64 Ua85

F

79264 Fajtovci UnS 44 Rd80
75423 Fakovići Srp 64 Uc84
88443 Falatari HeN 61 Sc86
89233 Fatnica Srp 70 Tb90
☆ Ferhadija Srp 54 Sb80
☆ Fethija UnS 43 Qf80
74215 Foča Srp 46 Ta79
73300 FOČA Srp 63 Te87
71270 Fojnica Sre 62 Sf85
89247 Fojnica Srp 70 Tc89
~ Fojnička rijeka Zen 62 Ta85
78217 Frici Srp 45 Sa79
79247 Furde Srp 44 Re78

G

88306 Gabela HeN 69 Se90
89240 Gacko Srp 71 Td89
80249 Galečić K10 61 Sb86
80270 Galići K10 53 Rc83
88407 Gapići HeN 62 Tb88
72225 Gare Zen 56 Tb82
89245 Gareva Srp 71 Td90
74484 Garevac Srp 47 Tc79
79283 Garići Srp 53 Rf81
78406 Gašnica Srp 45 Sa77
77207 Gata UnS 43 Qe79
71350 Gazivode Srp 63 Te85
74258 G. Bradići Zen 55 Tb81
75513 G. Dragunja Tuz 56 Td81
70267 Gerzovo Srp 54 Sa83
74222 G. Grapska Srp 55 Ta80
71300 Ginje Zen 62 Tb85
G. Islamovac Brč 56 Td80
80270 G. Kazanci K10 60 Rd84
78207 G. Kola Srp 54 Sa81
76335 G. Krčina Srp 57 Ua81
80230 Glamoč K10 60 Rf84
78429 Glamočani Srp 46 Sc78
78252 Glamočani Srp 45 Sb79
▲ Glamočko polje 53 Re83
88407 Glavatićevo HeN 62 Ta87
76318 Glavcice Srp 57 Ub81
77232 Glavica UnS 43 Qf77
88247 Glavica Zap 61 Sb87
80230 Glavice K10 53 Re84
88375 Glavska HeN 72 Tb93
88380 Gledevci Srp 70 Sf91
78405 Gligići Srp 45 Sa78
77231 Glinica UnS 43 Qf77
~ Glinica 43 Qf77
76335 Glinje Srp 57 Ua81
77244 Glodina UnS 44 Ra78
80230 Gloginja K10 53 Re83
88422 Glogošnica HeN 62 Se87
75420 Glogova Srp 57 Ub83
77224 Glogovac UnS 43 Qf79
76316 Glogovac Srp 57 Ub80
72281 Gluha Bukovica Sre 55 Se83
76259 G. Lukavac Tuz 47 Tc79
75400 Glumina Srp 57 Ua82
74418 G. Lupljanica Srp 46 Sf79
76257 G. Međiđa Tuz 47 Tc80
76250 G. Mionica Tuz 47 Tc79
75308 Gnojnica Tuz 56 Tc81
88201 Gnojnice HeN 69 Sf89
77220 Gnjilovac UnS 43 Qf79
75436 Godevići Srp 64 Uc84
73305 Godijeno Srp 63 Tf88
71220 Godinja Srp 63 Tc87
75513 G. Ododnica Tuz 56 Td81
73225 Godomilje Srp 64 Ua85
Goduš Tuz 57 Tf81
88403 Gohelovina HeN 62 Sf86
71275 Gojevići Sre 62 Sf85
75280 Gojsalići Tuz 56 Te83
☆ Gola Kosa Srp 53 Re83
72285 Goleš Sre 54 Sd83
78203 Goleši Srp 54 Sa80
80209 Golinjevo K10 61 Sa86
89233 Golobrđe Srp 70 Tc91
77204 Golubić UnS 52 Qf80
77233 Golubovići UnS 43 Qf78
89000 Gomiljani Srp 72 Tb92
79000 Gomjenica Srp 44 Re79
~ Gomjenica Srp 45 Rf79
72246 Gora Zen 62 Ta84
71321 Gora Sar 63 Tc85
75323 G. Orahovica Tuz 56 Tc80
88000 Goranci HeN 69 Se88
71305 Gorani Zen 62 Ta85
73101 Goražde Bos 64 Tf86
88443 Gorica HeN 62 Sd86
88345 Gorica Zap 69 Sb88
70270 Gorica Srp 54 Sb83
72248 Gorica Zen 55 Sf84
89204 Gorica Srp 72 Tc92
76212 Gorice Brč 47 Te79
77240 Gorinja UnS 44 Rb80
71380 Gornja Bioča Sar 62 Tb85
88226 Gornja Britvica Zap 61 Sd88
78407 Gornja Dolina Srp 45 Sc78
79208 Gornja Dragotina Srp 44 Rd78
88215 Gornja Drežnica HeN 62 Se87
72233 Gornja Golubinja Zen 55 Sf82
88208 Gornja Grabovica HeN 62 Se87
79246 Gornja Gradina Srp 44 Rd78
88380 Gornja-Ivica Srp 70 Tb91
78410 Gornja Jurkovica Srp 45 Sa79
79208 Gornja Jutrogošta Srp 44 Rd78
89209 Gornja Kočela Srp 72 Tb92
77222 Gornja Koprivna UnS 43 Qf78
79265 Gornja Kozica UnS 53 Re80
78422 Gornja Lepnica Srp 46 Sd78
73240 Gornja Lijeska Srp 64 Ub86
72224 Gornja Lovnica Zen 55 Ta82
75272 Gornja Lukavica Tuz 56 Te82
70267 Gornja Pecka Srp 53 Rf83

70275 Gornja Podgorja Srp 54 Rf83
79000 Gornja Puharska Srp 44 Re78
79206 Gornja Ravska Srp 44 Rd79
▲ Gornja Sana Srp 53 Re83
77240 Gornja Suvaja UnS 43 Rb80
78418 Gornja Topola Srp 45 Sb78
72285 Gornja Trebeuša Sre 54 Sd83
71221 Gornja-Tušila Sar 62 Tb87
88395 Gornje Hrasno HeN 70 Sf91
74455 Gornje Kolibe Srp 46 Ta78
73225 Gornje-Osovo Srp 64 Ua85
72290 Gornje Pećine Sre 54 Sd84
79283 Gornje Ratkovo Srp 54 Rf81
80320 Gornje Ravno K10 61 Sb85
73245 Gornje Štitarevo Srp 64 Ub85
73247 Gornje Vardište Srp 64 Uc86
79223 Gornje Vodičevo Srp 44 Rc78
89204 Gornje Vrbno Srp 72 Tc92
80320 Gornje Vukovsko K10 61 Sb85
79228 Gornji Agići Srp 44 Rc79
70267 Gornji Baraći Srp 54 Rf83
70204 Gornji Bešpelj Sre 54 Sb82
80243 Gornji Brišnik K10 61 Sb87
75290 Gornji Bučik Tuz 56 Td82
79227 Gornji Bušević Srp 44 Rb79
71385 Gornji Cevljanovići Sar 63 Td84
88220 Gornji Crnač Zap 62 Sd88
72109 Gornji Čajdraš Zen 55 Sf83
79260 Gornji Dabar UnS 53 Rd80
74413 Gornji Detlak Srp 46 Se79
71356 Gornji Drapnići Srp 56 Te84
88286 Gornji-Drežani Srp 70 Tb89
70266 Gornji Graci Srp 53 Rf82
79263 Gornji Hazići Srp 53 Rf81
79000 Gornji Jelovac Srp 44 Re78
79266 Gornji Kamengrad UnS 44 Rd80
78418 Gornji Karajzovci Srp 45 Sc78
88286 Gornji-Lucavac Srp 70 Tb90
80320 Gornji Malovan K10 61 Sb85
70234 Gornji Mračaj Sre 61 Sc85
74278 Gornji Očauš Srp 55 Sd81
79000 Gornji Orlovci Srp 44 Re79
78437 Gornji Palačkovci Srp 46 Se79
78203 Gornji Pervan Srp 54 Sa80
78405 Gornji Podgradci Srp 45 Sa78
79288 Gornji Ribnik Srp 53 Re82
78438 Gornji Smrtići Srp 46 Se79
78202 Gornji Šeher Srp 54 Sa80
77206 Gornji Tiškovac UnS 52 Rb83
78220 Gornji Vagani Srp 54 Sb81
70280 Gornji Vakuf-Uskoplje Sre 62 Sd85
78432 Gornji Vijačani Srp 55 Sd80
88245 Gornji Vlašani Zap 61 Sc87
88201 Gornji Vranjevići HeN 70 Sf89
79289 Gornji Vrbljani Srp 53 Re82
79249 Gornjoselci Srp 45 Rf78
71420 Gorovići Srp 63 Td86
~ Goruša Sar 62 Tb84
74225 G. Osječani Srp 47 Ta79
~ Goslovič 55 Ta82
72224 Gostovići Zen 56 Ta82
74209 G. Ostružnja Srp 55 Sf80
88220 Gostuša Zap 62 Sd88
73313 Govza Srp 63 Td88
~ Govza Srp 63 Td88
80270 G. Peulje K10 53 Rd84
75412 G. Pilica Srp 57 Ua81
75355 G. Potpeć Tuz 56 Td81
88327 Grab Zap 69 Sc89
71220 Grab Srp 63 Tc86
71244 Grab Sar 62 Ta86
89243 Grab Srp 71 Td89
89201 Grab Srp 72 Tc93
79229 Grabašnica Srp 44 Rd78
77215 Grabež UnS 43 Qf80
70267 Grabež Srp 54 Rf83
78430 Grabik Ilova Srp 46 Sd79
88380 Grablje Srp 70 Ta91
78240 Grabovac Srp 54 Sc80
88403 Grabovci HeN 62 Sf86
80247 Grabovica K10 61 Sa87
88285 Grabovica Srp 70 Tb89
74213 Grabovica Srp 55 Sf80
78224 Grabovica Srp 54 Sc82
75440 Grabovica Srp 56 Tf83
75208 Grabovica Gornja Tuz 56 Te81
88215 Grabovica st. HeN 62 Sd87
73260 Grabovik Srp 64 Ub86
88325 Grabovnik Zap 69 Sc89
88443 Gračac HeN 62 Se86
88443 Gračanica HeN 62 Se86
70233 Gračanica Sre 61 Sc84
75320 Gračanica Tuz 56 Tb80
89240 Gračanica Srp 71 Td89
75276 Gračanica Tuz 56 Te82
88242 Gradac Zap 61 Sc88
88392 Gradac HeN 69 Se91
88380 Gradac Srp 70 Ta91
76250 Gradačac Tuz 47 Tc79
79260 Gradanovci UnS 53 Rc80
88407 Gradeljina HeN 62 Tb87
89247 Gradina Srp 70 Tc89
72284 Gradina Sre 54 Sc83
79203 Gradina Srp 45 Rf79
75440 Gradina Srp 57 Tf83
☆ Gradina UnS 53 Re81
72102 Gradišće Zen 55 Sf83
78400 Gradiška Srp 45 Sb78
88263 Gradnići HeN 69 Se89
88320 Gradska Zap 69 Sd89
76207 G. Rahić Brč 56 Te80
77235 Grahovo UnS 43 Qf78
▲ Grahovsko polje K10 53 Rb83
71230 Graiseljići Srp 63 Tc88
74250 G. Rakovac Zen 55 Tb81
73311 Grandiči Srp 71 Te88
89233 Granica Srp 70 Tc91
78408 Grbavci Srp 45 Sa78
89209 Grbeši Srp 70 Tb92
71350 Grbići Srp 64 Tf85
80205 Grborezi K10 61 Rf86
78211 Grčići Srp 54 Sb81
79224 Grdanovac Srp 44 Rc77
88280 Grebak Srp 70 Ta89
88375 Grebci HeN 72 Ta92
☆ Grebengrad Srp 54 Sa81
☆ Grebenska Klisura Srp 54 Sa81
76234 Grebnice Srp 47 Td78
70270 Greda Srp 54 Sa83
76109 Gredice Brč 48 Te79
80208 Grgurići K10 61 Sa86
74455 Grk Srp 46 Ta78
80270 Grkovci K10 60 Rd84
88326 Grljevići Zap 69 Sd89
▲ Grmeč UnS 52 Ra80
89201 Grmljani Srp 70 Ta92
77209 Grmuša UnS 43 Ra79
71250 Gromiljak Sre 62 Ta85
77206 Gruborski Naslon K10 53 Rb82
88340 Grude Zap 69 Sc88
80204 G. Rujani K10 60 Re85
88407 Grušča HeN 62 Ta87
74480 G. Skugrić Srp 47 Tc79
76238 G. Slatina Srp 47 Td79
75350 G. Srebrenik Tuz 56 Td80
76296 G. Svilaj Srp 47 Tb78
75412 G. Šepak Srp 57 Ua81
74272 G. Teslić Srp 55 Se81
76256 G. Tramošnica Srp 47 Tc79
76335 G. Trnova Srp 57 Ua81
75208 G. Tuzla Tuz 56 Te81
88202 Gubavica HeN 69 Sf89
80204 Gubin K10 60 Rd85
72277 Guča Gora Sre 55 Se83
77240 Gudavac UnS 43 Rb80
74250 G. Ulišnjak Zen 55 Ta81
71260 Gunjani Sre 62 Ta86
71356 Gurdići Srp 63 Te84
70235 Guvna Sre 61 Sc84
71230 Gvozno Srp 63 Tc87
74272 G. Vručica Srp 55 Sf81
76214 G. Zovik Brč 56 Te80
75271 G. Živinice Tuz 56 Td82

H

☆ Haćžibegov grad HeN 70 Se91
71240 Hadžiči Sar 62 Tb86
71305 Hadžići Zen 62 Ta84
73101 Hadžići Bos 63 Tf86
☆ Hadži- Ibrahim- džamija Zen 62 Tb85
79247 Hajderovac Srp 44 Re78
72225 Hajderovići Zen 56 Tb82
75405 Hajvazi Srp 57 Tf82
80230 Halapić K10 60 Re84
72284 Hamandžići Sre 54 Sc83
80243 Hambar K10 61 Sb87
79206 Hambarine Srp 44 Rd79
88265 Hamzić HeN 69 Sd89
71223 Hamzići Sar 63 Td86
71360 Han Pijesak Srp 64 Tf84
Hardomilje Zap 69 Sd90
76321 Hase Srp 57 Ub80
76239 Hasić Srp 47 Tc78
79280 Hasići UnS 53 Re81
77240 Hašani UnS 44 Rc80
88363 Hatelji Srp 70 Tb90
88202 Hodbina HeN 69 Sf89
88368 Hodovo HeN 70 Sf90
89233 Hodžići Srp 70 Tc90
71385 Homar Sar 63 Td84
88394 Hotanj Hutovski HeN 69 Se91
71420 Hotičina Srp 63 Td86
80230 Hotkovci K10 53 Re83
79228 Hozići Srp 44 Rc79
☆ Hranisava Sar 62 Ta86
88320 Hrašljani Zap 69 Sd89
71218 Hrasnica Sar 62 Tb86
72260 Hrasno Sre 55 Se84
Hrasno Tuz 56 Tf81
~ Hrčavka Srp 71 Td88
88363 Hrduši Srp 70 Sf90
71230 Hreljići Srp 63 Tc87
71144 Hreša Srp 63 Tc85
77215 Hrgar UnS 52 Qf80
72225 Hrge Zen 56 Tb82
76254 Hrgovi Donji Tuz 47 Tc80
75356 Hrgovi Gornji Tuz 56 Td80
88363 Hrgud Srp 70 Ta90
79284 Hripavci UnS 53 Re81
75420 Hrnčići Srp 57 Ua83
79202 Hrnići Srp 44 Re79
79260 Hrustovo UnS 53 Re81
88280 Hrušta Srp 70 Ta88
78225 Hrvaćani Srp 54 Sc81
78436 Hrvaćani Srp 46 Sc79
88394 Hulovo HeN 70 Se91
89201 Hum Srp 72 Tb92
73305 Hum Srp 71 Tf88
88320 Humac Zap 69 Sd89
75245 Humci Tuz 56 Te80
88208 Humilišani HeN 62 Sf88
73287 Hunkovići Srp 64 Ub87
75216 Husino Tuz 56 Td81
~ Hutovo blato HeN 69 Se90

I

☆ Ibrahim-džamija HeN 69 Se90
88404 Idbar HeN 62 Sf87
☆ Idole UnS 52 Qf80
73280 Ifsar Srp 64 Tf87
71221 Igman Sar 63 Tb86
☆ Igrišća Zen 56 Tb83
71211 Ilidža Sar 63 Tb86
79284 Ilidža UnS 53 Re80
71387 Ilijaš Sar 62 Tb85
80260 Ilikov Palež Srp 53 Rd82
~ Ilomska rijeka Srp 54 Sd82
78433 Ilova Srp 46 Se79
73208 Ilovača Bos 63 Te87
71223 Ilovice Sar 63 Tc86
78234 Imljani Srp 54 Sc82
80230 Isakovci K10 60 Rf84
80270 Isjek K10 53 Rc83
71385 Ivančići Sar 63 Tc84
77244 Ivaniska UnS 44 Rb79
~ Ivanovica 62 Sf84
78215 Ivanjska Srp 45 Sa79
70233 Ivica Sre 61 Sc85
77208 Izačić UnS 43 Qe79
88220 Izbično Zap 61 Sd88
89243 Izgori Srp 71 Td89

J

78252 Jablan Srp 45 Sb79
89201 Jablan Do Srp 72 Tc93
88420 Jablanica HeN 62 Se87
71220 Jablanica Srp 63 Tc86
78405 Jablanica Srp 45 Sa78
74250 Jablanica Zen 55 Ta81
75240 Jablanica Srp 56 Te81
~ Jablaničko jezero HeN 62 Se86
73110 Jabuka Srp 64 Tf86
89243 Jabuka Srp 71 Td89
73250 Jabuka Bos 63 Te87
▲ Jadovnik K10 53 Rc83
78211 Jagare Srp 54 Sb80
77234 Jahorica UnS 43 Qe78
71423 Jahorina Srp 63 Td86
▲ Jahorina Bos 63 Td86
☆ Jahorina, Nacionalni park Bos 63 Tc86
70101 Jajce Sre 54 Sb82
74483 Jakeš Srp 47 Tb79
88440 Jaklići HeN 61 Sd86
78252 Jakupovci Srp 45 Sb79
~ Jala Tuz 56 Td81
73250 Jamići Bos 63 Td87
78400 Jankovac Srp 45 Sb78
~ Janj Srp 54 Sa83
76316 JANJA Srp 57 Ub81
~ Janja Srp 57 Ua80
76330 Janjari Srp 57 Ua80
73263 Janjići Srp 64 Uc86
77250 Janjila UnS 53 Rc81
71360 Japaga Srp 63 Tf84
73240 Jarci Srp 64 Ub86
75413 Jardan Srp 57 Ua82
88224 Jare Zap 69 Sd89
79280 Jarice UnS 53 Re81
80270 Jaruga K10 60 Rd84
78407 Jaružani Srp 45 Sc78
78253 Jaružani Srp 45 Sc80
89204 Jasen Srp 72 Tc92
75440 Jasen Srp 56 Tf83
88203 Jasenica HeN 69 Se89
77240 Jasenica UnS 44 Rb80
89201 Jasenica Lug Srp 70 Ta92
88409 Jasenik HeN 62 Sf86
89245 Jasenik Srp 71 Td89
77250 Jasenovac UnS 53 Rd81

70267 Jasenovi Potoci Srp 53 Rf83
73313 Jasenovo Srp 63 Td87
88208 Jasenjani HeN 62 Se88
76330 Jasikovac Srp 57 Tf81
▲ JAVOR Srp 56 Te83
78233 Javorani Srp 54 Sb81
71330 Javornik Zen 56 Tc83
71230 Jazići Srp 63 Tc87
70233 Jazvenik Sre 61 Sc85
73307 Ječmišta Srp 64 Tf88
75268 Jeginov Lug Tuz 56 Te82
74264 Jelah Zen 55 Sf81
74209 Jelanjska Srp 46 Sf80
71230 Jelašca Srp 63 Tc88
79260 Jelašinovic UnS 53 Rd80
71347 Jelaške Zen 56 Tc83
73313 Jeleč Srp 63 Td88
78408 Jelići Srp 45 Sa78
71428 Jelovci Srp 63 Td85
70220 Jemanlići Sre 54 Sc84
72213 Jezera Zen 55 Se82
77209 Jezero UnS 43 Qf79
71233 Jezero Srp 70 Tb88
72207 Jezero Zen 55 Sf83
70206 Jezero Srp 54 Sa82
~ Jezero Bočac Srp 54 Sb81
~ Jezero Županica K10 53 Rd83
77241 Jezerski UnS 43 Ra79
79244 Johova Srp 44 Re77
76318 Johovac Srp 57 Ub81
79228 Johovica Srp 44 Rc79
71323 Jošanica Sar 63 Tc85
88402 Jošanica HeN 62 Sf87
73319 Jošanica Srp 63 Te87
78244 Jošavka Srp 54 Sc80
~ Jošavka UnS 54 Sc80
79240 Jošik Srp 45 Rf77
88286 Jugovići Srp 70 Tb90
89247 Jugovići Srp 70 Tc89
78204 Jukići Srp 53 Rf80
78409 Junuzovići Srp 45 Sc78
72226 Junuzovići Zen 55 Tb82

K

72264 Kaćuni Sre 62 Sf84
71380 Kadarići Sar 62 Tb85
78207 Kadina Voda Srp 54 Rf81
79249 Kadin Jelovac Srp 45 Rf78
71428 Kadino Selo Srp 63 Td85
78253 Kadinjani Srp 45 Sc79
72240 Kakanj Zen 55 Ta84
74317 Kakmuž Srp 56 Tb81
89233 Kalac Srp 70 Tc90
77206 Kalati UnS 52 Ra81
71355 Kalauzovići Srp 63 Td85
Kalesija Tuz 57 Tf82
71350 Kalimanići Srp 64 Tf85
71230 Kalinovik Srp 63 Tc87
74268 Kalošević Zen 55 Sf81
80230 Kamen K10 60 Rf84
73206 Kamen Bos 64 Tf87
88280 Kamena Srp 70 Sf89
☆ Kamengrad UnS 44 Rd80
77206 Kamenica K10 53 Rb82
77204 Kamenica UnS 43 Qe79
72227 Kamenica Zen 55 Tb82
71385 Kamenica Sar 63 Tc84
74275 Kamenica Srp 55 Sf81
73245 Kamenica Srp 64 Ub85
73290 Kamenica Bos 63 Te86
75400 Kamenica Gornja Srp 57 Ua83
70101 Kamenice Sre 54 Sb83
71347 Kamensko Zen 56 Tc83
▲ Kamešnica K10 60 Re86
79284 Kamičak UnS 53 Re81
79202 Kamičani Srp 45 Rf79
70230 Kandija Sre 61 Sc84
▲ Kanjon Ugar Srp 54 Sb82
72265 Kaonik Sre 55 Sf84
73240 Kaoštice Srp 64 Ub86
88380 Kapavica Srp 70 Ta91
73245 Kapetanovići Srp 64 Ub85
77225 Kapići UnS 43 Qf79
77250 Kaplijuh UnS 53 Rc81
70233 Kardići Sre 61 Sc85
73280 Karnen Srp 64 Ua87
72290 Kasapovići Sre 55 Sd82
71243 Kasatići Sar 62 Tb86
71126 Kasindo Srp 63 Tc86
88407 Kašići HeN 62 Ta87
☆ Kaštel Srp 54 Sb80
☆ Kaštel Sre 54 Sb82
89245 Kazanci Srp 71 Td90
Kekezove Staje K10 60 Re86
74277 Kiići Srp 55 Se81
78403 Kijevci Srp 45 Sa78
88375 Kijev Do HeN 70 Sf92
71220 Kijevo Srp 63 Tc86
79265 Kijevo UnS 53 Re80
71250 Kiseljak Sre 62 Ta85
75211 Kiseljak Tuz 56 Td82
75412 Kiseljak Srp 57 Ua81
88283 Kitino Selo Srp 70 Tb89
75413 Kitovnice Srp 57 Ua82
75280 Kladanj Tuz 56 Te83
74484 Kladari Donji Srp 47 Tc79
~ Kladušnica 43 Qf78
71220 Klanac Srp 63 Tc86
78252 Klašnice Srp 45 Sb79
73245 Klašnik Srp 64 Ub85
79249 Klekovci Srp 45 Rf77
88307 Klepci HeN 69 Se90
☆ Kličevac Srp 64 Ub84
71233 Klinja Srp 70 Tc88
~ Klinje jezero Srp 71 Td90
77206 Klisa UnS 52 Ra81
75413 Klisa Srp 57 Ua82
▲ Klisura Sutjeska Srp 71 Td89
88324 Klobuk Zap 69 Sc89
77204 Klokot UnS 43 Qe80
74207 Klokotnica Tuz 55 Tb80
72105 Klopče Zen 55 Sf83
75436 Klotjevac Srp 64 Ub85
79260 Kljevci UnS 53 Re80
79280 Ključ UnS 53 Re81
89245 Ključ Srp 70 Tc90
88280 Kljuna Srp 70 Ta88
78207 Kmećani Srp 53 Rf80
88220 Knešpolje Zap 69 Sd88
78230 Kneževo Skender Vakuf Srp 54 Sc82
79246 Knežica Srp 44 Re78
88283 Knleško Srp 70 Tb89
78255 Kobatovci Srp 45 Sb79
78224 Kobilja Srp 54 Sc82
☆ Kobilja glava Srp 70 Tb91
88226 Kočerin Zap 69 Sc88
78409 Kočićevo Srp 45 Sc78
78436 Kokori Srp 46 Sc80
88201 Kokorina HeN 70 Sf89
78203 Kola Srp 54 Sa80
78202 Kola donja Srp 54 Sa80
80240 Kolo K10 61 Sb86
88392 Kolojanj HeN 69 Se90
78403 Kolona Srp 45 Sb78
73206 Kolovarice Bos 63 Tf87
71305 Koložići Zen 62 Ta84
73313 Kolun Srp 63 Td87
77250 Kolunič UnS 53 Rc81
~ Kolunska Srp 63 Te87
72285 Komar Sre 54 Sc83
74215 Komarica Srp 46 Sf79
☆ Komotin Sre 54 Sb82
74272 Komušina Srp 55 Sf81
78203 Konatari Srp 54 Sa80
80244 Kongora K10 61 Sb87
75420 Konjevići Srp 57 Ua83
88400 Konjic HeN 62 Sf87
77245 Konjoder UnS 43 Qf78
88245 Konjosko Zap 61 Sc87
89201 Konjsko Srp 72 Tc93
76275 Kopanice Srp 47 Te79
74254 Kopice Zen 55 Sf81
80230 Kopić K10 61 Rf85
73309 Kopilovi Srp 63 Te88
79284 Kopjenica UnS 53 Re81
72240 Koprevnica Zen 55 Ta84
72212 Koprivina Zen 55 Sf83
74489 Koprivna Srp 46 Ta79
79268 Koprivna UnS 44 Rd80
80320 Koprivnica K10 61 Sb84
70243 Koprivnica Sre 62 Sd85
75430 Koprivno Srp 57 Ub84
74451 Korače Srp 46 Sf78
75247 Koraj Srp 57 Tf80
71244 Korča Sar 62 Ta86
79267 Korčanica UnS 53 Rc80
76333 Korenita Srp 57 Tf80
80202 Korićina K10 61 Rf85
75453 Korijen Srp 57 Tf83
80270 Korita K10 53 Rc84
80247 Korita K10 61 Sa87
89233 Korita Srp 70 Tc90
89233 Korita Srp 70 Tc91
73245 Koritnik Srp 64 Ub85
76238 Kornica Srp 47 Tc79
75208 Kosci Tuz 56 Te81
78255 Kosjerovo Srp 45 Sc79
88367 Kosovac HeN 69 Sf90
75249 Kostadinovići Srp 56 Te81
88409 Kostajnica HeN 62 Se86
74222 Kostajnica Srp 55 Ta80
78230 Kostići Srp 54 Sb81
76276 Kostrč Srp 47 Td78
74400 Kostres Srp 46 Sf78
☆ Koštun Srp 70 Ta89
79247 Košuća Srp 44 Re78
89209 Kotezi Srp 70 Sf91
~ Kotlaničko jezero Srp 70 Tc88
74215 Kotorsko Srp 46 Ta79
78220 Kotor Varoš Srp 54 Sc81
88443 Kovačevo Polje HeN 61 Sd86
80243 Kovači K10 61 Sb87
71218 Kovači Sar 63 Tb86
89233 Kovači Srp 70 Tc91
80203 Kovačić K10 60 Re85
88280 Kovačići Srp 70 Ta88
76321 Kovačići Srp 57 Ua80
73220 Kovanj Srp 64 Tf86
78404 Kozara Srp 45 Sa78
▲ Kozara Srp 44 Rd78
79202 Kozarac Srp 45 Rf79
79000 Kozarac st. Srp 44 Re79
72108 Kozarci Zen 55 Sf83
79240 Kozarska Dubica Srp 44 Re77
79202 Kozaruša Srp 44 Re79
70240 Kozica Sre 62 Se85
~ Kozica 62 Sf84
72213 Kozila Zen 55 Sf82
77240 Kozin UnS 44 Rc80
73313 Kozja Luka Srp 63 Te87
75413 Kozluk Srp 57 Ua82
☆ Kozograd Sre 62 Sf85
74225 Kožuhe Srp 46 Ta79
73208 Kraboriš Bos 63 Te86
71340 Krajišići Srp 63 Td84
88380 Krajpolje Srp 70 Ta91
77222 Krakača UnS 43 Qf78
72244 Kraljeva Sutjeska Zen 55 Tb84
75420 Krasanovići Srp 57 Ub83
79284 Krasulje UnS 53 Re81
73110 Krašići Srp 64 Tf87
73313 Kratine Srp 63 Td87
75420 Kravica Srp 57 Ub83
☆ Kravića slap Zap 69 Sd90
Kravljica Srp 70 Tc91
71230 Krbljine Srp 63 Tc87
78211 Krčmarice Srp 45 Sb80
88283 Krekovi Srp 70 Tb89
78432 Kremna Srp 46 Se80
76212 Krepšić Brč 47 Te79
~ Kreševica Sre 62 Ta85
71260 Kreševo Sre 62 Ta85
70202 Krezluk Sre 54 Sc83
78256 Kriškovci Srp 45 Sc79
76310 Kriva Bara Srp 48 Ub80
76313 Kriva Bara Srp 48 Ub79
89233 Krivača Srp 70 Tc91
77226 Krivaja UnS 43 Qe78
72224 Krivaja Zen 56 Tb82
79203 Krivaja Srp 45 Rf80
~ Krivaja 56 Tc82
~ Krivaja Zen 56 Td84
~ Krivaja Srp 45 Rf79
71385 Krivajevići Sar 63 Td84
71320 Krivoglavci Sar 63 Tb85
75404 Križevići Srp 57 Ua82
78211 Krmine Srp 54 Sb81
78255 Krnete Srp 45 Sb79
77250 Krnja Jela UnS 53 Rc81
77253 Krnjeuša UnS 52 Rb80
73280 Krstac Srp 64 Tf87
Krstac Tuz 57 Tf81
88380 Krtinje Srp 70 Tb91
75305 Krtova Tuz 56 Tc81
88263 Kručevići HeN 69 Se89
▲ Krug planina K10 61 Rf85
71214 Krupac Srp 63 Tc86
78206 Krupa na Vrbasu Srp 54 Sa81
71233 Kruščica Srp 70 Tc89
70202 Kruščica Sre 54 Sc82
72251 Kruščica Sre 55 Se84
71356 Kruševci Srp 63 Te84
88380 Kruševica Srp 70 Ta91
75308 Kruševica Tuz 56 Tc81
88280 Kruševljani Srp 62 Ta88
88360 Kruševo HeN 69 Sf90
88203 Kruševo HeN 69 Se89
73311 Kruševo Srp 71 Td88
71340 Kruševo Zen 63 Td84
78224 Kruševo Brdo Srp 55 Sd82
88201 Kružanj HeN 70 Sf89
75358 Kuge Tuz 56 Td80
~ Kukal Srp 64 Ub85
80320 Kukavice K10 61 Sb85
73220 Kukavice Srp 64 Ua86
78424 Kukulje Srp 45 Sc78
88405 Kula HeN 62 Ta87
78204 Kula Srp 53 Rf80
89245 Kula Srp 71 Td90
71350 Kula Srp 63 Te85
78443 Kulaši Srp 55 Se80
77206 Kulen Vakuf UnS 52 Ra81
73307 Kunovo Srp 64 Tf88
80320 Kupres K10 61 Sb85
72260 Kupres Sre 62 Sf84
70204 Kuprešani Sre 54 Sc82
80320 Kurljaj K10 61 Sb85
☆ Kuršumlija džamija Tuz 56 Te83
71350 Kusače Srp 63 Tf85
71360 Kusačo Srp 64 Tf84
▲ Kuso brdo Srp 53 Re82
Kusonje Srp 57 Tf82
☆ Kušlat Srp 57 Ua83
71230 Kuta Srp 63 Tc87
88325 Kutac Zap 69 Sd89
89233 Kuti Srp 70 Tb90
71357 Kuti Srp 63 Tf84
88113 Kutilivač HeN 70 Sf88

L

89233 Ladevići Srp 70 Tc91
88000 Ladina HeN 62 Sd88
78244 Lađevci Srp 45 Sc80
73280 Lađevci Srp 63 Tf87
88280 Lakat Srp 70 Ta88
78250 Laktaši Srp 45 Sb79
79204 Lamovita Srp 45 Rf79
88440 Lapsunj HeN 61 Sd85
89208 Lastva Srp 72 Tc92
77253 Lastve UnS 53 Rb80
72216 Lašva Zen 55 Sf84
▲ Lebršnik Srp 71 Td89
76250 Ledenice Srp 47 Tc79
~ Lepenica Sre 62 Ta85
80240 Letka K10 61 Sb86
77222 Lidani UnS 43 Qf78
78424 Lilić Srp 45 Sc78
~ Lim Srp 64 Ub86
80244 Lipa K10 61 Sc87
80206 Lipa K10 60 Rf86
70267 Lipa Srp 53 Rf83
77215 Lipa UnS 52 Ra80
78222 Liplje Srp 55 Sd81
72243 Lipnica Zen 55 Ta83
75513 Lipnica G. Tuz 56 Td81
75212 Lipnica Sr. Tuz 56 Td81
89245 Lipnik Srp 71 Td90
88326 Lipno Zap 69 Sd89
78242 Lipovac Srp 54 Sb80

70275 Lipovača Srp 54 Sa83
74276 Lipovčići Srp 55 Se81
75249 Lipovice Srp 56 Tf81
72293 Lisac Sre 62 Sd84
79289 Lisina Srp 53 Re82
77227 Liskovac UnS 43 Qf78
78400 Liskovac Srp 45 Sb78
80246 Liskovača K10 61 Rf87
70262 Liskovica Srp 54 Sb82
75355 Lisovići Tuz 56 Td81
78434 Lišnja Srp 46 Sd79
80204 Lištani K10 60 Re85
~ Lištica Zap 69 Sd88
88113 Livač HeN 69 Sf88
▲ Livanjsko polje K10 60 Rd84
80101 Livno K10 61 Sa86
75412 Lokanj Srp 57 Ua81
~ Lokanjska r. Srp 57 Ua81
78208 Lokvari Srp 54 Sa81
71243 Lokve Sar 62 Tb86
73250 Lokve Bos 63 Te87
88305 Lokve HeN 70 Se90
72108 Lokvine Zen 55 Sf83
80260 Lom K10 53 Rc82
▲ Lom planina K10 53 Rc82
76273 Lončari Srp 47 Te79
75240 Lopare Srp 56 Tf81
88443 Lovrić HeN 61 Sd86
75290 Lozna Tuz 56 Tc82
~ Lubina Srp 45 Sa79
70270 Lubovo Srp 54 Sa83
80240 Lug K10 61 Sb86
88440 Lug HeN 62 Sd86
80270 Luka K10 53 Rc84
88280 Luka Srp 62 Ta88
71385 Luka Sar 63 Tc85
89243 Luka Srp 71 Td89
71221 Lukavac Sar 62 Tb86
75301 Lukavac Tuz 56 Td81
75212 Lukavac Gornji Tuz 56 Td81
71124 Lukavica Srp 63 Tc86
74207 Lukavica Tuz 55 Ta80
75246 Lukavica Srp 56 Te80
73280 Luke Srp 64 Ua87
88400 Lukomir HeN 62 Tb87
89240 Lukovice Srp 70 Tc89
☆ Lupoglav HeN 62 Sf87
75272 Lupoglavo Tuz 56 Te82
78208 Lusići Srp 54 Sa81
79267 Lušci Palanka UnS 53 Rc80
78439 Lužani Srp 46 Se79
78403 Lužari Srp 45 Sa78

Lj

~ Ljeljenačka Dašnica Srp 57 Ua80
76321 Ljeljenča Srp 57 Ua80
75212 Ljepunice Tuz 56 Td81
79206 Ljeskare Srp 44 Rd79
89247 Ljeskov Dub Srp 70 Tc89
80260 Ljeskovica K10 53 Rc83
72230 Ljeskovica Zen 55 Ta82
☆ Ljeskovik Srp 64 Ub85
71260 Ljetovik Sre 62 Ta85
70206 Ljoljići Srp 54 Sa83
78211 Ljubačevo Srp 54 Sb81
78253 Ljubatovci Srp 46 Sc80
79206 Ljubija Srp 44 Rd79
77222 Ljubijankići UnS 43 Qf78
71385 Ljubina Sar 63 Tc85
73311 Ljubina Srp 63 Td88
~ Ljubina Sar 63 Tc85
79280 Ljubine UnS 53 Rf81
79280 Ljubinska UnS 53 Re81
88380 Ljubinje Srp 70 Ta91
88363 Ljubljenica Srp 70 Sf90
71428 Ljubogošta Srp 63 Td85
88226 Ljubotići Zap 69 Sd88
89201 Ljubovo Srp 72 Tb92
88407 Ljubuča HeN 63 Tb88
88444 Ljubunci HeN 62 Se86
80203 Ljubunčić K10 60 Rf85
▲ Ljubuša K10 61 Sb86
88320 Ljubuški Zap 69 Sd89
70270 Ljuša Srp 54 Sb83
88407 Ljuta HeN 63 Tb87
88400 Ljuta HeN 62 Ta87
88363 Ljuti Do Srp 70 Ta90
88223 Ljuti Dolac Zap 69 Se89

M

78400 Mačkovac Srp 45 Sb77
75290 Mačkovac Tuz 56 Td82
70260 Magaljdol Srp 54 Sb82
75420 Magašići Srp 57 Ub83
74250 Maglaj Zen 55 Ta81
78255 Maglajani Srp 45 Sc79
76323 Magnojević Donji Srp 48 Ua80
76323 Magnojević Gornji Srp 57 Ua80
71373 Mahala Zen 62 Tb84
77249 Mahmić Selo UnS 43 Ra79
78255 Mahovljani Srp 45 Sb79
70260 Majdan Srp 54 Sa82
▲ Majdan Planina UnS 44 Rd79
77228 Majetići UnS 43 Qf79
74216 Majevac Srp 46 Ta79
▲ Majevica Tuz 56 Td80
79280 Majkići UnS 53 Re81
79267 Majkići UnS 53 Rc80
79267 Majkić Japra Donja UnS 44 Rc80
79267 Majkić Japra Gornja UnS 44 Rc80
Makljenovac Zen 55 Ta80
77235 Mala Kladuša UnS 43 Qf78
79226 Mala Krupska Srp 44 Rb79
80270 Maleševci K10 53 Rc83
75326 Malešići Tuz 56 Tb80
75413 Malešići Srp 57 Ua81
77206 Mali Cvjetnić UnS 52 Rb82
75283 Malijevići Tuz 56 Te82
80202 Mali-Kablići K10 61 Rf85
72250 Mali Mošunj Sre 55 Se83
88265 Mali-Ogradenik HeN 69 Sd89
77240 Mali Radić UnS 43 Ra80
80230 Malkočevci K10 60 Rf84
78253 Malo Blaško Srp 45 Sb79
77206 Malo Očijevo UnS 52 Ra81
80270 Malo Tičevo K10 53 Rc83
78224 Maljeva Srp 54 Sd82
79289 Maljinaci Srp 53 Re82
☆ Manastir (Dobrun) Srp 64 Uc86
☆ Manastir Gračanica Tuz 56 Tb80
☆ Manastir Moštanica Srp 45 Rf78
☆ Manastir Ozren Srp 56 Tb81
☆ Manastir Žitomislići HeN 70 Se89
~ Mandečko jezero K10 61 Sa86
80244 Mandino Selo K10 61 Sb86
71350 Mandra Srp 63 Te85
▲ Manjača Srp 54 Sa81
76208 Maoča Brč 56 Td80
75355 Maoča Tuzlanska Tuz 56 Td80
71350 Margetići Srp 63 Tf85
79203 Marička Srp 45 Rf79
☆ Maringrad Srp 45 Sa78
79208 Marini Srp 44 Rd78
80270 Marinkovci K10 53 Rc83
77250 Marjanovića Do UnS 53 Rb81
78240 Markovac Srp 54 Sc80
77265 Martin Brod UnS 52 Ra82
78223 Maslovare Srp 54 Sd81
79220 Maslovare Srp 44 Rc78
78410 Mašići Srp 45 Sb78
79226 Matavazi Srp 44 Rb79
76271 Matići Srp 47 Td78
74254 Matina Zen 55 Ta82
71305 Maurovići Zen 62 Ta84
73250 Mazlina Bos 63 Td87
73305 Mazoče Srp 71 Te88
74206 M. Bijesnica Tuz 55 Tb80
76296 M. Brusnica Srp 47 Tb78
74213 M. Bukovica Srp 55 Ta80
74260 Medakova Zen 55 Ta81
80230 Medena Selišta K10 53 Re84
77250 Medeno Polje UnS 53 Rb81
70267 Medna Srp 54 Rf82
75430 Medna Luka Srp 64 Ub85
71355 Medojevići Srp 63 Td84
☆ Medvjedgrad Sre 62 Sf84
76310 Međaši Srp 48 Ub80
79243 Međeđa Srp 45 Rf77
73240 Međeđa Srp 64 Ub86
Međeđa Tuz 57 Tf82
77204 Međudražje UnS 52 Qf80
88266 Međugorje HeN 69 Se89
73283 Međurječje Srp 64 Ua87
79247 Međuvođe Srp 44 Re78
☆ Megorjelo HeN 69 Se90
78242 Mehovci Srp 54 Sb80
72264 Mehurići Sre 62 Sf84
70210 Melina Sre 54 Sc82
78204 Melina Srp 54 Rf80
78242 Memići Srp 54 Sb81
75260 Memići Srp 57 Tf82
73220 Mesići Srp 64 Tf86
80243 Mesihovina K10 61 Sb87
73307 Meštrevac Srp 71 Tf89
73280 Metaljka Srp 64 Ua87
71270 Mezdžanići Sre 62 Se85
76330 Mezgraja Srp 57 Ua81
78404 Mičije Srp 45 Sa79
89245 Miholjače Srp 71 Td90
79285 Mijačica UnS 53 Rd81
80246 Mijakovo Polje K10 61 Sa87
73287 Milatkovići Srp 64 Ub87
70101 Mile Sre 54 Sb82
70260 Miletići Srp 54 Rf81
75446 Milići Srp 57 Ua83
75240 Milino Selo Srp 56 Te80
78256 Milosavci Srp 45 Sc79
74485 Miloševac Srp 47 Tc79
78256 Miloševci Srp 45 Sb79
78217 Miloševići st. Srp 45 Sa79
78408 Miloševo Brdo Srp 45 Sa78
79000 Miljakovci Srp 44 Re79
Miljanovci Zen 55 Sf80
73283 Miljeno Srp 64 Ua87
79267 Miljevci UnS 53 Rc80
71144 Miljevići Srp 63 Tc85
72227 Miljevići Zen 56 Tb82
78410 Miljevići Srp 45 Sb79
73313 Miljevina Srp 63 Td87
88000 Miljkovići HeN 69 Se89
73265 Mioče Srp 64 Uc87
77224 Miostrah UnS 43 Ra79
75329 Miričina Tuz 56 Tc81
89230 Mirilovići Srp 70 Tb91
79206 Miska Glava Srp 44 Rd79
73225 Mislovo Srp 64 Ua85
~ Misoča Sar 63 Tb85
71240 Miševići Sar 62 Tb85
80209 Miši K10 61 Sa86
74418 Mišinci Srp 46 Sf79
78215 Mišin Han st. Srp 45 Sa79
89209 Mišljen Srp 70 Sf91
72224 Mitrovići Zen 55 Ta82
74210 Mitrovići Srp 46 Se80
89247 Mjedenik Srp 70 Tc89
74275 Mladikovine Srp 55 Se81
74254 Mladoševica Zen 55 Sf81
75423 Mlečva Srp 64 Uc84
☆ Mlinice Sre 54 Sb82
70267 Mlinište Srp 53 Rf83
~ Mlječanica Srp 44 Re78
79247 Mlječnica Srp 44 Re78
75430 Močevići Srp 64 Uc84
70270 Močinci Srp 54 Sa83
79264 Modra UnS 44 Rc80
75300 Modrac Tuz 56 Td81
~ Modračko jezero Tuz 56 Tc82
74400 Modran Srp 46 Sf79
76316 Modran Srp 57 Ub80
74480 MODRIČA Srp 47 Tb79
73250 Modro Polje Bos 63 Td87
78230 Mokri Lug Srp 54 Sb82
88220 Mokro Zap 69 Sd88
88407 Mokro HeN 63 Tb87
71428 Mokro Srp 63 Td85
80260 Mokronoge K10 53 Rc83
80240 Mokronoge K10 61 Sb86
73265 Mokronozi Srp 64 Uc87
75353 Moranjci Tuz 56 Tc80
89209 Morče Srp 70 Tb91
89204 Mosko Srp 70 Tc92
☆ Most Srp 64 Ua85
88000 Mostar HeN 70 Se88
72112 Moščanica Zen 55 Ta83
74253 Moševac Zen 55 Ta81
88392 Moševići HeN 69 Se91
~ Moštanica Srp 45 Rf77
▲ Motajica Srp 46 Sd78
78202 Motike Srp 45 Sa80
80270 Mračaj K10 53 Rb83
72233 Mračaj Zen 55 Ta82
70266 Mračaj Srp 54 Rf82
79224 Mrakodol Srp 44 Rd77
79202 Mrakovica Srp 45 Rf78
88392 Mramor HeN 69 Se91
73240 Mramor Srp 64 Ub86
79224 Mraovo Polje Srp 44 Rd78
75420 Mratinci Srp 57 Ua83
78434 Mravica Srp 46 Sd79
Mravići Zen 55 Ta80
73206 Mravinjac Bos 63 Tf87
77245 Mrazovac UnS 43 Ra78
78255 Mrćevci Srp 45 Sc79
71360 Mrkalji Srp 63 Tf84
80243 Mrkodol K10 61 Sb87
70260 Mrkonjić Grad Srp 54 Sa82
89209 Mrkonjići Srp 70 Ta91
74264 Mrkotić Zen 55 Sf81
71108 Mrkovići Sar 63 Tc85
75247 Mrtvica Srp 57 Tf80
74418 M.Sočanica Srp 46 Sf79
72284 Mudrike Sre 54 Sd83
88240 Mukinje Zap 61 Sc87
80320 Mušić K10 61 Sb85
71230 Mušići Srp 63 Td87
~ Mušnica Srp 70 Tc90
~ Mutnica 62 Se84
~ Mutnica 43 Qe79
77225 Mutnik UnS 43 Qf79

N

☆ Nacionalni park Hutovo blato HeN 69 Se90
☆ Nacionalni park Kozara Srp 45 Rf78
☆ Nacionalni park Sutjeska Srp 71 Td88
71270 Nadbare Sre 62 Sf85
89240 Nadinići Srp 70 Tc89
71106 Nahorevo Sar 63 Tc85
75245 Nahvioci Tuz 56 Te80
~ Nanjska Srp 45 Sa79
79264 Naprelje UnS 53 Rd80
78400 Nasip Srp 45 Sb78
79229 Nasradine Srp 44 Rd78

70270 Natpolje Srp 54 Sb83
72244 Nažbilj Zen 55 Tb84
71233 Nedavić Srp 63 Tc88
75445 Nedeljišta Srp 57 Ua83
73290 Nehorići Srp 63 Td86
72212 Nemila Zen 55 Sf83
~ Neretva HeN 69 Sf88
~ Neretva Sar 62 Ta87
~ Neretva HeN 62 Se86
~ Neretva HeN 69 Se90
▲ Neretva kanjon HeN 62 Se87
~ Neretvica HeN 62 Se86
71360 Nerići Srp 56 Tf84
88390 Neum HeN 69 Sd91
71360 Nevačka Srp 56 Te84
89201 Nevada Srp 72 Ta92
88280 Nevesinje Srp 70 Ta89
~ Nevesinjsko jezero Srp 70 Ta89
79203 Niševići Srp 45 Rf79
71385 Nišići Sar 63 Tc84
☆ Novakova pećina Srp 63 Td85
78418 Nova Topola Srp 45 Sb78
78423 Nova Ves Srp 46 Se78
76325 Novi Srp 48 Ua79
72276 Novi Bila Sre 55 Se83
76297 Novi Grad Srp 47 Tb78
79220 Novi Grad Srp 44 Rc78
74254 Novi Šeher Zen 55 Ta82
72290 Novi Travnik Sre 55 Sd82
79240 Novoselci Srp 44 Re78
78211 Novoselija Srp 54 Sa80
74451 Novo Selo Srp 46 Sf78
80320 Novo Selo Srp 61 Sa84
75400 Novo Selo Srp 57 Ua83
71350 Novoseoci Srp 63 Te85
78428 Nožičko Srp 46 Sc78
76237 N.Selo Srp 47 Td78
76290 N. Selo Srp 47 Tc78
76311 N. Selo Srp 57 Ub80
80270 Nuglašica K10 60 Rd84
75444 Nurići Srp 57 Ua84

O

71233 Obalj Srp 63 Tc88
00270 Obljaj K10 53 Rc83
70225 Oborci Sre 54 Sc83
88403 Obri HeN 62 Sf86
71233 Obrnja Srp 70 Tb88
78204 Obrovac Srp 53 Rf80
73260 Obrvena Srp 64 Uc87
76235 Obudovac Srp 47 Td79
88380 Obzir Srp 70 Ta91
70260 Očune Srp 54 Sa82
71330 Očevlje Zen 56 Tc83
77265 Očigrije UnS 52 Ra82
88407 Odžaci HeN 62 Tb87
80204 Odžak K10 60 Re85
88285 Odžak Srp 70 Tb89
80230 Odžak K10 53 Re84
70233 Odžak Sre 61 Sd84
76290 ODŽAK Srp 47 Tb78
73110 Odžak Srp 64 Ua86
73313 Oerkavlje Srp 63 Td87
79264 Okreč UnS 44 Rd80
71335 Okruglica Zen 63 Tc84
70275 Olići Srp 54 Sa83
88326 Olok Zap 69 Sc89
71340 Olovo Zen 56 Td84
73260 Omačina Srp 64 Ub86
Omanjska Zen 55 Sf80
79203 Omarska Srp 45 Rf79
76000 Omerbegovaća Brč 48 Te79
80243 Omerovići K10 61 Sb87
80244 Omolje K10 61 Sb87
80230 Opačić K10 53 Rf84
88344 Opačka Zap 69 Sb89
72293 Opara Sre 55 Sd84
88207 Opine HeN 69 Sf89
80240 Oplećani K10 61 Sb86
88305 Opličići HeN 70 Se90
78244 Opsječko Srp 54 Sc80
71270 Oragačići Sre 62 Sf84
88265 Oragičina HeN 69 Sd89
89230 Orah Srp 70 Tc92
78406 Orahova Srp 45 Sa77
73240 Orahovci Srp 64 Ub86
88375 Orahov Do HeN 70 Sf92
88402 Orahovica HeN 62 Sf87
75303 Orahovica Tuz 56 Tc82
89233 Orahovice Srp 70 Tc90
72212 Orahovičko Polje Zen 55 Sf83
70266 Orahovljani Srp 54 Rf82
21276 Orahovlje Zap 69 Sc89
71370 Orahovo Zen 63 Tc84
88370 Orašje HeN 70 Sf91
77206 Orašac UnS 52 Ra81
72293 Orašac Sre 62 Sd84
74264 Orašje Zen 55 Sf81
78434 Orašje Srp 45 Sd79
Orašje Srp 47 Te78
77206 Oraško Brdo UnS 52 Ra81
80206 Orguz K10 60 Rf86
73319 Orhavo Srp 63 Te88
74413 Orijen Srp 46 Se79
73240 Orinsko Srp 64 Ub86
76256 Orlovo Polje Srp 47 Td79
88201 Ortiješ HeN 69 Sf89
73205 Osanica Bos 63 Tf87
71243 Osenik Sar 62 Ta86
71216 Osijek Sar 63 Tb85
▲ Osin glavica K10 61 Sa85
74412 Osinja Srp 46 Sf79
74274 Osivica Srp 55 Se81
75290 Osječani Tuz 56 Tc82
71425 Osječani Bos 63 Tf86
▲ Osječenica UnS 52 Rb81
~ Oskova Tuz 56 Td82
~ Oskova Tuz 56 Td82
75406 Osmaci Srp 57 Tf82
75430 Osmače Srp 64 Uc84
88240 Osoje Zap 61 Sb88
▲ Osoje Srp 53 Re82
77228 Osredak UnS 43 Qf79
79227 Osredak Srp 44 Rb79
71221 Ostojići Sar 63 Tc86
76313 Ostojićevo Srp 48 Ub79
☆ Ostrovica UnS 52 Ra81
77228 Ostrožac UnS 43 Qf79
88423 Ostrožac HeN 62 Se86
71270 Ostruška Citonja Sre 62 Sf85
88360 Ošanjići HeN 70 Sf90
79263 Oštra Luka Srp 44 Re79
76279 Oštra Luka Srp 47 Td78
☆ Oštrc Srp 54 Sc82
71275 Otigošće Sre 62 Sf85
79267 Otiš UnS 53 Rc80
77244 Otoka UnS 43 Rb79
78434 Otopočivalika Srp 45 Sd79
88363 Oulaci Srp 70 Sf90
72238 Ozimica Zen 55 Ta82
▲ Ozren Tuz 55 Ta80

P

88280 Padežine Srp 70 Ta88
75412 Padine Srp 57 Ua81
89233 Pađeni Srp 70 Tc91
72283 Paklarevo Sre 55 Sd82
76207 Palanka Brč 47 Te80
71420 Pale Srp 63 Td86
73313 Palež Srp 63 Td88
75430 Palež Srp 64 Ub84
74225 Paležnica Srp 47 Tb80
70280 Paloč Sre 61 Sd85
75410 Paljevići Srp 57 Ua83
77204 Papari UnS 43 Qe79
78256 Papažani Srp 45 Sc79
75453 Papraća Srp 57 Tf82
72238 Papratnica Zen 55 Sf82
73305 Papratno Srp 63 Tf88
71360 Partizan Polje Srp 57 Tf84
71350 Parževič Srp 63 Tf85
75214 Pasci Gornji Tuz 56 Td82
80260 Pasjak K10 53 Rc82
73260 Past Srp 64 Uc86
76316 Patkovača Srp 57 Ub80
75280 Pauč Tuz 56 Td83
78208 Pavici Srp 54 Rf81
☆ Pavlovac Bos 63 Te86
72293 Pavlovica Sre 62 Sd84
80320 Pavlovići K10 61 Sc85
71243 Pazarić Sar 62 Ta86
74483 Pećnik Srp 47 Tb79
78433 Pečeneg Srp 46 Sd79
75436 Peči Srp 64 Uc85
75420 Pečišla Srp 57 Ub84
80270 Peći K10 53 Rb83
77227 Pećigrad UnS 43 Qf78
☆ Pećigrad UnS 43 Qf78
71425 Pedgrab Srp 63 Te86
71350 Pediše Srp 63 Te85
79284 Pejići UnS 53 Re81
76256 Pelagićevo Srp 47 Td79
☆ Pelva K10 61 Sa86
75249 Peljave Srp 57 Tf81
72212 Pepelari Zen 55 Ta83
80230 Perduhovo Selo K10 53 Re83
☆ Perin grad Srp 57 Tf83
72112 Perin Han Zen 55 Ta84
77244 Perna UnS 43 Ra79
72225 Perovići Zen 56 Tb82
~ Perućica Srp 71 Te89
~ Perućačko jezero Srp 64 Ub84
88215 Perutac HeN 62 Sd87
73225 Pešurići Srp 64 Ua86
79229 Petkovac Srp 44 Rc78
78255 Petoševci Srp 45 Sc79
79244 Petrinja Srp 44 Rd77
79000 Petrov Gaj Srp 44 Re79
79202 Petrov Gaj st. Srp 45 Rf79
75268 Petrovice Gornje Tuz 56 Te82
88240 Petrovići Zap 61 Sc87
71123 Petrovići Srp 63 Tc86
89201 Petrovići Srp 72 Tb92
75450 Petrovići Srp 56 Tf83
71340 Petrovići Zen 56 Te84
74317 Petrovo Srp 56 Tc81
78418 Petrovo Selo Srp 45 Sc78
70280 Pidriš Sre 61 Sd85
74400 Pievalovac Srp 46 Sf78
89209 Pijavice Srp 70 Tc92
88202 Pijesci HeN 70 Se89
75445 Pijuke Srp 57 Tf83
70225 Piljužići Sre 54 Sc83
Piljužići Zen 55 Sf80
76323 Piperci Srp 57 Tf80
75240 Piperi Srp 56 Te81
76239 Pisari Srp 47 Tc78
78217 Piskavica Srp 45 Rf79
75320 Piskavica Tuz 56 Tc80
77244 Pištaline UnS 43 Ra79
79284 Pištanica UnS 53 Re81
77225 Pjanići UnS 43 Qe79
71360 Pjenovac Srp 63 Tf84
79284 Plamenica UnS 53 Re81
89233 Plana Srp 70 Tc91
71360 Plane Srp 64 Ua84
70233 Planinica Sre 61 Sc85
88283 Planinica Srp 70 Tb89
71333 Planinica Zen 56 Tb84
☆ Pliješ Srp 63 Td88
78225 Plitska Srp 54 Sc81
~ Pliva Srp 54 Sa83
☆ Pliva slap Sre 54 Sb82
~ Plivsko jezero Sre 54 Sb82
☆ Ploča HeN 62 Sd87
71270 Pločari Sre 62 Sf85
☆ Pločno Zap 61 Sd87
~ Plovuča K10 60 Rf85
88283 Plužine Srp 70 Tb89
79246 Pobrđani Srp 44 Re78
88380 Pocrnje Srp 70 Ta90
88305 Počitelj HeN 69 Se90
72252 Počulica Sre 55 Sf83
71250 Podastinje Sre 62 Ta85
88247 Podbila Zap 61 Sa87
88245 Podborje Zap 61 Sd87
88245 Podborje Zap 61 Sd87
72243 Podborje Zen 55 Ta83
78221 Podbrde Srp 54 Sc81
70266 Podbrdo Srp 54 Sa82
79260 Podbriježje UnS 53 Rd80
70275 Podgora Srp 54 Sa83
75249 Podgora Srp 57 Tf81
88208 Podgorani HeN 62 Sf88
89233 Podgorje Srp 70 Tc91
75290 Podgorje Tuz 56 Tc82
88286 Podgrade Srp 70 Tb89
80206 Podgradina K10 61 Rf86
80230 Podgradina K10 53 Re83
70280 Podgrađe Sre 61 Sd85
77224 Podgredina UnS 43 Ra79
73101 Podhranjen Bos 63 Tf86
80209 Podhum K10 61 Sa86
88403 Podhum HeN 62 Se86
80260 Podić K10 53 Rd83
80244 Podkose K10 61 Sc87
88226 Podkraj Zap 69 Sc88
80230 Podkraj K10 60 Rf84
88286 Podkula Srp 70 Tb90
71425 Podloznik Srp 63 Te86
71387 Podlugovi Sar 62 Tb85
74217 Podnovlje Srp 46 Ta79
70273 Podobzir Srp 54 Sb83
88403 Podorašao HeN 62 Sf86
89230 Podosoje Srp 70 Tc91
80260 Podovi K10 53 Rc82
70266 Podrašnica Srp 54 Rf82
75430 Podravno Srp 64 Ub84
71350 Podromanija Srp 63 Te85
77250 Podsrnetica UnS 53 Rd81
89209 Podstaršivica Srp 70 Tb91
88206 Podvelež HeN 70 Sf89
79264 Podvidača UnS 44 Rd79
71333 Podvinjci Zen 62 Tb84
89209 Podvori Srp 70 Tc92
77206 Podvučjak UnS 52 Rb82
77235 Podzvizd UnS 43 Qf77
71360 Podžeplje Srp 64 Ua84
88343 Pogana Vlaka Zap 69 Sc88
71330 Pogar Zen 56 Tb83
79247 Pogleevo Srp 44 Re78
74412 Pojezna Srp 46 Se80
88245 Poklečani Zap 61 Sc87
77209 Pokoj UnS 43 Qf79
88000 Polog HeN 69 Se88
75420 Polom Srp 57 Ub83
72244 Poljani Zen 55 Tb84
77235 Polje UnS 43 Qe78
88407 Polje HeN 63 Tb87
74400 Polje Srp 46 Sf79
75303 Poljica Tuz 56 Tc82
80260 Poljice K10 53 Rd83
73313 Poljice Srp 63 Td87
88375 Poljice Čičevo HeN 72 Tb93
89201 Poljice-Popovo Srp 70 Ta92
75444 Pomol Srp 57 Ua84
71340 Ponijerka Zen 56 Td84
71425 Ponor Srp 63 Te86
88360 Poplat HeN 70 Sf90
78242 Popovac Srp 54 Sb80
76311 Popovi Srp 57 Ub80
80230 Popovići K10 53 Re84
73311 Popov Most Srp 71 Te88
70275 Popuže Srp 54 Sa83
76256 Porebrice Srp 47 Td79
70234 Poriče Sre 61 Sc84
76333 Posavci Srp 57 Tf80
88283 Postoljani Srp 70 Tb89
88240 Posušje Zap 61 Sb88
80208 Potkraj K10 61 Sa86
74000 Potocani Srp 55 Ta81
80260 Potoci Srp 53 Rd82
88208 Potoci HeN 69 Sf88
80208 Potočani K10 61 Sa86
76298 Potočani Srp 47 Tb78
78435 Potočani Srp 46 Sc79
75404 Potočani Srp 57 Tf82
76109 Potočari Brč 48 Te80
75433 Potočari Srp 57 Ub84
73305 Potpeće Srp 63 Tf88
70266 Potselo Srp 54 Rf82
70266 Potšiljak Srp 54 Sa82
78420 Povelić Srp 45 Sd78
75208 Požarnica Tuz 56 Te81
88409 Poževta HeN 62 Sf85
73290 Prača Bos 63 Te86
~ Prača 64 Tf86
~ Prača Srp 64 Ua86
88394 Prapratnica HeN 69 Se91

☆ Predojevic džamija Srp 70 Tc91
88363 Predolje Srp 70 Ta90
72227 Predražići Zen 56 Tc83
80260 Prekaja K10 53 Rd83
71357 Preljubovići Srp 63 Te84
88365 Prenj HeN 69 Sf90
▲ Prenj HeN 62 Se87
80270 Preodac K10 53 Rd83
89233 Preraca Srp 70 Tc91
71233 Presjedovac Srp 70 Tc88
88280 Presjeka Srp 70 Ta88
71221 Presjenica Sar 63 Tc86
70273 Pribelici Srp 54 Sb84
80230 Pribelja K10 54 Rf84
74276 Pribinić Srp 55 Se81
75249 Priboj Srp 57 Tf81
75436 Pribojevići Srp 64 Uc84
74000 Pridjel Srp 55 Ta80
72209 Pridražići Zen 55 Sf83
88280 Pridvorci Srp 70 Ta88
89243 Pridvorica Srp 70 Tc89
88208 Prigrađani HeN 62 Sf88
78214 Prijakovci Srp 45 Sa79
75283 Prijanovići Tuz 56 Te83
75445 Prijanovići Srp 57 Tf83
73311 Prijedjel Srp 71 Te88
79000 Prijedor Srp 44 Re79
75275 Priluk Tuz 56 Td82
72224 Priluk Zen 55 Ta82
80202 Priluka K10 61 Rf85
71350 Primćići Srp 63 Te85
88263 Primorci HeN 69 Se89
78224 Prisočka Srp 55 Sd82
80245 Prisoje K10 61 Sa86
70101 Prisoje Srp 54 Sb82
77215 Pritoka UnS 43 Qf80
88220 Privalj Zap 69 Sd88
77253 Prkosi UnS 52 Ra81
88280 Prković Srp 70 Ta88
78211 Prniavor Srp 54 Sa81
74214 Prnjavor Srp 46 Sf80
78430 Prnjavor Srp 46 Sd79
Prnjavor Tuz 56 Tf82
74215 Prnjavor Mali Srp 46 Ta80
78202 Prnjavor Mali Srp 45 Sa80
88325 Proboj Zap 69 Sd89
75436 Prohići Srp 64 Uc85
75300 Prokosovići Tuz 56 Tc81
88327 Prolog Zap 69 Sc89
80206 Prolog K10 60 Re86
73202 Prosječeno Srp 64 Ua86
88443 Proslap HeN 61 Sd86
77205 Prošići UnS 43 Qf79
80204 Provo K10 60 Re85
Prud Srp 47 Tc78
70223 Prusac Sre 61 Sc84
79229 Prusci Srp 44 Rd78
80270 Pržine K10 60 Rd84
79249 Pucari Srp 45 Rf78
76316 Pučile Srp 57 Ub80
72207 Puhovac Zen 55 Ta83
75305 Puračić Tuz 56 Tc81
73226 Purlići Srp 64 Ua85
88380 Pustipusi Srp 70 Ta91
75240 Puškovac Srp 57 Tf80
88348 Puteševica Zap 69 Sb89

R

88280 Rabina Srp 70 Ta89
78206 Racune Srp 54 Sa81
77215 Račić UnS 52 Qf80
80203 Radanovci K10 60 Re85
88380 Radimlja Srp 70 Tb91
☆ Radimlja HeN 70 Sf90
88325 Radišići Zap 69 Sd89
80270 Radlovići K10 53 Rc83
78207 Radmanići Srp 54 Rf80
78224 Radohova Srp 54 Sd82
79228 Radomirovac Srp 44 Rd79
78204 Radosavka Srp 45 Rf79
☆ Radovan- Jelika Zen 56 Tc83
74260 Raduša Zen 55 Sf81
▲ Raduša HeN 61 Sc85
78230 Rađici Srp 54 Sb81
75268 Rainci Donji Tuz 56 Te82
88407 Rajac HeN 62 Tb88
73307 Rajkovići Srp 71 Ua88
71160 Rajlovac Sar 63 Tb85
77232 Rajnovac UnS 43 Qf77
79000 Rakelići Srp 44 Re79
~ Rakilnica Srp 64 Tf85
71221 Rakitnica Sar 63 Tb87
73223 Rakitnica Srp 64 Tf85
~ Rakitnica Sar 62 Ta87
71260 Rakova Noga Sre 62 Ta85
79206 Rakovčani Srp 44 Rd79
71217 Rakovica Sar 62 Tb85
~ Rakovica Srp 45 Rf78
88446 Rama HeN 62 Se86
~ Rama HeN 62 Sd86
88444 Rama (Prozor) HeN 62 Sd86
78214 Ramići st. Srp 45 Sb79
~ Ramsko jezero HeN 61 Sc86
74274 Rankovič Srp 55 Se81
72290 Rankovići Sre 55 Se83
75350 Rapatnica Tuz 56 Tc80
88375 Rapti Bobani HeN 70 Ta92
89201 Rapti Zupci Srp 72 Tc92
78422 Rasavac Srp 46 Sd78
79206 Rasavci Srp 44 Re79
71215 Raskršće Sar 62 Tb85
88224 Rasno Zap 69 Sd89
80320 Rastičevo K10 61 Sb84
79287 Rastoka Srp 53 Re82
77206 Rastoka UnS 53 Rb82
~ Rastosnica Ježero 57 Tf81
Rastošnica Tuz 57 Tf81
88240 Rastovača Zap 61 Sc88
80240 Raščani K10 61 Sb86
80246 Rašeljka K10 61 Rf87
77250 Rašinovac UnS 53 Rc81
88000 Raška Gora HeN 62 Se88
76204 Rašljani Brč 56 Td80
75329 Rašljeva Tuz 56 Tc81
71244 Raštelica Sar 62 Ta86
72293 Rat Sre 62 Se84
73313 Rataj Srp 63 Td87
78430 Ratkovac Srp 46 Sd79
75430 Ratkovići Srp 64 Uc84
75248 Ratkovići Srp 56 Te80
▲ Ravanplanina Zen 55 Sf83
71335 Ravne Zen 56 Tc84
78220 Ravne Srp 54 Sb81
Ravne Tuz 56 Te83
88208 Ravni HeN 62 Sf88
89247 Ravni Srp 70 Tc89
88443 Ravnica HeN 62 Se86
79220 Ravnice Srp 44 Rc78
77236 Ravnice UnS 43 Ra78
88370 Ravno HeN 70 Sf91
76330 Ravno Polje Srp 57 Ua80
78429 Razboj Srp 46 Sc78
78429 Razboj Ljevičanski Srp 45 Sc78
78427 Razboj Župski Srp 46 Sd79
76218 Ražljevo Brč 48 Tf80
74274 Rečani Srp 55 Se81
71161 Rečica Sar 63 Tb85
78206 Rekavice Srp 54 Sa80
71161 Reljevo Sar 63 Tb85
71425 Renovica Bos 63 Te86
75290 Repnik Tuz 56 Td82
88408 Repovci HeN 62 Sf86
80270 Resanovci K10 53 Rb83
73245 Resnik Srp 64 Ub85
73206 Rešetnica Bos 63 Tf87
89247 Ribari Srp 70 Tc89
72227 Ribnica Zen 56 Tc82
~ Ribnica 55 Ta83
~ Ribnjak K10 53 Re84
~ Ribnjak Prnjavor Srp 46 Se79
~ Ribnjak Saničani Srp 44 Re79
72245 Ričića Zen 55 Tb84
72104 Ričice Zen 55 Sf83
71355 Rijeća Srp 63 Td84
74488 Riječani Girnji Srp 47 Tb79
74255 Riječica Srp 55 Ta81
88283 Rijeka Srp 70 Tb89
71347 Rijeka Zen 56 Tc83
73307 Rijeka Srp 71 Tf88
73263 Rijeka Srp 64 Uc87
71360 Rijeke Srp 64 Ua84
70202 Rika Sre 54 Sb83
80320 Rilić K10 61 Sb85
88283 Rilja Srp 70 Tb89
89233 Rioca Srp 70 Tc90
77204 Ripač UnS 52 Qf80
88420 Risovac HeN 61 Sd87
77253 Risovac UnS 52 Rb80
74216 Ritešić Srp 46 Ta79
☆ Rmanj UnS 52 Ra82
73313 Rodijelj Srp 63 Te87
88000 Rodoč HeN 70 Se89
73220 Rogatica Srp 64 Tf86
78418 Rogolji Srp 45 Sb78
71230 Romani Srp 63 Tc88
71350 Romanija Srp 63 Te85
78410 Romanovci Srp 45 Sb79
80230 Rore K10 53 Rd83
80247 Roško Polje K10 61 Sa87
80247 Rošnjače K10 61 Sa87
88367 Rotimlja HeN 70 Sf89
71360 Rovanjsko Srp 56 Te84
78411 Rovine Srp 45 Sb78
79226 Rudice Srp 44 Rc79
80230 Rudine K10 60 Rf84
73260 Rudo Srp 64 Uc87
89240 Rudo Polje Srp 70 Tc89
71230 Ruđice Srp 63 Td87
76318 Ruhotina Srp 57 Ua81
78206 Rujišta Srp 54 Sa80
72226 Rujnica Zen 55 Tb82
88440 Rumboci HeN 61 Sc86
88347 Ružići Zap 69 Sc88
78214 Ružići Srp 45 Sa79
~ Rzav Srp 64 Ub86

S

☆ Sahat kula K10 61 Sa86
☆ Sahat kula HeN 62 Sd86
73290 Saice Srp 63 Td86
80204 Sajkovići K10 60 Rd85
89245 Samobor Srp 71 Td90
☆ Samobor Srp 64 Ua86
☆ Samostan Trapista Srp 45 Sb80
~ Sana Srp 53 Rf82
~ Sana 44 Rd78
76109 Sandići Brč 48 Tf80
79285 Sanica Donja UnS 53 Re81
79285 Sanica Gornja UnS 53 Rd81
79260 Sanski Most UnS 53 Rd80
Sapna Tuz 57 Tf82
71141 Sarajevo Sar 63 Tc85
75430 Sase Srp 57 Uc84
79260 Sasina UnS 44 Re80
73240 Saso Srp 64 Ub86
70273 Savkovići Srp 54 Sb84
80243 Scunica K10 61 Sb87
72293 Sebešić Sre 62 Se84
72240 Sebinje Zen 62 Ta84
88345 Sebišina Zap 69 Sb88
89201 Sedlari Srp 70 Ta92
78418 Seferovci Srp 45 Sc78
71357 Selimija džamija Knežina Srp 63 Te84
71350 Selista Srp 63 Tf85
88203 Selište HeN 69 Se89
72230 Selište Zen 55 Ta82
77253 Selište UnS 52 Rb81
73220 Seljani Srp 64 Ua86
Seljubje Tuz 56 Tf81
71321 Semizovac Sar 63 Tb85
73110 Seoca Srp 64 Ua86
72245 Seoce Zen 62 Ta84
71305 Seoča Zen 62 Ta84
75358 Seona Tuz 56 Tc80
88403 Seonica HeN 62 Sf86
☆ Servitium Srp 45 Sb78
73260 Setihovo Srp 64 Ub87
Sijekovac Srp 46 Sf78
73313 Sijerča Srp 63 Td87
75423 Sikirći Srp 57 Uc84
88324 Siljevišta Zap 69 Sc89
80230 Simići Srp 53 Rf83
75440 Simići Srp 57 Tf83
89233 Simijova Srp 70 Tb91
75207 Simin Han Tuz 56 Te81
72290 Sinokos Sre 55 Sd84
89243 Sipovica Srp 71 Td89
71355 Sirivine Srp 63 Td84
75245 Sitan Tuz 56 Td80
78422 Sitneši Srp 46 Sd78
79287 Sitnica Srp 53 Rf81
75305 Sižje Tuz 56 Tc81
88306 Sjekose HeN 69 Se90
73225 Sjemeć Srp 64 Ua86
74225 Sjenina Srp 47 Ta80
☆ Sjenista Srp 63 Td86
71425 Sjetlina Srp 63 Td86
79249 Sjeverovci Srp 45 Rf78
77250 Skakavac UnS 53 Rc81
76205 Skakava Donja Brč 47 Td79
76204 Skakava Gornja Brč 47 Td80
☆ Skakavec slap Sar 63 Tc85
75436 Skelani Srp 64 Ud85
74225 Skipovac G. Srp 47 Tb80
88443 Skobručani HeN 62 Sd86
75413 Skočić Srp 57 Ua81
89208 Skočigrm Srp 73 Td92
72260 Skradno Sre 55 Sf84
80230 Skucani K10 61 Rf85
79264 Skucani Vakuf UnS 53 Rc80
75446 Skugrići Srp 57 Ua83
79244 Slabinja Srp 44 Re77
79224 Slabinja Gornja Srp 44 Rd78
75353 Sladna Tuz 56 Tc80
70260 Sladojevići Srp 54 Rf81
73225 Slap Srp 64 Ua85
77235 Slapnica UnS 43 Qf78
77228 Slatina UnS 43 Qf79
88420 Slatina HeN 62 Se86
78253 Slatina Srp 45 Sb80
70220 Slatina Sre 54 Sb84
73283 Slatina Srp 64 Ua87
73319 Slatina Srp 63 Tf87
74275 Slatina Donja Srp 55 Sf81
88286 Slato Srp 70 Tb89
78204 Slavićka Srp 45 Rf80
89201 Slavogostić Srp 72 Ta92
72270 Slimena Sre 55 Se83
88202 Slipčići HeN 70 Se89
89247 Slivlja Srp 70 Tc89
89201 Slivnica Bubani Srp 70 Ta92
88375 Slivnica Površ HeN 72 Tb93
▲ Smolin Zen 56 Td83
75308 Smoluća Gornja Tuz 56 Td81
77250 Smoljana UnS 53 Rc81
70246 Smrčevice Sre 62 Se85
80208 Smrićani K10 61 Sa86
75400 Snagovo Srp 57 Ua82
Sniježnica Tuz 57 Tf81
88240 Sobač Zap 61 Sc88
74323 Sočkovac Srp 56 Tb81
89243 Soderi Srp 71 Td89
75326 Soko Tuz 56 Tc80
☆ Sokograd Tuz 56 Tc80
70275 Sokolac Srp 54 Sa83
71350 Sokolac Srp 63 Te85
☆ Sokolac UnS 52 Qf80
78220 Sokoline Srp 54 Sc81
79228 Sokolište Srp 44 Rc79
71350 Sokolovići Srp 63 Tf85
79280 Sokolovo UnS 53 Re81
~ Sokošnica Srp 54 Sa82
71233 Sola Srp 63 Tb88
71383 Solakovići Sar 63 Tc85
72260 Solakovići Sre 62 Sf84
88280 Sopilja Srp 70 Ta88
☆ Sopot Srp 64 Tf86
72240 Sopotnica Zen 55 Sf84
73110 Sopotnica Srp 64 Ua86
Sopotnik Srp 57 Ua83
88345 Sovići Zap 69 Sb88
88420 Sovići HeN 62 Sd86
88000 Sovići HeN 69 Se88
77209 Spahići UnS 43 Qf79
☆ Spilja Hrustovača UnS 53 Re80
88400 Spiljani HeN 62 Ta87

~ Spreča 56 Te82
~ Spreča Tuz 56 Tc81
78420 Srbac Srp 45 Sd78
77209 Srbljani UnS 43 Qf79
80240 Srđani K10 61 Sb86
80206 Srđevići K10 61 Rf86
78427 Srđevići Srp 46 Sd79
89240 Srđevići Srp 70 Tc89
75430 Srebrenica Srp 57 Ub84
79287 Sredice Srp 53 Rf82
78404 Srednja Jurkovica Srp 45 Sb79
71385 Srednje Sar 63 Tc84
73290 Srednje Bos 63 Te86
77240 Srednji Dubovik UnS 44 Rb79
78407 Sređani Srp 45 Sc78
79249 Sreflije Srp 45 Rf78
79290 Srnetica Srp 53 Rd82
76258 Srnice Gornje Tuz 47 Tc80
77236 Stabandža UnS 43 Ra78
74208 Stanari Srp 55 Sf80
76109 Stanovi Brč 47 Tf80
79263 Stara Rijeka Srp 44 Rd79
▲ Staretina K10 60 Rd84
79268 Stari Majdan UnS 44 Rd80
☆ Stari most HeN 70 Se89
Stari Teočak Tuz 57 Ua81
75430 Staroglavice Srp 64 Ub84
73280 Staronići Srp 64 Ua87
80230 Staro Selo K10 61 Rf85
70224 Staro Selo Sre 54 Sb83
89209 Staro Slano Srp 70 Tb92
72243 Starposle Zen 55 Ta83
~ Stavnja 63 Tb84
~ Stavnja Sar 62 Tb84
☆ Stećci K10 61 Sc87
☆ Stećci Srp 70 Ta89
☆ Stećci HeN 62 Ta87
☆ Stećci Srp 64 Ub86
☆ Stećci Srp 64 Ub85
80230 Stekerovci K10 53 Re83
89245 Stepen Srp 71 Td90
77224 Stijena UnS 43 Ra79
80240 Stipanjići K10 61 Sa86
73223 Stjenice Srp 63 Tf85
72224 Stojanovići Zen 55 Ta82
71347 Stojčići Zen 56 Tc83
88360 Stolac HeN 70 Sf90
73226 Stop Srp 64 Ua85
80270 Stožišta K10 53 Rb83
71233 Strane Srp 63 Tc88
72209 Stranjani Zen 55 Sf83
78204 Stratinska Srp 45 Rf80
75355 Straža Tuz 56 Td80
80320 Stražhenica K10 61 Sb84
73260 Strgačina Srp 64 Ub86
78208 Stričići Srp 54 Rf81
79246 Strigova Srp 44 Rd78
88215 Striževo HeN 61 Sd87
75450 Strmica Srp 56 Te83
☆ Strmoglavnica HeN 62 Sd87
88301 Struge HeN 69 Se90
89209 Strujići Srp 70 Ta91
88363 Strupići Srp 70 Tb90
80203 Strupnić K10 60 Re85
80249 Stržanj K10 61 Sb85
88323 Studenci Zap 69 Sd89
~ Studeni Jadar Srp 57 Ua84
75305 Stupari Tuz 56 Tc81
70260 Stupari Srp 54 Sa82
75283 Stupari Tuz 56 Te83
~ Stupčanica Zen 56 Te84
70270 Stupna Srp 54 Sa83
75430 Sućeska Srp 57 Ub84
75271 Suha Tuz 56 Td82
72227 Suha Zen 55 Ta83
73311 Suha Srp 71 Td89
75420 Suha Srp 57 Ub83
79228 Suhača Srp 44 Rc79
74000 Suho Polje Srp 55 Ta80
76321 Suho Polje Srp 57 Ua80
☆ Sultan-Ahmed- džamija Zen 55 Sf83
70260 Surjan Srp 54 Sa81
71233 Susječno Srp 62 Tb88
~ Sušica Srp 57 Ub84
88247 Sutina Zap 61 Sa87
88245 Sutina Zap 61 Sc87
77250 Suvaja UnS 53 Rb81
79244 Suvaja Srp 44 Re77
88363 Suzina Srp 70 Ta90
☆ Sv. Duh Sre 62 Sf85
88407 Svijenča HeN 63 Tb87
80244 Svinjača K10 61 Sc87
75290 Svinjašnica Tuz 56 Tb82
88306 Svitava HeN 70 Se90
75276 Svnjat Tuz 56 Te82
79229 Svodna Srp 44 Rd78

Š

71355 Šahbegovići Srp 63 Te85
73260 Šahdani Srp 64 Ua87
78242 Šahinovići Srp 54 Sb81
76230 ŠAMAC Srp 47 Tc78
73283 Šamlići Srp 64 Ua87
89209 Šarani Srp 70 Tb92
☆ Šarena-džamija Sre 55 Se83
78215 Šargovac Srp 45 Sb80
78432 Šarinci Srp 46 Sd80
▲ Šator K10 53 Rd84
73220 Šatorovići Srp 64 Ua85
76209 Šatorovići Brč 56 Te80
71270 Šavnik Sre 62 Sf85
88363 Šćepan Krst Srp 70 Sf89
88375 Šćenica-Bobani HeN 70 Ta92
88440 Šćit HeN 61 Sd86
79260 Šehovci UnS 53 Re80
70260 Šehovići Srp 54 Sa82
75450 Šekovići Srp 56 Tf83
80320 Šemenovci Srp 61 Sa84
72213 Šerići Zen 55 Se82
75275 Šerići Tuz 56 Td82
78256 Šeškovici Srp 45 Sc79
75413 Šetići Srp 57 Ua82
74000 Ševarlije Srp 55 Ta80
78221 Šibovi Srp 54 Sb81
78433 Šibovska Srp 46 Se79
75308 Šikulje Tuz 56 Td81
78214 Šimići Srp 45 Sa79
88286 Šipačno Srp 70 Tc89
88206 Šipovac HeN 69 Sf88
88324 Šipovača Zap 69 Sc89
80260 Šipovljani K10 53 Rc82
70270 Šipovo Srp 54 Sa83
78224 Šiprage Srp 55 Sd82
88220 Široki Brijeg Zap 69 Sd88
72283 Šišava Sre 54 Sd83
71230 Šivolji Srp 63 Td87
75326 Škahovica Tuz 56 Tb80
73319 Škobalji Srp 63 Tf87
78211 Škrbidol Srp 54 Sb81
78207 Šljivno Srp 54 Rf81
78244 Šnjegotina-Donja Srp 54 Sc80
74279 Šnjegotina-Gornja Srp 55 Sd81
78243 Šnjegotina-Srednja Srp 54 Sd80
78243 Šnjegotina-Velika Srp 54 Sd80
78230 Šolaji Srp 54 Sb82
78233 Šopalovići Srp 54 Sb81
75350 Špionica D. Tuz 56 Tc80
75356 Špionica G. Tuz 56 Tc80
75356 Špionica Sr. Tuz 56 Tc80
78255 Šređani Srp 45 Sc79
~ Štirinsko jezero Srp 70 Tc88
76214 Štrepci Brč 56 Te80
78439 Štrpci Srp 46 Se80
77223 Šturlić UnS 43 Qe78
80249 Šuica K10 61 Sb85
~ Šuica K10 61 Sb87
77234 Šumatac UnS 43 Qe78
80230 Šumnjaci K10 53 Re84
79206 Šurkovac Srp 44 Rd79
88300 Šurmanci HeN 69 Se89
74400 Šušnjari Srp 46 Ta79
78253 Šušnjari Srp 45 Sb79

T

☆ Tajan Zen 55 Tb83
89201 Taleža Srp 72 Tb92
71244 Tarčin Sar 62 Ta86
74480 Tarevci Srp 47 Tb79
75283 Tarevo Tuz 56 Td83
88305 Tasovčići HeN 69 Se90
Tegare Srp 57 Uc84
74255 Tekućica Srp 55 Tb80
77215 Teočak UnS 52 Ra81
88263 Tepčići HeN 69 Se89
74270 Teslić Srp 55 Sf81
74260 Tešanj Zen 55 Sf81
75208 Tetima Tuz 56 Te81
72248 Tičići Zen 55 Ta84
88344 Tihaljina Zap 69 Sc89
70243 Tihomišlje Sre 61 Sd85
71323 Tihovići Sar 63 Tc85
☆ Tisovac Srp 54 Sa81
▲ Tisov vrh K10 53 Rd82
75455 Tišća Srp 56 Tf83
72112 Tišina Zen 55 Sf83
76239 Tišina Srp 47 Tc78
73311 Tjentište Srp 71 Te88
71270 Tješilo Sre 62 Sf85
75249 Tobut Srp 57 Tf81
70275 Todorići Srp 54 Sa83
77233 Todorovo UnS 43 Qf78
73311 Tođevac Srp 71 Te88
☆ Toholj HeN 62 Tb87
75265 Tojšići Tuz 56 Te82
75436 Tokoljak Srp 64 Uc84
74488 Tolisa Srp 47 Tb79
76272 Tolisa Srp 47 Td78
79000 Tomašica Srp 44 Re79
79289 Tomići Srp 53 Rf82
79265 Tomina UnS 53 Re80
80240 Tomislavgrad K10 61 Sb86
71233 Tomišlja Srp 70 Tc88
73305 Tonolji Srp 71 Tf88
72213 Topčić-Polje Zen 55 Sf82
75436 Toplica Srp 64 Uc85
78214 Torlak Srp 45 Sa79
71220 Tošici Srp 63 Tc87
79263 Tramošnja Srp 53 Re80
72270 Travnik Sre 55 Sd82
73260 Trbosilje Srp 64 Ua86
74255 Trbuk Srp 55 Ta81
73311 Trbušće Srp 63 Te88
71221 Trebečai Sar 63 Tc86
73110 Trebeševo Srp 64 Ua87
89209 Trebijovi Srp 70 Tb92
88370 Trebimlja HeN 69 Sf91
89000 Trebinje Srp 72 Tc92
~ Trebišnjica Srp 72 Tb92
88300 Trebižat HeN 69 Se90
78408 Trebovljani Srp 45 Sa78
74260 Trepče Zen 55 Ta81
88403 Trešnjevica HeN 62 Sf86
71233 Trešnjevica Srp 62 Tb88
75290 Treštenica Donja Tuz 56 Tc82
~ Tribija 56 Tc83
88240 Tribistovo Zap 61 Sc87
88367 Trijebanj HeN 69 Sf90
70260 Trijebovo Srp 54 Sa82
70260 Trijebovo Srp 54 Sa82
80206 Trjova Poljana K10 60 Re86
88220 Trn Zap 69 Sd88
78252 Trn Srp 45 Sb79
73263 Trnavci Srp 64 Uc86
88370 Trnčina HeN 70 Sf91
79202 Trnopolje Srp 44 Re79
79260 Trnova UnS 44 Re80
72293 Trnovac Sre 62 Sd84
78404 Trnovac Srp 45 Sa79
71233 Trnovica Srp 70 Tc88
75412 Trnovica Srp 57 Ua81
71220 Trnovo Srp 63 Tc87
70267 Trnovo Srp 54 Sa83
74216 Trnjani Srp 46 Ta79
78418 Trošelji Srp 45 Sc78
Trpinje Srp 64 Ua87
Trstenci Srp 46 Se78
~ Trstionica 55 Tb84
71370 Trtorići Zen 63 Tb84
77206 Trubar UnS 52 Rb82
88286 Trusina Srp 70 Ta90
77223 Tržac UnS 43 Qe79
77208 Tržačka Raštela UnS 43 Qe79
89233 Tucakov Do Srp 70 Tc90
75440 Tugovo Srp 57 Tf83
75283 Tuholj Tuz 56 Td83
79244 Tuključani Srp 44 Re78
75290 Tulovići Tuz 56 Tc82
Tulj Srp 72 Tc93
89209 Tulje Srp 70 Ta92
75303 Tumare Tuz 56 Tc81
75455 Tupanari Srp 56 Tf83
75276 Tupkovič Gornji Tuz 56 Te82
75440 Turaliči Srp 56 Te83
72283 Turbe Bačvice Sre 55 Sd82
88224 Turčinovići Zap 69 Sd88
76256 Turić Srp 47 Td79
77204 Turija UnS 43 Qe79
75303 Turija Tuz 56 Tc81
~ Turija Tuz 56 Tc82
78404 Turjak Srp 45 Sa78
~ Turjak Srp 45 Sa78
71270 Turkovići Sre 62 Se85
88370 Turkovići HeN 69 Sf91
71350 Turkovići Srp 63 Te84
89201 Turmenti Srp 72 Tc93
71220 Turovi Srp 63 Tc87
71305 Tušnjiči Zen 62 Ta85
76333 Tutnjevac Srp 57 Tf80
75101 Tuzla Tuz 56 Te81
71123 Tvrdinići Srp 63 Tc86
89209 Tvrdoši Srp 72 Tb92
☆ Tvrtkovak Zen 55 Ta83

U

88380 Ubosko Srp 70 Ta90
75450 Udbina Srp 57 Tf83
88366 Udora HeN 70 Sf90
88280 Udrežnje Srp 70 Ta89
~ Ugar Srp 54 Sc82
80270 Ugarci K10 53 Rc84
89209 Ugarci Srp 70 Tb92
76330 Ugljevik Srp 57 Ua81
74278 Ugodnovići Srp 55 Se82
~ Ugrovača Zap 61 Sc88
~ Ukrina Srp 46 Se79
74274 Ukrinica Srp 55 Se81
89209 Ukšići Srp 70 Tb92
76212 Ulice Brč 47 Te79
89240 Ulinje Srp 71 Td89
71220 Ulobići Srp 63 Tc86
71233 Ulog Srp 63 Tb88
71221 Umčani Sar 63 Tc86
71221 Umoljani Sar 62 Tb86
~ Una Srp 45 Rf77
80270 Uništa K10 60 Rc84
73307 Uništa Srp 71 Tf88
71230 Unokovići Srp 63 Td87
75420 Urkovići Srp 57 Ub83
88375 Uskoplje HeN 72 Ta92
79263 Usorci Srp 44 Re79
73265 Ustibar Srp 64 Uc87
73250 Ustikolina Bos 63 Te87
73202 Ustiprača Srp 64 Ua86
73101 Ušanovići Bos 64 Tf86
73208 Utješinovići Bos 63 Te86
Uvac Srp 64 Uc87
80260 Uvala Srp 53 Rd82
89201 Uvjeća Srp 72 Tc93
71300 Uvorići Zen 62 Tb84
88224 Uzarići Zap 69 Sd88
88446 Uzdol HeN 62 Se86

V

77206 Vagan UnS 53 Rb82
80230 Vagan K10 53 Re84
70273 Vagan Srp 54 Sa84
79288 Vaganac Srp 53 Re82
~ Vaganec Srp 54 Sb84
78418 Vakuf Srp 45 Sc79
75240 Vakuf Srp 56 Te80
72243 Varalići Zen 55 Ta83
88380 Varduša Srp 70 Ta91
71330 Vareš Zen 56 Tb84
71333 Vareš Majdan Zen 56 Tb84
73240 Varošište Srp 64 Ub86
77243 Varoška Rijeka UnS 43 Ra78
72283 Varošluk Sre 54 Sd83
88440 Varvara HeN 61 Sc86
75306 Vasiljevci Tuz 56 Tc81

88327 Vašarovići Zap 69 Sc89
☆ Vavedenja Bogorodice HeN 70 Sf91
74206 V. Bijesnica Tuz 55 Tb80
V. Brusnica Srp 47 Tb78
72250 Večerska Sre 55 Se84
78225 Večići Srp 54 Sc81
80240 Vedašić K10 61 Sb86
77204 Vedro Polje UnS 43 Qe80
77250 Vedro Polje UnS 53 Rc82
77234 Vejinac UnS 43 Qf78
79280 Velagići UnS 53 Re81
88201 Velagić HeN 70 Sf89
77215 Velebit UnS 52 Ra80
73240 Veletovo Srp 64 Uc86
▲ Velež HeN 70 Sf88
89209 Veličani Srp 70 Ta91
79287 Velije Srp 53 Rf82
74400 Velika Bukovica Srp 46 Ta79
73240 Velika Gostilja Srp 64 Ub85
78433 Velika Ilova Srp 46 Se79
77240 Velika Jasenica UnS 44 Rb80
77230 Velika Kladuša UnS 43 Qe77
☆ Velika Vlajina HeN 61 Sd86
☆ Velika Vlajna HeN 62 Sd88
71255 Velike Sotnice Sre 62 Ta85
73287 Veliki Banići Srp 64 Ub87
77206 Veliki Cvjetnić UnS 52 Rb82
77240 Veliki Dubovik UnS 44 Rb79
80205 Veliki Guber K10 61 Rf86
80101 Veliki-Kablići K10 61 Rf85
88265 Veliki-Ogradenik HeN 69 Sd89
77240 Veliki Radić UnS 43 Ra79
77204 Veliki Skočaj UnS 52 Qf80
77206 Veliki Stjenjani UnS 52 Ra81
☆ Veliki Šator K10 53 Rd84
▲ Veliki Tabor Srp 54 Rf80
78253 Veliko Blaško Srp 45 Sb79
71300 Veliko Čajno Zen 62 Tb84
77206 Veliko Očijevo UnS 52 Rb82
80270 Veliko Tičevo K10 53 Rd83
76313 Velino Selo Srp 48 Ub79
75248 Velino Selo Tuz 56 Te80
88326 Veljaci Zap 69 Sc89
78217 Verići Srp 45 Sa79
70234 Vesela Sre 61 Sc84
80230 Vidimlije K10 61 Rf85
80208 Vidoši K10 61 Sa86
76275 Vidovice Srp 47 Te79
80270 Vidovići K10 53 Rb83
88263 Vidovići HeN 69 Se89
80260 Vidovo Selo K10 53 Rc83
71350 Vidrići Srp 63 Te85
70220 Vidrička Sre 54 Sc84
72240 Viduša Zen 55 Ta84
71230 Vihovići Srp 63 Tc87
77208 Vikići UnS 43 Qe79
73305 Vikoč Srp 64 Tf88
☆ Vila rustica (rom.) Sre 55 Se83
☆ Vilinac HeN 62 Sd87
☆ Villae Rusticae Srp 45 Sa78
78410 Vilusi Srp 45 Sb79
78207 Vilusi Srp 53 Rf80
78207 Vilusi Srp 54 Rf80
70202 Vinac Sre 54 Sb83
☆ Vinac Sre 54 Sb83
80246 Vinica K10 61 Sa87
88395 Vinine HeN 69 Sf91
72220 Vinište Zen 55 Ta82
74452 Vinska Srp 46 Ta78
88247 Vinjani Zap 61 Sb87
88247 Vir Zap 61 Sb87
71385 Visojevica Sar 63 Tc85
71300 Visoko Zen 62 Tb85
73240 Višegrad Srp 64 Ub86
73240 Višegradska Banja Srp 64 Ub86
78220 Viševice Srp 54 Sc81
88307 Višići HeN 69 Se90
71250 Višnjica Sre 62 Ta85
76206 Vitanovići Brč 47 Td79
72251 Vitez Sre 55 Se84
73260 Viti Grab Srp 64 Ub87
88326 Vitina Zap 69 Sc89
Vitinica Tuz 57 Ua81
74265 Vitkovci Srp 55 Sf80
73205 Vitkovići Bos 64 Tf87
72284 Vitovlje Sre 54 Sc83
☆ Vjetrenica špilja HeN 70 Sf91
☆ Vlahina Sar 62 Tb86
71370 Vlahinje Zen 63 Tb84
88380 Vlahovići Srp 70 Ta90
74272 Vlajići Srp 55 Se81
89201 Vlaka Srp 72 Ta92
78423 Vlaknica Srp 46 Sd78
75440 Vlasenica Srp 57 Tf83
70101 Vlasinje Srp 54 Sb82
79247 Vlaškovci Srp 44 Re78
78234 Vlatkovići Srp 54 Sc82
☆ V. Lelija Srp 71 Tc88
76329 V. Obarska Srp 48 Ub80
77240 Voda Turska UnS 52 Ra80
70273 Vodica Srp 54 Sb84
88380 Vođeni Srp 70 Ta91
77250 Vođenica UnS 53 Rb81
71323 Vogošća Sar 63 Tc85
~ Vogošća Sar 63 Tc85
80243 Vojkovići K10 61 Sb87
71214 Vojkovići Srp 63 Tc86
88324 Vojnići Zap 69 Sc89
73311 Vojnovići Srp 71 Te88
79249 Vojskova Srp 45 Rf78
70270 Volari Srp 54 Sa83
70246 Voljevac Sre 62 Sd85
70247 Voljice Sre 61 Sd85
72227 Vozuća Zen 56 Tb82
▲ Vran HeN 61 Sc87
72213 Vranduk Zen 55 Sf83
88226 Vranić Zap 69 Sc88
78220 Vranić Srp 54 Sb81
73206 Vranići Bos 63 Tf87
75320 Vranocići Tuz 56 Tc80
77253 Vranovina UnS 53 Rb80
80247 Vranjače K10 61 Sa87
74487 Vranjak Srp 47 Tb79
89233 Vranjska Srp 70 Tb90
77240 Vranjska UnS 44 Ra79
71323 Vrapče Sar 63 Tc85
88113 Vrapčići HeN 69 Sf88
Vratkovići Srp 71 Td90
Vražalice Bos 63 Tf86
75248 Vražići Tuz 56 Te80
89243 Vrba Srp 71 Td89
78211 Vrbanja Srp 54 Sb80
~ Vrbanja UnS 54 Sb80
78225 Vrbanjci Srp 54 Sc81
~ Vrbas 62 Se85
~ Vrbas Srp 54 Sa81
78408 Vrbaška Srp 45 Sb78
80203 Vrbica K10 60 Re85
70267 Vrbljani Srp 53 Re82
73311 Vrbnica Srp 71 Td88
76296 Vrbovac Srp 47 Tb78
☆ Vrbovac grad Sre 55 Se83
88215 Vrdi HeN 62 Se87
88400 Vrdolje HeN 62 Ta87
74455 Vrela Gornja Srp 46 Ta78
77228 Vrelo UnS 43 Qf79
75455 Vrelo Srp 57 Tf83
72220 Vrhica Zen 55 Ta82
79260 Vrhpolje UnS 53 Re80
71425 Vrhpriča Srp 63 Td86
79244 Vrioci Srp 44 Re77
77231 Vrnograč UnS 43 Qf78
88240 Vrpolje Zap 61 Sc87
89204 Vrpolje-Ljubomir Srp 70 Tc92
77203 Vrsta UnS 43 Qe79
76325 Vršani Srp 48 Ua80
77206 Vrtoče K10 53 Rc82
77253 Vrtoče UnS 52 Rb81
75446 Vrtoče Srp 57 Ua83
80209 Vržerala K10 61 Rf86
74418 V. Sočanica Srp 46 Sf79
▲ Vučevo Srp 70 Tc89
Vučilovac Srp 48 Te79
88240 Vučipolje Zap 61 Sb87
▲ Vučjak Srp 46 Ta79
71144 Vučja Luka Srp 63 Td85
76254 Vučkovci Tuz 47 Tc80
76207 Vujičići Brč 47 Td80
72243 Vukanovići Zen 55 Ta83
75249 Vukosavci Srp 57 Tf81
73319 Vukošići Srp 63 Tf87
72213 Vukotići Zen 55 Se82
75265 Vukovije D. Tuz 56 Te82
75265 Vukovije G. Tuz 56 Te82
72225 Vukovine Zen 56 Tc82
74260 Vukovo Zen 55 Sf81
70224 Vukovo Sre 54 Sb83
76212 Vukšić Donji Brč 47 Te79
☆ V. Vran K10 61 Sd86
☆ V. Žep Srp 64 Ua84

Z

79287 Zableće Srp 53 Re82
80101 Zabljak K10 61 Rf86
73287 Zaborak Srp 64 Ub87
88280 Zaborani Srp 62 Ta88
76321 Zabrđe Srp 57 Ua80
80205 Zabrišće K10 61 Rf86
88375 Začbla HeN 72 Ta92
77206 Zaglavica K10 53 Rc82
76321 Zagoni Srp 57 Ua80
71223 Zagor Sar 63 Td87
89209 Zagora Srp 70 Tb92
80208 Zagoričani K10 61 Sa86
88247 Zagorje Zap 61 Sb87
89240 Zagradci Srp 70 Tc90
72281 Zagrade Sre 55 Se83
73260 Zagrađe Srp 64 Ub87
75444 Zagrađe Srp 57 Ua84
☆ Zahor Sre 62 Sf84
80230 Zajaruga K10 60 Rf84
75445 Zaklopača Srp 57 Ua83
73311 Zakmur Srp 63 Te88
73220 Zakomo Srp 64 Tf85
80270 Zakošane K10 52 Rb83
77246 Zalin UnS 44 Rb79
88375 Zalmurje HeN 70 Sf91
88285 Zalom Srp 70 Tb89
77209 Založje UnS 43 Qf79
78214 Zalužani Srp 45 Sb79
78214 Zalužani st. Srp 45 Sb79
75423 Zalužje Srp 57 Uc84
80247 Zaljuče K10 61 Sa87
80320 Zamaglma K10 61 Sb85
70210 Zapeće Sre 54 Sc82
88375 Zaplanik HeN 72 Ta92
76239 Zasavica Srp 47 Tc78
80270 Zaseok K10 53 Rb83
89233 Zaušje Srp 70 Tc91
73305 Zavajt Srp 63 Tf88
88375 Zavala HeN 70 Sf91
77204 Zavalje UnS 52 Qf80
88247 Zavelim Zap 61 Sa87
72224 Zavidovići Zen 55 Ta82
79285 Zavolje UnS 53 Rd81
77236 Zborište UnS 43 Ra78
74451 Zborište Srp 46 Sf78
79260 Zdena UnS 53 Rd80
80270 Zebe K10 53 Rc83
73250 Zebina Šuma Bos 63 Te87
☆ Zečeva pećina Srp 63 Te85
☆ Zelena glava HeN 62 Sf87
78207 Zelenci Srp 54 Sa80
73311 Zelengora Srp 71 Td88
▲ Zelengora Srp 70 Tc88
75430 Zeleni Jadar Srp 64 Ub84
~ Zeleni Jadar 57 Ua84
~ Zeleni Jadar Srp 64 Uc84
74400 Zelenike Srp 46 Sf79
76259 Zelinja Donja Tuz 47 Tc80
74225 Zelinja Gornja Srp 47 Tb80
76259 Zelinja Srednja Tuz 47 Tc80
Zelinje Srp 57 Ub83
88407 Zelomići HeN 63 Tb87
~ Zeljeznica HeN 62 Sf85
72106 Zenica Zen 55 Sf83
73226 Zepa Srp 64 Ua85
79280 Zgon UnS 53 Re81
89201 Zgonjevo Srp 72 Tb93
72244 Zgošća Zen 55 Ta84
~ Zgošća 55 Ta84
80246 Zidine K10 61 Sa87
88280 Zijemlje Srp 62 Sf88
73319 Zlatari Srp 63 Te87
70233 Zlavast Sre 61 Sc84
80320 Zlosela K10 61 Sb85
☆ Zlovrh Srp 64 Ub85
77224 Zmajevac UnS 43 Ra79
88440 Zmijenice HeN 61 Sc86
88286 Zovi Do Srp 70 Tb89
71243 Zovik st. Sar 62 Tb86
88000 Zovnica HeN 69 Se88
71335 Zubeta Zen 56 Tc84
72290 Zubići Sre 55 Sd84
70210 Zubovići Sre 54 Sc82
88408 Zukići HeN 62 Ta86
75272 Zukići Tuz 56 Te82
73260 Zupanj Srp 64 Ub87
73205 Zupčići Bos 64 Tf87
☆ Zvečajgrad Srp 54 Sa80
☆ Zvečajska Klisura Srp 54 Sa81
89233 Zvijerina Srp 70 Tb91
71330 Zvijezda Zen 56 Tc83
☆ Zvijezda Srp 64 Ub85
▲ Zvijezda Zen 56 Tc84
88323 Zvirići Zap 69 Sd90
80320 Zvirnjača K10 61 Sc86
88300 Zvirovići HeN 69 Se90
~ Zvorničko jezero 57 Ua83
75400 Zvornik Srp 57 Ua82

Ž

▲ Žaba 69 Se91
88380 Žabica Srp 70 Tb91
73249 Žagre Srp 64 Uc86
89209 Žakovo Srp 70 Ta92
80202 Ždralovac K10 60 Rf85
89209 Ždrijelovići Srp 70 Tb92
70240 Ždrimci Sre 62 Sd85
77204 Žegar UnS 43 Qf80
88363 Žegulja Srp 70 Ta90
~ Željeznica 62 Sf85
72236 Željezno Polje Zen 55 Sf82
75290 Željova Tuz 56 Tc82
88208 Željuša HeN 62 Sf88
~ Žepa Srp 64 Ua85
72230 Žepče Zen 55 Ta82
74400 Žeravac Srp 46 Ta78
71254 Žeželovo Sre 62 Ta85
73300 Žikovci Srp 63 Te87
88283 Žiljevo Srp 70 Tb89
80205 Žirović K10 60 Rf85
☆ Živanj Srp 71 Td89
71270 Živčići Sre 62 Sf84
74400 Živinice Srp 46 Sf79
75270 Živinice Tuz 56 Td82
75327 Živkovići Tuz 55 Tb80
71350 Žljebovi Srp 63 Tf84
88380 Žrvanj Srp 70 Tb91
88423 Žuglići HeN 62 Se86
78206 Žukanovići Srp 54 Sa80
79220 Žuljevica Srp 44 Rc78
79206 Žune Srp 44 Rd79
80260 Župa K10 53 Rd83
89208 Župa Srp 73 Td92
71373 Župča Zen 62 Tb85
80260 Župica K10 53 Rd83

Printed in China
EVERBEST PRINTING INVESTMENT LTD.
10/F, Block C, Seaview Estate, 2-8 Watson Road, North Point, Hong Kong

→ 2028

Kartographie: © KOMPASS-Karten GmbH, Karl-Kapferer-Straße 5, A-6020 Innsbruck
unter Verwendung von Kartendaten: © MairDumont, D-73751 Ostfildern

Photo Credit:

Cover Photo: The old town of Sibenik on the Adriatic coast in Dalmatia, Croatia, famous tourist destination, boats in harbour (ilijaa – stock.adobe.com)

MARCO POLO Highlights:

★ Skyline of Piran, Slovenia (Mapics – stock.adobe.com)
★ Porec, Istria, Croatia (Comofoto – stock.adobe.com)
★ Old town and harbour of Rovinj, Croatia (Comofoto – stock.adobe.com)
★ Four tower of historic Rab town view, Island of Rab (xbrchx – stock.adobe.com)
★ Beautiful Waterfall in Krka National Park - Croatia, Europe (Ilja – stock.adobe.com)
★ Scene from the old city of Split and the view of old bell tower (marinv – stock.adobe.com)
★ Golden Horn Croatia (Jenny Sturm – stock.adobe.com)
★ Amazing iconic old town Mostar with famous bridge in Bosnia and Herzegovina (Freesurf – stock.adobe.com)
★ Korcula old town, Dalmatia, Croatia (Boris Stroujko – stock.adobe.com)
★ City and bay of Kotor (Givaga – stock.adobe.com)

© MairDumont, D-73751 Ostfildern · Printed in China 01-30-130900-013